사회생물학과 윤리

The Expanding Circle: Ethics, Evolution, and Moral Progress
by Peter Singer

Copyright©1981, 2011 by Peter Singer
Korean translation copyright © 2012 by Yeonamseoga
Korean translation rights arranged with The Robbins Office, Inc.
through EYA(Eric Yang Agency)

이 책의 한국어판 저작권은 EYA(Eric Yang Agency)를 통해 The Robbins Office, Inc.와 독점 계약한 '연암서가'에 있습니다. 저작권법에 의하여 한국 내에서 보호를 받는 저작물이므로 무단전재와 복제를 금합니다.

사회생물학과 윤리

| 30주년 기념판 |

피터 싱어 지음 | 김성한 옮김

연암서가

옮긴이 **김성한**

고려대학교 불문학과를 졸업하고 같은 대학교 대학원 철학과에서 박사학위를 받았으며, 현재 숙명여대 의사소통센터 조교수로 있다. 저서로는 『생명윤리』, 『인간 본성에 관한 철학 이야기』(공저), 논문으로는 「도덕에 대한 발달사적인 접근과 메타 윤리」, 「오늘날의 진화론적 논의에서 도덕이 생래적이라는 의미」, 역서로는 『동물 해방』, 『프로메테우스의 불』, 『동물에서 유래된 인간』, 『섹슈얼리티의 진화』 등이 있다.

사회생물학과 윤리

2012년 10월 20일 초판 1쇄 발행
2021년 11월 15일 초판 3쇄 발행

지은이 | 피터 싱어
옮긴이 | 김성한
펴낸이 | 권오상
펴낸곳 | 연암서가

등   록 | 2007년 10월 8일(제396-2007-00107호)
주   소 | 경기도 고양시 일산서구 대화동 2232번지 402-1101
전   화 | 031-907-3010
팩   스 | 031-912-3012
이메일 | yeonamseoga@naver.com
ISBN 978-89-94054-28-5 03190

값 17,000원

고금을 통틀어 우리가 도덕에서 살펴볼 수 있는 것은 일치된 구체적인 행위나 기준이 아니라 어떤 성향이다…… 처음에는 오직 가족만이 자혜로운 애정의 대상이었다. 이윽고 그 대상의 범위가 확대되어 계급을, 국가를, 다음으로 국가 연합을, 그리고 모든 인류를, 마지막으로 동물 세계를 바라보는 데도 범위 확장의 영향이 감지되었다.

—레키W. E. H. Lecky, 『유럽 도덕사The History of European Morals』

2011년판 서문

『사회생물학과 윤리』는 사회생물학이 우리의 윤리를 이해하는 데 시사하는 바가 무엇인가를 평가해 보려는 시도로, 아마도 관련 내용을 다루는 책으로는 최초였을 것이다. 1981년 이 책이 출간된 이래 윤리의 기원과 발달에 관한 책과 논문이 쏟아져 나왔는데, 특히 지난 10년 동안 우리가 어떻게 도덕 판단을 내리는가에 대한 과학적 탐구가 현격하게 늘어났고, 이에 대한 질적·양적인 측면에서의 성장이 두드러졌다. 나는 이 책의 중심 테제가 이러한 탐구를 통해 추가적으로 지지를 얻게 된 것에 기쁨을 느낀다. 최근 들어 윤리가 인간 이전의 우리 조상(사회적 포유류인)으로부터 진화한 행위 패턴에서 뿌리를 찾아볼 수 있으며, 우리의 생물학적 본성 내에 진화 과정을 거치며 주어진 반응의 요소가 포함되어 있다는 생각이 일반적으로 받아들여지고 있다. 우리는 이러한 반응에 대해 상당히 많은 것들을 알게 되었고, 이러한 반응이 우리의 이성 능력과 어떻게 상호 작용하는가를 알아가기 시작하고 있다. 이제 많은 철학자들은 이와 같은 작업이 윤리에 대한 이해의 폭을 넓히는 데 분명 도움이 된다는 사실을 인식하고 있다. 나는 후기에서 지난 10년 동안 이루어졌던 과학적 탐구, 그리고 본문에서 제시한 내 견해의 의미에 대해 서술했다. 아울러 나는 만약 이 책을 지금 쓰고 있다면 30년 전에 비해 내가 '행위를 하기 위한 객관적인 이유'와 '윤리에서의 객관적 진리'라는 관념을 더욱 기꺼이 받아들였을 것이라고 생각하는 이유를 설명했다. 나는 이러한 논의를 책의 말미에서 소개했다. 왜냐하면 이는 대부분의 독자들에게 본문을 읽고 난 후에야 더욱 잘 이해되리라 생각했기 때문이다. 물론 최신 정보를 서둘러 읽어보고자 하는 독자들은 이 부분을 먼저 읽어봐도 될 것이다.

'사회생물학'이라는 용어는 1975년 에드워드 O. 윌슨Edward O. Wilson[1]이 자신의 책 『사회생물학: 새로운 종합Sociobiology: The New Synthesis』[2]에서 최초로 사용했다. 이 책에서 윌슨은 사회적 행동—벌에서 침팬지에 이르기까지의 서로 다른 생물의—의 진화에 관한 이론을 인간에게 적용했는데, 이는 폭발적인 논쟁을 불러일으켰다. 우리가 인간 아닌 동물들과 다르다는 생각에 도전을 했기 때문이다. 윌슨이 인간 본성에 대한 이해에 기여한 바가 적지 않다는 것은 분명한 사실이다. 하지만 윤리에 대해 언급하면서 그는 이와 같은 분야에 관심을 갖게 된 과학자들이 흔히 범하는 오류를 범하고 있다. 내가 이 책을 쓰고자 하는 생각을 갖게 된 것은 이처럼 윌슨이 자신의 연구가 윤리에 시사하는 바에 대해 오해를 하고 있기 때문이다. 다시 말해 나는 첫째, 윌슨이 범하고 있는 오류를 설명하기 위해, 둘째, 그럼에도 윌슨의 접근 방식이 윤리의 기원을 이해하는 데 분명 도움이 될 수 있음을 보이기 위해 이 책을 쓰려 하였던 것이다. 이와 같은 이유로 다음에 이어지는 글에서 윌슨의 저술은 다른 어떤 과학자의 연구

---

[1] 에드워드 O. 윌슨은 1929년 미국 앨라배마 주 버밍햄에서 태어났다. 1955년 하버드 대학교의 동물학 교수가 되었으며, 본격적인 사회생물학 논쟁의 단초를 이룬 학자로 꼽힌다. 『사회생물학: 새로운 종합』(1975)을 저술하였으며, 『인간의 본성에 대하여』로 퓰리처상을 받았다.
[2] 사회생물학: 사회 현상을 생물학적 지식을 이용하여 탐구하는 학문. 인간을 포함한 동물의 사회적 행동이 자연선택을 주요인으로 하는 진화과정의 결과 형성된 것이라는 생각에 바탕을 두고, 여기에 행동학과 생리학 등 관련 분야의 식견을 더하여 연구하는 학문이다.

보다도 훨씬 면밀한 검토의 대상이 된다.

사회생물학에서 인간을 다루는 분야는 오늘날 '진화심리학(evolutionary psychology)'으로 불리고 있다. 일부 연구자들은 사회생물학을 인간에 적용하려는 노력에 대해 격렬하게 반대를 했다. 하지만 진화심리학의 성장은 비교적 평온하게 수용되었다. 이처럼 사회생물학은 이름을 바꿈으로써 널리 성공을 거두었는데, 일부 사람들은 진화심리학이 이름을 바꾸어서라기보다는 연구가 이끌어낸 긍정적인 결과 때문에 점차적으로 받아들여지게 되었다고 덜 냉소적으로 주장한다.

만약 30년 전에 대부분의 철학자들이 윤리에 대해 과학자들이 쓴 글에 대해 경멸적인 태도를 보였다면 그 이유는 일부 과학자들이 자신들의 과학을 이용한 소위 '적진 돌파(breakthrough)'가 단지 윤리학에 시사하는 바가 있다고 주장하는 데서 한 걸음 나아가, 이를 대체한다고까지 주장했기 때문일 것이다. 이는 내가 제3장 맨 앞에서 '적대적 인수(The Takeover Bid)'라고 말한 바다. 이와 같은 윤리에 대한 잘못된 과학적 도전이 최종적으로 마무리되었다고 생각할 바로 그 시점에 그러한 시도가 재차 고개를 들었다. 2007년 니콜라스 웨이드Nicholas Wade는 『뉴욕 타임스New York Times』에 글을 쓰면서 생물학자들의 도덕철학 합병 선언에 대해 언급했고, 다음 해에는 『이코노미스트Economist』지가 "도덕적 사유: 철학자들이 의심의 여지없이 자신들의 영역이라 생각했던 분야에 대한 생물학의 침공"이라는 제목의 논문을 실었다.[3] 이하에서 제시하는 이유들로 미루어 보았을 때, 철학자들이 윤리에 대해, 그리고 윤리의 영역 안에서 했던 다양한 생각들을 과학적 발견이 대체할 수 있다고 생각하는 것은 잘못이

---

[3] Nicholas Wade, "Scientists Finds the Beginnings of Morality in Primate Behavior," *New York Times*, March 2, 2007; *Economist*, February 21, 2008.(원주)

다. 나는 이 신판이 (다시 한 번!) 그와 같은 시도가 실패로 귀결될 수밖에 없는 이유, 그리고 철학자들이 윤리 혹은 도덕철학을 합병하려는 시도를 계속 거부하는 것이 옳은 이유를 분명히 하는 데 도움이 되길 바란다. 물론 그들이 과학을 이용하여 인간에게서 살펴볼 수 있는 현상으로서의 윤리의 기원과 본질을 이해하는 데 도움을 주려는 데는 환영을 표한다.

마지막으로 이 책이 출간되고 나서 시간이 꽤 흘렀음을 보여 주는 사례 한 가지를 언급하도록 하겠다. 이는 별것 아닌 것 같지만, 언뜻 보기와는 달리 매우 중요한 의미를 갖는 것일 수 있다. 제4장에서 나는 여담으로 이 책을 쓰기 위해 사용했던 타자기에 대해 언급하고 있다. 3년 후 나는 더 이상 타자기를 사용하지 않고 컴퓨터로 글을 쓰기 시작했다. 이로 인해 편집이 용이해졌고, 용지가 절약되었으며, 건강에 좋지 않은 냄새가 나는 수정액을 사용하지 않게 되었다. 하지만 디지털 혁명은 이보다 훨씬 심대한 영향력을 발휘했다. 우리의 사고가 종이가 아닌 디지털 방식으로 기록된다는 것은 우리의 사고가 전자적電子的인 방식으로 전송될 수 있음을 의미하는데, 이로 인해 우리는 즉각적이고도 자유롭게 세상의 모든 사람들과 의사소통을 할 수 있게 되었고, 그 결과 우리의 윤리를 포함해 우리 삶의 모든 측면이 영향을 받게 된 것이다. 제4장의 또 다른 구절에서 나는 1944년 발간된 인종과 인종차별주의에 관한 군나르 뮈르달Gunnar Myrdal[4]의 『미국의 딜레마An American Dilemma』를 인용하고 있다. 뮈르달에 따르면 그 당시에 이미 사회 변동성이 커지고, 지적인 의사소통이 이루어졌을 뿐만 아니라 공적公的인 논의가 확대되었고, 이에 따라

---

[4] 뮈르달(1898-1987): 스웨덴의 경제학자. 스톡홀름 학파의 한 사람이다. 1974년 하이에크와 공동으로 노벨 경제학상을 받았다. 저서에 『화폐적 균형론』(1939), 『경제이론과 저개발지역』(1957), 『미국의 딜레마』 등이 있다.

미국의 일부 지역에 상당히 오랜 기간 존속했던 인종차별주의적인 태도가 바뀌어 가고 있었다. 그런데 만약 1944년에 커다란 변동성과 의사소통의 확대가 변화를 가져오고 있었다면, 현재 일어나고 있는 그 당시와는 비교할 수 없을 정도의 커다란 변화, 즉 전 세계의 사람들을 서로 연결하고, 지금까지 외부로부터의 지식에 거의 접근하지 못했던 공동체의 문을 활짝 열어젖히고 있는 변화로부터 우리는 무엇을 기대할 수 있을까? 실험은 진행 중이며, 이는 결코 중단되지 않을 것이다. 이것이 얼마만큼 도덕적 발전을 이루고, 얼마만큼 우리가 관심을 갖는 대상의 경계를 확장하는 데 역할을 할 것인지에 대해서는 앞으로 두고 볼 일이다.

2010년
뉴저지 주 프린스턴에서
피터 싱어

초판 서문

우리의 삶은 윤리를 벗어날 수 없다. 설령 우리가 어떤 회의적인 철학에 완고하게 집착하고 있어서 모든 도덕적 언어를 고의적으로 회피하려 한다고 해도, 내심으로는 행위를 옳고 그른 것으로 분류하고 있을 것이다. 모든 윤리적 판단을 회피하는 회의주의는 아무런 문제가 발생하지 않을 때에나 취할 수 있는 입장이다. 나치의 흉악한 행위는 윤리적 회의주의를 여러 권의 책으로 이루어진 철학적 논의보다 훨씬 설득력 있게 반박하고 있다.

'옳고 그름의 기준 없이 살 수 없음을 인식하는 것'과 '그러한 기준의 본질과 기원을 이해하는 것'은 별개다. 윤리는 객관적인가? 도덕법칙은 물리법칙과 마찬가지로 삼라만상의 특징을 반영하고 있는가? 윤리는 인간에 그 기원을 두고 있는가? 만약 윤리가 인간에 기원을 두고 있다면, 이때 모든 인간이 따라야 할 옳고 그름의 기준이 있다고 할 수 있는가? 윤리라는 것이 우리가 살고 있는 사회의 습속과 관련되는 것은 아닌가? 나아가 윤리가 우리 각자의 개인적 태도와 연관되는 것은 아닌가?[1]

체계를 갖춘 서양철학의 시작은 2,500년 전으로 되돌아간다. 철학자들은 이미 그때부터 윤리의 본질을 논의의 대상으로 삼았다. 사람들은 세

---

[1] 일반적으로 윤리가 사회의 습속과 관련된다는 입장은 '관례주의'라고 부르며, 개인적 태도와 연관된다는 입장은 '주관주의'로 부른다.

상과 사회의 본질에 대한 탐구를 최초로 시작했을 때부터 윤리의 본질에 대한 문제들을 끊임없이 생각해 왔다. 그런데 2,500여 년 동안 도덕철학에 대한 탐구가 진행되어 왔음에도 불구하고, 물리적 세계에 대한 탐구와는 달리 윤리의 근본적인 특징에 대한 보편적인 합의는 아직까지도 이루어지지 않고 있다.

종교는 지난 수세기 동안 이러한 난점을 피할 수 있는 방편을 마련해 주었다. 신을 믿는 사람이 도덕의 기원을 신의 원망願望이나 명령에서 찾는 것은 당연한 일이다. 신앙인들은 윤리의 토대를 신의 의지에 둠으로써 윤리의 객관성과 권위에 대한 의문에서 벗어났다.

그런데 종교는 이제 더 이상 윤리의 본질에 대한 의문에 만족스런 답변을 제시할 수 없게 되었다. 그 이유는 과거와는 달리 오늘날에 와서는 모든 사람들이 종교적 신앙을 신봉하지는 않기 때문이다. 신의 의지로부터 도덕의 기원을 발견할 수 있다는 주장이 갖는 또 다른 문제는 다음과 같다. "만약 모든 가치가 신의 의지에서 비롯되었다면 신이 그와 같은 의지를 갖는 이유는 무엇인가? 만약 신이 '죽이지 말라'고 했다는 이유만으로 사람을 죽이는 것이 잘못되었다고 말할 수 있다면, 그 반대로 신은 '죽이라'는 명령을 내릴 수도 있을 것이다. 하지만 이때 살해가 옳은 것이 되는 것일까?" 이를 옳다고 말하는 사람은 윤리를 지나치게 자의恣意적인 것으로 파악하고 있다. 반면 살해를 옳지 않다고 생각한다면 이는 신의 의지와는 별개의 옳고 그름의 기준이 있음을 시사한다. 신은 선하며, 따라서 부당하게 살해하라는 의지를 가질 수 없다는 주장으로 딜레마를 피할 수 없다. 왜냐하면 신이 선하다는 말에는 이미 신의 결정과 별개의 선의 기준이 있음이 포함되어 있기 때문이다.² 바로 이러한 이유로 오늘날 종교 사상가들 또한 "윤리의 토대를 종교의 외부에서, 그리고 신에 대한 믿음밖에서 찾아야 한다"고 주장하는 비종교 사상가들에 동의하고 있다.

종교가 윤리의 본질에 대해 답변을 제시할 수 없다면 과학은 가능한가? 실험과학이 한때 '자연철학'으로 불리던 분야를 오늘날의 물리학으로 전환시키기 시작한 이래, 과학에서의 방법을 도덕철학에 적용하려는 시도는 지금까지 계속 있어 왔다. 과학적 윤리를 꿈꾸던 사람들은 오래 전부터 있었다. 하지만 그 열매는 그리 풍성하지 않았다. 최근까지 사람들은 그와 같은 시도가 허버트 스펜서Herbert Spencer3, 그리고 사회 다윈주의자들과 더불어 종말을 고했다고 생각했다. 그런데 하버드 대학의 동물학 교수인 에드워드 O. 윌슨이 『사회생물학: 새로운 종합』이라는 저서를 출간한다. 이 책에서 그는 대담하게도 생물학, 동물학4, 유전학, 생태학5, 그리고 인간 행위 연구 등을 통합하려 하고 있다.6 윌슨은 책의 첫 구절에서 자연선택 이론이 윤리를 '모든 층위에서(at all depth)' 설명하는 데 사용되어야 한다고 주장하고 있으며, 마지막 장에서는 윤리를 철학자들의 손에서 과학자의 손으로 넘겨주어야 할 시기가 도래했다고 밝히고 있다.7

---

2   도덕성이 신의 의지라는 주장은 정당화의 문제를 뒤로 후퇴시키는 것에 불과하다. 다시 말해 신의 의지 또한 그것이 왜 옳은가를 여전히 물을 수가 있는 것이다. 가령 신이 여자 아이를 강간하라는 명령을 내렸다고 했을 때 우리는 그것이 도덕적으로 용납될 수 없음을 알며, 이에 대한 정당화를 요구할 수 있다. M. Ruse, *Taking Darwinism Seriously*(Basil Blackwell, 1986), 215-216쪽.
3   스펜서(1820-1903): 영국의 철학자로 진화를 모든 우주 현상을 꿰뚫는 법칙으로 보았다. 그는 이와 같은 진화가 물질의 집중작용과 운동의 분산작용으로 인해 이루어진다고 생각했으며, 이를 통해 천문·지리·생물·심리·사회 등 각 분야의 진화법칙을 밝히고자 했다.
4   동물학: 동물을 연구하는 생물학의 한 분야. 개체 및 그 구성 부위와 구성 요소, 동물의 군집과 생태, 다른 동물 또는 식물과의 관계, 환경과의 관계 등 넓은 영역을 연구하는 학문이다.
5   생태학: 생물과 환경 사이의 상호관계를 과학적으로 연구한다. 이 환경에는 물리적인 환경과 기타 그 속에 살고 있는 다른 생물들이 포함된다.
6   발로(George W. Barlow)는 사회생물학이 탄생하게 된 배경으로 크게 진화유전학, 생태학, 동물행동학의 세 가지를 들고 있다. G. W. Barlow, "The Development of Sociobiology: A Biologist's perspective," *Sociobiology: Beyond Nature/Nurture?*(Westview Press, Inc., 1980), 4쪽 참조.

나는 철학적 훈련을 쌓은 사람이다. 철학과哲學科 동료들은 대부분 윌슨의 영역 침범을 재고의 여지가 없다고 생각한다.[8] 물론 윤리에 대한 사회생물학적 접근 방식은 부정할 수 없는 미숙한 오류를 범하고 있다. 그럼에도 윤리에 대한 사회생물학적 접근 방식은 윤리에 대해 무엇인가 중요한 것을 알려주고 있음에 틀림없다. 우리는 사회생물학적 접근 방식을 통해 윤리에 대한 이해의 폭을 넓힐 수 있을 것이다. 그것이 과연 무엇이며, 철학적 윤리 이론과 어떻게 결합할 수 있는가를 밝히는 것이 이 책의 목적이다.

이 책은 내가 워싱턴의 우드로 윌슨 센터(Woodrow Wilson International Center for Scholars)의 회원으로 있을 때 대부분 썼다. 재정적 지원과 읽고 생각하며 쓸 수 있는 여건을 마련해 준 센터에 감사한다. 모나시 대학 부총장 레이 마틴Ray Martin 교수와 인문학부 학장 존 레그John Legge 교수께도 감사드린다. 이 분들은 내가 윌슨 센터의 회원 제안을 받아들일 수 있을 만큼 매우 오랜 기간 자리를 비울 수 있도록 허락해 주었다. 나의 아내 레나타Renata와 딸 루스Ruth, 리Lee, 그리고 이스터Esther는 워싱턴에서 함께 생활했는데, 이들은 집과 친구로부터 오래 떨어져 생활하는 데서 오는 불편을 잘 참아 주었다.

---

[7] 이병훈은 윌슨과 유사하게 "도덕이라는 문화적 규범도 생물학적 진화와 적응을 바탕으로 생긴 것이며, 따라서 과학이 접근할 수 없는 영역은 결코 아니다"라고 말하고 있다.(이병훈, 『유전자들의 전쟁』(민음사, 1994), 67쪽) 여기에서 유의할 점은 도덕을 과학적인 측면에서 접근한다는 것이 과연 무엇을 의미하는가이다. 가령 이 말을 과학을 통해 도덕에 기술적(descriptive)인 측면에서 접근하겠다는 의미로 이해한다면 이에 반대할 사람은 거의 없을 것이다. 반면 위에서의 주장이 과학을 통해 어떤 도덕률을 제시한다거나 도덕성의 본질 등의 문제를 해결하겠다는 의지를 나타낸 것이라면 거기에 대해서는 많은 논란이 있을 수 있다.

[8] 사회생물학에 대해서는 부정적인 시각을 갖는 학자들이 많다. 가령 하버드 대학의 생물학자 스티븐 굴드(Stephen J. Gould)는 "인간에서의 적응은 유전적일 필요도, 다원적일 필요도 없다"고 주장하며 사회생물학에 대해서 불신의 눈길을 보내고 있다. S. J. Gould, "Sociobiology and the Natural Selection," *Sociobiology: Beyond Nature/Nurture?*(Westview Press, Inc., 1980), 264쪽 참조.

많은 사람들이 더욱 구체적인 방법으로 도움을 주었다. 에드워드 O. 윌슨은 초안을 읽어 주었으며, 거기에 주석을 달고 많은 논의를 나누는 데 시간을 할애해 주었다. R. M. 헤어R. M. Hare[9]와 리처드 케셴Richard Keshen은 초안에 대해 매우 도움이 되는 논평을 해주었다. 펜 추Penn Chu는 진화생물학 서적을 소개해 주었는데, 그가 앞의 몇 장들을 열심히 읽어 줌으로써 나는 오늘날의 동물 행위에 대한 설명을 소개하면서 범할 뻔했던 오류를 피할 수 있었다. 나는 진행 중인 연구를 토대로 미국의 여러 대학에서 강연을 했으며, 이에 대한 답으로 개별적으로 소개하기엔 너무나도 많지만 집합적으로 볼 때엔 책을 완성시키는 데 매우 큰 영향을 준 수많은 논평들을 받을 수 있었다. 최초의 타이핑은 에디스 로스 Edith Ross 양이 거의 대부분 해주었으며, 엘로이즈 도안Eloise Doane은 이를 적절히 교정해 주었다. 진 아처Jean Archer는 내가 모나시 대학으로 돌아온 후 인내심을 가지고 여러 수정본을 반복해서 타이핑해 주었다.

인용된 출처에 관한 주석, 그리고 책에서 언급한 구체적인 생각들의 출처는 책의 말미에 첨가해 두었다.

1980년 10월
멜버른에서
피터 싱어

---

[9] 헤어(1919-2002): 현대 영국의 철학자. 도덕에 관한 언어를 논리적으로 분석함으로써 윤리학에서 거장의 위치에 서게 되었다. 그에 따르면 도덕 판단은 규정적(prescriptive) 판단이며, '보편화 가능성을 지녔다'는 점에서 다른 판단들과 구분된다. 도덕 판단의 이론적 근거는 그 판단들의 명령적 특성이 아니라 보편화 가능성인데, 이와 같은 보편화 가능성이 곧 도덕 판단의 근거나 이유가 된다. 대표적인 저술로는 『도덕의 언어』(1952), 『자유와 이성』(1963) 등이 있다. W. S. 사하키안, 『윤리학의 이론과 역사』(황경식·송휘칠 옮김, 박영사, 1990), 383쪽.

차례

2011년판 서문 6
초판 서문 11

제1장 이타성의 기원 19

윤리에 대한 새로운 시각 · 22 | 동물의 이타성 · 26 | 진화와 이타성 · 29 | 혈연 이타성 · 35 | 호혜적 이타성 · 41 | 집단 이타성 · 45

제2장 윤리의 생물학적 토대 51

인간의 윤리에서의 혈연선택 · 63 | 호혜적 이타성과 인간 윤리 · 73 | 집단 이타성과 인간 윤리 · 89

제3장 진화에서 윤리로? 97

적대적 인수 · 102 | 생물학이 윤리 문제에 시사하는 바가 있는가: 세 가지 가능성 · 111 | 윤리 이론과 생물학적 탐구 결과 · 116 | 윤리의 실체 폭로 · 124 | 궁극적 가치들에 대한 생물학적 기초? · 130 | 궁극적인 선택 · 146

제4장 이성 151

이성의 본질•154 | 첫 번째 단계•159 | 발전하는 이성•166 | 이성적 토대•172 | 도덕적 고려 범위의 확장•190

제5장 이성과 유전자 209

이기성•215 | 비이기성•225 | 가치양립•236

제6장 윤리에 대한 새로운 이해 247

과학과 도덕적 직관•252 | 개인적 결정과 사회적 규율•256 | 규칙의 필요성•261 | 생물학을 넘어서?•277

출처에 관한 주석 285
2011년판 후기 297
역자 후기 318
찾아보기 325

제1장

이타성의 기원

우리에게 단순히 동물과 닮은 점이 있는 것이 아니다.
우리가 바로 동물이다.

—메리 미즐리 Mary Midgley, 『야수와 인간 Beast and Man』

인간은 아주 오랜 옛날, '인간'이라는 이름이 붙여지기 훨씬 전의 먼 조상 시절부터 집단생활을 했다. 우리의 먼 조상들은 집단생활을 통해 윤리라고는 할 수 없지만 유사類似 윤리적 행동 방식을 획득하게 되었다.

루소가 '사회계약론'을 내세울 18세기 당시에는 인간의 진화나 동물들의 사회적 행동에 대해 알려진 바가 거의 없었다. 그 후 다윈의 진화론과 멘델의 유전학 발견, 왓슨과 크릭의 DNA 구조 해명 등을 통해 생물학은 '인간 아닌 동물들(nonhuman animals)' 및 인간의 진화와 사회적 행동을 어느 정도 해명할 수 있게 되었고, 마침내 1975년 에드워드 윌슨은 생물들의 사회적 행동과 그의 생물학적 근거에 대한 연구를 집대성하여 『사회생물학: 새로운 종합』이라는 책을 세상에 내놓게 된다. 윌슨에 따르면 사회생물학이란 "모든 사회적 행동의 생물학적 토대에 대한 체계적인 연구"를 말한다. 이러한 정의를 통해 볼 때, 우리가 갖는 도덕성 또한 사회적 행동이라는 요소를 포함하고 있다는 점에서 사회생물학적 검토의 대상이 된다. 그리고 우리가 인간 아닌 동물들과 윤리적 기원을 공유한다면 진화론과 사회적 동물에 대한 관찰 등은 윤리의 본질을 파악하는 데 도움을 줄 수 있을 것이다.

동물들이 이타성을 갖는다는 것은 적자생존이라는 측면에서 보았을 때 쉽사리 이해가 가지 않는 현상이다. 상식적으로 따져 보면 이기적인 경우가 이타적인 경우보다 적자適者가 되기 쉽고, 이에 따라 이타성의 도태는 당연하다고 생각된다. 그럼에도 검은새, 톰슨가젤, 비비원숭이, 늑대 등 여러 사회적 동물에게는 이타적이라고 볼 수밖에 없는 행동들이 분명 나타나고 있다. 동물들에게서 이타적 행동이 사라지지 않은 이유는 무엇일까?

싱어는 사회생물학자들의 이에 대한 해명을 정리·소개한다. 우선 그는 오늘날의 생물학에서는 진화의 선택 단위를 종도 개체도 아닌 유전자로 파악하고 있으며, 유전자 선택 이론이 다른 이론보다 설명력이 있다고 서술하고 있다. 유전자가 선택의 단위라면 한 개체는 부지불식간에 자신의 유전자를 퍼뜨리는 데 주력하게 될 것이다. 그리고 생식(reproduction)은 한 세대의 유전자를 다음 세대로 전달하는 가장 확실한 방법이 된다. 사회생물학자들은 자손 탄생을 통해 다음 세대로 전달된 유전자를 보존하려는 본능적 성향이야말로 부모의 자식 사랑이 보편적으로 나타나는 이유라고 주장하는데, 그들은 여기서 나타나는 이타성을 혈연 이타성(kin altruism)이라고 부르고 있다.

그런데 오직 부모의 자식 사랑만이 혈연 이타성에 해당하는 것은 아니다. 유전적으로 따져볼 때 나의 형제와 자매는 자식 못지않게 나와 밀접한 관계에 놓여 있다. 형제와 자매, 나아가 친족을 도울 경우 나의 유전자의 생존 가능성은 높아지게 되는데, 사회생물학자들은 자식 외의 친족에 대한 사랑 또한 혈연 이타성에 포함시키고 있다.

사회생물학자들이 혈연 이타성 외에 보편적으로 나타나는 이타성으로 들고 있는 것은 호혜적 이타성(reciprocal altruism)이다. 호혜적 이타성이란 혈연관계를 떠나서 자신에게 이익을 주거나 도움을 주고받는 존재들 사이에서 나타나는 이타성을 말한다. 사회생물학자들에 따르면 호혜적 이타성은 혈연관계가 아니라도 서로 도와서 생존 확률이나 이익을 높일 수 있을 경우에 나타난다. 여기서 제기되는 의문은 도대체 베풀지 않고 받기만 하는 이기적 개체들이 진화에서 선택되지 않은 이유가 무엇인가라는 점이다. 이에 대해 사회생물학자들은 도움을 주는 존재와 주지 않는 존재에 대한 개체들이 갖는 기억력에서 해결 방안을 찾는다. 어느 정도 지능을 갖춘 개체들은 상대가 자신에게 도움을 주었는지를 기억할 수 있으며, 이에 따라 상대를 대하는 태도를 달리할 수 있다. 이러한 기억 능력으로 인해 받기만 하고 도움을 주지 않은 개체들은 집단 내에서 소외되거나 배척되며, 결국 자연스럽게 도태되어 버리고 만다.

집단 이타성(group altruism)은 인간과 동물이 공유하는 또 다른 이타성이다. 집단 이타성이란 대체적으로 같은 종에 속하는 생물로서 긴밀히 상호작용을 하며 장기간 함께 머무는 무리들 사이에서 나타나는 이타성을 말한다. 집단 이타성을 설명하면서 싱어는 고립된 집단으로 나누어져 있는 원숭이 집단의 예를 들고 있다. 고립된 집단 내에서 서로 도움을 주고받는 원숭이들은 그렇지 않은 원숭이 집단보다 여러 면에서 유리하다. 왜냐하면 예를 들어 호혜적 원숭이들은 서로 털을 다듬어 줌으로써 기생충을 제거하여 건강을 유지하지만, 그렇지 않은 집단의 원숭이들은 결국 기생충 등으로 인해 쇠약해질 가능성이 높기 때문이다. 고립된 집단에서 호혜성을 유지하던 원숭이들은 다른 집단들이 기생충으로 인해 멸종되어 버린 어느 순간 고립된 지역을 벗어나 다른 지역으로 이주해 간다. 이때 집단선택은 호혜적 이타성의 확대에 일조를 하게 된다.

이와 같은 집단 이타성이 유지되기 위해서는 최소한 두 가지 조건이 전제되어야 한다. 첫째, 호혜적 집단은 다른 집단과 거리를 유지해야 한다. 만약 거리가 유지되지 않으면 다른 집단에 속한 이기적인 개체들은 이타적 집단의 이타성을 교묘히 이용할 것이며, 이로 인해 결국 이타적 집단은 이타성을 상실하고 소멸하게 될 것이다. 둘째, 호혜적인 집단은 외부로부터의 침입자에게 적대적인 태도를 취해야 한다. 이는 침입자로 인한 질서 파괴를 방지하여 집단 내의 이타성 유지에 도움을 주게 될 것이다.

윤리에 대한 새로운 시각

인간은 사회적 동물이다. 우리는 인간이기 이전부터 이미 사회적인 존재였다. 프랑스의 철학자 장 자크 루소Jean-Jacques Rousseau에 따르면 자연 상태에서의 인간은 "고정된 주거지가 없었고 서로를 필요로 하지 않았다. 그들은 서로를 알지 못하고 말도 주고받지 않은 채 일생에 두 번 정도 우연히 스쳐 지나쳤을 것이다." 그런데 루소의 생각은 잘못된 것이었다. 우리는 화석 발굴을 통해 500만 년 전의 인류의 조상, 즉 반은 사람이고 반은 유인원인 생물(인류학자들에겐 오스트랄로피테쿠스 아프리카누스Australopithecus africanus로 알려져 있다)이 우리의 가장 가까운 친척뻘인 고릴라나 침팬지와 유사하게 집단생활을 했다는 사실을 알게 되었다. 오스트랄로피테쿠스Australopithecus[1]가 진정한 최초의 인간이라고 할 수 있는 호모[2] 하빌리스Homo Habilis, 그리고 우리가 속해 있는 호모 사피엔스Homo sapiens 종으로 진화되어 가는 중에도 우리는 여전히 사회적 존재로 남아 있었다.

우리는 루소의 환상, 다시 말해 고립된 삶이야말로 인간 존재의 본래적 또는 자연적 조건이라고 생각했던 루소의 입장을 거부해야 할 것이다. 이와 동시에 우리는 루소와 그가 속해 있던 사회계약론자들[3]의 윤리의 기원에 대한 설명 또한 거부해야 할 것이다. 윤리에 관한 사회

---

1 오스트랄로피테쿠스: 화석 인류의 한 속(屬). 약 800만 년 전의 후기 마이오세부터 160만 년 전의 홍적세 초기에 걸쳐 출현했다. 오스트랄로피테쿠스는 똑바로 서 있었다는 점에서 해부학적으로 민꼬리원숭이와 구별되며, 뇌는 현재의 민꼬리원숭이 뇌와 비슷한 정도로 작았지만 이빨 생김새는 인간과 유사했다.
2 호모: 절멸된 몇 종(H. Habilis, H. Erectus, H. Neanderthalensis)과 현대인(H. Sapiens)을 포함하는 진정한 사람 속. 이들은 완전한 직립 자세, 두 다리에 의한 이동, 이빨의 퇴화, 그리고 무엇보다 뇌의 큰 부피를 특징으로 하는 영장류였다.

계약론적 입장을 지지하는 사람들에 따르면 옳고 그름에 대한 규칙은 아득히 먼 건국 기념일(Foundation Day)에서 유래되었다. 그들에 따르면 이전에는 독립생활을 하고 있던 이성적인 인간들이 그날 함께 모여 최초의 인간 사회를 구성하기 위한 기초를 만들어냈다. 200년 전만 하더라도 사회계약론적 설명은 그때까지 정통적인 것으로 받아들여졌던 입장, 다시 말해 도덕은 신성한 입법자의 율법을 나타낸다는 입장의 훌륭한 대안으로 간주되었다. 이는 서양 사회철학의 역사상 가장 영민하면서도 회의적인 사상가들의 구미에 맞는 설명이었다. 하지만 인류학에서 설명하고 있는 바와 같이 만약 인간이 이성적 존재이기 이전부터 집단을 이루고 살았다면 인간이 이성을 갖추기 전부터 동료들에 대한 행동을 자제했다는 것 또한 확실하다. 사회생활을 영위하기 위해서는 어느 정도의 자제력이 필요하다. 한 사회 집단은 어떤 구성원이 다른 구성원들을 자주, 그리고 아무 제한 없이 공격할 경우 유지될 수 없다. 다른 집단 구성원에 대한 자제 양식이 정확히 어느 시기에 사회윤리로 바뀌었는지를 말하기는 어렵다. 그럼에도 우리는 윤리를 충분히 성숙된 이성적 인간의 의도적인 선택에서 비롯되었다기보다는 선先인류적 행동 양식에서 비롯되었다고 보는 편이 좋을 것이다.

  루소와 같은 18세기의 철학자들은 인간 아닌 동물들의 사회적 행동에 대해 참고할 만한 것이 거의 없었다. 더군다나 인간의 진화4에 대해

---

3 사회계약론자들은 인간들이 자신들의 사회적 상호작용을 규제하기 위해 맺은 어떤 합의에 의해서 도덕의 요구 사항이 결정되며, 우리가 그러한 도덕적 요구 사항을 준수해야만 하는 이유는 거기에 합의했기 때문이라고 주장한다. 윌 킴릭카,「사회계약론의 전통」,『사회계약론 연구』(박정순 옮김, 철학과현실사, 1993), 11쪽 참조.

4 '진화'와 '진화론'은 다르다. 진화에 대한 이론에는 여러 가지가 있을 수 있으며, 각각의 이론에 대한 반론도 있을 수 있다. 하지만 진화 자체는 하나의 사실이다. 그것은 역사적으로 과거에 일어났던 일이며 사건이다. 『과학사상』 제16호(범양사, 1996, 가을), 27쪽 참조.

서는 말할 것도 없었다. 심지어 다윈 이후에도 그러한 주제에 대한 연구는 별로 이루어지지 않았고, 동물에 관해 알려진 것이라고는 사냥꾼들의 적대적인 시각이나 모험가들의 과장된 이야기, 또는 동물원에 사는 동물의 자연스럽지 못한 행동에 대한 자세한 보고 정도가 고작이었다. 야생동물의 행동과 인간 진화에 대한 연구가 우리 자신에 대해, 그리고 우리의 동물 조상과 그 일가들에 대해 어느 정도 자신 있게 목소리를 낼 수 있게 된 것은 최근의 일이다. 에드워드 O. 윌슨은 1975년 최초로 『사회생물학: 새로운 종합』이라는 방대한 저서를 발간하였는데, 이는 야생동물과 인간의 진화에 관한 새로운 정보를 집대성한 매우 인상적인 시도라 할 수 있다. 윌슨은 사회생물학을 "모든 사회적 행동의 생물학적 토대에 대한 체계적인 연구"라고 정의했다. 윤리는 일종의 사회적 행동 방식—물론 윤리가 단순한 사회적 행동 방식 이상임에는 틀림없지만, 최소한의 특징을 고려해 볼 때 사회적 행동 방식이라 말할 수 있다—이므로 사회생물학의 탐구 범위에 들어간다. 물론 혹자는 윤리가 어느 정도까지 생물학적 근거를 갖는지에 대해 의문을 제기할 수 있을 것이다. 하지만 우리가 수많은 인간 아닌 동물들과 공유하는 과거에서 윤리의 기원을 찾을 수 있다면 진화론, 그리고 인간 아닌 사회적 동물 관찰 사례 등은 윤리의 본질을 이해하는 데 분명 도움이 될 것이다. 그렇다면 사회계약이라는 역사적 허구를 대신하여 사회생물학이 우리에게 시사하는 바는 과연 무엇일까?

사회생물학이 윤리에 시사하는 바는 간접적인 것이다. 즉 사회생물학은 윤리에 대한 직접적인 연구보다는 이타성 발달에 대한 탐구를 통해 간접적으로 윤리에 시사점을 던져 준다. 이와 같은 전략은 현명한 것이라 할 수 있다. 왜냐하면 침팬지나 가젤 영양이 윤리적으로 행동한다고 말할 수 있는 경우가 언제인가를 결정하는 것은 쉬운 일이 아니기 때문이다.5 만약 자신을 다소 희생하여 타인에게 이익이 되는 행동을 이타적 행동이라고 정의(이는 일상적 의미에서의 이타성이 아니다. 다음 장에서 나는 방금 언급했던 정의를 수정할 것이다. 어쨌든 당분간 이를 이타성이라고 간주하도록 한다)한다면,6 인간 아닌 동물에서 이타성이 존재한다는 증거를 확보하는 것은 그리 어려운 일이 아니다. 우리는 동물들의 이타성 발달을 이해함으로써 윤리의 발달을 더욱 잘 이해하게 될 것이다. 이렇게 말하는 이유는 오늘날의 윤리 체계가 초기 인류와 인류 이전 조상들의 이타적 행위에 그 뿌리를 두고 있기 때문이다.

이타성7은 사회생물학자들의 호기심을 자아낸다. 윌슨은 이타성을 "사회생물학의 이론적인 문제 중에서 핵심이 되는 문제"라고 밝히고 있다. 이타성이 사회생물학적 문제인 이유는 그것이 다윈의 진화론 틀 내에서 설명되어야 하기 때문이다.8 그런데 진화가 생존 경쟁을 의미한다면, 자신을 희생하여 타인을 살아남게 하는 이타주의자들이 가차

---

5 니텍키(M. H. Nitecki)는 "동물의 마음이 어떻게 작동하는지에 대해 더 많은 것을 알 때까지는 윤리가 인간만의 전유물이라고 단언할 수 없을 것이다"라고 말하고 있다. 과학이 인간 아닌 동물의 마음을 파악할 수 있는 단계에까지 이르지 못했다면, 우리는 동기마저 문제 삼는 '윤리'를 동물들이 소유하고 있는가를 파악하는 데 주력하기보다는 우리가 관찰할 수 있는 이타적 행위 양태를 통해 그것이 시사하는 바를 연구하는 편이 나을 것이다. M. H. Nitecki, "Problematic Worldviews of Evolutionary Ethics," *Evolutionary Ethics*(SUNY Press, 1993), 10쪽 참조.
6 도킨스는 이타성과 이기성의 정의(定義)가 주관의 문제가 아니라 행동상의 것이라는 사실을 이해해야 한다고 말하고 있다. 리처드 도킨스, 『이기적 유전자』(홍영남 외 옮김, 을유문화사, 2010), 24쪽 참조.
7 "이타적인 감정은 남을 돕는 것이 올바르기 때문에 돕고자 하는 감정과 구분할 수 있다. 이타심은 단순하고 원초적인 감정인 반면, 이타적인 도덕감은 원초적인 이타심에 이타적 행위의 올바름에 대한 의식이 더해진 것이다. 올바름에 대한 의식은 흔히 의무감을 동반한다. 따라서 도덕감은 이타심과 같은 감정에 의무감이 가미된 복합적인 감정이라 이해할 수 있다." 정연교, "진화론의 윤리학적 함의", 『철학적 자연주의』(철학과현실사, 1995), 269쪽 참조.
8 이 말이 이해가 가지 않는다면 2011년판 서문 2번 주석을 참조할 것.

없이 도태되지 않은 이유는 무엇일까?

동물의 이타성

인간 아닌 동물들의 이타적 행동 사례 몇 가지를 살펴보기로 하자. 우선 매가 머리 위로 날아오를 때 검은새(blackbird)[9]가 내는 경고음부터 살펴보자. 검은새의 경고음은 무리에 속한 다른 검은새들이 도망가는 데 도움을 준다. 하지만 이때 경고음을 낸 검은새의 위치가 드러나게 되며, 그리하여 경고음을 낸 검은새는 불필요한 위험에 노출되게 된다.(청각적으로 볼 때, 경고음은 같은 새들이 내는 다른 소리에 비해 그 출처를 확인하기가 어렵다. 하지만 그렇다고 하더라도 전혀 소리를 내지 않고 숨으려 했을 경우보다는 확인이 용이하다.) 만약 우리가 예상하는 바와 같이 경고음을 내지 않고 자신만 살고자 하는 새들보다 경고음을 내는 새가 더 많이 희생되었다면, 그들이 보여 주는 이타성이 지금까지 존속되고 있는 원인은 무엇일까?

또 다른 예로 우리는 톰슨가젤[10]의 행동을 들 수 있다. 톰슨가젤은 아프리카 들개 무리들이 주로 사냥감으로 삼는 조그마한 영양 종을 일컫는다. 들개 무리를 발견하면 가젤은 '경계 도약(stotting)'[11]이라고 부르는 기이하고도 뻣뻣한 걸음걸이로 튀어 오르며 도망간다. 다음은 그러

---

[9] 검은새: 지빠귀과에 속하는 새. 수컷은 검은색이며 노란 부리를, 암컷은 짙은 갈색 몸 색깔에 진한 부리색을 갖고 있다. 크기는 25센티미터 정도이며, 갈색 점의 파란색 알을 3~5개 정도 낳는다. 매우 큰 플루트와 같은 소리를 낸다.
[10] 가젤: 아프리카·서부아시아산의 조그만 영양(羚羊). 모양이 날씬하고 눈이 크다.
[11] 『이기적 유전자』에는 다음과 같이 쓰여 있다. "포식자 앞에서 행해지는 이 박력 있는 도약 행동은 새의 경계음에 상당한다. 이 행동은 위험에 처해 있는 동지들에게 경고를 발하면서 한편으로는 경계 도약을 하고 있는 개체 자신에게 포식자의 주의를 끈다."『이기적 유전자』, 32쪽.

한 가젤의 행동과 그것이 함축하고 있는 의문점에 대한 서술이다.

경고 신호임에 분명한 경계 도약은 무리의 앞에서부터 물결처럼 퍼져나간다. 이와 같은 경계 도약에 대한 반응으로 육안으로 관찰되는 거의 대부분의 가젤 영양들이 가까운 피난처로 도망간다. 물론 경고 표시는 적응에 필요한 것처럼 보인다. 그러나 그와 같은 경고 표시에서는 단점이 발견된다. 이렇게 말하는 이유는 무리에서 멀어진 후에도 가젤 영양들은 경계 도약을 하면서 도망가는데, 그렇게 도망갈 경우 더욱 잡아먹히기 쉬운 듯이 보이기 때문이다…… 우리는 무리를 이끄는 들개가 쫓아가는 가젤 영양과의 간격을 좁히는 장면을 수없이 많이 보았는데, 가젤 영양은 반마일 정도 추격자보다 조금 빠른 속도로 도망가다가 뒤늦게 전속력으로 도망간다. 우리로서는 추격을 당할 때 가젤 영양이 경계 도약을 하며 도망가는 이유를 이해하기가 쉽지 않았다. 왜냐하면 가젤에게는 경계 도약을 하면서 도망가는 것보다 전속력으로 도망가는 것이 생존이나 번식에 유리한 듯이 보였기 때문이다.[12]

그런데 이타성이 오직 경고에만 한정되어 있는 것은 아니다. 어떤 동물들은 종(種)[13]의 다른 구성원들을 보호하기 위해 약탈자를 위협하거

---

[12] 도킨스는 영양의 높이뛰기를 달리 해석하고 있는데, 즉 포식자는 쉽게 잡힐 만한 먹이를 선택하는 경향이 있기 때문에 높고 허세부리는 뛰기를 가능케 하는 유전자는 포식자에게 쉽게 먹히지 않는다는 것이다. 이 이론에 의하면 그 과시는 이타주의와는 관계가 멀다. 어느 쪽이냐 하면 그것은 이기적인 행동이다. 왜냐하면 포식자로 하여금 다른 개체를 쫓도록 촉구하는 것이 그 과시의 목적이기 때문이다. 『이기적 유전자』, 262-266쪽 참조.
[13] 종(種): 공통적인 특징을 가지며, 상호 교배가 가능한 유연관계에 있는 생물들로 구성된 생물학적 분류 단위. 생물학에서 종의 개념을 인식하는 것은 매우 중요한 일이지만 종의 개념을 한 마디로 정의하기는 어렵고, 이는 시대에 따라 변해 왔다. 마이어는 생물학적 종의 개념을 다음과 같이 정의하고 있다. 1) 종은 고유하고 명확한 형태적 특징이 있고, 2) 고유한 생태적 특징이 있으며, 3) 생식적으로 격리되어 다른 종과는 유전자의 교류가 없다.

나 공격하기도 한다. 아프리카 들개가 새끼를 지키기 위해 상당한 위험을 감수하면서 치타를 공격하는 모습이 관찰되었다. 수컷 비비원숭이는 자신의 무리들이 도망갈 수 있도록 약탈자를 위협하며 앞에 나서서 막아 준다. 어린 새의 부모는 기이한 춤과 과시(이는 약탈자의 관심을 둥지로부터 부모 새에게로 분산시킨다)를 통해 약탈자를 둥지로부터 멀어지게 하는 경우가 종종 있다.

먹이를 나눠 먹는 것은 또 다른 형태의 이타성이다. 늑대와 들개는 사냥에 참가하지 않은 무리의 구성원들을 위해 고기를 가지고 그들이 있는 곳으로 돌아간다. 먹이를 얻지 못한 긴팔원숭이와 침팬지는 다른 놈들 몫을 조금만 달라는 몸짓을 하는데, 이러한 행동은 대부분 받아들여진다. 침팬지는 잘 익은 열매가 달려 있는 나무로 서로를 이끌고 간다. 그들의 이타성은 자신이 속해 있는 집단을 넘어서는 경우도 있는데, 가령 열매가 풍성한 나무에 집단 전체가 모여 있는 경우, 그들은 1킬로미터 반경 내의 다른 집단을 부르는 커다란 소리를 낸다.

몇몇 종들은 상처 입은 동료가 생존할 수 있도록 도와준다. 돌고래는 숨을 쉬기 위해 수표면까지 올라가야 한다. 그런데 어떤 돌고래가 깊은 상처를 입어서 수표면에 이를 수 있는 수영 능력을 상실했을 경우, 다른 돌고래 무리들은 상처 입은 돌고래 밑에 무리를 지어서 그 돌고래를 밀고 올라가 숨을 쉬도록 도와준다. 필요하다면 그들은 이를 몇 시간 동안 계속할 것이다. 이와 같은 경우는 코끼리 무리에서도 관찰된다. 코끼리는 자신의 체중으로 인해 숨이 막히거나, 태양에 지나치게 노출되어 쓰러지는 경우가 있다. 그런데 사냥꾼들은 한 마리의 코끼리가 넘어졌을 경우, 집단의 다른 코끼리들이 그 코끼리를 일으켜 세우고자 노력한다고 보고하고 있다.

마지막으로 동료와의 싸움에서 많은 동물들이 보여 주는 자제력 또한 이타성에 포함시킬 수 있다. 동일한 사회 집단에 속해 있는 구성원들끼리의 싸움이 죽음, 심지어 상처를 입히는 데까지 이르는 경우는 드물다. 한 마리의 늑대가 다른 늑대에 승리를 거두었을 경우, 패배한 늑대는 부드러운 자신의 목 아래 부분을 승리한 늑대의 송곳니에 들이댐으로써 복종의 몸짓을 보여 준다.[14] 승리한 늑대는 적의 목 부분 정맥을 끊어 버리는 대신 상징적 승리에 만족하면서 총총 걸음으로 사라진다. 이기적인 관점에서 볼 때, 이러한 모습은 어리석은 것처럼 보인다. 도대체 생존 경쟁에서 상대를 죽이려고 싸우는, 패배한 늑대에게 두 번 다시 기회를 주지 않는 늑대들이 라이벌에 관용을 베푸는 늑대들을 제거해 버리지 않은 이유가 무엇인가?

진화와 이타성

많은 사람들은 진화를 서로 다른 종간의 경쟁(competition between different species)이라고 생각한다. 성공적인 종은 살아남아 그 수를 증가시키며, 실패한 종은 멸종해 버린다. 만약 진화가 전체 종이라는 차원에서 이루어진다면 동일한 종 구성원들 간의 이타적 행위는 설명하기 쉬울 것이다.[15] 가령 개체로서의 검은새(경고음으로 인해 매의 사냥감이 되는)는

---

[14] 사람들이 복종을 나타낼 때에도 늑대와 유사한 행위를 보여 준다고 한다. 가령 사람들이 굴복할 때는 자기 몸을 축소시킨다. 이는 엎드리기나 무릎꿇기 또는 몸굽히기 등을 통해 이루어진다. 또한 곤궁한 처지나 허약성 또는 유아적 행동 역시 동정심을 불러일으킨다. 아이블아이베스펠트, 『사랑과 미움』(조정옥 옮김, 민음사, 1996), 128쪽.

검은새 무리를 구하기 위해 목숨을 희생하며, 그리하여 종 전체의 생존 가능성을 높인다. 패배한 상대의 복종적인 몸짓을 받아들인 늑대는 상대를 죽이지 않는 자제력을 보이는데, 만약 이러한 자제력을 갖추지 않았다면 늑대들은 멸종하고 말았을 것이다. 동물들 간에 나타나는 여타의 이타성의 사례 또한 종 전체의 생존 가능성을 높인다는 차원에서 설명이 가능하다.

그런데 이러한 단순한 설명의 문제점은 이타성의 진화가 어떻게 전체 종의 생존 혹은 멸종의 경우처럼 전체 단위(general level)로 나타날 수 있었는지(여기에서 아주 특별하고 드문 상황은 제외된다)를 파악하기가 어렵다는 것이다.16 실질적인 선택의 단위는 종이 아니고, 그렇다고 어떤 소집단도 아니며, 개체 또한 아니다. 선택의 단위는 바로 유전자(gene)다.17 우리는 유전자를 통해 조상으로부터 형질을 물려받는다. 어떤 유전자를 담지한 개체가 그 유전자로 인해 생존이나 번식을 고양시키는 특징을 갖게 될 경우 그 유전자는 다음 세대에까지 존속될 것이다. 반면 어떤

---

15 집단선택 이론에서는 생존 경쟁에서 경쟁하고 있는 것이 종이라고 하면 개체를 장기 게임의 졸(卒)이라고 볼 수가 있다. 졸은 종 전체의 이익을 위하여 필요하다면 희생이 된다. 각 개체가 그 집단의 행복을 위하여 희생할 수 있는 종 내지 종내 개체군 등의 집단은 각 개체가 자기 자신의 이기적 이익을 우선으로 추구하고 있는 다른 경쟁 집단보다 아마도 절멸의 위험이 적을 것이다. 『이기적 유전자』, 28쪽.
16 집단선택 이론은 이타성이 사라지기는커녕 오히려 전체 종에 이타성이 두루 퍼져 있는 사실을 설명하기가 어렵다는 문제점에 직면하게 된다. 이타적 집단 안에는 어떤 희생도 거부하고 의견도 다른 소수파가 반드시 있게 마련이다. 다른 이타주의자를 이용하려고 하는 이기적인 반역자가 한 개체라도 있으면 그 개체는 아마도 다른 개체보다 생존의 기회도, 새끼를 낳는 기회도 많을 것이다. 그리고 그 새끼는 각각 이기적인 성질을 이어받는 경향이 있을 것이다. 몇 세대의 자연 선택을 거친 후 이 '이타적 집단'의 이타적 개체들은 자연 도태될 것이고, 결국 이 집단은 이기적인 개체만이 살아남아 이기적인 집단과 구별이 어렵게 될 것이다. 이의 결과로 집단 내의 그 어떤 개체도 자신을 희생하여 나머지 개체들의 생존을 도모하려 하지 않을 것이다. 하지만 이는 사실과 다르다. 다시 말해 어떠한 사회적 동물 집단에서도 분명 이타적 행동 방식들이 보편적으로 관찰되고 있는 것이다. 이와 같은 점을 고려해 볼 때 집단 선택 이론은 설명력에 취약점을 갖는다고 할 수 있다. 『이기적 유전자』, 28쪽 참조.

유전자를 담지한 개체가 그 유전자로 인해 자손을 적게 남기게 된다면, 그와 같은 유전자 형型은 그 유전자를 담지한 개체의 죽음과 더불어 사라져 버리고 말 것이다.

전체 종 단위의 선택 이론이 유전자 선택 이론보다 설명력을 갖추기 위해서는 진화에서 유전자가 선택되는 것과 동일한 정도의 빈도로 종 또한 선택된다고 가정해야 할 것이다. 이는 마치 개체들이 번식에 성공하거나 실패하는 것과 유사한 정도의 빈도로 오래된 종이 사라지고 새로운 종이 나타나야 한다는 것을 의미한다. 물론 자연은 그러한 방식으로 작동하지 않는다. 종은 수많은 세대를 거치면서 서서히 진화한다. 그러므로 **동일한** 종 구성원들 간의 경쟁에서, 이타적 특징을 갖도록 하는 유전자는 종 전체에 그러한 유전자가 퍼져 **다른** 종과 경쟁을 할 때 전체로서의 종에 이익이 되기도 전에 이기적 특징을 갖도록 하는 유전자에게 패배해 버리고 말 것이다.[18] 그리고 설령 어떤 특별한 상황에서 이타

---

[17] 1960년대까지는 대를 위해 소를 희생하는 것이 생물학적으로 따져볼 때 자연스러운 것이라는 '집단 선택설'이 우세한 위치를 차지하고 있었다. 그런데 집단 선택설은 주 16)에서 지적한 바와 같은 문제점으로 인해 이론의 취약성이 노출되고, 그에 따라 다윈이 말한 개체 중심의 자연선택설이 다시금 설명력 있는 이론의 자리를 차지하게 된다. '개체 선택설'에 따르면 개체들은 이기적인 방법으로 자신의 새끼를 낳으려고 할 따름이며, 그들이 희생을 하는 경우에도 집단을 위해서가 아니라 개체의 이익을 위한 것일 따름이다.

70년대에 들어 런던 대학교의 젊은 대학원생이었던 윌리엄 해밀턴(William D. Hamilton)은 선택의 단위가 개체보다 작은 유전자임을 보여 주는 획기적인 발견을 하게 된다. 꿀벌은 유충 돌보기와 벌집 방어에 희생적으로 봉사함으로써 이타적인 행동을 두드러지게 나타내는데, 해밀턴은 이러한 현상이 나타내는 이유를 다음과 같은 방식으로 설명한다. 꿀벌의 수컷은 단성 생식을 하며, 그 결과 자신의 염색체가 부모의 한쪽과 같을 확률이 50퍼센트이다. 반면 일벌들 사이, 즉 자매 사이에는 75퍼센트나 된다. 결국 일벌이 자신의 유전자를 존속시키려면 직접 새끼를 낳는 것보다 동생(자매)을 돌보고 키우는 것이 보다 효과적이며, 동생을 많이 만들기 위해서는 여왕을 잘 섬겨 여왕이 새끼들, 즉 자기의 동생들을 많이 낳도록 도와야 한다. 만약 일벌이 적의 침입을 막다가 희생되더라도 자신이 속한 꿀벌 집단이 살아남는다면 침입으로 집단 전체가 궤멸될 경우보다 적응도가 향상될 것이다. 세포유전학적 근거에서 이타성을 설명한 그의 이론은 사회생물학을 하나의 과학으로 성립시키는 디딤돌이 되었다.

적 유전자가 없는 종이 사라진 곳에서 이타적 행위가 한 종을 살아남게 했다고 하더라도, 다음과 같은 문제는 여전히 남아 있게 된다. 즉 일단 외적인 경쟁이 끝났어도, 살아남은 종의 이타적 행위의 존속을 가로막는 종 내에서의 경쟁은 여전히 계속될 수밖에 없는 것이다.

이상은 최소한 오늘날 이 분야의 많은 과학자들이 인정하고 있는 진화에 대한 개괄적인 설명이다. 위에서의 설명은 종의 생존이라는 단순한 차원에서 이타성의 진화를 설명하려는 시도가 어떻게 비판될 수 있는가를 잘 보여 주고 있다. 경고음을 내는 것은 유전적 토대를 갖는 행동 방식이다. 따라서 검은새는 약탈자가 나타났을 때 경고하는 방식을 굳이 익힐 필요가 없다. 그런데 이제 문제는 다음과 같은 것이다. 자기 희생적 행위를 도모하는 유전자가 어떻게 자리를 잡을 수 있는가? 어떻게 경고음을 내도록 하는 유전자 조합은 그것이 나타나자마자 경고음을 내는 개체로서의 새(이러한 새는 경고로 인해 명을 재촉하게 되며, 이에 따라 자손을 남기기가 힘들어진다)와 더불어 사라지지 않을 수 있는 것일까? 만약 경고음을 내게 하는 유전자와 경고음을 내는 개체가 죽어 버린다면 전체로서의 종은 더욱 살아남기 힘들 것이다. 하지만 전체로서의 종은 종 내에서의 이타성이 사라져 버리는 것을 막을 힘이 없다. 그럼에도 종은 분명 살아남았으며, 이는 실로 수수께끼가 아닐 수 없는 것이다.

다른 이타적 행동을 설명하는 데도 동일한 문제가 제기된다. 가령 몇 마리의 늑대들이 복종의 몸짓을 보인 상대를 죽이지 못하도록 하는

---

18 한 집단의 멸망은 한 집단 내에서의 개체간의 경쟁에 비교하면 매우 느린 과정이다. 집단이 느리게, 그리고 확실히 쇠퇴하여 가는 사이에도 이기적 개체는 이타적 개체를 희생하여 단기간에 성공하게 될 것이며, 그리하여 결국 그 집단은 이기적인 개체들로 가득하게 될 것이다. 그런데 만약 이것이 사실이라면 집단 선택은 한 집단 내에 이기성이 만연하지 않고 이타성을 발휘하는 개체들이 있다는 사실을 설명하기가 어렵게 된다. 『이기적 유전자』, 28쪽 참조.

유전자를 갖고 있는 반면, 이러한 유전자를 가지고 있지 않은 다른 늑대들은 패배한 상대를 죽여 버린다고 해보자. 도대체 살상을 금지하는 유전자가 어떻게 확산될 수 있을까? 살상을 하는 늑대가 살상을 못하는 늑대에게 싸움에서 승리를 거두었을 경우, 그러한 승리는 바로 살상 금지 유전자의 최후와 직결된다. 반면 살상 금지 유전자를 지닌 늑대가 살상을 하는 늑대에게 승리를 거두었다면 살상 유전자는 계속 살아남아 재생산될 것이다. 오랜 기간 싸움을 치르게 되면 살상 유전자는 늑대들 사이에서 우위를 점해야 할 것처럼 보인다. 그런데 이와 같은 현상이 나타나지 않는 이유는 무엇인가?

다윈 스스로도 인간의 사회적·도덕적 특성을 진화론적으로 설명하고자 할 때 위에서와 같은 어려움에 처하게 된다는 사실을 잘 알고 있었다. 『인류의 기원』에서 그는 다음과 같이 말하고 있다.

> 하지만 우리는 다음과 같은 의문을 가질 수 있다. 어떻게 동일한 종족이라는 한계 내에서 구성원들의 상당수가 최초로 이와 같은 사회적·도덕적 특징을 획득하게 되었는가? 그리고 탁월성(excellence)이라는 기준은 어떻게 나타나게 되었는가?
>
> 동정적이고 자혜로운 부모의 자손, 또는 동료들에 의리를 가장 잘 지키는 자들의 자손들이 동일 종족에 속한 이기적이며 신뢰할 수 없는 부모의 자손들보다 더 많이 살아남을 가능성은 거의 없다. 대부분의 경우, 동료들을 배반하기보다는 자신의 목숨을 기꺼이 바치고자 하는 자들은(많은 야만인들이 그래 왔는데) 자신의 고귀한 본성을 물려받을 자손을 남기지 못하게 될 것이다. 평균적으로 따져 볼 때, 전쟁이 일어났을 때에 항상 앞장서고자 하여 타인들을 위해 스스럼없이 목숨을 바치는 용감한 사람들은 다른 사람들보다 죽

음을 맞이하게 되는 경우가 훨씬 많을 것이다. 때문에 그와 같은 덕을 갖추고 있는 자들의 수나, 그들이 갖춘 탁월성이라는 기준이 자연선택[19]을 통해, 다시 말해 적자생존을 통해 증진될 가능성은 별로 없는 것처럼 보인다. 이와 같이 말하는 이유는 여기서 말하고 있는 바가 한 종족이 다른 종족에 승리를 거두는 것에 관한 논변이 아니기 때문이다.

다윈은 이성 능력이 발달함에 따라 초기 인류는 자신의 동료를 도울 경우 그에 대한 보답으로 도움을 받을 수 있다는 사실을 알게 되었을 것이라고 추측했으며, 그와 같은 추측이 어느 정도 설명력을 갖는다고 생각했다. 그는 집단에 소속된 다른 구성원들의 칭찬과 비난으로 덕행이 길러진다는 것을 또 다른 설명으로 제시했다. 그런데 사회생물학자들은 이타성을 설명하기 위해 칭찬과 비난이라는 관행을 도입하지 않는다. 왜냐하면 이타성은 칭찬이나 비난을 하지 않는 인간 아닌 동물들 사이에서도 나타나기 때문이다. 그럼에도 사회생물학자들은 호혜성의 원리가 중요하다는 다윈의 제안을 발전시켰다. 그들은 자연선택[20]을 통해 두 가지 형태의 이타성을 설명할 수 있다고 주장한다. 즉 그들은 자연선택을 통해 혈연[21] 이타성과 호혜적 이타성을 설명할 수 있다고 주장하는 것이다.[22] 그들 중에는 집단 이타성의 역할을 어느 정도 인정하는 자

---

[19] 자연선택설은 종합 진화설로 발전하게 된다. 종합 진화설은 무엇보다도 진화의 기본 단위를 개체에서 유전자로 바꾸었다는 점에서 자연선택설과 구별된다. 정연교, 「진화론의 윤리학적 함의」, 『철학적 자연주의』(철학과현실사, 1995), 259쪽.
[20] 자연선택은 흔히 '적자의 생존'이라 불린다. 그러나 이 문구가 '살아남기 위한 치열한 경쟁만이 난무하는 자연'을 의미하는 것은 아니다. 진화론에서 '적자'란 단지 자손을 남기기에 가장 잘 갖추어진 개체들이 살아남고 번식한다는 것을 의미할 뿐이다. 피터 싱어, 『이렇게 살아가도 괜찮은가』(정연교 옮김, 세종서적, 1996), 145쪽.
[21] 혈연: 너무 먼 과거가 아닌 때의 조상을 공통으로 갖는다. 이것은 혈연계수와 근연계수로 측정된다.

들도 있지만, 이는 앞의 두 가지 유형의 이타성들에 비해 논쟁의 여지가 있다.

혈연 이타성

우리가 이미 살펴본 바와 같이 진화는 유전자들 간의 생존 경쟁이라 말할 수 있다. 내가 여기서 사용하는 '유전자'라는 단어는 물리적 DNA 조각(physical bits of DNA)—이러한 의미에서의 유전자는 그들이 속해 있는 개체로서의 늑대, 검은새 또는 인간과 운명을 같이 하게 된다—을 나타내는 것이 아니라 DNA 유형(type of DNA)을 나타낸다. 이러한 의미에서의 유전자는 무한정 살아남을 수 있다. 왜냐하면 한 세대에서의 DNA 조각 하나는 다음 세대의 유사한 DNA 조각들로 이어질 수 있기 때문이다. 이것이 이루어질 수 있는 가장 확실한 방법은 생식(reproduction)을 통해서다. 내가 생산해내는 각각의 정자들에는 나의 유전자 절반의 무작위 표본이 포함되어 있다. 그리하여 나의 정자가 난자와 수정될 경우(이는 아이로 자라나게 되는데) 나의 일련의 유전자의 절반은 독립적인 존재가 되어 내가 죽은 후에도 세대를 이어서 그 유전자를 일부 전한다. 이렇게 보자면 예컨대 '갈색 눈 유전자'는 자손이 갈색 눈을 갖도록 하는, 내가 가지고 있는 특정한 생물학적 물질 조각을 의미

---

22 윌슨은 이타성을 크게 하드 코어(hardcore)와 소프트 코어(softcore) 이타성의 두 가지로 구분한다. 여기서 전자는 싱어가 혈연 이타성이라 부르는 것이다. 이와 같은 이타성은 친족들 간에 나타나며, 직접적인 보상을 기대하는 데서 나타나는 이타성이 아니다. 반면 후자는 최소한 어느 정도 보상이 이루어지길 바라는 데서 나타나는 이타성으로, 싱어가 말하는 사실상 호혜적 이타성과 동일한 개념이다. E. Wilson, *On Human Nature*(Harvard Univ. Press, 1978), 155-156쪽.

하는 것이 아니다. 내가 여기서 말하는 유전자는 생식을 통해 전달되는, 인간이 갈색 눈을 갖도록 하는 생물학적 물질의 유형이다.

이렇게 본다면 철저하게 이기적인 행위—다른 어느 누구도 고려치 않고 오직 내 스스로만의 생존 기회를 증진시키고자 하는 행위—는 진화에서 선택되지 않을 것이며, 어떤 경우에도 나의 운명은 이타성을 갖도록 정해져 있다. 나의 유전자의 생존은 내가 자손을 갖는지의 여부에 따라 결정되며, 나의 자식이 그의 자식을…… 등으로 결정된다. 다른 모든 조건이 동등하다면 진화는 나의 자식의 생존과 번식을 증진시킬 수 있는 행위를 선호할 것이다.[23] 이와 같은 점을 고려해 본다면, 부모가 자식에 대해 관심을 갖는 것이야말로 진화가 이타성을 산출할 수 있는 가장 중요하고도 확실한 방법이다. 이는 너무나 보편적이고 당연한 이타성이어서 우리는 심지어 이를 이타성이라고 생각하지 않는 경우마저 흔히 있다. 하지만 인간 및 인간 아닌 동물들의 자식들을 위한 희생은 사실상 자신 외의 존재의 이익을 위한 엄청난 노력이라 할 수 있다. 우리는 이와 같은 부모의 자식에 대한 관심을 이타성(이제껏 규정해 온 바에 따라)으로 파악해야 할 것이다.(인간의 경우 이러한 희생은 대부분의 부모와 이에 주목하는 사람들이 잘 알고 있는 바이다. 만약 대부분의 사람들이 이기적이라면, 우리는 사람들이 아이들을 갖는 것에 반대하면서 수많은 사람들에게 아이를 갖지 말라고 설득하지 않는 이유가 무엇인지를 설명하기 어려울 것이다.)

---

[23] 내가 '다른 조건이 모두 동등하다면'이라고 말하는 이유는 어떤 조건하에서는 다른 선택 전략이 있을 수 있기 때문이다. 가령 많은 아이들을 낳아서 각자 알아서 살아남게 하는 방법이 있을 수 있다. 포유류의 경우 자손을 살아남게 하려면 암컷이 각각의 자손에게 많은 시간을 투자해야 한다. 하지만 훨씬 적은 노력으로 자신의 유전자를 전달할 수 있는 수컷에게는 일단 자손을 태어나도록 하는 방식이 통용될 수 있을 것이다. 사회생물학자는 이상과 같은 설명을 통해 자식 돌보기에 대해 암컷이 커다란 관심을 갖는 이유, 그리고 수컷들이 다양한 파트너들과 임의적으로 성관계를 갖기를 강렬하게 욕망하는 이유를 밝힐 수 있다고 주장한다.(원주)

다른 조건이 동일한 경우에, 부모들이 자식들에게 관심을 갖도록 하는 유전자는 자식을 돌보지 않도록 하는 유전자에 비해 존속될 가능성이 높다. 그런데 자식을 돌보는 것은 자신의 유전자의 존속 가능성을 높이는 몇 가지 방법 중 한 가지에 지나지 않는다. 아이가 탄생할 경우, 나의 아이는 나의 유전자를 모두 갖는 것이 아니다.(이를 위해선 유전자 복제가 가능할 때를 기다려야 할 것이다.) 나의 자식은 나의 유전자의 절반을 소유한다. 물론 나머지 반은 어머니로부터 온다. 나의 형제와 자매들 또한 평균적으로 내가 갖는 것과 동일한 유전자의 50퍼센트를 지니게 될 것이다. 왜냐하면 그들 또한 나와 마찬가지로 유전자의 반은 어머니로부터, 나머지 반은 아버지로부터 물려받기 때문이다.24(여기서 50퍼센트란 평균치를 말한다. 유전자 분배가 어떻게 일어나느냐에 따라 '나와 공통적인 유전자를 전혀 갖지 않는 경우'로부터 '완전히 일치하는 유전자를 갖는 경우'에 이르기까지의 편차가 있을 수 있다. 하지만 관련된 유전자의 수는 엄청나게 많다는 사실을 감안한다면 두 가지 극단적인 경우가 발생한다고 생각하는 것은 환상에 지나지 않을 것이다.) 따라서 유전적으로 따져볼 때 형제와 자매는 자식 못지않게 나와 밀접한 관계에 놓여 있다. 자식들이 나와 공유하는 유전자는 나의 육체를 통해 복제된 반면, 나의 형제의 유전자는 그렇지 않다는 사실은 특별히 중요하지 않다. 나의 형제

---

24 확률 계산 방법은 다음과 같다. "당신이 유전자 H의 사본을 한 개 가지고 있다면 당신 아이들은 어느 아이라도 그것을 가지는 확률이 50퍼센트이다. 왜냐하면 당신의 생식 세포의 반수가 H를 가지고 있고 어느 아이도 그 생식 세포의 하나로부터 만들어졌기 때문이다. 당신이 유전자 J를 한 개 가지고 있다면 당신이 부친의 J를 가지고 있었을 확률은 50퍼센트이다. 왜냐하면 당신은 자신의 유전자의 절반을 부친으로부터, 나머지 절반은 모친으로부터 받았기 때문이다. 편의상 '근친도(relatedness)'라는 지표를 쓰기로 하자. 이것은 2인의 친족이 한 개의 유전자를 공유하고 있는 확률을 나타내고 있다. 2인의 형제간의 경우, 한 사람이 가지고 있는 유전자의 절반이 다른 사람에게서도 보이므로 그 근친도는 1/2이다. 이것은 평균적 수치이다. 즉, 특정 2인의 형제에 대해서는 감수분열이 어떻게 이루어지느냐에 따라 공유하는 유전자가 이보다 많을 다 적었다 할 때가 있다. 하지만 부모와 자식 간의 근친도는 반드시 1/2이다." 『이기적 유전자』, 144쪽.

와 자매를 돕는다는 것은 곧 나의 유전자의 생존 가능성을 높이는 것을 의미한다. 이는 나의 자식들을 돌보는 경우와 다를 바가 없다. (형제와 자매에 대한 관심이 일반적으로 자손에 대한 관심보다 강렬하지 못한 것은 다음과 같은 이유 때문일 것이다. 즉 부모들은 자손들과의 나이 차로 인해 자손들이 가장 도움을 필요로 할 때 돌보아 줄 수 있는 반면, 형제와 자매들은 흔히 어린 동생들을 돌보기에 너무 어리다. 게다가 일부일처제가 아닌 종들에서는 부모가 같은 형제와 자매가 예외이고 배다른 형제와 자매—이 경우 유전적 관계는 불과 25퍼센트에 지나지 않는다—가 정상이다.)

유전적 토대를 갖는 혈연을 도우려는 경향, 이것이 바로 혈연 이타성의 기초를 이룬다. 그 관계가 부모와 자식 간의 관계, 또는 형제간의 관계처럼 가까워야 할 필요는 없다. 공유하는 유전자의 비율은 그 관계가 멀어짐에 따라 현격히 낮아지지만—숙모(또는 삼촌)와 그들의 조카딸(또는 조카)은 유전자의 25퍼센트를 공유하며 친사촌과는 12.5퍼센트를 공유한다—질적인 면에서의 부족은 양적인 면이 증가함에 따라 보상될 수 있다.25 만약 두 명의 자식, 네 명의 조카, 또는 여덟 명의 친사촌의 생명을 구할 수 있다면 목숨을 내걸어도 나의 유전자의 생존 가능성을 높이는 데는 아무 지장이 없을 것이다. 이러한 방식으로 혈연선택은 이타성이 직접적인 가족을 넘어서 확장되는 이유를 설명해 주고 있다. 우리는 혈연선택을 통해 대부분의 구성원들이 친족으로 이루어진 긴밀한 집단 내에서의 이타적 행동, 다시 말해 약탈자가 가까이 있을 때 경고음을 내는 것과 같은 이타적 행동(이는 집단 전체에 이익을 줄 것인데)을 설명할 수 있을 것이다.

혈연 이타성에는 자신들이 서로 얼마나 밀접한 사이인가를 동물들이 알고 있다는 의미가 포함되어 있지 않다. 즉 혈연 이타성에는 그들이 친자매와 이복 자매, 또는 친척과 친척 아닌 동물들을 구별할 수 있다는 의미가 포함되어 있지 않은 것이다. 혈연 이타성 이론은 대체로 동물들이 그와 같은 혈연관계를 아는 것처럼 행동한다고 주장하고 있을 따름이다. 우리가 논의하고 있는 동물은 복잡한 고등동물이다. 이에 따라 그러한 동물들은 정밀하게 계산된 유전적 관계 비율에 따라 행동하지 않는 경우가 많다. 예를 들어 앞으로 번식할 기회가 많이 남아 있는 암컷 침팬지가 새끼들을 위해 자신을 희생하는 경우도 있을 수 있다. 또한 기껏해야 자신들의 조카뻘인 새끼를 위협하는 치타를 아프리카 들개들이 목숨을 걸고 공격하는 것이 관찰되기도 한다. 행성의 움직임과는 달리 진화된 행동 성향은 예측 가능하지 않은 경우가 대부분이다. 그럼에도 혈연선택은 그것이 아니었으면 의아하게 생각할 수밖에 없는 몇 가지 사실을 설명해 준다. 가령 월드 비스트[26]는

---

25 근친도 계산 방법에 대한 도킨스의 설명을 인용하면 다음과 같다. "A와 B의 공통 조상이 발견되면 다음과 같이 세대 간격을 계산한다. 우선 A로부터 공통 조상에 이르기까지 가계도를 거슬러 올라가 거기서 다시 B까지 내려간다. 가령 A가 B의 숙부라면 세대 간격은 3이다. 그래서 공통 조상은 A의 아버지이자 B의 조부가 된다. A를 출발하면 공통 조상에 부딪히기 때문에 1세대 거슬러 오른다. 거기서 B에 달하기 위해 다른 쪽에 2세대를 내려가지 않으면 안 된다. 따라서 세대 간격은 1+2=3이다.
공통 조상을 경유한 AB간의 세대 간격을 알았으면 다음에 그 조상에 관계하는 AB간의 근친도를 계산하자. 거기에는 세대 간격의 각 단계마다 1/2을 곱하여 간다. 세대 간격이 3이라면 1/2×1/2×1/2, 즉 (1/2)3이 된다. 특정 조상을 경유한 세대 간격이 g라면 근친도 부분은 (1/2)g이다…… 사촌에게는 공통 조상이 두 명 있고, 그 각각을 경유하는 세대 간격은 4이다. 따라서 그들의 근친도는 2×(1/2)4=1/8이다. X가 Y의 증손이라면 세대 간격은 3이고 공통의 조상 수는 1(Y자신)이므로 근친도는 1×(1/2)3=1/8이다. 유전적으로 말하면 사촌은 증손과 같다. 이와 마찬가지로 당신은 조부 (근친도 2×(1/2)3=1/4)와 같은 정도로 숙부 (2×(1/2)3=1/4)와 유전적으로 가깝다." 『이기적 유전자』, 145쪽. 위의 설명은 아래의 도식을 통해 따져보면 이해가 빠를 것이다.

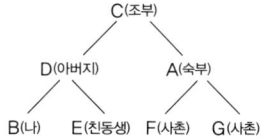

무리 내의 새끼를 돌보지 않는 데 반해 어른 얼룩말은 무리 내의 새끼를 공격하는 약탈자에 대항하는데, 혈연선택은 그 이유를 설명할 수 있다. 얼룩말이 그처럼 대항하는 이유는 그들이 가족 단위로 살며, 그리하여 나이든 것들과 새끼들이 모두 혈연관계에 놓여 있기 때문이다. 반면 윌드 비스트는 얼룩말에 비해 다른 집단과의 잡종 번식이 훨씬 빈번하게 이루어진다. 그리하여 어른 윌드 비스트는 임의로 선택된 새끼와 혈연관계에 놓여 있지 않은 경우가 많다. 더욱 놀라운 사실은 어른 랑구르 원숭이[27] 새끼 원숭이들을 살해한다는 것이다. 암컷 원숭이는 집단 내에서 삶을 영위하며, 각각의 암컷은 우두머리 수컷의 지배하에 살아가는데, 수컷 우두머리는 다른 수컷들이 암컷들과 관계를 맺지 못하도록 방해한다. 뜻하지 않게 홀아비 생활을 하는 다른 수컷들은 우두머리 원숭이를 굴복시켜 암컷들을 빼앗고자 노력한다. 그 중 한 놈이 성공을 거두면 그 놈은 자신이 새로이 장악한 집단 내의 새끼들을 모두 죽여 버린다. 집단 전체라는 측면에서 보았을 때, 이는 바람직한 것이 아니다. 하지만 살해하는 우두머리는 희생된 새끼들과 아무런 혈연관계가 없다. 게다가 자식을 보육하는 시기에는 암컷이 배란을 하지 않는다. 이와 같은 이유에서 수컷들은 어린 것들을 제거하며, 그렇게 함으로써 더욱 빨리 자기 자신의 자식을 가질 수 있게 된다. 이렇게 해서 낳은 자식들에게 그 원숭이는 좋은 아버지가 될 것이다. 유전적으로 맺어진 새끼들에 대한 우두머리의 태도, 그리고 그렇지 않은

---

[26] 윌드 비스트: 소와 유사한 남아프리카산 영양의 일종. 머리와 뿔은 소와 같고 갈기와 꼬리는 말과 같다. 누(gnu), 소영양이라고도 한다.

[27] 랑구르 원숭이: Presbytis 속에 드는 아시아산 원숭이. 이들은 군집 생활을 하고 주행성이며, 나무 위에서 살기에 적합한 원숭이로 긴 꼬리와 날씬한 몸, 길고 가느다란 사지와 손발을 가진다.

것들에 대한 우두머리의 태도를 통해 랑구르 원숭이는 혈연선택을 통해 진화할 수 있는 이타성의 사례를 분명하게 보여 주고 있다.(수사자도 자신의 위세를 과시하기 위해 어린 사자를 죽이는 모습이 관찰되었다. 그런데 옛날 이야기에 흔히 나오는 못된 양부모의 예처럼 인간에게서도 그와 유사한 점이 발견되는 것은 아닐까? 또한 수세기 동안 군사적인 정복이 이루어진 후 행해진 집단 강간은 혈연선택에의 욕구를 나타내는 사례가 아닐까?)

호혜적 이타성[28]

혈연 이타성이 존속되는 원인은 그것이 혈연의 생존을 도모하기 때문이다. 그런데 오직 친족을 돕는 행동만이 이타적 행동은 아니다. 원숭이들은 서로 털을 다듬어 주면서 많은 시간을 보내는데, 이때 그들은 스스로의 손이 닿지 않는 애매한 위치에 있는 기생충을 잡아 준다. 서로 털 다듬기를 해주는 원숭이들이 항상 혈연관계에 있는 것은 아니다. 그럼에도 털 다듬어 주기가 나타나는 것은 "네가 나의 등을 긁어 준다면 나도 너의 등을 긁어 주겠다"는 호혜적 이타성으로 설명이 가능하다.

다음은 또 다른 사례다. 내가 모르는 사람이 물에 빠진 것을 발견하고 그를 구하러 물에 뛰어들었다. 이 경우 내가 물에 빠져 죽을 확률이

---

[28] "자선가 모델(The good samaritan model)이라고 부르는 이 이론에 이르면 혈연 선택이 집단 선택으로 발전함을 볼 수 있다. 그러나 이러한 호혜적 이타성은 동물계에서는 별로 볼 수 없다. 다만 일부 영장류와 인간에게서만 볼 수 있는데, 이 점은 이러한 자선가 모델이 지능이 발달하여 예상 능력과 기억 능력을 갖추었을 때 비로소 발휘될 수 있기 때문으로 풀이되고 있다." 이병훈, 「사회생물학과 생물학적 결정론」, 『인간은 유전자로 결정되는가』(명경, 1995), 92쪽.

5퍼센트라고 가정해 보자. 또한 내가 도와주지 않을 경우 그가 익사할 확률이 50퍼센트라고 가정해 보자. 내가 그를 도와주면 함께 익사할 5퍼센트의 경우를 제외하고는 그는 살아날 수 있다. 언뜻 보기에 물에 뛰어드는 행위는 전적으로 이타적인 것처럼 보인다. 즉 나는 낯선 사람을 구하기 위해 죽을 확률 5퍼센트를 각오하는 것이다. 그런데 하루는 내가 구조되어야 할 상황이 발생하여 이번에는 내가 구해 준 사람이 뛰어들어 나를 구한다고 가정해 보자. 누군가가 나를 구해 주지 않을 경우 내가 익사할 확률은 50퍼센트이다. 하지만 누군가가 도와줄 경우 나의 생존 확률은 95퍼센트로 올라간다고 가정해 보자. 사정이 이러하다면 나에게는 물에 빠진 사람을 구해 주는 것이 이익이 된다. 왜냐하면 나는 그렇게 함으로써 개별적인 두 가지 조그마한 위험(내가 낯선 사람을 도왔을 때 겪을 5퍼센트의 위험과 내가 도움을 받을 때의 5퍼센트의 위험)을 하나의 커다란 위험(내가 도움을 받지 못하였을 때의 50퍼센트의 위험)과 맞바꾸는 것이기 때문이다. 분명 5퍼센트의 위험 둘을 합친 것이 50퍼센트의 위험보다는 낫다.

물론 이는 인위적인 사례로, 여기에서는 누구에게 이익이 되는가를 분명하게 드러내기 위해 위험을 정확하게 측정 가능한 것으로 가정하고 있다. 바로 이러한 점 때문에 앞의 사례에 의문을 제기하는 사람이 있을 것이다. 하지만 사례에 대해 제기되어야 할 더 중요한 질문이 한 가지 있다. 도대체 낯선 사람을 구조하는 것과 자신이 구조되는 것이 무슨 관계가 있다는 것인가? 이기적 관점에서 볼 때, 구조를 하지 않고 구조를 받기만 한다면 그것이야말로 최선의 전략이 될 것이다. 그런데 그와 같은 경우가 나타나지 않는 이유는 무엇인가? 그리고 앞에서 언급한 형태의 이타성을 호혜적이라고 하는 이유는 무엇인가?

우선 이 질문에 대한 답으로 우리는 사람들이 자신을 도와준 사람과 도와주지 않은 사람을 기억할 수 있다는 사실을 들 수 있을 것이다. 사람들은 자신을 도와주지 않은 자들을 도우려 하지 않을 것이다. 속이는 전략—도움을 받되 주지는 않는 것—은 융성하지 못할 것이다. 왜냐하면 사람들은 속이려는 것을 금세 파악하고 이를 응징하려고 할 것이기 때문이다. 만약 이러한 생각이 옳다면 호혜적 이타성은 오직 다른 개체들을 알아볼 수 있는 존재들에서만 나타날 것이다. 그들은 주변의 존재들을 '자신들에게 도움을 주는 존재'와 '주지 않는 존재'로 분류해낼 것이다. 호혜성이 나타나려면 비록 인간과 같은 정도의 이성적 사고 능력은 아니어도 어느 정도의 지능이 요구된다. 또한 호혜적 이타성은 상대적으로 수명이 길고 소규모의 안정된 집단에 살고 있는 종에서 잘 나타날 것이다. 왜냐하면 이러한 상황에서 호혜적 행위가 반복될 수 있는 기회가 더욱 빈번해질 것이기 때문이다.

증거는 이러한 결론을 뒷받침한다. 호혜적 이타성은 새와 포유류에서 가장 흔히 나타나며, 심지어 그들에게 한정되어 나타난다고도 말할 수 있다. 호혜적 이타성을 나타내는 분명한 사례에 해당하는 동물들로는 늑대, 들개, 돌고래, 비비원숭이, 침팬지, 그리고 인간 등 매우 지능이 높은 사회적 동물들을 들 수 있다. 이러한 류의 동물들에서는 서로의 털을 다듬어 주는 것 외에도 호혜적인 이유로 음식을 나눠 먹는다거나, 약탈자나 다른 적들이 위협할 때 서로를 돕는 일이 빈번히 나타난다.

다음으로 우리는 또 다른 문제를 생각해 봐야 한다. 이러한 호혜적 이타성이 어떻게 최초로 나타나게 되었는가? 요컨대 호혜적 이타성은 윤리학에서의 사회계약 모델과 유사해 보인다. 사회계약 모델은 역사적 허구로, 우리가 이미 기각해 버린 바 있다. 더군다나 인간 아닌 동물들에 호혜적 이타성이 확대되어 나타나고 있다면 사회계약은 더욱 허구적으로 보인다. 한편 "네가 나의 등을 긁어 준다면 나도 너의 등을 긁어 주겠다"와 같은 유형의 계약을 의도적으로 맺은 적이 없다면, 종의 혈연 아닌 다른 성원을 위해 자신의 목숨을 희생하고자 하는 최초의 동물은 보상받을 가능성도 별로 없이 자신을 희생하는 격이 된다. 물론 호혜적 이타성이 널리 퍼져 있다면 그 혜택을 받을 기회가 있을 것이다. 즉 나중에라도 이익을 얻게 될 기회가 있을 것이다. 하지만 호혜적 이타성이 드물게 나타난다면 이기적인 관점에서 보았을 때 남을 위해 나를 희생하지 않는 편이 좋을 것이다. 앞에서 언급했던 물에 빠진 사람의 예를 다시 들어보자. 만약 필요할 때 도움을 받을 기회가 확실하게 늘어나지 않는다면 5퍼센트의 익사 가능성을 감수하고 생면부지의 사람을 돕는 것은 내게 이익이 되지 않을 것이다. 이렇게 본다면 기만이 성행하지 않을 것이라고 믿을 근거는 거의 없다고 해도 과언이 아니다. 속이는 자에 대해 원한을 갖는 자들이 많이 나타나서 거짓말이 성행하지 못하도록 확실한 조처를 취하기 전까지는 거짓말은 계속 성행할 것이다. 도움을 받기만 하고 주지 않는 자들—'거짓말을 하는 자'—과, 도움을 받는 동시에 도움을 주지 않았던 자들을 제외한 나머지 사람들에게 도움을 주는 자들—그들을 '원한을 갖는 자들'이라 부르자—로 구성된 집단을 상상해 보자. 거짓말쟁이가 되기보다는 원한을 갖는 자가 되는 것이 나은 전략으로 간주되기까지는 원한을 갖는 자들이 상당수 나타나야 할 것이다. 거짓말쟁이 집단 안의 원한을 가진 사람은 자주 속을 것이며, 도움을 전혀 받지 못할 것이다. 하지만 원한을 갖는 사람이 많아지고 거짓말쟁이가 적어지면 적어질수록 원한을 가진 사람들은 자신의 도움에 대해 더욱 빈번하게 보상을 받게 될 것이며, 속게 되는 경우도 점차 줄어들게 될 것이다. 이러한 설명을 통해 우리는 일단 확립된 호혜적 이타성이 확산되어 가는 이유를 이해할 수 있다. 하지만 호혜적 행위로 이끄는 유전자가 나타나자마자 제거되지 않은 이유에 대해서는 여전히 의문이 남게 된다.

집단[29] 이타성

호혜적 이타성이 어떻게 확립되는지를 설명하고자 한다면 집단 이타성의 제한된 역할을 인정할 필요가 있다. 한 종種이 여러 고립된 집단으로 나누어진 경우를 상상해 보자. 이들은 원숭이들로서 집단의 영역은 강(이 강은 물살이 너무 빨라서 매우 드물게 있는 가뭄의 시기 외에는 건널 수 없다)으로 나누어져 있다. 이제 호혜적 이타성이 각각의 집단 내에서 이따금 나타난다고 가정해 보자. 여기서의 이타성은 한 마리의 원숭이가 다른 원숭이의 털을 다듬어 주고, 이를 통해 병을 옮기는 기생충을 제거해 주는 것을 말한다고 하자. 한 놈의 털 다듬기가 끝나면 그 놈은 자신의 털을 다듬어 달라고 등을 내민다. 만약 이러한 행동을 산출할 개연성이 큰 유전자가 드물게 나타나는 돌연변이라면, 대부분의 경우 이타적 원숭이는 자신이 베푼 친절에 대해 보상을 받을 수 없을 것이다. 털

---

[29] 집단: 같은 종에 속하는 생물의 한 조(set)로서 개체 상호간 같은 종의 다른 개체에 대해서보다는 개체 간에 훨씬 긴밀히 상호작용을 하며 장기간 함께 머무는 무리. 이 용어는 허술한 의미에서 일종의 근연종을 가리키기도 하는데, 어떤 속이나 한 속 안의 어떤 일부가 이러한 분류학적 집단의 예가 된다. 『사회생물학 I』(이병훈 옮김, 민음사, 1992), 31쪽.

다듬기의 대상이 된 원숭이는 그저 떠나버릴 것이기 때문이다. 이렇게 보면 낯선 대상의 털 다듬기를 도와주는 것은 아무런 이득이 없다. 그리고 그러한 도움은 원숭이로 하여금 자신을 돌보는 대신, 낯선 대상을 돕는 데 시간을 허비하게 함으로써 조만간 그와 같은 행동을 사라지게 만들 것이다. 물론 그러한 행동이 사라진다는 것은 집단 전체에 바람직하지 못하다고 생각해 볼 수도 있다. 하지만 우리가 이미 살펴보았듯이, 집단 내에서 우세하게 나타나는 현상은 집단선택이라기보다는 개체 선택이다.

이번에는 고립된 집단 중 한 곳에서 많은 원숭이들이 서로의 털 다듬기를 도와주는 유전자를 갖는 일이 발생했다고 가정해 보자.(소규모의 근친 집단에서는 혈연 이타성으로 인해 이러한 경우가 나타날 것이다.) 우리가 이미 살펴본 바와 같이, 이때 이익을 주고받는 원숭이들은 그렇지 않은 원숭이에 비해 훨씬 유리한 상태에 놓이게 된다. 즉 그들은 서로 털 다듬기를 해줌으로써 건강을 유지할 것이다. 반면 다른 집단에 속해 있는 원숭이들은 기생충들에 굴복하고 말 것이다. 결과적으로 이 고립된 집단 내에서는 서로 털 다듬기를 해주는 유전자를 소유한다는 것이 분명한 이점이 된다. 그리하여 얼마 있지 않아서 집단에 속해 있는 모든 원숭이들이 이타적인 유전자를 소유하게 될 것이다.

이제 마지막 단계가 남아 있다. 서로 털 다듬기를 해주는 집단은 기생충을 제거할 방법이 없는 다른 집단에 비해 생존 가능성이 높다. 기생충이 창궐한다면 다른 집단은 사라져 버리게 될 것이며, 어느 말라붙은 여름날 드디어 서로 털 다듬기를 해주는 집단의 성장압(pressure of population growth)으로 인해 구성원의 일부가 강을 건너 이전에 다른 집단이 점유했던 영토로 이동하게 된다. 이와 같은 방식으로 집단선택은 호혜적 이타성을 확대하는 데 제한적인—여기서 제한적이라고 말하는 것은 필요한 조건이 흔히 나타나는 것이 아니기 때문이다—역할을 수행하게 된다.

호혜적 이타성이 처음 도입될 때 집단선택이 어느 정도 역할을 한다는 것을 인정할 수 있다면, 우리는 다른 집단이 아닌 어떤 특정 집단이 존속되었다는 사실을 이용해 집단의 다른 성원들에게 이타적이고자 하는 일반적인 경향이 나타나는 현상을 진화론적으로 설명할 수 있음을 부정하기 힘들 것이다. 이는 통속적으로 이야기하는 진화와는 구분된다. 왜냐하면 여기에서는 집단의 구성원들이 종의 생존을 돕고 있기 때문이다.—집단(group)이란 종(species)보다 훨씬 작은 단위를 말하며, 이는 생멸이 좀 더 빈번하게 이루어진다. 따라서 개체 선택을 보완할 수 있는 것은 종 선택이라기보다는 집단선택이라 할 수 있을 것이다.—그럼에도 집단 이타성이 작동하려면 한 집단은 다른 집단과 거리를 유지해야 한다. 그렇지 않을 경우 이기적 성향을 가진 외부의 존재가 서서히 집단으로 침투하여 집단 구성원의 이타성을 아무런 보상 없이 이용할 것이기 때문이다. 이때 이기적 성향을 가진 존재들은 집단의 이타적 구성원들과 교배를 하게 되어 결국 수적으로 우위를 차지하게 될 것이며, 그리하여 그 집단은 동일종의 다른 집단에 비해 그다지 이타적이지 않은 집단이 되어 버릴 것이다. 그리하여 결국 그 집단은 다른 집단에 대한 진화적 이점을 상실하는 대가를 치르게 될 것이다. 하지만 이를 멈출 수 있는 메커니즘은 아무것도 없다. 만약 집단 이타성이 집단의 생존에 본질적이라면, 그 집단은 이타성을 상실하게 됨으로써 소멸해 버리고 말 것이다.

이는 집단 이타성이 외부로부터의 존재에 대한 적대감과 결합됨으로써 그 기능을 가장 잘 발휘할 것임을 암시해 주는 대목이다. 외부로부터의 존재에 대한 적대감은 외부로부터의 침입과 파괴로부터 집단 내의 이타성을 보호해 준다. 사실상 외부 존재에 대한 적대감은 사회적 동물에서 흔히 나타난다. 오직 인간만이 자신이 속한 종의 구성원을 죽이는 동물이라는 통속적인 신화가 있긴 하다. 하지만 다른 종들 또한 우리 못지않게 외부의 존재에 대해 적대적이다. 많은 사회적 동물—개미에서 닭, 그리고 쥐에 이르기까지—들은 자신들의 집단으로 끼어든 침입자를 공격하며 심지어 죽이기까지 한다. 붉은털원숭이를 대상으로 한 일련의 실험 결과에 따르면, 기존의 집단에 처음 보는 붉은털원숭이를 데려다 놓을 경우 기존 집단에 속한 원숭이들이 그 원숭이에게 매우 공격적인 경향을 나타냈다. 이러한 경향은 원숭이들의 수를 늘린다든가 먹이를 줄이는 경우에 비해 훨씬 강렬했다고 한다. 물론 침입자의 접근을 막는 것이 단순히 자신과 친족의 먹이 공급을 보호하려는 수단일 수도 있다. 하지만 침입자에 대한 적대 행위가 집단 이타성의 쇠락을 막을 때 지리적 격리가 하는 것과 동일한 역할을 수행할 수도 있을 것이다.

 내가 언급한 소규모의 격리된 집단에서는 수없이 많은 교배가 일어나며, 이에 따라 집단 구성원 모두가 혈연관계를 이룰 수 있다. 이 때문에 우리가 말한 것이 집단선택이 아니라 모든 집단 구성원들이 혈연을 이루는 혈연선택의 특별한 경우가 아니냐는 이의가 제기될 수 있다. 물론 그렇게 생각할 수도 있다. 이와 같은 상황에서 혈연선택과 혈연선택이 아닌 경우를 구분하기란 분명 어렵다. 그럼에도 집단의 구성원이 집단의 다른 모든 구성원들—그들이 친형제나 자매 또는 아주 먼 친척인지의 여부와 무관하게—에게 어떤 일정한 방식으로 행동하고,

그러한 행동으로 인해 다른 집단에 비해 집단 전체가 선택적 이익을 많이 얻게 되었다면, 설령 여기서 진행되는 바가 궁극적으로 혈연선택을 통해 설명될 수 있을지 몰라도 이를 '집단선택'이라고 부르는 것이 합리적일 것이다.

집단의 이익을 위해 희생하는 고차원적인 행동이 부식腐蝕되어 버리는 것을 막고자 할 경우, 외부인의 접근을 막는 것만으로는 충분치 않다. 진화론이 시사하는 바를 고려해 볼 경우, 이타적인 한 집단이 얼마 있지 않아 이기성이 만연되는 집단으로 되돌아가지 않을까라고 생각해 볼 수 있다. 왜냐하면 이기적으로 행위하는 개체들은 자신들의 희생 없이 타인의 희생을 통해 이익을 얻을 것이기 때문이다. 하지만 이때 그 집단은 그 안에서 나타난 소수의 무임 승차자를 처리할 방안을 개발할 수 있을지 모른다. 최소한 인간 사회에는 그러한 목적에 쓰이는 제도적 장치가 마련되어 있다. 하지만 이 경우 우리는 이미 인간 아닌 동물에서의 이타성 발달을 넘어 인간의 이타성을 살펴보고 있는 것이다.

제2장

윤리의 생물학적 토대

우리는 부모와 배우자, 그리고 아이들에게 친절을 베풀게 되어 있으며, 다른 혈족에게는 상대적으로 덜 친절하다. 다음으로는 도움을 준 자와 친밀한 친구들에게, 그 다음으로는 이웃과 자국민들에게 친절할 것이다. 그리고 흑인종이나 황인종보다 백인종에게 관심을 기울일 것이며, 일반적으로 가까운 정도에 비례하여 사람들에게 관심을 갖게 될 것이다. 우리 모두는 이러한 사실을 인정해야 한다.
― 헨리 시즈윅Henry sidgwick[1], 『윤리학 방법The Methods of Ethics』[2]

인간의 사회라면 그 어느 곳이건 규율이 존재한다. 얼핏 보았을 때 윤리 규율 자체가 없을 것이라 생각되는 북부 우간다의 이크lk족, 소련 강제 노동 수용소, 나치 수용소 등의 집단에서마저도 자세히 살펴보면 규율이 어느 정도 존재하고 있다.

싱어에 따르면 집단뿐만 아니라 개인으로서의 인간 또한 누구나 윤리의 핵심을 소유한다. 그리고 그 핵심에는 생물학적 특성이 놓여 있다. 혹자는 이와 같은 주장에 불쾌감을 느낄 것이다. 그들은 스스로가 동물과 구분되길 원하며, 동물과 인간이 윤리적 특징을 공유한

---

1 시즈윅(1838-1900): 영국의 윤리학자 존 스튜어트 밀의 영향을 받아 공리주의의 입장에 섰지만, 칸트 철학을 도입·발전시켜 실천 이성의 직각(直覺)에 바탕을 둔 '이성적 인애(rational benevolence)'를 설파하고 이기주의와 이타주의의 조화를 꾀했다. 주요 저서로는 『윤리학의 방법』(1874), 『경제학 원리』(1883)가 있다.
2 시즈윅에 따르면 '방법'이란 윤리적 결정을 내릴 수단을 얻어내는 이성적 과정을 의미한다. 그는 모든 방법적인 시도가 이기주의, 공리주의, 직관주의라는 세 가지 접근 방법으로 요약될 수 있다고 생각했다. 시즈윅은 이 중 이기주의와 직관주의는 그 자체로는 합리적 행위의 합당한 기초를 제공할 수 없다고 주장했고, '보편적 쾌락주의' 체계를 그 대안으로 제시했다.

다는 주장을 거부하고 싶어 할 것이기 때문이다. 하지만 과학적 탐구 결과 양자의 구분이 단지 정도의 차이지 종류의 구분은 아니라는 사실이 속속들이 밝혀지고 있으며, 양자 모두에게 특정 방식으로 행동하려는 본래적 성향이 있다는 점도 아울러 드러나고 있다.

윤리가 생물학적 토대를 갖는다는 주장을 거부하는 또 다른 입장이 있다. 그것은 문화가 다양한 만큼 윤리도 다양하므로 결국 윤리가 생물학이 아닌 문화에 기초하고 있다는 입장이다. 하지만 우리가 윤리의 다양성을 인정한다고 하더라도 다양성의 근원에는 공통적인 요소가 있다. 그리고 그러한 요소는 사회적 동물의 이타성과 매우 흡사하다. 싱어는 생물학적 근거를 갖는 이타성, 다시 말해 혈연 이타성과 호혜적 이타성, 그리고 집단 이타성이 동물과 마찬가지로 인간에게서도 나타나고 있다고 말하며 이를 차례대로 설명해 나간다. 우선 혈연 이타성은 인간 아닌 동물과 인간이 공유하는 가장 두드러진 특성이다. 싱어는 혈연 이타성을 논하면서 헨리 시즈윅Henry Sidgwick의 『윤리학 방법The Methods of Ethics』을 인용한다. 시즈윅에 따르면 우리는 혈연들에게 우선적으로 관심을 갖는다. 그 다음으로는 친구나 이웃 등을, 그리고 국가나 민족 등의 집단에 대해서 애정을 쏟는데, 이는 사회생물학 이론과도 대체로 부합되고 있다.

진화사를 고려해 볼 때, 이와 같이 '우리'를 우선적으로 고려하려는 성향이 나타나는 것은 너무나도 당연하다. 하지만 우리에 대한 편애를 반드시 윤리적으로 옳다고 볼 수는 없으며, 사회개혁가들 중에는 우리에 대한 고려가 오히려 사회적 단합을 이루는 데 방해가 된다고 생각하는 경우마저 있었다. 이스라엘의 키부츠 운동은 이의 좋은 사례라 할 수 있을 것이다. 한때 이스라엘에서는 단합이라는 이상에 고무되어 가족 제도를 폐지하고 집단 간의 유대를 고취하려는 운동이 벌어졌다. 이러한 노력은 한동안 성공을 거두기도 했다. 하지만 얼마 있지 않아 결국 그곳에서는 가족 제도가 부활하였는데, 이는 우리가 갖는 생물학적 요인에 말미암은 불가피한 복귀라고 해석할 수 있을 것이다.

인간 아닌 동물에서와 마찬가지로 호혜성 또한 인간 사회에서 보편적으로 나타난다. 그리하여 하워드 베커Howard Becker는 인간을 호혜적 인간(Homo reciprocus)이라고 부르자는 제안마저 한 적이 있다.

호혜적 이타성은 인간과 지적인 능력을 갖춘 일부 인간 아닌 동물에게서만 나타난다. 이는 호혜적 이타성이 확산되는 데 1) 도움을 줄 만한 존재와 그렇지 않은 존재를 구분하는 능력과, 2) 도움에 상당하는 보상이 어느 정도인가를 아는 능력이 필요하다는 사실을 보여 준다. 이외에도 호혜적 이타성의 확산에는 3) 의사소통 능력이 매우 중요한 역할을 한다. 왜냐하면 의사소통 능력을 통해 사람들은 내가 어떤 사람인가를 집단 내의 여러 사람들에게 전달하며, 전해진 나에 대한 평판은 내가 그 집단에서 어떤 대우를 받게 되는가에 커다란 영향을 줄 수 있기 때문이다.

한편 엄밀한 의미에서 따져볼 때, 호혜적 이타성이 '이타성'이 아니라 '이기성'이 아닌가라는 의문을 제기해 볼 수 있다. 즉 호혜적 이타성을 '나의 이익을 계산하여 그에 상응한 대가를 상대방에게 지불하는 것'으로 해석하여 이타성이 아니라고 생각할 수 있는 것이다. 우리는 관례적으로 대가를 바라는 행동을 이기성이라 부르지 이타성이라 하지 않는다. 그리고 인간 윤리에서는 이타성을 정의할 때 "자신을 희생하여 타인을 이롭게 하는 행위"에서 한 걸음 더 나아가 동기마저 포함시킨다. 이에 대해 사회생물학자들은 어떻게 설명할 것인가?

여기서 한 가지 짚고 넘어가야 할 것은 어떤 행위가 자신에게 이익이 된다고 해서 반드시 그 행위를 이기적 욕구에서 비롯한 행위라고 할 수는 없다는 점이다. 가령 행위를 할 당시에는 자기 이익을 고려치 않았는데 나중에 가서 자기에게 이익이 되는 경우가 있으며, 이는 결코 이기적 동기에 기인한 행위라 할 수 없다. 사회생물학을 비판하는 사람들은 흔히 사회생물학이 우리가 이기적이게 마련이라는 주장을 함축하고 있다고 생각하는데, 이는 잘못이다. 사회생물학은 이와는 반대로 참된 이타적 동기를 가질 수 있다고 주장하며, 이는 사회생물학에 대한 정확한 이해에 도달하기 위해 잊어서는 안 될 사항이다.

사회생물학자들은 이타적인 동기를 가진 개체들이 오히려 생존 가능성이 크다는 사실을 입증하기 위해 '죄수의 딜레마'를 활용한다. 죄수의 딜레마는 이기적인 동기를 갖는 죄수들보다 이타적인 동기를 갖는 죄수들이 출감할 가능성이 높다는 것을 보여 주고 있다. 그리고 이는 이타적인 성향이 오랜 옛날 우리의 먼 조상의 생존에도 도움을 주었음을 간접적으로 입증해 주고 있다.

집단 이타성은 인간 아닌 동물들에 비해 인간의 윤리에서 더욱 현저하게 나타난다. 물론 인간에게서도 상호간의 지리적인 격리, 적개심 등이 집단선택의 요인이다. 하지만 인간 사회에서는 상벌을 통한 격리와 비난 등의 문화적 요인이 집단 이타성을 강화했다는 점이 독특하며, 이러한 이타성은 우리가 국가와 민족에 대한 충성심을 소중하게 여긴다는 데서 전형적으로 나타나고 있다.

마지막으로 싱어는 1, 2장에서 윤리가 어떠해야 한다는 당위가 아니라 윤리적 사실을 있는 그대로 그려내고자 했다고 이야기하고 있다. 그는 이와 같은 기술(description)로부터 규범을 도출해낼 수 없다고 강조하고 있는데, 진화론적 윤리학자를 포함한 많은 사람들은 이를 혼동하고 있다. 다음 장에서는 이러한 혼란에 대한 싱어의 정리 작업이 다루어진다.

모든 인간 사회는 그 성원들의 행위에 대한 규율을 가지고 있다. 이는 유목민이건 도시 거주민이건, 사냥이나 채집을 하는 사람들이건 산업 문명에 속하여 사는 사람이건, 또는 그린란드에 사는 에스키모, 아프리카에 사는 부시맨[3], 20명으로 이루어진 오스트레일리아 원주민 부족, 중국을 이루고 있는 10억 인구이건 모두 마찬가지다. 윤리는 인간의 자연스러운 조건의 일부를 차지하고 있다.

---

[3] 부시맨: 아프리카 남부의 칼라하리 사막에 거주하는 부족. 산(San)족이라고도 한다. 평균 키가 150센티미터, 머리털은 오글오글하고 황갈색 피부에 불쑥 나온 광대뼈를 가져 몽골로이드적 특징이 나타나기도 하지만 아시아 인종과의 계통 관계는 분명하지 않다. 인구는 약 5만 정도이며(1990), 나미비아와 보츠와나를 중심으로 앙골라와 남아프리카 공화국의 일부에도 거주한다.

지금까지 윤리가 인간에게 자연스러운 것이라는 생각은 부정되어 왔다. 300여 년 전에 토머스 홉스Thomas Hobbes는 자신의 저서 『리바이어던Leviathan』4에서 다음과 같이 말했다.

> 사람들이 자신들을 두렵게 만드는 공통의 힘이 없이 생활하는 시기에 놓여 있다면, 그들은 전쟁이라고 부르는 상태에 놓여 있는 것이다. 그러한 전쟁은 만인의 만인에 대한 전쟁이다…… 만인의 만인에 대한 전쟁에서는 그 무엇도 부정한 것이 아니다. 그 상황에서 옳음과 그름, 정의와 부정의라는 관념은 발붙일 틈이 없다.

자연 상태에서의 인간 생활에 대한 홉스의 추측은 루소의 생각, 즉 우리가 본래적으로 고독하다는 생각보다 나을 것이 별로 없다. 우리는 국가의 권력에 못 이겨 윤리적으로 행동하는 것이 아니다. 물론 국가 또는 어떤 다른 형태의 사회적인 힘이 사람들의 윤리적 규율 준수 성향을 강화시킬 수 있을 것이다. 하지만 윤리적 규율을 준수하려는 성향은 사회적 힘이 확립되기 이전에도 이미 있었다. 홉스가 국가에 부과한 주요 역할은 철학적 근거에서 항상 의심을 받아왔다. 왜냐하면 일단 국가에 법률을 강제할 권력이 부여된다고 하더라도, 합의가 유지되도록 사람들이 서로를 지속적으로 신뢰할 이유가 무엇인가에 대한

---

4 『리바이어던』: 영국의 철학자 T. 홉스의 저서. 서론과 결론을 제외하고 4부 47장으로 되어 있다. 리바이어던이란 구약성서 「욥기」에 나오는 거대한 영생(永生) 동물의 이름인데, 홉스의 책에서는 리바이어던이 교회 권력으로부터 해방된 국가를 지칭하고 있다. 홉스에 따르면 인간은 태어나면서부터 평등한데 자연 상태에서는 '만인이 만인에 대해서 싸우는 상태'에 있다. 이와 같은 자연권의 자기 부정을 벗어나기 위하여 이성적 존재인 인간은 스스로 발견한 자연법을 통해 자연권을 제한하고, 절대 주권 설립의 사회 계약을 통해 국가를 성립시킨다고 했다.

의문이 여전히 제기되기 때문이다.⁵ 여기에 덧붙여 이제 우리는 홉스 이론을 거부할 생물학적 근거마저 갖게 되었다.

간혹 윤리적 규율을 전혀 갖지 않는 인간 집단이 발견되었다는 주장이 제기되곤 한다. 콜린 턴벌Colin Turnbull이 『산에 사는 사람들*The Mountain People*』에서 서술한 북부 우간다의 이크Ik족은 이에 관한 가장 최근의 사례라 할 수 있다. 생물학자 개릿 하딘Garrett Hardin은 이크족이야말로 홉스가 말한 '모든 이크인들에 대한 모든 이크인들의 투쟁' 속에서 사는 자연 상태의 인간을 구현하고 있다는 말까지 했다. 턴벌이 방문했을 당시 이크족은 가장 불행한 사람들임이 분명했다. 원래 그들은 사냥과 채집을 주로 하는 유목민들이었다. 그런데 그들의 사냥터가 국립공원이 되어 버렸다. 이에 따라 그들은 불모의 산악지대에서 농사를 지을 수밖에 없었으며, 이러한 상황으로 인해 그들은 생계를 유지하기도 어렵게 되었다. 계속되는 가뭄과 이어지는 기아는 그들에게 결정적인 타격을 가했다. 턴벌에 따르면 이에 따른 결과로 이크 사회가 붕괴되었다. 세 살 난 아이의 부모는 목숨이라도 부지하고자 아이를 버렸으며, 강자가 약자의 음식을 빼앗아 가기도 했다. 늙고 병든 자들은 놀림감이 되었고, 다른 사람을 돕는 자들은 바보 취급을 받았다. 턴벌은 이크족이 가족과 협동, 사회생활과 사랑, 종교 등을 버렸으며, 그들에게 남은 것이라고는 자기 이익에 대한 관심뿐이었다고 말하고 있다. 그들의 이와 같

---

5 전통적 의미의 사회계약론은 다음과 같은 단점을 가지고 있었다. 1) 그러한 계약은 결코 존재하지 않았으며, 실제적인 계약이 아니고서는 시민이나 정부가 약속에 구애받지 않는다. 2) 사회계약론자들은 우리들 스스로가 언명한 약속을 지켜야 하기 때문에 정부에 복종해야만 한다고 말하고 있지만, 우리는 스스로의 약속을 굳이 지킬 이유가 없다. 이와 같은 문제점으로 인해 19세기 중에 사회계약론은 슬그머니 자취를 감춘다. 하지만 사회계약론은 최근 들어 과거의 문제를 보완하여 영미 철학권에서 큰 영향력을 행사하고 있다. 윌 킴릭카, 「사회계약론의 전통」, 『사회계약론 연구』(박정순 옮김, 철학과현실사, 1993), 14-16쪽 참조.

은 생활은 우리가 자부심을 갖는 인간적 가치가 턴벌의 말을 빌리자면 "없어도 무방한 사치"에 불과한 것임을 시사해 주고 있다.

인간적 가치가 부재한 사람을 생각하면 유감스러우면서도 흥미가 느껴진다. 『산에 사는 사람들』은 인류학 작업치곤 드문 명성을 안겨 주었다. 이에 대한 평론이 『라이프Life』지에 실렸고, 술자리에서 화젯거리로 등장하기도 하였으며, 유명 감독 피터 브룩Peter Brook[6]에 의해 무대에 올려지기도 했다. 하지만 『산에 사는 사람들』은 일부 인류학자들의 호된 비판을 받기도 했다. 비판자들은 턴벌이 관찰했던 것들 중 많은 부분이 주관적인 성격을 띠고 있음을 지적했고, 자료의 애매성, 턴벌이 출간했던 이전의 보고서(그 보고서에서 그는 이크족을 유흥을 즐기며 돕기를 좋아하는 '대가족을 이루고 사는 사람'들로 서술한 바 있다)와 『산에 사는 사람들』과의 모순을 꼬집기도 했으며, 『산에 사는 사람들』 자체 내에서의 모순을 지적하기도 했다. 턴벌은 그와 같은 비난에 대해 책 속의 자료는 증거라고 보기엔 적절치 못하다는 것을 시인하였으며, 이크족의 다른 생활상을 보여 주는 증거가 있음을 인정하기도 했다.

설령 우리가 『산에 사는 사람들』에서 그려진 이크족의 생활상을 액면 그대로 받아들인다고 하더라도, 이크족 사회가 윤리적 규율을 가지고 있다고 생각할 만한 충분한 증거가 있다. 턴벌은 이크족이 열매를 훔친 것에 대해 논쟁을 벌이는 장면을 서술하고 있는데, 이는 절도 사건이 발생하긴 했어도 이크족들이 사유재산권과 절도가 잘못되었다고 생각하고 있음을 암시하고 있다. 또한 턴벌은 이크족의 산에 대한 애착, 그리고 모룬골 산(Mount Morungole)이라 부르는 산(이 산은 그들에게 성지로

---

[6] 피터 브룩(1925-): 영국의 연출가, 감독. 셰익스피어의 희곡과 그 밖에 여러 극작가들의 작품을 대담하게 연출하여 20세기 아방가르드 연극 발전에 크게 이바지했다.

간주되는 듯하다)에 대한 그들의 외경심에 대해 말하고 있다. 그는 이크족이 여럿이 함께 둘러앉아 있길 좋아하며, 마을에서 함께 살길 바라고 있음을 목격했다. 또한 그는 이크족 남편이 따라야 할 규율, 즉 남편이 부인을 때리려 했을 때 그 부인에게 먼저 떠날 기회를 부여하는 규율에 대해서도 서술하고 있다. 이외에도 그는 이크족끼리의 살상, 심지어 피를 흘리게 하는 것마저도 엄격하게 금하고 있음을 전하고 있기도 하다. 물론 이크족들이 다른 사람들의 굶주림에 대해 모르는 척하는 경우도 분명 있었을 것이다. 하지만 그렇다고 그들이 다른 사람들을 인간 아닌 동물, 다시 말해 가용可用 식량으로 생각하는 경우는 분명 없었다. 잘 먹고 사는 정상적인 독자는 식인 풍습을 금하는 것에 대해 당연하게 생각할 것이다. 하지만 이크족들과 같은 상황이라면 힘센 이크인들의 끼니 해결에 인육人肉이 커다란 도움을 줄 수도 있었을 것이다. 그럼에도 인육을 음식으로 삼지 않았다는 사실은 그들의 삶을 가치 있게 하는 거의 모든 것들이 허무하게 사라졌음에도 윤리적 규율의 힘이 계속 남아 있었음을 보여 주고 있다.

　이크족이 기아에 허덕이던 때와 같은 극단적 상황에서는 개인의 생존에 대한 욕구가 지나칠 정도로 강해진다. 그리하여 사실상 다른 모든 가치들이 영향력을 여전히 발휘하고 있음에도 그것들이 전혀 영향력을 발휘하지 않는 것처럼 보이게 되는 것이다. 이크족이 겪던 상황보다 더 열악한 상황이 있다면, 그것은 소련 강제 노동 수용소에 수용된 사람들이 처한 상황일 것이며, 그보다 더 무시무시한 상황으로는 나치의 죽음의 수용소를 들 수 있을 것이다. 여기서도 "죽을 운명에 놓여 있는 사람들이 서로를 파멸시켜 갔으며, 인간 유대의 흔적들이 모조리 없어져 버렸다"라고 일컬어진다. 또한 모든 가치가 흔적 없이 사라져 버렸으며, 모든 사람들이 자신만을 위해 투쟁했다고 이야기되고 있기도 하다. 이것이 사실일지라도 우리는 놀랄 이유가 전혀 없다. 왜냐하면 수용소가 의도적이고도 체계적으로 수용되어 있는 사람들의 인간성을 말살시켰기 때문이다. 즉 수용소는 사람들의 옷을 벗겨 알몸을 만들었으며, 머리를 밀어 버리고, 그들에게 번호를 할당하고, 배설물로 의복을 더럽히도록 강요했으며, 수많은 방법으로 그들의 생명이 아무런 가치가 없음을 인식시켰으며, 때리고 고문하며 굶기는 등 온갖 만행을 저질렀던 것이다. 놀라운 사실은 이러한 상황에서도 수용소 생활이 이기적인 생활로 점철되어 있지는 않았다는 점이다. 우리는 생존자들의 반복되는 보고를 통해 포로들이 서로 도우며 수감되어 있었음을 알 수 있다. 아우슈비츠에서는 포로들이 인원 점검 시간임에도 불구하고 목숨을 걸고 눈 속에 넘어져 있는 생면부지의 사람을 부축했다. 그들은 사기를 북돋우기 위해 라디오를 만들어서 여러 사람들에게 뉴스를 전해 주었다. 또한 그들은 자신들이 굶주려도 음식을 더 필요로 하는 사람들과 나누어 먹었다. 수용소에는 윤리 규칙도 있었다. 물론 수용소에서 절도 사건이 발생하지 않은 것은 아니었다. 하지만 동료 포로의 물건을 훔치는 행위는 혹독한 비난을 받았으며, 훔치다가 붙잡힌 사람들은 자체적인 처벌을 받았다. 테렌스 데 프레Terrence Des Pres가 『생존자The Survivor』(이 책은 수용소에서 살아남은 사람들의 이야기를 담고 있다)에서 밝히고 있듯이, "수용소에 도덕이나 사회적 질서가 없었다고 생각하는 것은 오산이다…… 사소한 것이지만 수없이 많은 인간미 넘치는 행동들(이들은 은밀하지만 뚜렷하게 살펴볼 수 있는 행동들이었다)을 통해 생존자들은 사회 조직을 유지할 수 있었다. 이러한 조직을 통해 그들은 살아남을 수 있었으며, 도덕적으로 정상적인 상태를 유지할 수 있었다."

윤리의 핵심은 우리 종 깊은 곳을 관류하고 있으며, 인간이라면 그가 어느 곳에 살건 이러한 핵심을 공통적으로 지니고 있다. 그러한 핵심은 소름이 끼칠 정도의 고난, 그리고 인간으로부터 인간성을 앗아가기 위한 무지막지한 시도를 견뎌냈다. 그럼에도 일부 사람들은 이러한 핵심이 인류 이전의 조상으로부터 물려받은 생물학적 토대를 갖는 것임을 부정하고 있다. 이를 거부하는 한 가지 이유는 동물들의 행위가 아무리 이타적으로 보여도, 그것과 인간의 행위는 근본적으로 다르다고 생각하길 원하고 있기 때문이다. 즉 동물들은 본능적으로 행동하는 반면 인간은 이성적이며 자의식을 갖는 존재라는 것이다.[7] 우리는 스스로의 행동의 옳고 그름에 대해서 반성할 수가 있다. 하지만 동물들은 그렇지 못하다. 최소한 대부분의 사람들은 그렇게 생각하고 있다.

이제껏 우리와 다른 동물들을 뚜렷하게 구분하려는 노력은 항상 실패를 거듭해 왔다. 우리는 인간이 언어 능력을 갖는 유일한 존재라고 생각했다. 그런데 최근 들어 우리는 이와 같은 생각을 포기하게 되었다.[8] 침팬지와 고릴라가 몸짓 언어로 100개 이상의 단어를 익혀서 자신들이 고안한 조합을 통해 이를 사용할 수 있음이 밝혀졌기 때문이다. 이제 과학자들은 개 주인들이 오랫동안 받아들이고 있던 바를 열심히 발견해내고 있다. 우리는 더 이상 이성적 사고를 할 수 있는 유일한 동물이 아니다. 『인간의 기원』에서 다윈이 언급했듯이, "설령 인간이 위대하다 하더라도 사람과 고등동물간의 마음의 차이는 정도의 문

---

[7] 다윈은 사회적 동물이라면 그 어떠한 동물이라도 지적인 능력이 인간과 같은 정도 혹은 그에 가까운 정도까지 발달할 경우 도덕적 관념 또는 양심을 획득할 것이라고 말하며 인간과 동물의 질적인 차이를 부정하고 있다. 찰스 다윈, 『인간의 유래 1』(김관선 옮김, 한길사, 2006), 168-169쪽.
[8] 침팬지와 인간의 유사성을 살펴보려면 프란스 드 발의 저술인 『정치하는 원숭이』(황상익 옮김, 동풍, 1995)를 볼 것.

제이지 종류의 문제는 아니다." 우리가 의식적인 고찰을 통해 행하는 바를 동물들은 맹목적인 본능을 통해 행한다고 생각하는 것은 오류다. 한편 인간과 인간 아닌 동물은 특정 방식으로 행동하고자 하는 본래적 성향을 가지고 있다. 그러한 이들 중에는 융통성 없이 어떤 특정한 종류의 행동을 하지 않으려는 성향이 포함된다. 가령 파리는 방향을 바꾸어 열린 창문 쪽으로 날아가지 않고 한쪽 방향으로만 날아가도록 추동되어 반복적으로 창문에 윙윙 소리를 내며 부딪친다. 또 다른 본래적 성향으로는 다양한 전략의 여지를 남겨둔 채 목표만이 설정되는 것이 있을 수 있다. 예컨대 여우는 '본능적으로' 닭을 사냥하고자 하는데, 이들은 닭을 키우는 사람이 넌더리를 낼 만큼 자신들의 목표 달성을 위해 다양한 계략을 짜낸다. 이처럼 사회적 성향을 갖는 포유류들의 본능은 일반적으로 파리에 비해 훨씬 개방적이다. 그리고 인간도 개방적 의미에서의 '본능'을 가지고 있다. 가령 부모로서 아기가 우는데도 얼러 주지 않기가 얼마나 힘든가를 생각해 보라. 또한 청년들이나 어느 정도 나이가 된 사람들이 섹스에 대한 관심을 회피하는 것이 얼마나 어려운가를 생각해 보라.

윤리가 생물학적 토대를 갖는다는 생각에 거부감을 느끼는 또 다른 이유는 윤리가 문화적 현상이며, 사회에 따라 매우 다른 양상을 나타낸다고 생각되는 경우가 흔히 있기 때문이다. 지구상의 멀리 떨어진 지역에 대한 지식이 증가함에 따라 윤리적 규율의 다양성에 대한 인식도 확대되어 왔다. 1906년과 1908년에 출간된 에드워드 웨스터마크 Edward Westermarck[9]의 『도덕적 관념의 기원과 발달 *The Origin and Development of the Moral Ideas*』은 두 권으로 이루어져 있는데, 이는 1,500페이지가 넘는 방대한 분량의 책이다. 이 책은 가령 살해(안락사, 자살, 유아 살해, 낙태, 희생, 전쟁과 결투에서의 살해 등을 포함하는)의 그릇됨과 같은 문제들에 대한 각기 다른 사회들 간의 차이를 비교하고 있다. 또한 이 책은 서로 다른 사회에서 누가 아이들 또는 노년층 내지 빈곤층을 부양하는가의 문제, 여성의 지위, 성적 관계의 허용 형태, 노예 소유, 재산 일반에 관한 권리, 도둑질의 구성 요소, 진실을 말해야 할 의무, 음식물 제한, 인간 아닌 동물들에 대한 관심, 죽은 자나 신에 대한 의무에 관한 문제 등 다양한 인간 생활을 다루고 있다. 우리가 웨스터마크의 책에서 갖게 되는 압도적인 인상은, 또한 대부분의 문화인류학 저서를 통해 얻게 되는 느낌은 윤리 현상이 엄청나게 다양하며, 그러한 다양성은 생물학적 근거를 갖기보다는 문화적 기원을 갖는다는 것[10]이다. 에드워드 O. 윌슨이 인정한 바와 같이 "인간 사회에서 나타나는 거의 모든 차이가 유전보다는 학습과 사회적 조건화에 기인하고 있다는 증거는 강력하다." 이것이 사실이라면 인간의 윤리에 대해 논의하고자 할 경우, 우리는 '인간 본성에 관한 생물학적 이론'으로부터 '특정 문화, 그리고 특정 윤리 규율을 발달시킨 요인들'로 관심을 돌려야 할 것이다. 하지만 윤리가 다양하다는 것이 논의의 여지가 없는 사실이라고 해도 그러한 다양성의 기저를 이루는 공통적인 요소가 있다. 게다가 그와 같은 공통적

---

9 웨스터마크(1862-1939): 핀란드의 사회학자. 그는 개인의 의견을 도덕의 유일한 기준으로 본다. 즉 도덕적으로 옳다는 것은 그러한 의견을 갖는 개인에 따라서 상대적이라는 것이다. 저서 가운데 유명한 것으로는 『인류 혼인사 The History of Human Marriage』, 『윤리적 상대성 Ethical Relativity』, 『도덕적 관념의 기원과 발달 The Origin and Development of the Moral Ideas』 등이 있다. 사하키안, 『윤리학의 이론과 역사』(황경식·송휘칠 옮김, 박영사, 1990), 220쪽.
10 이와 같은 입장을 문화적 상대주의 또는 기술(descriptive) 윤리적 상대주의라고 부른다. 이는 다음과 같이 요약될 수 있다. 모든 문화는 서로 다른 도덕 규칙과 표준을 가지고 있고, 또 개인들이 가지고 있는 도덕적 신념은 그들 각각의 문화권 내에서의 도덕률의 체계에 의해 습득되기 때문에 보편적인 도덕규범이란 있을 수 없다. 폴 테일러, 『윤리학의 원리』(김영진 옮김, 서광사, 1985), 32쪽 참조.

요소 중 일부는 다른 사회적 동물에서 관찰되는 이타성과 너무 흡사하다. 때문에 사회적 동물에서 살펴볼 수 있는 진화된 행동 유형으로부터 인간의 윤리가 비롯되었음을 부인한다는 것은 바람직스럽지 못하게 보인다.[11] 나는 윤리적 형식을 취하는 혈연 이타성에 대한 서술에서부터 출발하고자 한다.

인간의 윤리에서의 혈연선택

내가 이 장의 서두에서 인용한 『윤리학 방법 The Method of Ethics』은 케임브리지의 철학자 헨리 시즈윅Henri Sidgwick이 쓴 윤리에 관한 철학적 논문으로, 1874년 최초로 출간되었다. 인용 구절은 자비의 의무를 규정하고 있는 원리를 서술한 것이다. 이는 시즈윅 자신의 생각을 나타낸 것이라기보다는 그가 생존했던 당시의 일반적인 의무에 대한 서술이라고 할 수 있다. 또한 이는 친절을 베풀어야 할 대상들을 순차적으로 나열한 것인데, 이는 대체로 사회생물학 이론에 부합된다. 가장 앞에 오는 것은 혈연 이타성이다. 다음으로는 호혜적 이타성, 그리고 집단 이타성이 이어진다. 이러한 점에서 후기 빅토리아 여왕 시대의 영국의 도덕은 예외에 해당한다고 말할 수 없다. 웨스터마크가 『도덕적 관념의 기원과 발달』에서 언급하고 있듯이, 자식을 돌보아야 할 어머니의 의무는 너무나도 자명하기 때문에 대부분의 인류학자들은 이에 대해

---

[11] 독일의 인간 생태학자 아이블아이베스펠트 또한 "모든 윤리 규범이 문화적 파생물은 아니다. 많은 것들이 우리 인간의 구조 속에 이미 뿌리박고 있으며 그것이 우리에게 어느 정도 안정감을 준다"고 말하고 있다. 아이블아이베스펠트, 『사랑과 미움』(조정옥 옮김, 민음사, 1996), 308쪽.

제대로 언급조차 하지 않는다. 웨스터마크에 따르면 결혼한 남성이 가족을 부양하고 보호해야 한다는 의무 또한 어머니의 자식 부양 의무와 마찬가지로 널리 확산되어 있다. 그는 자신의 주장의 정당성을 입증하기 위해 많은 예를 들고 있다. 인간에게서 거의 보편적으로 나타난다고 할 수 있는 의무에 대한 웨스터마크의 설명은 시즈윅이 제시하고 있는 목록과 유사하다. 즉 그의 설명은 자식과 아내에 대한 의무와 더불어 부모에 대한 의무를 최우선으로 두고, 형제와 자매를 도와줄 의무를 그 다음으로, 일정치 않지만 대부분의 사회에서 발견되는 먼 친척에 대한 의무를 그 다음으로 생각하는 시즈윅과 대동소이한 것이다. 종족이나 집단의 다른 구성원에게 호의를 베푸는 것은 그 다음으로 중요하며, 외부인에게는 대개 전혀 호의를 베풀지 않는다.

사회생물학에 대한 강력한 비판가 중의 한 사람인 인류학자 마샬 살린스Marshall Sahlins[12]는 모든 인간 사회에서 혈연 유대를 중요하게 여기는 현상이 발견된다고 주장했다. 살린스는 『생물학의 선용과 오용The Use and Abuse of Biology』에서 "혈연 유대는 인류학자가 연구한 수많은 민족들에서 보편적으로 나타나고 있다. 그러한 유대는 가정에서 뿐만 아니라 경제와 정치, 그리고 의례적 행동에서도 지배적인 규율 역할을 한다"고 말하고 있다. 하지만 살린스는 서로 다른 문화에서 엄격한 의미에서의 혈연과 '친족'으로 간주되는 사람들이 일치하지 않는 경우가 허다하다는 사실을 지적하면서 혈연 유대가 생물학적 토대를 갖는다는

---

[12] 마샬 살린스는 원시 사회에서 나타나는 사회적 행위 유형을 다음과 같이 나누고 있다.
- 일반화된(generalized) 상호성-친족 간에 나타나며 대가를 바라지 않는 이타성
- 균형적(balanced) 상호성-친족 아닌 자들과의 관계에서 나타나며 어느 정도의 대가를 바람
- 부정적(negative) 상호성-이방인에게 나타나는 특성. 긴장과 의심을 품는 관계

M. Ruse, *Taking Darwinism Seriously*(Basil Blackwell, 1986), 233-234쪽.

것을 부인하고 있다. 그러나 살린스는 사회생물학의 테제를 지나치게 협소하게 파악하고 있다. 그가 제시한 사례는 일반적으로 '혈연관계'와 '누구를 혈연으로 받아들이는 것' 사이에 상당한 상관관계가 있음을 보여 준다. 그런데 우리는 사회생물학자들이 이 정도만으로도 만족한다고 생각해야 한다. 합리적인 사회생물학자들이라면 문화가 인간의 사회 구조에 어느 정도 역할을 한다는 사실을 누구나 인정할 것이며, 따라서 오직 생물학적 힘만이 직접적인 영향력을 행사하는 것은 아니라고 생각할 것이다.[13]

시즈윅의 마지막 인용 구절에서 살펴볼 수 있는 인종 차별적인 발언은 오늘날의 일반적인 통념에 어울리지 않는다. 하지만 호의를 베푸는 정도에 대한 시즈윅의 설명은 현실과 상당히 부합된다. 그의 설명은 지난 세기 동안 빅토리아 시대의 도덕성에 포함되어 있는 많은 요소들이 바뀌었어도 오늘날에도 여전히 유효하다. 즉 우리는 전과 다름없이 가족을 가장 우선으로 생각하며, 그 다음으로는 친구와 이웃을, 그리고 먼 친척을, 다음으로는 자국민을, 제일 마지막으로는 같은 인간이라는 사실을 제외하고는 공통적인 것이 아무것도 없는 사람들에 관심을 갖는 것이다. 아프리카의 기아에 관한 소식을 접했을 때의 우리의 반응을 생각해 보라.[14] 기아 문제에 관심을 갖는 사람들은 그래도 원조 기관에 기

---

[13] 사회생물학자들은 대체로 인류 문화의 진화를 '유전자 문화 공동 진화 이론(geneculture co-evolution thesis)'으로 설명한다. 이들에 따르면 문화는 생물학적 요구에 의해 창조되고 정형화되는 반면, 생물학적 특성은 문화적 선택에 의해 복제된 유전자의 진화를 통해 변화하게 된다. 인간의 의식 구조는 유전자에 의해 규정된 특정한 방식에 기초해 형성된다. 따라서 신생아의 마음은 백지 상태가 아니라 생물학적 요인에 의해 형성된 지각 방식이 내재하고 있는 인식의 틀이다. 정연교, 「진화론의 윤리학적 함의」, 『철학적 자연주의』(철학과현실사, 1995), 267쪽.
[14] 빈부의 문제에 관한 싱어의 입장은 『실천윤리학』(황경식·김경동 옮김, 철학과현실사, 1992), 제8장을 참고할 것.

부금을 낼 것이다. 10달러를 내는 경우도 있을 것이며, 50달러, 심지어 100달러를 내는 사람도 있을 것이다. 우리 사회의 통념으로 볼 때, 그 이상을 낸다는 것은 매우 드물게 살펴볼 수 있는 관대한 행위다. 그런데 서유럽, 북미, 오스트레일리아 또는 일본에 살고 있는 사람들은 그 정도의, 또는 그 이상의 금액을 휴가를 즐긴다거나 새 옷을 살 때, 또는 아이들에게 선물을 주기 위해 흔히 사용한다. 예를 들어 우리가 자신과 아이들의 복리에 관심을 갖는 것 못지않게 아프리카에 살고 있는 사람들에게 진심으로 관심을 갖는다고 가정해 보자. 이때 우리가 과연 그들의 생명을 구하지 않고 우리들 자신을 위해, 그것도 생존에 반드시 필요하지 않은 부분에 돈을 쓸 수 있을까? 물론 아프리카에 기부금을 보내지 않는 것에 대한 변명거리는 많다. 가령 우리는 기부금이 기껏해야 대양에 물방울 하나를 떨어뜨리는 것에 불과하다고 말한다. 또는 접수한 기부금을 기관이 유용할 수 있다고 핑계를 댈 수도 있으며, 식량을 무상으로 배분하는 것이 좋지 않다고 이야기할 수도 있다. 이런 이유를 거론하면서 우리는 아프리카의 빈민들에게 진정으로 필요한 것은 다른 것이 아닌 개발이나 사회 혁명, 또는 인구 억제라고 주장할 수 있다. 하지만 가슴에 손을 얹고 생각해 본다면 우리는 이러한 주장이 변명에 지나지 않는 것임을 쉽게 알아차릴 수 있을 것이다. 물론 내가 낸 기부금이 기아를 종결시킬 수는 없다. 그럼에도 이를 통해 나의 도움이 없었으면 굶주릴 몇 사람의 생명을 구할 수는 있다. 우리는 원조 노력이 효율적으로 이루어지지 않고 있다는 신문 보도를 핑계거리로 삼아 기부금을 내지 않고 있음을 정당화하려 한다. 이는 핑계거리가 될 수 없는데, 그 이유는 대기업의 효율성이라는 기준으로 따져볼 때 원조 기관의 총체적인 효율성은 사실상 매우 높은 수준에 도달해 있기 때문이다. 그리고 식량 원조가 아니라 개발이나 혁명 또는 인구 조절이 기아 문제의 진정한 해결책이라고 생각한다면 그러한 해결책을 도모하는 집단에 기부금을 내지 않는 이유는 무엇인가?

나는 해외 원조라는 주제에 대해 글을 써 왔으며 강연을 하기도 했다. 그러한 활동들을 통해 나는 우리가 풍요하게 살고 있으며, 바로 그와 같은 이유로 도움이 진정으로 필요한 사람들에게 지금보다 훨씬 많은 지원을 해주어야 할 의무가 있다고 주장해 왔다. 이에 대해 일반 대중들은 흔히 우리 주변의 가난한 사람들을 먼저 돌보아야 하지 않겠느냐는 반응을 나타낸다. 철학자들은 본질적인 면에선 이와 유사하지만 이보다 복잡한 방식으로 대응한다. 어쨌거나 사람들은 빈곤 문제를 해결하기 위해 지금보다 많은 것들을 해야 함을 인정하면서도 자신들의 아이들을 위해서 최선을 다해야 하는 의무에 어긋나는 일을 해선 안 된다고 말한다. 여기서 말하는 의무에는 비싼 사립학교에 아이들을 보낸다거나, 10단짜리 기어가 달린 자전거를 사준다는 것 등이 포함된다. 많은 사람들은 모르는 사람들을 기아에서 구하기 위해 아이들의 행복이나 희망을 축소(그것이 아무리 작은 것이라도)시켜야 한다는 주장을 허황되다고 생각하며, 심지어 잘못되기조차 하다고 생각한다.

진화사進化史를 고려한다면 '우리 것'을 선호하는 이유는 어느 정도 이해할 수 있다. 이는 다른 동물들에 대한 사례를 통해 이미 살펴보았던, 집단 이타성의 요소가 가미된 혈연 이타성의 사례라 할 수 있는 것이다. 하지만 우리가 우리 것을 선호하는 성향을 가지고 있다고 해서 어떤 사회가 '우리 것'에 대한 선호에 따라 행동할 것을 권장해야 하는 것은 아니다. 최근 들어서는 모두가 합심하여 자기가 속한 집단의 성원을 우선적으로 고려하려는 태도를 극복하려는 노력을 기울이고 있다. 다인종 사회에서는 자신이 속한 인종이나 민족에 대한 편애가 흔히 투쟁으로 연결되며, 오늘날 많은 국가에서는 고용이나 교육 또는 주택공급 등의 문제에서 자신이 속한 인종이나 민족을 우선적으로 고려하려는 태도를 그릇된 것으로 평가하고 있다. 차별적인 태도를 취하는 사람에게는 제재가 가해진다. 인종간의 평등을 향한 노력은 이제껏 강한 저항(이는 깊이 뿌리박힌 편견을 제거하고자 할 때 겪는 저항과 유사하다)을 받아 왔다. 하지만 평등에의 노력은 대체적으로 결실을 거두어 오늘날 사람들은 행동과 태도를 바꾸게 되었다. 다시 말해 평등을 향한 노력은 상이한 인종과 민족적 토대를 지닌 사람들이 모두 한 국민임을 인식시키는 데 어느 정도 성공을 거두었던 것이다.

사회개혁가들에게는 이와 유사한 평등화 작업을 가족을 대상으로도 수행하는 것이 오랜 숙원이었다. 그들은 평등화 작업을 통해 공동체의 구성원들이 공동체의 이익을 자기 가족의 이익 못지않게 생각하게 하는 것을 목표로 삼았다. 다른 수많은 불멸의 사상들과 마찬가지로 이러한 생각 또한 플라톤Plato에서 원류를 찾아볼 수 있다. 플라톤은『국가Republic』에서 단합이야말로 공동체의 최상의 선이며, 그러한 단합은 "기쁨과 슬픔을 느끼게 되는 어떤 동일한 경우에 대해 모든 시민들이 함께 웃고 울 때"에 나타난다고 주장하고 있다. 플라톤은 단합을 이루고자 한다면 적어도 자신이 말하는 이상理想 국가의 통치자에 해당하는 수호자 계급만큼은 독립된 가정을 갖거나 한 명의 배우자와 결혼해선 안 되고 공동 결혼을 해야 한다고 역설했다. 그는 이와 같은 방법을 통해 모든 수호자들이 "아내와 아이들이 있고 개인적인 즐거움과 고통이 존재하는 가정으로 각자가 획득한 바를 가져가는" 대신 "자신에게 친근한 것이 무엇이냐에 대한 의견이 일치하게 될 것이며, 결국 그들 모

두가 공동선을 추구하게 되는" 상황에 이르게 될 것이라고 생각했다.15

　가족 간의 애정으로 인해 강력한 집단 공동체의 분열을 염려하는 플라톤의 지적은 적절한 것이다. 요니나 탤몬Yonina Talmon은 유대인 집단 정착지에 대한 자신의 사회학적 연구인 『키부츠 내에서의 가족과 공동체Family and Community in the Kibbutz』에서 플라톤의 주장을 그대로 답습하고 있다. 탤몬은 단합이 매우 강력하게 요구되었던 정착지의 개척 초창기에 대해 언급하면서 다음과 같이 말하고 있다.

> 가족 간의 유대는 배타적이면서 독특한 충성심에 기초해 있다. 가족에 대한 충성심으로 인해 사람들은 가족 구성원과 아닌 사람들을 구분하게 된다. 일반적으로 가족은 정서적 몰입의 대상이 된다. 때문에 가족에 대한 애정은 집단에 대한 충성심을 침해할 수 있다. 자신의 배우자와 아이들에 대한 깊은 관심은 그에 비해 이데올로기적이며 목표지향적인 동료들과의 관계에 우선한다.

　가족의 폐지를 낙관했던 플라톤의 입장은 그 이후 이어진 실험적인 사례들로 인해 더 이상 타당성을 인정받을 수 없게 되었다. 키부츠 운동은 탤몬이 제시하는 여러 이유로 인해 가족에 대한 애착을 허물어 버리는 작업부터 시작했다. 아이들은 부모들로부터 떨어져 공동 주택

---

15 플라톤은 이성, 기개, 욕정 등 인격적 요소들이 조화롭게 발달한 개인을 확대한 것이 이상국가라 했다. 그는 개인에서의 이성은 국가의 수호자에, 기개는 전사에, 그리고 욕정은 생산자에 각각 해당되며, 세 계급이 제몫을 다하고 조화를 이룰 때 그 국가는 사회 정의를 실현하는 이상국가가 될 수 있다고 생각했다. 한편 그에 따르면 수호자는 결혼을 하지 않고 살아야 하며, 재산을 소유해서도 안 된다. 이렇게 해야만 모든 개인적인 것들이 없어지고, 국가의 통일이 촉진되고, 전체의 이익을 위해 봉사한다고 하는 수호자들의 고귀한 사명이 이행될 수 있다.

에서 함께 살았다. 또한 유아 시절부터 키부츠는 아이들에게 간호사와 선생들을 붙여 주었으며, 이를 통해 자유로워진 부모들은 일을 하러 나갔다. 식사는 공동 식당에서 가족 단위로 하지 않고 공동으로 했다. 유흥도 공동으로 즐겼다. 키부츠는 아이들에게 부모를 '아버지'나 '어머니'로 부르기보다는 이름을 부를 것을 권장했다. 부부가 동일한 장소에서 함께 작업하는 것은 금지되었으며, 남편과 아내가 많은 시간을 함께 보낼 경우 조롱의 대상이 되기도 했다. 사람들은 사회주의라는 이데올로기에 경도되어 있었고, 그 당시 팔레스타인이었던 땅에 유대인이 정착해야 한다는 의무감에 사로잡혀 있었다. 이에 따라 그들은 그러한 가족 관계에 대한 엄격한 제한을 어려운 외적 환경에 대항하는 정착투쟁의 일부로 받아들였다. 그 당시 그들은 곡식 재배에 어려움을 겪고 있었고, 팔레스타인인들이 자신들을 둘러싸고 있다는 열악한 외적 환경에 놓여 있었다. 다른 동물들과 마찬가지로 인간 집단 또한 외적인 위협이 있을 경우 평상시보다 강하게 단결한다.(제2차 세계대전 중 외부로부터의 위협이 있었을 당시의 모든 영국인의 자발적 희생을 생각해 보라. 그리고 이를 영국 경제의 쇠퇴를 막아보기 위해 '덩케르크 정신'[16]으로 돌아가자고 호소하는 영국 수상들, 그리고 그에 대해 무감각한 오늘날의 영국 국민들과 비교해 보라.) 전체 집단의 생존이 위협받을 경우 개인의 이익은 집단의 생존을 확보하기 위한 필요성에 종속된다. 하지만 일상적인 상황에서는 사람들이 개인적인 관심으로 되돌아온다. 위기 상황에서의 영국 국민과 이스라엘 국민들처럼 자원을 동원

---

16 덩케르크 정신: 덩케르크는 1940년 5월 29일부터 6월 4일에 걸쳐 33만 이상의 영국과 프랑스 연합군이 막강한 독일군의 공격을 견뎌내고 철수에 성공한 프랑스 북부의 항구 도시다. 당시의 상황은 매우 열악했으나 결국 철수는 성공적으로 이루어졌으며, 여기에서 중대한 국면에 직면하더라도 단념해서는 안 된다는 의미가 유래되었다.

하지 못한 집단은 살아남지 못했을 것이다. 반면 위기 상황이 종결되었음에도 자신의 이익을 추구하지 않은 사람들 또한 자손들을 많이 남기지 못했을 것이다.

어찌 되었건, 무슨 이유 때문인지는 몰라도 단합이라는 이상(ideal)을 고취하려고 노력해도, 일단 키부츠주의가 확립되고, 기아와 아랍의 공격 위험이 사라진 후에는 처음과 같은 공동 감정의 강렬함이 유지되지 않는다는 사실이 밝혀졌다. 키부츠주의는 존속했지만 가족 제도와 적절한 절충이 이루어져야 했다. 부부는 자신의 아파트에서 생활하는 시간이 길어졌으며 그곳에서 식사를 하는 경우가 빈번해졌다. 아이들은 대부분의 자유 시간을 부모들과 함께 보내게 되었고, 공동 주택에서 자게 되는 경우보다 가족이 사는 아파트에서 자게 되는 경우가 많아지게 되었다. 공적인 자리에서 남녀 한 쌍이 옆자리에 앉는다는 것은 더 이상 얼굴을 찌푸리게 하는 일이 아니었다. 아이들은 부모를 다시 '아버지'와 '어머니'로 부르게 되었다.

키부츠 운동은 가족 대신 공동체를 관심의 기본 단위로 만들고자 하는 여타의 시도들과 유사하다. 볼셰비키 혁명 이후 소련에서는 가족 철폐를 옹호하는 『공산당 선언Communist Manifesto』에서의 외침을 실행에 옮기려는 시도가 있었다. 그런데 20년이 채 되지도 않아 소비에트는 정책의 방향을 완전히 바꾸어 가족생활을 권장하기 시작했다.(참고적으로 말한다면 『공산당 선언』 자체는 가족 폐지에 대해 명확한 입장을 표명하지 않고 있다. 그것은 마르크스Marx가 그 누구보다도 헌신적인 아버지였기 때문인데, 이는 놀랄 만한 일이 아니다.) 어떤 종교 공동체는 아이들을 집단으로 양육하는 데서 출발한다. 하지만 종교적 열의가 잦아들면 가족 제도는 다시 부활한다. 수도원은 가족 제도를 영구적으로 철폐하는 데 성공을 거두었다. 하지만 엄격한 독신

생활에 근거한 공동체는 자생력을 갖기 힘들다.

공동체 일반에 대해 관심을 갖기보다는 가족에 대해 관심을 갖는다는 것은 인간의 기본적인 성향이라고 할 수 있으며, 이러한 관심은 생물학적으로 따져 볼 때 충분한 이유가 있는 것이다. 물론 인간의 기본적인 성향이 모두 덕으로 간주되는 것은 아니다.(인간이 갖는 또 다른 영속적인 성향, 가령 한 명 이상의 대상과 성관계를 맺고자 하는 성향—이 또한 생물학적 근거를 가지고 있음에 틀림없다—에 대한 우리의 태도를 생각해 보라.) 하지만 가족에 대한 관심이 대부분의 인간 사회에서 도덕적 탁월성의 지표가 되는 이유는 무엇일까? 사회가 공동체 내의 다른 사람들의 이익보다 자녀들의 이익을 앞세우는 것을 단순히 허용하는 데 그치지 않고 심지어 칭송하기까지 하는 이유는 무엇인가? 이는 단순히 가족에 대한 관심이 보편성을 지니며 강렬하기 때문만은 아닐 것이다. 즉 가족을 돌보았을 때에 얻어지는 사회 전체의 이익 때문에도 가족에 대한 관심은 칭송받고 있는 것이다. 가정에서 아이들이 제대로 양육될 수 있고, 청결을 유지할 수 있으며, 적절히 보호될 수 있다는 것을 알게 될 경우, 또한 환자가 간호를 잘 받고 노인들이 관심의 대상이 된다는 것을 알게 될 경우, 가족이 없었다면 공동체 자체가 짊어져야 했을 문제들을 가족은 자연스런 애정으로 맺어진 결속을 통해 스스로 처리하게 될 것이다. 또한 사람들은 가족제도로 인해 전혀 수행될 것 같지 않은 노동을, 또는 자연스런 충동을 통해서는 동기 부여가 되지 않을 듯한 노동을 자발적으로 행할 것이다.(오늘날의 거대 공동체에서 이러한 작업을 처리하려면 막대한 자금과 더불어 비인격적인 관료제가 시행되어야 할 것이다.) 가족에 대한 관심이 모르는 사람들의 복리에 대한 관심보다 훨씬 강렬하다면, 가족의 이익을 더 소중히 여기는 성향을 인정하는 윤리적 규칙을 채택하는 것이야말로 모든 가족의 복리를 증진시키고, 궁극적으로 공동체 전체의 복리를 증진시키는 최선의 방책이 될 것이다.

호혜적 이타성과 인간 윤리

친족 유대는 인간에게 가장 기본적이며 널리 확산된 형태의 유대이다. 그런데 호혜성의 유대 또한 이에 못지않게 보편적이라 할 수 있을 것이다. 시즈윅은 빅토리아 시대의 도덕관을 서술하면서 일가친척에게 친절하라는 의무 다음으로 '자신에게 호의를 베푼 자'에게 친절하라는 의무를 제시하고 있다. 이크족들 간에는 가족 제도가 붕괴될 때까지 니옷nyot으로 알려진 상호부조의 약속이 남아 있었다. 웨스터마크는 다음과 같이 말하고 있다. "최소한 은혜에 대한 보답이나 그에 대한 감사는 어디에서든 의무로 간주될 것이다." 웨스터마크가 이와 같이 주장한 이래 마르셀 모스Marcel Mauss[17]에서 클로드 레비스트로스Claude Lévi-Strauss[18]에 이르는 인류학자들은 인간 생활에서의 호혜성의 중요성을 계속 강조해 왔다. 『호혜성의 인간Man in Reciprocity』의 저자 하워드 베커Howard Becker[19]는 인간의 생활에서 호혜성이 보편적으로 나타난다는 사실을 발견하고는 우리 종을 호혜적 인간(Home reciprocus)이라고 재명명하자고 제

---

[17] 모스(1872-1950): 프랑스의 사회학자이자 인류학자. 교환 양식과 사회 구조의 관계에 대한 독창적인 비교연구로 잘 알려져 있다.
[18] 레비스트로스(1908-1991): 프랑스의 사회인류학자. 구조주의의 선구자. 주요 저서로 『슬픈 열대』(1955), 『구조인류학』(1958) 등이 있다.
[19] 베커(1899-1960): 미국의 사회학자. 사회행위 이론을 사회변동론에 적용하여 미국의 이론 사회학 발전에 크게 기여했다.

안했다. 또한 최근의 이런저런 연구를 검토한 끝에 사회학자 앨빈 굴드너Alvin Gouldner[20]는 "문화상대론자들의 견해와는 달리 호혜성이라는 규범은 보편적으로 나타난다고 가정해 볼 수 있다"고 결론지었다.

윤리의 많은 특징들은 자기 손이 닿지 않는 곳에 붙어 있는 기생충을 서로 잡아 주는 것과 같은 단순한 호혜적 실천으로부터 발전했는데, 이는 놀라운 일이다. 가령 내가 머리에 붙어 있는 한 마리의 이(lice)를 잡아 주길 원한다고 하자. 이러한 목적을 달성하기 위해 나는 우선 다른 사람에 기생하는 이를 기꺼이 잡아 줄 것이다. 하지만 나는 누구 머리에 붙어 있는 이를 잡아 줄 것인가를 생각해야 한다. 모든 사람을 무차별적으로 도와준다면 나는 본의 아니게 이를 잡아 주지 않을 사람 또한 돕게 될 것이다. 이로 인한 시간과 노력의 낭비를 피하기 위해 나는 내 도움에 답례를 할 사람과 그렇지 않은 사람을 분류해야 한다. 달리 말해, 나는 내게 공평한 태도를 보이는 사람과 거짓말을 하는 사람을 구분해야 하는 것이다. 나의 도움에 보답하지 않는 자에 대해서는 그를 피하리라 다짐한다. 한 걸음 더 나아가 나는 그에게 화를 내고 적의를 나타내는 등의 반응을 보여 줄 수도 있을 것이다. 질 나쁜 '거짓말쟁이'가 두 번 다시 이익을 얻지 못할 것임을 확실하게 보여 줄 경우, 이는 나뿐만 아니라 같은 집단에 속한 다른 호혜적 이타주의자에게도 이익이 될 것이다. 그들을 죽이거나 추방해 버리는 것은 거짓말을 막기 위한 효과적인 방법이 될 수 있을 것이다. 반면 나는 바라는 모든 것들을 해주는 사람들에게 긍정적인 느낌을 갖게 될 것이며, 이로 인

---

20 굴드너(1920-1980): 미국의 사회학자. 저서로 『이데올로기와 기술의 변증법』(1976), 『지성인의 미래와 새로운 계급의 부상』(1979), 『두 마르크시즘』(1980) 등이 있다.

해 나는 그와 호혜적인 관계를 유지하고 발전시키고자 하는 마음을 갖게 될 것이다.

이러한 호혜적 이타성이 형성되기까지의 진행 과정을 나누어 살펴보도록 하자. 첫째, 가장 중요한 것은 도움을 줄 만한 자와 그렇지 않은 자를 구분하는 것이다. 물론 다른 사람이 먼저 시작하길 모두가 기다린다면 출발이 이루어질 수 없을 것이다. 처음에는 보상을 받을 것인지의 여부를 모르는 채 누군가가 다른 사람에게 붙어 있는 기생충을 잡아 주어야 할 것이다. 하지만 약간의 시행착오를 겪고 나면 우리는 집단 구성원 각각의 성향을 분명하게 파악할 수가 있다. 이때 나는 나를 도와주지 않은 자들을 더 이상 도와주지 않을 수 있게 된다. 그런데 그와 같은 판단을 내리기 위해서는 도움을 준 것에 대한 충분한 보상이 어느 정도인가를 파악할 수 있는 능력이 요구된다. 만약 누군가의 머리에 붙어 있는 이를 꼼꼼하게 제거해내는 데 한 시간이 걸렸는데 상대방은 심지어 내 머리를 쳐다보는 것마저 거부한다면, 그때 내가 내릴 수 있는 판정은 분명하다. 하지만 만약 그가 10분 정도 적당히 내 머리에 붙어 있는 이를 잡아 주었고, 그리하여 이 몇 마리가 그대로 남아 있다면 어떻게 할 것인가? 분명 이 시점에서는 상대방의 호의를 적당히 갚아도 별다른 문제가 발생하지 않을 것이다. 하지만 인간의 사고력과 의사소통 능력이 증진되면서 어떤 것이 공평한 교환인가에 대한 결정이 더욱 엄밀해지게 될 것이라 생각해 볼 수 있다. 즉 우리는 여러 상황 하에서의 변수도 고려해 보게 되는 것이다. 가령 내가 당신에게 붙어 있는 몇 마리 되지 않는 이들을 10분 내에 제거할 수 있다고 가정해 보자. 이때 나는 한 시간 동안 내 머리에 붙어 있는 여러 마리의 이를 잡아달라고 당신에게 요구할 수 있는 것일까? 이와 같은 질문에 대한 답을 생각해 보면서 우리는 공정성의 개념을 발달시켜 나가기 시작했을 것이다. 2,000여 년 전에 그리스의 역사가 폴리비우스 Polybius[21]는 다음과 같이 말했다.

> ……… 위험에 처해 있을 때 도움을 받은 자가 그를 도와준 사람에 대해 사의謝意를 표시하지 않고 심지어 그를 해치려 한다면, 그것을 알게 된 자들은 그들 이웃이 당한 피해에 분노를 느낄 것이다. 그들은 같은 상황을 마음에 그려보며 그러한 행위에 불만을 표하며 불쾌해 할 것임에 틀림없다. 이러한 사실로부터 사람들의 머리에는 의무라는 개념의 의미와 의무 이론이 떠오르게 되며, 이것이 바로 정의의 출발점인 동시에 종착점인 것이다.

은혜를 갚는다는 것이 정의[22]의 출발점인 동시에 종착점이라는 말에는 약간의 과장이 섞여 있다. 하지만 그것이 출발점이라고 말하는 것은 올바른 지적인 듯이 보인다. 우리는 '은혜를 갚는다'에 '원수를 갚는다'를 덧붙여야 한다. 왜냐하면 양자는 서로 밀접하게 관련되어 있으며, 양자가 병행하는 것처럼 보이는 경우가 흔하기 때문이다. 오늘날 우리 문화에서는 잘 나타나지 않지만 부족 윤리에서는 답례와 보복에의 의무가 두드러졌다.(여기에서 이들 의무가 우리 사회에서 중요한 동인動因이 아님을 말하고 있는 것은 아니다. 이들은 분명 동인의 역할을 하고 있다. 하지만 오늘날 우리는 보복을 일종의 덕이라고 찬양하지 않으며, 과거와는 달리 답례마저도 여러 덕목 중에서 높은 평가를 얻

---

21 폴리비우스(기원전 204-125?): 로마의 세계 지배를 그 국제(國制)의 우수성에 있다고 주장한 고대 헬레니즘 시대의 그리스 역사가.
22 정의의 기원에 관한 사회생물학적 설명은 Allan Gibard, "Human Evolution and the Sense of Justice," *Midwest Studies in Philosophy Vol. VII: Social and Political Philosophy*(Univ. of Minnesota Press, 1982), 31-46쪽 참조.

지 못한다.)

수많은 부족 사회에서는 공들인 선물 증정식이 거행된다. 선물을 받는 자는 반드시 되갚아야 하는데, 이때 보답으로 주는 선물은 원래의 선물보다 좋은 것이어야 하는 경우가 많다. 간혹 더 좋은 선물을 주고받는 것이 감당할 수 없을 지경에 이르게 되는 경우가 있는데, 이 때문에 사람들은 한사코 선물을 받지 않으려 하며, 어떤 의무로부터 자유로워지기 위해 즉각 이를 되돌려주고자 한다.

서양의 윤리적 전통에서도 답례와 보복은 여러 덕목 중 주요한 위치를 점하여 왔다. 플라톤은 『국가』에서 정의正義를 탐구해 나간다. 책에서 그는 자기의 친구에게는 친절을, 자신의 적에게는 해악을 가하는 것이 정의라는 통속적인 견해를 상세히 분석하고 있다. 또한 키케로Cicero[23]는 우리를 가장 사랑하는 사람에게 최선을 다하는 것이 '첫 번째 의무'라고 말했다. 그는 여기에 덧붙여 "의무 중에서 감사하는 마음을 드러내 보이는 것 이상의 명령은 없다"라고 말하기도 했다. 이는 예수의 산상수훈에서도 살펴볼 수 있다. 그는 다음과 같이 말한다. "나는 이웃을 사랑하고 적을 미워하라는 이야기를 들었다."(물론 예수는 적을 미워하지 말고 사랑하라고 말했다. 하지만 예수마저도 징세 관리인이나 죄인들보다는, 올바르게 살려고 노력하는 사람들이 하느님으로부터 보상을 받아야 한다고 생각했다.)

우리를 도와준 사람에 대한 긍정적인 느낌으로부터 친구로서의 유대와 신뢰가 싹튼다. 받기만 하고 주지 않는 사람들에 대한 부정적인 느낌으로부터 도덕적인 분개와 응징을 하려는 욕구가 나타난다. 호혜

---

[23] 키케로(B. C. 106-B. C. 43): 로마의 문인, 철학자, 변론가, 정치가. 고전 라틴 산문의 창조자이며 동시에 완성자라고 불린다. 현존하는 작품으로는 『국가론』, 『법에 관하여』, 『의무론』, 『우정에 관하여』 등이 있다.

성이 인간의 진화에 중요한 역할을 한 것이 사실이라면, 사기를 당하는 것을 혐오하는 경향은 진화에 유리하게 작용했을 것임에 틀림없다. 사람들은 분명 이와 같은 혐오감을 가지고 있으며, 혐오감이 지나쳐서 역효과를 가져오는 경우마저 흔히 있다. 예를 들어 한 시간에 10달러를 받고 초과 근무를 하라는 요구를 거절하는 사람이 5달러짜리 불량품을 반송하는 데 한 시간을 기꺼이 소모한다. 이처럼 앞뒤가 맞지 않는 태도는 비단 우리 문화에만 국한되어 나타나는 것이 아니다. 여러 사회를 관찰한 인류학자들은 하찮은 원인으로부터 야기된 혈투에 대해 보고하고 있다. "문제는 5달러에 있는 것이 아니야." 우리는 스스로의 행위를 변명하기 위해 말한다. "문제는 원칙이란 말이야." 칼라하리 사막의 부시맨 또한 사냥에서의 포획물 분배문제를 놓고 다툼을 벌일 때 이와 비슷한 논변을 펼친다. 그런데 우리가 사기당하는 것을 유난히 싫어하는 이유는 무엇일까? 가능한 한 가지 설명은 다음과 같다. 단일한 사건에서 속았을 때 보는 손해는 경미하지만 오랜 시간을 계속해서 속을 때 입는 손해는 그보다 훨씬 크다. 따라서 시간이 어느 정도 걸리더라도 거짓말을 하는 사람을 분류해 내고 그들과 완전히 절연할 필요가 있는 것이다.

 개인적인 분노가 집단 구성원들의 공감을 얻고 일반 원칙하에 놓이게 될 때, 이는 도덕적인 분개로 전환된다. 앞서 언급한 구절에서 폴리비우스는 배은망덕의 희생양이 된 동일한 상황에 놓여 있는, 동일한 분개의 느낌을 가지고 있는 사람들을 상상해 보라고 말한다. 우리는 타인의 입장에 서서 상상해 볼 수 있는 능력이 있으며, 구체적인 사례들에 적용할 수 있는 일반 규칙을 만들어낼 수 있는 능력이 있다. 이를 통해 우리는 도움에 대한 적절한 대가, 그리고 거짓말하는 사람을 어떻게 처리할 것인가에 대한 사회적으로 인정되는 기준을 획득할 수 있게 된다. 이와 더불어 우리가 갖는 개인적인 원한의 감정을 집단 규율로 응결시킬 수도 있게 된다. 부족 사회에서의 보복은 피해자 측, 그리고 그의 친족의 손에 의해 이루어지는 경우가 흔하다. 하지만 이러한 처리 방식에는 분명 문제가 있다. 왜냐하면 피해자나 가해자 양쪽 모두 서로 상대방이 잘못했다고 생각하는 경우가 종종 있을 것이며, 이 때문에 싸움이 계속되어 결국 모두가 피해를 입게 되는 상황에까지 이를 수 있기 때문이다. 이와 같은 화를 피하기 위해 대부분의 사회에서는 혈투를 대체하여 쟁점이 되는 증거를 경청하고, 모든 당사자들이 준수해야 할 권위적 판결을 낭독하는 공동체의 절차를 만들어냈다.

호혜적 이타성은 인간처럼 사고를 할 수 있고, 의사소통이 가능한 존재의 집단에서는 특히 중요한 역할을 한다. 왜냐하면 집단에서는 호혜적 이타성이 쌍무적인 관계에서 다각적인 관계로 확대될 수 있기 때문이다. 만약 내가 당신을 도와주었는데 당신은 나를 도와주지 않는다면, 분명 나는 당신에게 앞으로 더 이상 도움을 주려 하지 않을 것이다. 그런데 내게 말을 할 수 있는 능력이 있다면 나는 그 이상의 영향력을 발휘할 수 있다. 즉 나는 집단에 속한 다른 사람들에게 당신이 어떤 사람인가에 대해 말해 줄 수 있는 것이다. 이렇게 되면 다른 사람들 또한 당신을 도우려 하지 않을 것이다. 거꾸로 당신이 신뢰할 만한 호혜적인 사람이라는 것을 다른 사람들이 알게 된다면 이는 그들이 기꺼이 당신을 돕는 이유가 될 수 있을 것이다. '명성을 얻게 된다는 것'은 복잡한 방식으로 의사소통을 할 수 있는 생물들에서만 의미를 획득할 수 있다. 오직 내가 구한 사람만이 나의 영웅적 행위를 안다면 그것이 내게 이익이 되지는 않을 것이다. 반면 내가 누군가를 구함으로써 공동체 내에서 나를 돕고자 하는 자들의 숫자가 증가되었다면, 나의 이타성이 나에게 유리하게 작용할 가능성은 훨씬 커지게 된다.

우리가 도덕적으로 승인하거나 거부하는 많은 것들(여기에는 공정성, 거짓말, 사의, 그리고 재분배에 대한 견해들이 포함된다)이 사실상 호혜적 이타성이라는 주장은 만약 그러한 이타성을 지나치게 이기적으로 해석하지만 않는다면 훨씬 받아들이기 쉬울 것이다. 그런데 꼼꼼히 따져보면 호혜적 이타성은 이타성으로 생각할 수 없는 것처럼 보인다. 호혜적 이타성은 좀 더 정확히 표현하여 계몽된 이기성이라고 불러야 할지도 모른다. 우리는 도움을 주고자 하는 사람의 복리에 대해 전혀 관심을 갖지 않으면서도 얼마든지 호혜적인 파트너가 될 수 있다. 즉 자기 스스로의 이익에 대한 관심, 그리고 장기적으로 봐서 상호 협력하는 것이 양쪽 파트너 모두에게 이익이 될 것임을 아는 것만으로도 충분히 호혜적 파트너가 될 수 있는 것이다. 하지만 우리가 도덕적인 태도를 갖고자 할 경우, 이와는 매우 다른 무엇이 요구된다. 가령 내가 격렬한 파도 속에 빠져 있는데 모르는 사람이 물에 뛰어들어 나를 구했다면 나는 매우 고마워할 것이다. 그런데 나를 구조한 사람이 생명을 구해 주는 것에 상당하는 보상 가능성부터 계산해 보았으며, 보상의 가능성이 있다고 판단하여 물에 뛰어들었다는 사실을 알게 되면 고마움은 경감될 것이다. 그런데 이기적 동기가 드러날 경우 감사하는 마음만 줄어드는 것이 아니다. 도덕적 승인이란 타인의 복리에 진심으로 관심을 보이는 행동에 대한 동조, 또는 옳은 것을 의식적으로 행하려는 자세에 대한 공감을 말한다. 우리는 칭찬한 어떠한 행위가 이기적 동기로 행해졌다는 사실을 알게 될 경우, 칭찬을 철회하거나 칭찬의 강도를 낮춘다.

앞 장의 초반에서 나는 동기를 배제하고 오직 행동만으로 이타성—

여기서 '이타적 행동이란 자신을 어느 정도 희생함으로써 타인을 이롭게 하는 행동'을 말한다—을 정의했다. 그런데 이제 사람들이 이타성을 이야기할 때, 그들은 행동뿐만 아니라 동기에 대해서도 생각하고 있다는 점에 주목해야 한다. 관용적으로 쓰이는 의미에 충실하고자 할 경우, 우리는 '이타적 행위'를 '타인을 이롭게 하고자 하는 욕구에 의해 동기 지어진 행위로, 행위자가 손해를 감수하는 것'이라고 재정의해야 할 것이다. 인간이 어느 정도까지 이타적인 동기를 가질 수 있는가의 문제는 나중에 다루도록 하겠다. 그럼에도 일상적인 의미(앞으로는 이타적인 행위를 이와 같은 의미로 사용하겠다)로 이타적 행위를 파악하여 고찰해 볼 때, 한 행위가 궁극적으로는 내게 이익이 된다고 해도 그것이 여전히 이타적인 행위일 수 있다는 사실을 알아야 한다. 이와 같이 이야기할 수 있는 이유는 내가 행위할 당시에는 나의 이익을 고려함이 없이 누군가에게 도움을 주고자 하는 의도를 가지고 있었다고 말할 수 있기 때문이다.[24]

로버트 트리버스Robert Trivers[25]는 사회생물학을 이용하여 사람들이 이타적 동기를 선호하는 이유를 설명해냈다. 이기적인 동기를 가지고 있는 사람들보다 이타적인 동기를 가지고 있는 사람은 훨씬 신뢰할 수 있는 파트너이다. 가령 이기적인 사람은 어느 날 자기 이익에 관한 계산이 잘못되었음을 깨닫게 될 수가 있다. 구조를 하려던 이기적 구조

---

[24] 흥부는 자신에게 돌아올 이익을 의식해서 제비를 도운 것이 아니다. 하지만 결과적으로 그와 같은 행위는 자신에게 이익이 되었다.
[25] 로버트 트리버스: 「호혜적 이타성의 진화」(1971)라는 논문에서 최초로 호혜적 이타성 이론을 제안했다. 물에 빠진 사람을 구하려고 뛰어든 구조자가 빠진 자와 함께 살아남을 확률은 모두 죽을 확률보다 크고, 구조된 사람이 구조한 사람을 다음 기회에 도울 확률 역시 크므로 결국 양자 모두에게 이익이 된다. 트리버스에 따르면 결국 자연선택은 이러한 구조 행동을 선택하게 된다. 이병훈, 「사회생물학과 생물학적 결정론」, 『인간은 유전자로 결정되는가』(명경, 1995), 92쪽.

자는 내가 해변에 남겨두었던 초라한 옷을 보고 자신의 행위에 상응하는 대가를 받기 힘들 것이라고 판단할 수 있다. 또한 이기적 파트너는 속이는 것을 탐지해내기 어려운 교환에서는 나의 복리에 진정으로 관심을 갖는 상대보다 속이려는 경향을 더 많이 가질 것이다. 이 때문에 진화는 타인의 이기적인 동기와 이타적인 동기를 구별할 수 있는 사람의 생존 가능성을 높일 것이며, 이에 따라 오직 이타적 성향을 가졌으면서 자신들의 재능이나 서비스에 대한 대가를 얻어내는 자들만이 진화에서 선택될 것이다.

심리학자들은 사람들이 이타적으로 행위를 하는 상황에 대한 실험을 해보았는데, 그 결과 사람들은 이타적인 척하는 자들보다 진정한 이타적 동기를 갖는 자들에게 더욱 이타적으로 행동하려 한다는 사실이 밝혀졌다. 어떤 서평의 결론에서 지적하고 있듯이 "얼핏 보아 이타성인 듯한 모습이 진정한 이타성인지가 의심스러울 때 호혜성이 나타날 가능성은 거의 없다." 또 다른 실험은 대다수의 사람들이 익히 알고 있는 바를 새삼스레 입증해 주고 있다. 즉 그 실험은 사람들이 이기적 동기를 포장한 겉모습만의 이타성보다 진정한 이타성을 훨씬 매력적인 성격적 특성으로 생각한다는 사실을 보여 주고 있는 것이다.

바로 여기서 중요하면서도 흥미를 자아내는 문제가 수면 위로 떠오른다. 만약 호혜적 교환의 파트너가 되는 것이 유리하다면, 그리고 타인에 대해 진심으로 관심을 가질 경우에 파트너로 선택될 가능성이 크다면, 진화라는 측면에서 볼 때 타인에 대해 진정으로 관심을 갖는 것이 유리할 것이다.(물론 여기에서는 파트너가 되려는 자들이 진정으로 이기적인 자들의 위선적인 이타성을 간파해낼 수 있음을 전제하고 있다. 물론 이것이 쉽지는 않다. 하지만 우리는 상대의 위선을 파악하기 위해 많은 시간을 투자하며, 종종 이를 간파해내는 데 성공하기도 한다. 진화론적 측면에서 고찰해 볼 때, 우리는 시간이 흐르면서 위선을 탐지해내는 데 더욱 능숙해질 것이라고 예측해 볼 수 있다. 하지만 이 경우 위선자의 기술 또한 개선될 것이다. 이렇게 본다면 위선자를 구분해내는 작업은 간단한 것이 아니다.)

이러한 결론은 윤리를 이해하는 데 매우 중요하다. 왜냐하면 진정한 이타성이 있을 수 있다는 결론은 이타적 행위를 자기 이익이나 친족의 이익으로 설명하려는 사회생물학의 설명과 상반되고 있는 듯이 보이기 때문이다. 하지만 제대로 이해할 경우, 사회생물학은 제반행위가 자기 이익 또는 친족의 이익을 증진시키려는 욕구에 의해 동기 지어졌음을 함축하고 있는 이론이 아니다. 사회생물학은 동기에 대해서 이야기하고 있는 바가 없다. 사회생물학은 각종 행동들을 통해 나타나는 객관적 결과의 차원을 설명하는 데 머물러 있을 따름이다. 또한 어떤 행위로 인해 결국 이익을 얻게 되었다고 해서 그 행위를 자기 이익에 의해 동기 지워진 행위로 치부해 버려서는 안 된다. 왜냐하면 행위로 인해 생기게 될 자기 이익을 의식하지 않고서도 얼마든지 행위가 이루어질 수 있기 때문이다. 그런데 우리는 흔히 사회생물학이 참된 이타성이 아닌 자기 이익에 의해 모든 존재들이 동기 지워졌다고 말하고 있다고 생각한다. 이와 같은 생각은 일부 사회생물학자들이 쓴 글로 인해 생긴 오해이다. 이제 우리는 사회생물학을 통해 참된 이타적 동기가 있다는 것을 설명할 수 있음을 알게 되었다. 이타성에 대한 사회생물학의 설명에 대해서는 다음 장에서 다루도록 하겠다. 하지만 여기서 진정한 이타성이 탄생할 수 있었던 기저 메커니즘을 짚고 넘어갈 필요는 있다고 생각하며, 그러한 메커니즘은 죄수의 딜레마(Prisoner's Dilemma)로 알려진 진퇴양난의 상황을 참조함으로써 파악이 가능해지리라 생각한다.

가상의 왕국 루러테이니아Ruritanian 비밀경찰서 독방에는 두 명의 정치범이 각각 수감되어 있다. 경찰은 불법 야당 소속원의 명단을 밝히라고 그들을 설득하고 있다. 두 죄수 모두가 밝히지 않을 경우 경찰이 그들에게 죄를 뒤집어씌울 수는 없다. 하지만 이 경우 그들은 경찰이 포기하고 석방할 때까지 3개월을 더 연장해서 독방에서 취조를 받게 될 것이다. 그런데 그 중 하나가 다른 한 명에게 죄를 뒤집어씌우며 입을 열면 입을 연 죄수는 즉각 석방되겠지만 나머지 한 명은 8년의 징역에 처해질 것이다. 한편 두 사람 모두 자백할 경우 협조했다는 정상이 참작되어 양자 모두 5년 동안 감옥살이를 하게 될 것이다. 죄수들은 개별적으로 심문 당한다. 따라서 상대방이 자백을 할지에 대해선 알 수가 없다.

물론 여기서 딜레마란 과연 죄수들이 자백을 할 것인지의 여부이다. 이 이야기의 핵심은 자기 이익의 관점에서 생각해 볼 경우 각각의 죄수들은 자백을 하는 것이 유리하며, 두 사람 모두의 이익을 고려할 경우 두 사람 모두 자백을 하지 않는 것이 유리하도록 상황이 구성되어 있다는 것이다. 자기 이익을 고려하는 첫 번째 죄수의 계산은 다음과 같이 이루어진다. "다른 죄수가 자백할 경우엔 나 또한 자백하는 것이 유리할 것이다. 이 경우 나는 8년이 아닌 5년 징역을 살 것이기 때문이다. 반면 다른 죄수가 자백하지 않을 경우에도 나는 자백하는 것이 좋을 것이다. 왜냐하면 이 경우에 나는 3개월 연장해서 심문당하지 않고 즉각 석방될 것이기 때문이다. 우리는 따로 취조당하고 있기 때문에 내가 자백할 것인지의 여부는 다른 죄수가 자백하느냐의 문제와는 하등 관계가 없다. 즉 나의 선택은 상대방의 선택과는 독립적으로 이루어진다. 이렇게 본다면 어떤 경우에도 자백하는 것이 내겐 유리하다." 자기 이익을 고려할 경우 두 번째 죄수 또한 첫 번째 죄수와 동일한 추론 과정을 거치게 될 것이며, 그리하여 첫 번째 죄수와 동일한 결론에 이르게 될 것이다. 결과적으로 만약 두 죄수가 이기적이라면 그들은 자백을 할 것이며, 5년을 감옥에서 살게 될 것이다. 그들에게는 3개월 후 석방될 수 있는 길이 있었다. 하지만 지나치게 자기 이익만을 계산함으로써 그들은 그러한 길을 선택하지 못하게 된다.

 죄수들이 자백 거부를 합리적이라고 생각하게 하려면 그들에 대한 가정 중 어떤 부분을 바꾸어야 할까? 우리가 생각해 볼 수 있는 한 가지 방법은 죄수들끼리 침묵을 지키도록 협정을 맺도록 하는 것이다. 하지만 다른 죄수가 협정을 위반하지 않으리라고 누가 보장할 수 있겠는가? 만약 그 중 하나가 협정을 깨뜨리면 다른 한 명은 오랜 시간 감옥에서 생활하게 될 것이다. 이때 배신자를 응징할 수 있는 방법은 전혀 없다. 따라서 두 명의 죄수는 "만약 상대가 협정을 파기한다면 나 또한 파기하는 것이 좋을 것이다. 그리고 상대가 협정을 지킬 경우에도 내겐 협정을 파기하는 것이 유리하다. 따라서 협정을 깨뜨리는 것이 좋다"라고 생각할 것이다.

 만약 협정을 깨지 말아야 할 제재가 없다면 협정은 두 사람의 이기주의자의 이익이 함께 고려된 최선의 결과를 산출할 수가 없다. 최선의 결과를 산출하고자 한다면 우리는 죄수들이 오직 자기 이익에 의해서만 동기 지워진다는 가정을 바꾸어야만 할 것이다. 그리하여 예컨대 자신의 이익과 동료 죄수의 이익을 동등하게 고려할 경우 그들은 다음과 같이 추론하게 될 것이다. "다른 죄수가 자백하지 않는다면 나도 자백하지 않는 것이 우리 두 사람을 위해 좋을 것이다. 왜냐하면 내가 자백을 할 경우 우리는 합해서 8년의 감옥살이를 하게 될 것인 반면, 내가 자백을 하지 않을 경우에는 도합 6개월간의 감옥살이를 하게 될 것이기 때문이다. 설령 다른 죄수가 자백을 한다고 해도 내가 자백을 하지 않는 것이 여전히 유리하다. 왜냐하면 그와 같은 경우에도 합계 10년이 아닌 8년만 살면 되기 때문이다. 이와 같이 따져서 우리의 이익을 동시에 고려한다면 어떠한 경우도 내가 자백하지 않는 편이 유리할 것이다." 바로 이와 같은 추론을 통해 두 사람의 이타적 죄수들은 두 사람의 이기적 죄수들보다 어려운 상황을 잘 빠져나올 수 있게 되며, 이는 자기 이익이라는 관점에서 보더라도 분명 유리한 바가 있다고 할 수 있다.

우리는 양자에게 최선의 결과를 산출하기 위한 방법으로 두 사람이 이타적 동기를 가지고 있다는 가정 외에 또 다른 경우를 생각해 볼 수 있을 것이다. 가령 죄수들이 양심적[26]이라 동료 죄수를 밀고하는 것이 도덕적으로 잘못되었다고 생각한다고 가정해 볼 수 있을 것이다. 이외에도 죄수들끼리 협약이 가능했으며, 이에 따라 그들이 약속을 지키는 것을 의무라고 믿는 경우를 생각해 볼 수도 있다. 이 경우 각각의 죄수는 다른 죄수가 자백을 하지 않을 것을 믿어 의심치 않을 것이며, 그리하여 양자 모두 3개월 이내에 석방될 수 있을 것이다. 죄수의 딜레마

---

[26] 융(G. Jung)은 양심이 복잡한 현상으로서 주관적인 가치 판단인가 하면 객관적인 지적(知的) 확인이기도 하다고 생각했다. 그것은 무슨 일이 있기 전, 또는 일을 하면서, 혹은 그 뒤에 일어나는 의식된 반성일 수도 있고, 별로 도덕적인 색채가 없는 막연한 불안처럼 느껴지기도 한다. 융에 따르면 도덕적인 반응은 인간 정신의 근원적인 태도이다. 도덕률은 뒤에 생긴 것으로 이 근원적 태도가 이를 테면 법조문으로 굳어버린 것이다. 여기서 그는 양심을 사회적 도덕규범에 선행하며, 그것을 넘어서는 것으로 보고자 한다. 양심은 자율적인 정신 기능으로서 결코 학습으로 얻어진 것이 아니다. 양심이란 일차적으로, 그리고 많은 사람에게 도덕규범에서 빗나갔거나 빗나갔다고 추측될 때 나타나는 반응으로서 대개는 일상적인 관습이 아닌 것, 낯선 것, 그래서 규범이 아닌 것에 대한 원시적인 두려움이다. 이런 태도는 도덕적인(moralisch) 것이라고는 할 수 있을지 모르나 윤리적(ethisch)이라고 할 수는 없는 것이라고 융은 말한다. 왜냐하면 이런 태도는 일종의 본능적인 반응이어서 충분히 반성되지 못한 것이기 때문이다. 이부영, 『분석심리학』(일조각, 1991), 309-314쪽.

는(그것이 역설적으로 보일지라도) 우리가 이기적으로 행동하지 않더라도 좋은 결과를 산출할 수 있음을 보여 주고 있다. 즉 이기적 동기를 가지고 있는 두 명 또는 그 이상의 사람들은 이타적이거나 양심적이었을 경우에 비해 손해를 볼 수가 있는 것이다.

죄수의 딜레마는 자기 이익에 근거한 상호 교환이 아니라 진정으로 이타적일 경우에 진화상의 이점이 있을 수 있는 이유를 설명해 준다. 감옥과 자백은 초기 인류 진화에서 별다른 역할을 하지 못했을 것이다. 하지만 다른 유형의 협동은 중요한 역할을 했을 것임에 틀림없다. 가령 두 명의 초기 인간이 검치호劍齒虎[27]의 습격을 받았다고 가정해 보자. 두 명 모두 도망치지 않을 경우 그들은 검치호를 격퇴할 수 있을 것이다. 반면 한 명은 도망가고 한 명은 남아서 싸운다면 도망간 자는 살아남게 될 것이고, 격투를 벌인 자는 죽음을 맞이하게 될 것이다. 여기서 검치호와 싸워 이길 가능성은 죄수의 딜레마의 상황과 매우 유사하며, 비슷한 결과가 초래될 것이다. 이기적 관점에서 보았을 때, 당신의 파트너가 도망간다면 당신도 도망가는 것이 상책이다.(이때 당신이 살아남을 가능성은 50퍼센트이다.) 또한 당신의 파트너가 도망가지 않고 검치호에 대항하여 싸우는 경우에도 도망가는 것이 상책이다.(당신과 파트너가 검치호와 싸워서 승리를 거둘지의 여부는 확실치 않고 어느 정도의 가능성만을 가지고 있는 반면, 당신이 파트너를 두고 도망갈 경우 100퍼센트 살아남게 될 것이기 때문이다.) 결국 철저하게 이기적인 두 명의 초기 인간들 중 하나는 살아남고 나머지 하나는 검치호의 먹이가 되어 버릴 것이다. 하지만 서로를 아끼는 두 명의 초기 인간은 도망가지 않고 싸울 것인데, 이때 두 명 모두 죽지 않게 될 확률이 높다. 산술적으로 따

---

[27] 검치호: 남미 제3기 신생대층에서 화석으로 발견되는 멸종된 육식동물. 재규어 크기 정도였으며, 매우 길고 강력하게 발달한 송곳니를 가지고 있었다.

져보기 위해 서로 협력하는 두 사람이 열 번 중에 아홉 번 검치호를 퇴치하고, 마지막 열 번째에는 두 명 중 한 명이 죽임을 당한다고 가정해 보자. 또한 검치호가 도망가는 두 사람을 습격하고자 할 때, 그 중 한 명만을 공격하며 누가 공격의 대상이 될지는 아무도 모른다고 가정해 보자. 여기서 검치호의 습격 대상이 될 사람이 임의로 선택된다고 하는 이유는 검치호의 빠르기와 비교해 볼 때 인간의 달리기 속도의 차이는 무시해도 좋을 정도이기 때문이다. 이렇게 보자면 평균적으로 두 명의 철저한 이기주의자 중 한 명은 검치호와 마주쳤을 때 한 번 이상 살아남지 못한다고 할 수 있다. 하지만 이타적인 두 명 중 한 명은 이기주의자들보다 평균적으로 살아남을 가능성이 10배 크다.

  이러한 가상적인 검치호의 습격이 현실 속에서 빈번하게 발생했다면 초기 인간들은 이기적 파트너보다는 이타적인 동료와 사냥을 나가는 것이 살아남기에 유리했을 것이다. 물론 자신과 함께 사냥을 떠날 자가 이타적 성향의 사람임을 알게 된 이기주의자는 더욱 유리한 입장에 서게 될 것이다. 하지만 철저하게 이기적인 파트너—그리고 도움을 주기를 거부하는—를 파악해내지 못하는 이타주의자는 도태되어 버리고 말 것이다. 진화에서는 진정한 이타주의자들보다는 진정한 이타주의자이면서 자신들이 갖는 이타성을 악용하려는 자들에게 이타적으로 대하지 않는 자들이 살아남을 것이다. 한편 죄수의 딜레마에서와 마찬가지로 우리는 다시 한 번 다음과 같이 덧붙여 말할 수 있을 것이다. 초기 인간들이 비록 이타적인 감정은 아니더라도 위험에 직면해서 파트너를 버린다는 것이 그릇되다는 생각을 가지고 행동했다면 생존이라는 목적은 달성될 수 있었을 것이다.[28]

집단 이타성과 인간 윤리

앞 장에서 우리는 진화에서 혈연선택과 호혜성이 집단선택보다 더 큰 영향력을 발휘한다는 것을 대부분의 사회생물학자들이 인정하고 있음을 살펴보았다. 그럼에도 우리는 집단선택 또한 어느 정도 역할을 했다고 생각할 근거를 발견했다. 어쨌거나 인간 아닌 동물 사이에서 집단선택이 중요하였는지의 여부와는 별개로, 인간의 윤리 체계를 살펴보면 다른 사회 집단보다 집단 이타성의 사례가 더욱 강력하게 나타나고 있음을 알 수 있다.(물론 인간의 사회이건 인간 아닌 동물의 사회이건, 집단에 대해 헌신하라는 요구를 통해 집단 전체가 이익을 얻게 된다는 것은 분명한 사실이다.) 다른 경우와 비교해 보았을 때, 인간 집단에서는 생물학적 영향과 문화적 영향을 구분해내기가 더욱 힘들다. 생물학적 측면에서 말할 수 있는 것

---

28 미국의 정치학자인 미시간 대학의 로버트 액슬로드 교수는 두 차례 컴퓨터 토너먼트를 실시하여 이기적 개체로부터 협동을 끌어내는 가장 우수한 전략을 찾아냈다. 여기서 전략은 미리 프로그램된 행동 방침을 의미한다. 1979년 실시된 1차 토너먼트에는 게임 이론가들이 작성한 14개 프로그램이 참가하였으며, 곧이어 개최된 2차 토너먼트에서는 대단한 호응을 받아 6개국으로부터 8개 학문 분야의 다양한 이론가들이 62개 프로그램을 제출했다. 우승의 영예는 두 차례 모두 심리학자인 토론토 대학의 아나톨 라포포트 교수가 작성한 팃포탯(TitforTat) 프로그램이 차지했다. 더욱이 2차 토너먼트에서는 팃포탯의 전략이 노출된 상태이었음에도 다시 승리함에 따라 팃포탯이 죄수의 딜레마에서 가장 우수한 전략임이 확고부동하게 입증되었다. 되갚음을 의미하는 팃포탯은 '처음에는 협력하라. 그 다음부터는 상대방이 그 전에 행동한 대로 따라서 하라'는 두 개의 규칙으로 구성되어 있다. 이와 같이 가장 짧고 단순한 팃포탯이 다른 복잡한 프로그램을 패배시켰다는 사실은 실로 놀라운 일이었다.
팃포탯은 상대방과 싸워서 굴복시키는 것이 아니라 협력을 통해 서로에게 만족스러운 행동을 이끌어냄으로써 승자가 된 것인데, 이로부터 시간이 경과함에 따라 협력 관계가 더욱 증대된다는 결론이 도출되었다. 액슬로드는 연구 결과를 정리하여 자신의 저서『협동의 진화』에서 그의 아이디어를 다음과 같이 요약했다. "상호 협동은 중앙 통제 없이도 이기주의자의 세계에서 출현할 수 있다. 그것은 호혜주의에 입각한 개체들의 집단에서 시작된다." 액슬로드의 연구는 생물학, 특히 사회생물학과 진화생물학의 지대한 관심사가 되었다. 이러한 연구는 반복적 죄수의 딜레마가 이타성의 기원을 설명해 주므로 사회생물학에 영향을 미쳤으며, 상리공생의 진화를 뒷받침해 주므로 진화생물학에서 자주 거론되고 있다. 이인식, 「죄수의 딜레마 게임」,『월간 정보기술』10월호(1993), 130-135쪽 참조.

은 초기 인류들이 소집단을 이루어 생활했으며, 그러한 집단들이 지리적인 문제로 인해, 또는 상호 적개심을 갖게 됨으로써 서로 번식적으로 고립되는 경우가 있었다는 것이다. 이와 같은 방식으로 집단선택에 필요한 조건은 갖추어져 있었던 셈이다. 문화의 영향은 집단의 이익보다 자신의 이익을 지나치게 앞세우는 자들을 처벌하거나 집단을 위해 희생한 자들에게 상을 주는 방법 등을 통해 집단 이타성으로 나아가는 경향을 더욱 조장했을 가능성이 크다.

혈연 이타성과 호혜적 이타성 다음에 집단 이타성을 놓는다는 것은 우리가 시즈윅의 자비를 베푸는 정도의 차이에 관한 주장을 따르고 있음을 여실히 보여 주고 있다. 시즈윅은 당대의 도덕이 친구에 대한 자비의 의무 바로 뒤에 '이웃과 국민들'에 대한 자비의 의무를 두면서, 이를 우리 종에 대한 자비의 의무 앞에 위치지우고 있음을 보여 주고 있다. 다른 나라나 다른 이웃의 빈곤 구제에 관한 의무보다 우리 이웃과 우리 국가의 빈곤 구제에 관한 의무를 우선적으로 생각하는 것은 아직까지도 대부분의 사람들이 당연하게 받아들이는 바다. 해외의 기아 문제 해결을 위해 노력하기에 앞서 '우리 것'에 우선적으로 관심을 가져야 한다는 주장은 거의 상식화되어 있다. 앞에서 나는 혈연 유대를 논하면서 이미 이러한 생각에 대해 언급한 바가 있다. 어찌 되었건 일단 혈연에 대한 의무가 충족되고 나면 '우리 것'의 경계가 우리가 동일시하는 다음으로 큰 공동체에까지 확대되며, 그것이 지방이건 지역 집단이건, 민족이나 계층적 배경 혹은 종교적 믿음과 같은 성원들이 공유하는 특징에 근거하건, 그와 무관하게 확대된다. 그런데 이처럼 우리가 속해 있는 특정 집단의 구성원(member of our particular group)의 복리를 우선적으로 생각하는 것과는 별개로 전체로서의 집단(group as a whole)

에 대한 충성(이는 집단에 속한 개인에 대한 충성과는 구분된다)이라는 것이 있을 수 있다.[29] 우리에게는 집단과 동일시하려는 성향이 있으며, 집단의 성쇠를 어느 정도 자신의 성쇠와 같이 보려는 경향이 있다. 이와 같은 특징은 국가에 대한 사람들의 태도에서 흔히 발견된다. 이때 '애국심'이란 개개인으로서의 국민을 돕는 것과는 그다지 관련이 없는, 자신이 속한 국가에 대한 충성을 나타내고 있다.

혈연 이타성, 그리고 호혜적 이타성과 마찬가지로 집단 이타성 또한 인간사人間事에 확고하고도 널리 퍼져 있는 특징이다. 조그마한 친족 집단 내에서 사람들이 사는 경우엔 혈연 이타성과 집단 이타성이 겹치게 된다. 하지만 좀 더 큰 사회의 윤리 규율은 대체로 다른 이타성과 구분되는 집단 이타성을 포함하고 있다. 부족 사회에서는 종족 사람들에 대한 매우 강렬한 이타성과 이웃 종족 사람들에 대한 적의가 동전의 양면처럼 결합되어 있는 경우가 흔하다. 인류학자들은 이와 유사한, 자신이 속한 집단에 대한 강력한 충성심이 수많은 문화에서 나타나고 있음을 보고하고 있다. 고대 그리스에서는 도시국가에 대한 충성을 유별나게 찬양했다. 앞에서 우리는 플라톤이 수호자들에게는 가족에 대한 사랑보다 국가에 대한 충성심이 우위를 차지해야 한다는 사실을 크게 강조하고 있음을 살펴보았다. 한편 키케로는 어떤 특색 있는 로마 수사학의 한 단편에서 다음과 같이 말하고 있다.

> 부모는 소중하다. 또한 아이들과 친척, 그리고 친구도 중요하다. 하지만 국

---

[29] 집단에 대한 감정과 관련된 윤리 규율은 1) 특정한 사람들에 대한 의무와, 2) 불특정 다수를 묶어 놓은 집단에 대한 의무로 나누어 볼 수 있다. 전자에 해당하는 예로는 "너의 이웃들에 친절하라"를, 후자에 해당하는 것으로는 "애국심을 가져라"를 들 수 있을 것이다.

토는 우리의 모든 사랑을 포괄한다. 진실한 사람치고 자신의 죽음이 조국에 도움이 될 수 있을 때 기꺼이 목숨을 바치길 꺼려하는 자가 있을 수 있는가?

집단에 대한 충성은 오늘날에도 줄기차게 요구되고 있으며, 이는 독일 국민으로부터 국가주의적 감정을 일깨워내는 데 성공한 히틀러Hitler에서도 잘 드러나고 있다. 스탈린Stalin은 소비에트 연방의 전쟁에 국민들을 끌어들이고자 했는데, 이때 그는 공산주의에 호소하지 않고 '조국 러시아'에 호소했다. 이처럼 불길한 경우는 아니지만 우리는 축구 시합에서의 관중들의 행위를 바라보면서 주말마다 나타나는 집단에 대한 충성심을 느낄 수 있다.

우리의 윤리적 규율에는 두 가지 서로 다른 집단에 대한 감정이 반영되고 있다. 첫째, 자신이 속해 있는 집단의 개별적 구성원들을 대상으로 하는 집단 이타성이 있을 수 있다. 둘째, 전체로서의 집단에 대한 충성으로 표현되는 집단 이타성이 있을 수 있다. 이 중 첫 번째 것과 관련해서 우리는 우리의 윤리에 집단의 성원을 선호하는 편견—즉 우리나라 사람을 도와야 한다는 의무보다 다른 나라 사람들을 도와야 한다는 의무가 훨씬 약하다는, 사회적으로 승인되고 있는 널리 알려진 태도—이 포함되어 있음을 살펴보았다. 두 번째의, 전체로서의 집단에 대한 충성은 우리 윤리가 애국심을 드높이 찬양하는 편향성을 가지고 있는 데서 잘 드러난다.

"옳건 그르건 나의 조국!"이라는 구호가 설득력을 발휘할 수 있는 이유가 무엇인가? 우리가 애국심을 하나의 덕으로 간주하는 이유는 무엇인가? 우리는 이기적 행위를 거부한다. 하지만 우리는 집단 이기주의를 찬양하며, 이와 같은 이기주의를 '애국심'이라는 이름으로 장식한다. 사람들은 국가를 위해 싸우다 목숨을 잃은 자들의 동상을 세운다. 이때 그들은 그 전쟁에 대의명분이 있었는지를 따지지 않는다.(시민전쟁에서 남부군Confederate Army의 지도자였던 로버트 E. 리Robert E. Lee[30]가 미국 역사에서 칭송받는 인물이 된 것은 그가 노예제도에 대해 공개적으로 비판적인 발언을 했던 것 못지않게 자신의 고향 버지니아에 보여 준 충성심에 말미암은 바 크다.)

애국심은 비판의 대상이 되어 왔으며, 비판가들 중에는 가장 계몽적이며 진보적이라 할 수 있는 사상가들이 많이 포함되어 있다. 견유학파의 디오게네스Diogenes[31]는 자신이 한 나라의 국민이 아니라 전세계 시민임을 자처했다. 스토아의 철학자 세네카Seneca[32]와 마르쿠스 아우렐리우스Marcus Aurelius 또한 충성을 바쳐야 할 곳은 세계라는 공동체이지, 우리가 우연히 태어난 국가여선 안 된다고 주장했다. 볼테르Voltaire[33], 괴테Goethe, 그리고 실러Schiller[34] 또한 이와 유사한 의견을 개진했다. 하지만 관습적으로 찬양의 대상이 되는 덕목 중에서 애국심은 그 가치를 낮게 평가하기가 어렵다는 사실이 입증되었다. 그럴 수밖에 없다는 것은 애국심이 생물학적 토대(최소한 어느 정도는)를 가지고 있다는

---

[30] 리(1807-1870): 미국 남북전쟁(1861-1865) 중 남군 사령관직을 맡은 남부 연합의 장군. 1865년 4월 9일 애포머톡스 코트하우스에서의 그의 항복은 일반적으로 남북전쟁의 종결을 의미하는 것으로 간주된다.
[31] 디오게네스(기원전 400?-323): 그리스의 키니코스학파의 대표적 철학자. 가난하지만 부끄러움이 없는 자족 생활을 몸소 실천했다.
[32] 세네카(기원전 4?-45): 고대 로마 제정기의 스토아 철학자. 인간이 인간다운 까닭은 이성 때문이며 유일의 선인 덕을 목적으로 행동하기 때문이라는 스토아주의를 역설하고, 모순과 불안에 찬 생애를 보냈다.
[33] 볼테르(1694-1778): 프랑스의 작가, 대표적 계몽사상가. 반봉건제를 옹호하였고, 빈부의 격차는 불가피하다는 견해를 가지고 있었지만 만인은 법 앞에 평등하다고 주장했으며, 입헌군주제가 이치에 맞는 국가 형태라고 생각했다. 만년에는 공화제를 찬성했다.
[34] 실러(1759-1805): 독일의 시인, 극작가. 독일 고전주의 문학에서 괴테와 더불어 2대 거성으로 추앙되고 있으며, 괴테와는 대조적인 기질을 가진 국민시인이다.

것으로 설명이 가능하다. 한편 애국심을 중요시하는 경향은 문화적으로도 설명할 수 있다. 진화 과정에서 문화는 그 자체가 한 가지 요인이 될 수 있다. 다시 말해 집단의 생존 가능성을 높이는 유력한 문화는 진화의 요인이 될 수 있는 것이다. 우리는 문화가 진화에 이점으로 작용한다는 설명으로도 애국심이 높이 받들어지는 이유를 설명할 수 있을 것이다.

문화적 요인과 생물학적 요인이 상호작용한다는 사실은 우리가 윤리의 생물학적 토대를 논의하는 데서 항상 염두에 두어야 할 사항이다.[35] 만약 둘 중의 어느 하나가 복잡한 행위의 유일한 원인이라고 어리석게 우겨대지 않는 한, 인간 행위에 대한 생물학적·문화적 설명은 모순적이라고 할 수 없을 것이다. 설령 예외가 있더라도 모순이 되는 경우는 좀처럼 없을 것이다. 문화는 유전적인 기초를 갖는 어떤 성향을 강화시키거나 약화시킬 수 있으며, 어떤 특별한 경우에는 이를 철저하게 억압할 수도 있을 것이다. 이 장의 앞에서 나는 사람들의 태도를 변화시킴으로써 인종이나 민족 감정에 바탕을 둔 관행들을 약화시키거나 제거할 수 있음을 언급한 바가 있다. 여기에서 우리는 생물학적 기초를 갖는 성향—하지만 강력한 문화적 요소 또한 포함하고 있는—이 문화적인 변화로 인해 바뀌는 분명한 사례를 발견하게 된다. 다인종 국가에서는 인종차별주의자들이 불이익을 감수해야 한다. 하지만 강한 애국심은 오히려 권장되고 있다.

---

[35] "인간 연구에서 자연과학적 시각과 접근 방법은 아주 유용하지만 그것이 곧 전부는 아니다. 인간은 생물체인 동시에 다른 생물과는 별종으로서 문화적인 존재이므로 자연과학과 인문 및 사회과학적 시각과 이론이 종합적으로 요구된다." 김광억, 「문화적 존재로서의 인간」, 『과학사상』 제11호(범양사, 1994, 가을), 24쪽 참조.

이 장을 마무리하면서 유의할 점을 또 한 가지 언급하자면 다음과 같다. 지금까지의 논의는 순전히 기술적(descriptive)인 것이었다.[36] 나는 인간 윤리의 기원을 덤덤하게 고찰해 보았을 따름이다. 하지만 이러한 고찰에서 윤리적 결론이 도출되는 것은 아니다. 특히 인간 윤리의 어떠한 측면이 보편적으로 나타난다거나, 또는 거의 그렇다고 말하는 것 자체가 인간 윤리의 어떠한 측면을 정당화(justifies)시켜 주는 것은 전혀 아니다. 또한 인간 윤리의 어떤 특별한 측면이 생물학적 기초를 갖는다고 해서 그것을 통해 윤리를 정당화할 수 있는 것도 아니다. 사람들은 흔히 윤리에 관한 생물학적 이론과 윤리적 결론 자체의 관계에 대해 오해하고 있다. 이 때문에 나는 한 장을 빌어 양자의 관계에 대한 주장을 검토해 보고자 한다.

---

[36] 기술(記述)적인 것이냐, 규범적인 것이냐의 구분은 윤리학에서 매우 중요하다. 윤리학은 기술 윤리와 규범 윤리, 그리고 메타 윤리로 구분된다. 이 중 기술 윤리는 도덕 현상을 연구하는 사실 과학이며, 규범 윤리학은 도덕의 본질, 도덕적 판단의 의미 및 그 타당성 등을 철학적으로 연구한다. 마지막으로 메타 윤리는 윤리적 언사나 윤리적 발언의 의미라든지 그 정당화 등을 문제 삼고 있는데, 이 중 기술 윤리와 규범 윤리의 영역을 혼동하는 자들이 많이 있으며 싱어는 윌슨 또한 이러한 혼동을 겪고 있다고 생각한다.

제3장

진화에서 윤리로?

우리는 순수과학이라는 영역 내에서는 '거짓말하지 말라'와 같은 문장과 마주할 기회가 없다…… 사실 및 관계들에 관한 과학적 언명은…… 윤리적 명령을 산출하지 못한다.
—알베르트 아인슈타인, 『만년의 회상 Out of My Later Years』

…… 조만간에 과학은 많은 윤리적 판결 및 정치적 관례가 도출된 인간의 가치가 어디서 유래했으며 그 의미가 무엇인가를 탐색할 수 있는 위치에 오르게 될 것이다.
—에드워드 O. 윌슨, 『인간 본성에 대하여』

이 장은 6절로 나누어져 있다. 싱어가 각 절에서 다루는 내용은 다음과 같다.

1) 적대적 인수-윤리와 관련된 윌슨의 주장을 개략적으로 소개하고 있다.

2) 생물학이 윤리 문제에 시사하는 바가 있는가: 세 가지 가능성-윌슨의 주장에 대한 명료화 작업이 이루어지고 있다.

3) 윤리 이론과 생물학 탐구 결과

4) 윤리의 실체 폭로

5) 궁극적 가치에 대한 생물학적 기초?

6) 궁극적 선택-이 장의 결론과 제4장에서 언급할 내용을 암시하고 있다.

먼저 싱어는 1절과 2절에서 윌슨의 윤리적 입장을 전반적으로 소개하고 있다. 싱어에 따르면 『사회생물학: 새로운 종합』의 저자인 에드워드 윌슨은 사회생물학의 발전을 통해 도덕성을 모든 차원에서 설명할 수 있다는 대담한 주장을 내세우고 있다. 하지만 막상 윌슨의 주저인 『사회생물학』에서는 그러한 설명이 어떻게 가능한지에 대한 언급이 거의 발견되지 않고 있다. 『사회생물학』의 마지막 장에 가서 윌슨은 갑작스레 『정의론A Theory of Justice』의 저자 존 롤스John Rawls를 끌어들이는데, 윌슨은 롤스의 이론이 이상(ideal)을 이야기하고 있긴 하지만 그 이론을 따를 때에 야기될 수 있는 생태학적, 유전학적 결과를 충분히 고려치 않았다고 비판한다.

그 다음으로 싱어는 윌슨이 말하고 있는 윤리의 '생물학화(biologicization)'에 대해 언급한다. 윌슨에 따르면 규범의 진정한 의미는 '정서 중추의 활동을 생물학적 적응으로 해석할 때' 적절히 파악될 수 있다. 이에 대해 개략적으로 서술한 후, 윌슨은 남녀노소의 차이로 인해 '생래적인 도덕 다원론(innate moral pluralism)'이 나타나게 된다고 주장한다. 그러한 다원론에 따르면 모든 대상들에 통용될 수 있는 단일한 도덕적 기준이란 있을 수 없다. 그리고 우리는 생물학적 연구를 통해 남녀노소의 차이에 합당한 다양한 윤리적 규율을 제시하고자 노력해야 한다.

『인간 본성에 대하여On Human Nature』는 윌슨의 또 다른 저서로 『사회생물학』과는 달리 인간을 집중적으로 조명하고 있다. 이 책에서 윌슨은 '성의 생물학(biology of sex)'을 남녀의 행동 차이, 가족생활, 동성연애라는 항목으로 나누어 고찰하고 있다. 싱어는 윌슨이 성의 생물학으로부터 세 가지 윤리적 주장을 도출하고 있다고 말한다.

1) 성에 대한 '자연법' 도덕 이론은 잘못되었다.
2) 생물학적 성향을 거스르는 개혁은 부작용을 산출한다.
3) 생물학적 윤리를 통해 인간에 대한 진정한 이해가 담긴, 오랫동안 지속될 수 있는 도덕적 규율을 만들어야 한다.

싱어에 따르면 이 중 세 번째 항목인 도덕적 규율을 만드는 것과 관련하여 윌슨은 아래와 같은 세 가지 가치를 제시하고 있다.

3-1) 유전자 공동 푸울의 존속은 매우 중요하다.

3-2) 유전자의 다양성이 유지되어야 한다.

3-3) 인권은 존중되어야 한다.

다음은 각 항목에 대한 윌슨의 옹호 논변이다.

3-1-1) 각각의 개인들은 공동의 풀에서 왔다가 다시 그곳으로 돌아가는 유전자의 일시적 조합에 불과하다. 이에 반해 공동의 풀은 어떤 근원으로서의 역할을 담당하고 있다. 인류의 미래를 고려해 볼 때, 이와 같은 공동의 풀은 반드시 존속되어야 한다.

3-2-1) 천재나 독특한 특성 등은 다양한 유전자의 희귀한 조합으로 나타난다. 인류 발전에 도움이 되는 자들의 빈번한 탄생을 위해서도 유전자의 다양성은 유지되어야 한다.

3-3-1) 우리는 집단의 일부로서 개체의 의의를 인정받는 개미나 벌과 같은 존재가 아니다. 우리는 한 개체로서의 삶을 영위하고 이를 보장받으려는 성향을 지니고 있다. 이는 '포유류'에게서 전형적으로 나타나는 특징인데, 우리는 인간이 갖는 이와 같은 포유류적 특징을 존중해야 하며, 한 개체로서의 삶의 중요성을 인정해야 한다는 측면에서 각 개인의 자유와 권리 또한 소중하게 생각해야 한다.

기존의 사회진화론자들과는 달리 윌슨은 진화에서 윤리적 가치를 도출할 수 없다는 사실을 잘 인식하고 있다. 하지만 최소한 그가 과학과 윤리를 어떤 형태로든 연결시키려 하는 것은 분명하다. 싱어는 이를 크게 세 가지 입장으로 분류하며, 이를 분석, 비판하는 데 3-5절을 할애하고 있다. 싱어가 정리한 윌슨의 주장은 다음과 같다.

1) 과학은 어떤 행위를 함으로써 나타날 수 있는 궁극적인 결과에 대한 새로운 지식을 산출할 수 있다.

2) 과학은 기존의 윤리 원리들의 실체를 폭로하는 데 사용될 수 있다.

3) 과학은 새로운 윤리 원리를 산출해내는 데 이바지할 것이다.

싱어는 각 항목을 차례로 검토해 나간다. 다음은 각 항목에 대한 싱어의 생각과 비판이다.

1-1) 어떤 행동이나 정책을 시행함으로써 나타나는 궁극적인 결과에 관한 새로운 사실이 사회생물학을 통해 알려져도 그것이 윤리 원리에 영향을 줄 수는 없다. 물론 결과론적 윤리 이론(최대다수의 최대행복이라는 윤리 원리)은 사회생물학적 검토를 통해 새로운 사실에 대한 정보(고위직 중의 과반수를 여성에게 돌아가도록 보장하는 정책이 부작용을 일으켰다는)를 확보함으로써 사람들에게 다른 행동(그러한 정책의 폐지를 건의하는 등의)을 요구하게 될 것이다. 하지만 이 경우에도 윤리 원리 자체는 전혀 영향을 받지 않는다. 가령 정책 폐지 건의는 최대다수의 최대행복이라는 원리를 고수하기 위한 한 가지 방법이며, 여기에서 원리 자체에는 어떠한 변화도 없다.

물론 결과론적 윤리를 옹호하는 입장에서 볼 때, 사실에 대한 지식은 윤리 원리의 적용에 매우 중요하며, 이에 따라 우리는 최선의 정보를 확보하려는 노력을 기울여야 한다. 이러한 정보에 생물학이 포함되어야 한다는 것도 물론이다. 하지만 이것이 곧 생물윤리학을 통해 윤리를 '모든 차원에서' 설명할 수 있다거나 윤리학자들이 필요치 않다는 말은 아니며, 윤리 원리들은 전과 다름없이 고유한 영역을 그대로 유지하게 될 것이다.

과학이 윤리 원리에 영향을 주지 못한다는 것은 의무론적 윤리설에서 더욱 극명하게 드러난다. 의무론적 윤리 원리는 그 원리에 따름으로써 나타나는 결과에 무관하게 무조건적인 명령을 내리며, 설령 어떤 재앙이 초래된다는 것이 생물학적 연구 결과 밝혀져도 그 원리 자체는 전적으로 수정이 불가능하다.

2-1) 다음으로 싱어는 과학을 통한 윤리의 실체 폭로 효과를 검토하고 있다. 대체로 보았

을 때 싱어는 이에 대해서는 어느 정도 긍정적인 입장을 취하고 있다. 그는 생물학적 검토로 인해 '자연법' 이론 옹호자들이나 윤리적 절대론자들이 치명적인 타격을 입을 것이라고 말하고 있다. 왜냐하면 윤리 규칙들이 우리의 진화사로부터 나타난 생물학적 적응의 산물임에 불과하다면 '자연법이기 때문'이라는 논거나 도덕이 절대성을 갖는다는 주장은 설자리를 잃게 되기 때문이다.

그런데 윤리 원리들의 실체를 폭로하는 설명은 생물학 외에 문화사적인 검토를 통해서도 이루어질 수 있다. 가령 인간 생명의 존엄성을 유달리 강조하는 서구의 윤리적 전통은 인간만이 신의 형상에 따라 만들어졌으며 불멸의 영혼을 가지고 있다고 파악하는 유대그리스도적 잔재라고 설명할 수 있다. 싱어에 따르면 이러한 설명은 인간 생명만이 소중하다는 믿음의 환상을 무너뜨리는 데 도움이 된다.

3-1) 싱어는 마지막으로 과학으로부터의 윤리적 가치 도출 가능성을 고찰해 본다. 단적으로 말해 싱어는 이에 대해서 부정적인 입장을 취한다. 즉 사실과 가치는 분리되며, 이를 무시할 경우 우리는 자연주의적 오류를 범하게 된다는 것이다. 싱어는 이를 보여 주기 위해 두 가지 설명을 제시한다. 그에 따르면, 사실이 아무리 많이 축적될지라도 거기에 가치가 개입되지 않으면 우리는 행동할 이유를 갖지 않게 된다. 다시 말해 가치는 우리에게 행동하는 이유(reasons for action)를 제공하는 반면 사실은 그러하지 못하다.

과학과 윤리의 차이는 관점의 차이라고도 할 수 있다. 과학은 관찰자의 시점을, 윤리는 참여자의 시점을 갖는다. 양자의 시점은 분명히 구분되는데, 싱어는 이를 예측 가능성의 차이로 설명하고 있다. 관찰자로서의 시점을 가질 경우 나는 외부에서 일어나는 사태를 예측할 수 있다. 반면 참여자로서의 나의 결정은 예측할 수가 없다. 왜냐하면 그와 같은 예측이 나의 결정 자체에 영향을 줄 수 있으며, 영향을 주었다는 그 사실이 또 다시 나의 결정에…… 등등으로 계속 영향을 주어 결국 나의 결정에 대한 예측을 불가능하게 하기 때문이다.

> 결론적으로 과학은 윤리의 궁극적 전제를 제공할 수 없다. 윤리에 대한 생물학적 설명은 우리가 자명하다고 생각하는 도덕적 진리를 다시 한 번 검토하게 하는 소극적인 역할을 할 뿐이다. 한편 모든 도덕적 원리들을 생물학적·문화적인 방법으로 설명할 수 있다면 우리는 모든 도덕 원리들을 의심의 대상으로 삼을 수도 있을 것이다. 이때 의심을 극복할 수 있는 방법은 무엇일까? 여기에서 싱어는 이성주의자적 면모를 과시한다. 도덕에 이성적인 요소가 없다면 우리는 모든 것을 허용해야 하는 주관주의의 나락으로 빠지게 될 것이다. 하지만 윤리는 단지 우리의 정서를 반영하는 데 그치지 않으며, 분명 이성적인 요소까지도 포함한다. 싱어는 윤리를 생물학으로 포괄해 버리고자 하는 생각에서 윌슨이 윤리가 갖는 이성적 요소를 간과했다고 비판한다. 그리고 이 때문에 그는 윌슨의 윤리를 보는 시각이 편향됨을 면할 길이 없다고 생각하고 있는 것이다.

적대적 인수[1]

지금까지 우리는—진화론에 대해 아는 바에 일관되게—혈연 이타성, 호혜적 이타성, 그리고 제한된 집단 이타성이 어떻게 인간의 조상인 사회적 동물로부터 발전되어 왔는가를 살펴보았다. 또한 그것이 어떻게 오늘날의 사람들이 공통적으로 가지고 있는 것과 다소 흡사한 윤리 체계로 자연스럽게 진화해 왔는가를 살펴보았다. 에드워드 윌슨은 사회생물학 이론이 인간의 윤리에 시사하는 바가 크다고 주장했다. 이 장에서 나는 윌슨의 주장을 소개하고 그것을 명료화할 것이며, 마지막에 가서 그에 대한 평가를 내려 보도록 하겠다. 우선 그가 무엇을 말하

---

[1] 사회생물학이 윤리를 포함한 제반 학문을 흡수, 통합하려는 의도를 갖는다는 점을 빗댄 말.

고 있는지를 살펴볼 필요가 있다. 사회생물학이 윤리에 시사하는 바에 윌슨이 비중을 두고 있다는 사실은 그가 이를 자신의 저서인 『사회생물학』의 맨 처음에 언급하고 있는 데서 드러난다.

> 카뮈[2]는 진지하게 고찰해 볼 철학적 문제 중 유일한 것을 자살이라고 했다. 그러나 이는 그가 의도한 엄격한 의미에서조차 잘못되었다. 생리학과 진화사進化史의 문제에 관심을 두고 있는 생물학자는 뇌의 시상하부(hypothalamus)와 대뇌 변연계(limbic system) 내에 있는 정서 중추에 의해 자의식이 통제되고 형성된다는 것을 잘 알고 있다. 그와 같은 중추들은 온갖 정서들—미움, 사랑, 죄의식, 공포 등의—로 우리의 의식을 가득 차게 하고 있으며, 선과 악의 기준을 직관하고자 하는 도덕철학자들은 이와 같은 정서를 고찰의 대상으로 삼는다. 그렇다면 우리는 시상하부와 대뇌 변연계를 만든 것은 무엇인가라고 의문을 갖지 않을 수 없다. 이들은 자연선택을 통해 진화해 온 것이다. 우리는 방금 언급한 간단한 생물학적 언명을 인식론과 인식론자들까지는 아니더라도 윤리와 도덕철학자들을 설명해내기 위해 철저하게 규명해 보아야 할 것이다.

윌슨은 사회생물학이 윤리의 극적인 전환에 기여해야 한다고 생각하고 있음이 분명하다. 하지만 유감스럽게도 그는 사회생물학이 윤리에 정확히 어떠한 전환을 가져오게 하는지에 대해서 명확히 밝히고 있지 않다. 그 후 이어지는 560쪽에 걸친 내용에서도 그는 생물학이 어

---

[2] 카뮈(1913-1960): 프랑스의 소설가, 극작가. 실존주의자로 널리 알려져 있다. 대표작으로 『결혼』(1938), 『이방인』(1942), 『시지프의 신화』(1942), 『오해』(1944), 『칼리굴라』(1945), 『페스트』(1947) 등이 있다.

떻게 윤리를 '모든 차원에서' 해명할 수 있는가에 대해서 말하고 있는 바가 없다. 그러다가 『사회생물학』의 마지막 장에 이르러서 갑작스럽게 "윤리가 철학자의 손을 일시적으로 떠나 생물학적으로 규명되어야 할 시점에 이르렀을지도 모른다"고 말하고 있다. 윌슨은 비非생물학적 윤리 철학의 오류를 보여 주기 위해 존 롤스John Rawls[3]의 유명한 저서 『정의론A Theory of Justice』을 끌어들인다. 롤스는 자유롭고 합리적인 사람들이 평등한 입장에서 출발하여 새로운 모임의 토대가 되는 규칙을 제정하고자 하는 상황을 설정한다. 그리고 거기에서 채택할 원리로부터 그는 정의의 원리를 도출해내고 있다. 윌슨은 그와 같은 정의正義의 개념이 "육체로부터 분리된 영혼의 이상理想적인 상태"이긴 하지만 그것이 "인간과 관련한 어떤 설명이나 예측을 제공할 수는 없다"고 말하고 있다. 여기에 덧붙여 그는 "롤스가 그와 같은 정의의 개념으로부터 도출된 결론을 엄격하게 적용함으로써 초래될 수 있는 생태학이나 유전학에서의 궁극적인 결과에 대해 고려하는 바가 없다"고 말하고 있기도 하다. 롤스와 도덕철학자 일반(롤스 외에는 다른 사람에 대해서는 구체적으로 언급되고 있지 않다)에 대한 그의 언급은 이 정도에 머물고 있다. 여기서 좀 더 적극적으로 질문해 보도록 하자. 도대체 윤리의 '생물학화(biologicization)'(이것이 'biologicize'라는 윌슨의 새로운 동사를 명사화한 것이라면)란 무엇을 말하는가? 다음은 이에 대한 또 다른 단서이다.

---

[3] 존 롤스(1921-2002): 하버드 대학 철학과 교수. 1958년 「공정으로서의 정의」라는 논문을 발표한 이래 그의 관심은 줄곧 사회 정의에 대한 현대적 해석 문제에 집중되었다. 「분배적 정의」, 「시민 불복종」, 「정의감」 등의 논문을 발표하여 학계의 주목을 끌기 시작했고, 20여 년에 걸친 탐구의 결실로서 출간한 것이 바로 그의 필생의 대작인 『정의론』(1971)이다. 그 후 『정치적 자유주의』(1993)를 내놓았다.

나는 이 책의 첫 장에서 도덕철학자들이 자신들의 시상하부변연계의 정서 중추를 참고함으로써 도덕에서의 의무론적 규범을 직관할 수 있다고 말한 바 있다…… 우리는 정서 중추의 활동을 생물학적 적응으로 해석함으로써 규범의 의미를 제대로 밝힐 수 있을 것이다.

이와 같이 이야기한 후 윌슨은 생물학적 적응으로 정서 중추의 활동을 해석하는 것에 대해 개략적으로 소묘하고 있다. 윌슨은 정서 활동 중 일부는 시대에 뒤떨어진 초기 인류의 부족 생활 방식의 잔재일 것이라고 말한다. 우리의 정서는 그와는 다른 방식으로 도시 생활에 적응하는 과정을 겪고 있을 것이다. 한편 집단선택을 통해 확립된 이타적 유전자로부터 야기되는 충동들은 개체 선택을 통해 선택된 유전자로부터 야기되는 이기적 충동의 견제를 받을 것이다. 나이차와 성차性差는 도덕적 가치 갈등의 심화를 초래할 것이다. 또한 진화에서는 나이 많은 사람들(이들은 이미 출산을 경험했으며, 이에 따라 자신들의 유전자의 생존을 위협받지 않고서도 목숨을 내걸 수 있다)이 이타성을 갖는 것이 어린 아이들이 이타성을 갖는 것보다 유리할 것이다. 여성(이들은 출산, 그리고 과거에는 아이들의 양육까지 담당해야 했다)은 남성에 비해 성적 파트너와 지속적인 관계를 유지하는 것에 대해 좀 더 강한 유전적 이해를 갖는다.

윌슨은 이 모든 것들이 '생래적인 도덕 다원론(innate moral pluralism)'을 결과한다고 생각한다. '생래적인 도덕 다원론'에 따르면 모든 인간 개체군에 적용되는 유일한 도덕적 기준, 또는 각각의 개체군 내에서의 상이한 연령이나 성적인 집단에 속해 있는 모든 대상들에 통용될 수 있는 단일한 도덕적 기준은 존재하지 않는다.[4] 이러한 도덕적 다원론은 "윤리에 대한 진화론적 접근이 반드시 필요하다"는 것을 함축하는 듯이 보이기도 한다.

윌슨은 신경학적으로 인간의 두뇌를 충분히 설명할 수 있을 때, 그리고 이론상으로 "그러한 기계 장치가 세포의 차원으로 분해될 수 있고 그것이 다시 조립될 수 있을 때" 우리는 "유전적 소질에 부합되는, 그리하여 완전하게 공정한 윤리 규율"을 갖게 될 것이라는 주장을 하면서 『사회생물학』을 끝맺고 있다. 한편 그는 최근의 저술에서 사회생물학적으로 인간의 본성을 이해하는 것으로부터 윤리적 권고가 이루어져야 한다는 입장을 좀 더 분명히 하고 있다.

『인간 본성에 대하여 On Human Nature』라는 저술에서 윌슨은 남녀의 행위 차이, 가족생활, 그리고 동성연애라는 세 가지 항목으로 나누어서 성의 생물학(biology of sex)을 논의하고 있다. 우선 첫 번째 항목에 관한 내용에서 윌슨은 유전적으로 볼 때 평균적으로 여성들이 남성들을 사회적 측면에서는 앞서지만 육체적 측면에서는 대담하지도 공격적이지도 못하다고 주장하고 있다. 그 다음으로 가족생활에 대한 설명에서 윌슨은 사람들이 가족을 이루고 살고자 하는 경향 또한 자손들을 오랜 의존 기간 돌보아야 한다는 생물학적 토대를 갖는다고 말하고 있다. 한편 그는 섹스가 아이를 낳기 위해서만 필요한 것은 아니라고 주장한다. 섹스는 남녀의 유대를 증진시키는 역할을 하며, 이는 자녀들을 양육하는 데 두 사람이 협조하게 하는 매개 역할을 한다. 마지막으로 윌슨은 동성애를 하려는 성향마저도 우리의 유전자를 통해 전해질 수 있다고 주장하고

---

4 여기서 윌슨이 말하는 도덕적 다원론은 도덕적 상대주의를 함축한다. 하지만 진화가 윤리에 시사하는 바에 대해 관심을 갖는 모든 학자들이 윌슨에 동의하는 것은 아니다. 가령 루스(M. Ruse)와 같은 학자는 인간이 공통적인 도덕적 이해를 공유하며, 이와 같은 공통적인 도덕적 이해는 호모 사피엔스 종 모두가 공유하는 유전적 토대가 보증하고 있다고 말하고 있다. M. Ruse, *Darwinism Defended*(The Benjamin/Cummings Pub. Co., 1982), 272쪽.

있다. 비록 동성애자들 스스로는 자녀들을 가질 수 없지만 그들은 혈연들에게 남다른 도움을 주는 자들일 수 있다. 그리하여 동성애자인 형제 또는 사촌의 도움을 받지 못하는 자들에 비해 동성애자들의 친척들은 훨씬 많이 살아남아 자손을 남길—그리고 간혹 동성애 행위를 초래하는 유전자를 전하게 될—가능성이 높아진다는 것이다. 윌슨은 부족 사회와 우리들이 속해 있는 문화 내에서 살펴볼 수 있는 동성애자들의 성향으로부터 자신의 동성애에 관한 혈연선택 이론의 증거를 발견해내고자 하고 있다. 다시 말해 그는 유사한 배경 하에 놓인 평균적인 이성애자에 비해 동성자들이 좀 더 신망을 얻는 존재이며, 좀 더 영향력을 행사하는 존재라는 증거를 구하고 있는 것이다.

윌슨의 인간 행위에 대한 생물학적 설명에는 논쟁의 여지가 있다. 하지만 여기서 그러한 설명이 옳은지 그른지는 문제가 아니다. 우리의 관심은 이들 이론들이 함축하고 있는 바가 무엇인가이지 이론 자체가 아니다. 윌슨은 다음과 같은 세 가지 윤리적 주장을 자신의 생물학 이론으로부터 이끌어낸다. 첫 번째는 성에 관한 전통적인 '자연법' 도덕 이론 비판이다. 그에 따르면 성행위의 주요 역할이 자손을 탄생시키는 데 있다고 생각하는 것은 오류이다. 따라서 피임과 동성애를 '자연적이지 못하다'는 근거에서 비판하려는 시도는 잘못된 것이다. 우리의 본성은 진화의 통제를 받지, 결코 변하지 않는 신의 명령의 통제를 받는 것이 아니다. 이렇게 본다면 신학자보다는 생물학자야말로 우리에게 자연스러운 것이 무엇인가를 가르쳐 주는 진정한 권위자이다.

성의 생물학에서 윌슨이 이끌어내는 두 번째 윤리적 주장은 우리의 생물학적 성향에 반하는 개혁을 시행할 경우, 미처 예측하지 못한 대가를 치를 수 있다는 것이다. 설령 다수의 직업과 문화 활동을 남성이 차지할 수밖에 없는 생물학적인 근거가 있다고 하더라도, 어떤 직업이나 활동을 막론하고 남녀의 차이를 의도적으로 없애고자 직업 할당과 교육제도 등을 통해 남녀의 비율이 동등한 사회를 만들 수 있다는 점을 윌슨은 인정한다. 하지만 윌슨의 생각에는 집단 편견을 없애는 데 그와 같은 사회 변혁이 도움이 되고, 또한 그것이 좀 더 조화롭고 생산적인 사회를 만드는 데 유용하다고 할지라도, 그와 같은 변화를 이루는 데 필요한 규제를 합산해 볼 경우 그것이 개인의 자유를 위협할 수 있으며, 개인의 잠재 능력을 충분히 발휘할 기회를 박탈할 수도 있다. 가족 제도를 폐지하려 하거나 핵가족을 규범화하고자 하는 노력, 그리고 동성애에 대한 억압 또한 마찬가지이다. 우리의 본성에 어긋나게 어떤 문화를 부과하고자 할 경우, 그것은 우리의 유전적 성향에 역행하는 문화적 기준을 가르치고 강요하는 데 시간과 정력을 낭비하는 결과를 낳고 말 것이다. 윌슨은 방금 언급한 문제점 외에도 또 다른 막대한 손실이 있을 것이라고 말하며 다른 곳에서 다음과 같이 경고하고 있다. "뇌의 본래적인 잠재의식 억압력(innate censors)[5]과 동기 부여력으로부터 장기간 이탈해 있는 것은 궁극적으로 정신에 불만을 초래하고, 결국에 가서는 사회적 불안을 불러일으킬 것이며, 유전적 적응[6]에서도 막대한 손실을 초래할 것이다."

윌슨은 『인간 본성에 대하여』의 마지막 장에서 사회생물학이 윤리

---

[5] 잠재의식 억압력: 프로이트 심리학에 나오는 용어. 받아들일 수 없는 무의식적인 충동이 의식적인 마음에 도달하지 못하도록 하는 심리적 기능을 말한다. 이와 같은 기능은 죄책감, 불안 따위를 일으킬 만한 관념이나 욕구를 의식에 떠오르지 못하게 한다. *Webster's New World Encyclopedia*(Prentice Hall).

[6] 자연선택설에서 '적응'은 어떤 목적을 위해 능동적으로 형질을 변화시키는 것이 아니다. '적응'이란 단지 다른 것들에 비해 환경에 적합한 형질을 우연히 가졌음을 의미할 따름이다. 정연교, 「진화론의 윤리학적 함의」, 『철학적 자연주의』(철학과현실사, 1995), 258쪽.

에 시사하는 바가 크다고 생각하는 세 번째 이유를 제시하고 있다. 그는 인간 생물학(human biology)을 이용하여 "윤리 생물학(biology of ethics)[7]을 창출하여 더욱 깊이 이해되고 지속력을 발휘할 수 있는 도덕적 가치 규율을 선택할 수 있게 되는 날"이 오길 고대하고 있다. 윌슨은 이런 날이 당장 오지는 않겠지만, 그래도 이미 자신의 윤리 생물학을 통해 옹호할 수 있는 세 가지 가치를 제시할 수 있다고 말하고 있다.

첫째, "세대를 초월한 공동 풀pool[8] 형태로서의 인간 유전자의 생존은 중요한 가치를 갖는다"는 것이다. 윌슨은 자신의 주장을 뒷받침하는 논거로 각각의 개인은 "이러한 풀로부터 도출된 유전자의 일시적인 조합"이며, 우리 스스로의 유전자는 공동의 풀로 다시 분해되어 되돌아가게 된다는 사실을 지적한다. 그에 따르면, 장기적인 안목에서 볼 때 우리의 유전자는 수없이 많은 서로 다른 조상들로부터 왔고, 이것이 온 세상에, 그리고 우리의 자손들에게도 확산되었다. 이는 수천 년 이내에 수많은 미래 인류에게도 유사한 방식으로 흩어져 나갈 것이다. 윌슨은 초연한 입장에서 진화를 생각해 볼 때 우리는 자신, 그리고 혈연이나 종족의 복리만을 고려하기보다는 전체 인류의 미래를 고려해야 함을 깨닫게 될 것이라고 강조하고 있다.

둘째, 윌슨은 다음과 같이 말한다. "진화 이론을 올바르게 적용해 볼 경우, 우리는 유전자 풀 내에서의 유전자의 다양성 유지가 중요하다고

---

7 윤리 생물학(biology of ethics): 생물학, 특히 진화 생물학적 입장에서 윤리를 연구하는 방법을 일컫는 말.
8 유전자 풀: 1951년 T. 도브잔스키가 제창한 용어. 예를 들어 종을 구별하는 형태적 특성이란 결국 유전자에 의해 표현되기 때문에 같은 종의 개체들은 서로 공통되는 유전자를 지닌다고 생각할 수 있고, 이 유전자들을 모두 모은다고 생각해 볼 수가 있다. 이처럼 같은 종이 가진 모든 유전자들의 집합을 유전자 풀이라고 한다. 현대의 진화론자들에게 진화란 바로 이 유전자 푸울이 변하는 것을 말한다.

생각하게 될 것이다." 이와 같이 말하는 이유는 천재, 그리고 어떤 독특한 특성 등은 다양한 유전자의 희귀한 조합으로 이루어지기 때문이다. 다양성이 줄어들 경우 이와 같은 조합이 생겨날 기회 또한 줄어들 것이다.

윌슨은 "보편적인 인권(Universal human rights)을 세 번째의 중요한 가치로 파악할 수 있을 것이다"라고 말한다. 그가 이와 같이 주장하는 이유는 "우리가 포유류이기 때문이다." 포유류는 한 개체로서의(as individuals) 번식 성공을 위해 분투하며, 협동 또한 집단의 구성원이 됨으로써 얻는 이익을 향유하기 위한 절충 방안에 지나지 않는다. 반면 사회성을 갖는 곤충은 집단으로 번식을 하며, 이성을 갖춘 개미들이 있다면 그들은 개체의 자유를 본래적으로 나쁘다고 생각할 것이라고 윌슨은 상상의 나래를 펼친다.[9] 그에 따르면 우리의 포유류로서의 본성이야말로 "보편적 권리 운동이 일어나는 참된 이유"다.[10]

이처럼 윌슨은 사회생물학이 윤리에 시사하는 몇 가지 논제들·을 이끌어내고 있다. 이러한 주장들을 검토해 보기 이전에 나는 우선 윌슨의 서로 다른 유형의 주장들을 명료히 하고자 한다.

---

[9] 만일 인간의 천성이 노예적 특징을 갖는 개미와 같다면 노예 제도는 영구적인 것이 될 것이다. 하지만 우리는 개체로서의 삶을 영위하려는 포유류적 특성을 가지고 있으며, 이에 따라 노예 제도는 인간의 제도로서는 적합하지 못하다는 것이 드러날 것이다. E. Wilson, *On Human Nature*(Harvard Univ. Press, 1978), 80–81쪽.

[10] 포유류들은 대개 사회적 삶을 영위한다. 그런데 사회생물학에 따르면 이들이 사회적인 삶을 살아가는 것은 개체로서의 생명 보전과 유지에 필요하기 때문이다. 다시 말해 사회는 곧 개체의 삶을 위한 수단에 지나지 않으며, 결국 중요한 고려의 대상 또한 개체이지 집단이 아닌 것이다. 윌슨에 따르면 우리는 사회에 자발적으로 협력하는 것이 아니라 마지못해 협력한다. 그리고 그것은 집단의 성원이 됨으로써 얻는 이득을 취하기 위해서이다.

생물학이 윤리 문제에 시사하는 바가 있는가: 세 가지 가능성

다윈의 『종의 기원The Origin of Species』은 1859년 11월에 출간되었다. 그런데 1860년 1월 4일 다윈은 자신의 친구에게 다음과 같은 편지를 보내고 있다.

> 나는 맨체스터 신문에서 차라리 훌륭한 풍자문이라고 해야 할 글을 보았다. 거기에서 글을 쓴 사람은 내가 "힘은 곧 정의다"는 것을 입증했으며, 따라서 나폴레옹이 정의이며, 모든 사기꾼 상인들이 정의롭다는 것을 입증했다고 생각하고 있다.

맨체스터의 비평가는 다윈의 진화론으로부터 윤리적 함의를 이끌어 낸 작가들의 긴 행렬에서 최초에 해당한다. 이 행렬에는 허버트 스펜서Herbert Spencer와 사회 다윈주의자[11]들이 속하며, 무정부주의자 표트르 크로포트킨Peter Kropotkin[12], 20세기 사상가로는 줄리언 헉슬리Julian

---

[11] 사회 다윈주의자: 진화론을 식물과 동물계를 넘어 개인, 집단, 인종에 적용시킨 이론가들. 19세기 말에서 20세기 초에 널리 유행했던 사회 다윈주의는 진화론에 기초한 사회 이론으로, 대표적인 사회 다윈주의자로는 영국의 허버트 스펜서, 미국의 윌리엄 그레이엄 섬너 등을 들 수 있다. 이들에 따르면 약자는 줄어들면서 문화적 영향력을 상실하는 데 반해, 강자는 강해지고 약자에 대한 문화적 영향력이 커지게 된다. 사회 다윈주의자들은 인간 사회가 생존을 위한 투쟁 속에 놓여 있다고 생각했고, 그 투쟁은 스펜서가 제창한 '적자생존'의 지배를 받는다고 주장했다. 그들은 적자생존 과정을 통해 우수한 경쟁자들이 살아남고 인구의 질이 계속 향상된다고 믿었으며, 개인과 마찬가지로 사회 역시 이런 방식으로 진화하는 유기체라고 생각했다. 이러한 입장에서 그들은 앵글로색슨족이나 아리안족의 문화적·생물학적 우월성에 대한 믿음을 지지함으로써 제국주의적·식민주의적·인종주의적 정책을 합리화하기도 했다.

[12] 크로포트킨(1842-1921): 러시아의 혁명가, 무정부주의 운동의 이론가. 주저인 『상호부조』에서 그는 풍부한 실례를 들어 사교성이 동물 세계의 모든 수준에서 지배적인 특징임을 보이면서 인간 세계에서도 상호부조가 예외적이기보다는 일상적인 현상이라고 주장했다. 이러한 입장에서 그는 종의 진화에서 가장 중요한 요소는 경쟁이 아니라 협동이라고 생각했다.

Huxley나 C. H. 워딩턴C. H. Waddington[13] 등이 포함된다. 오늘날에는 에드워드 윌슨이 이러한 사유 계열의 대표자라 할 수 있다.

허버트 스펜서는 오늘날 그리 인구에 회자膾炙되지 않는다.[14] 철학자들은 그를 주요 사상가로 생각하지 않으며, 사회 다윈주의[15]는 좋은 평판을 얻지 못한 지가 오래다. 크로포트킨은 지적 능력의 엄밀하고도 과학적인 측면보다는 우리에게 내재된 낭만적 이상주의에 호소하고 있다. 헉슬리와 워딩턴은 진화론적 윤리의 부활에 별다른 노력을 기울이지 않고 있다. 그러나 지금까지 진화론으로부터 윤리적 함의를 이끌어내려는 시도는 빈번하게 이루어져 왔고, 이것이 결국 무위로 끝나게 되었다는 이유만으로[16] 진화론을 윤리에 적용할 수 있다고 생각하는 윌슨의 입장을 무턱대고 무시해 버려선 안 된다.

"생물학을 윤리 문제에 적용하려는 시도를 배척하려는 것은 섣부르다"라고 말하는 이유는 사회생물학자들이 "초기에 진화론적 견해를 옹호했던 자들은 그 당시 진화를 충분히 이해하지 못했던 한계에 직면해 있었다"고 주장할 수 있기 때문이다. 하지만 세월이 흐름에 따라 유전

---

[13] 워딩턴(1905-1975): 영국의 발생학자, 유전학자, 과학철학자. 저서로 『발생학의 원리』(1956), 『윤리적 동물』(1960), 『오늘날의 생물학』(1962) 등이 있다.
[14] 스펜서는 진화를 진보의 과정으로 이해했다. 따라서 그가 생각하는 도덕적인 행위는 보다 완벽한 인간 종의 형성에 기여하는 행위이다. 이러한 생각은 자연히 열등한 인간의 멸망을 정당화한다. 정연교, 「진화론의 윤리학적 함의」, 『철학적 자연주의』(철학과현실사, 1995), 277쪽.
[15] 루스(Michael Ruse)는 사회 다윈주의자들이 1)진화는 불가피한 것이다. 2)인간의 진화 과정에 대한 개입은 가능하나 필연적으로 사태를 악화시킬 따름이다. 3)인간의 간섭으로 인해 초래될 결과를 준비하지 않은 상태에서 자연을 조절해서는 안 된다고 주장한다고 생각한다. M. Ruse, *Taking Darwinism Seriously*(Basil Blackwell, 1986), 78-82쪽 참조.
[16] 진화론적 윤리에 대해서는 다음과 같은 의문이 제기된다. 진화 과정의 모든 결과는 다 좋은 것인가? 그 과정의 각각의 단계는 모두가 완전성으로 향하는 움직임인가? 그리고 생물학적인 진보는 필연적으로 도덕적 진보인가? W. 사하키안, 『윤리학의 이론과 역사』(송휘칠·황경식 공역, 1986), 263쪽.

자, 그리고 유전자가 행위에 미치는 영향에 관한 지식이 확대되었으며, 이에 따라 사회생물학자들은 생물학으로부터 윤리를 도출할 만전의 태세를 갖추게 되었다. 이러한 점을 고려해 볼 때 우리가 과거의 실패를 거울삼아 무턱대고 미래의 성공을 배제해 버릴 수는 없는 것이다.

윌슨의 이야기를 귀담아 들을 만한 더욱 중요한 이유는 그의 진화론적 윤리[17]가 표준적 의미의 진화론적 윤리[18]가 아니기 때문이다. 그는 진화 과정 자체가 선한 것이며, 따라서 어느 쪽을 향하건 진화는 좋은 것(이는 맨체스터의 비평가가 다윈이 주장했다고 생각했던 입장이고, 후대의 수많은 진화론적 윤리 옹호자들은 실제로 이와 같이 주장했다)이라고 명시적으로 밝히고 있지 않다. 사실상 진화 과정 자체가 선하다는 주장은 다윈의 자연선택 이론에 부합되는 바가 별로 없다. 다윈의 자연선택 이론은 진화를 어떤 궁극적인 목표를 향하는 의도적인 운동으로 보지 않고 어떤 우연적 돌연변이를 선택하는 맹목적인 자연력으로 보고 있다. 다윈 자신은 진화에서 말하는 '진보'가 어떤 윤리적 의미에서의 진보가 아님을 너무나도 잘 알고 있었다. 다윈은 진화를 높은 데로 올라가는 데 사용되는 사다리와 같은 모습으로 상상하려는 데서 생길 수 있는 오해를 피하기 위해 "더 높이, 그리고 더 낮게라는 단어를 사용하지 말라"고 노트해 두

---

17 진화론적 윤리학은 크게 강경한(hard) 프로그램과 온건한(soft) 프로그램으로 나누어진다. 양자는 생물학적 지식이 우리의 가치관에 미치는 정도에 대한 평가에 따라 구별된다. 도킨스와 알렉산더로 대표되는 온건한 프로그램은 생물학이 '도덕의 진화'와 '도덕이 인간 사회에 필요한 이유' 등을 이해하는 데 도움을 줄 것이라고 주장하지만, 생물학이 도덕적 선택의 구체적 지침이 된다고 생각하지는 않는다. 반면 윌슨과 럼스덴으로 대표되는 강경한 프로그램은 진화론을 이용하여 윤리학 전반을 생물학화함으로써 윤리학을 생물학으로 대체할 수 있다고 주장한다. 최용철, 「진화론적 윤리학의 최근 동향과 과제-인간 본성에 관한 진화론적 성찰」, 『인간 본성에 대한 윤리적 반성』(한국동서철학연구회, 1997), 26쪽.
18 표준적 의미의 진화론적 윤리란 스펜서 등 과거 사회 다윈주의자들이 취했던 윤리적 입장으로서 그들은 목적론적 진화론을 옹호하거나, 윤리적 규범을 진화의 메커니즘이나 진화의 경로에서 도출하려는 등 철학적인 미숙함을 벗어나지 못했다.

었다.[19] 다윈을 옹호했던 탁월한 사상가인 T. H. 헉슬리T. H. Huxley는 여기서 한 걸음 더 나아가 "진화와 윤리"라는 유명한 강연에서 다음과 같이 말하고 있다.

> 이번만큼은 사회에서의 윤리적 진보가 우주의 행보를 모방하는 데서 이루어지는 것이 아니라, 또한 그러한 과정으로부터 도망하는 데서 이루어지는 것이 아니라 이에 대항하여 적극적으로 싸워나감으로써 이루어진다는 것을 이해하도록 하자.

헉슬리의 주장에 약간의 과장이 섞여 있을지 모르지만 그와 같은 과장은 최소한 그 반대되는 견해,—헉슬리의 손자인 줄리언Julian[20]이 되돌아갔던—즉 진화는 바람직한 방향으로 필연적으로 움직이게 마련이라는 견해보다는 나은 것이다.

윌슨이 진화 자체를 지고至高의 윤리적 가치로 고양시키지 않은 것까지는 분명하다. 그렇다면 그가 새로운 생물학적 지식에서 도출될 수 있다고 생각한 것은 무엇인가? 윌슨이 이곳저곳에서 밝힌 내용은 정확히 어떻게 생물학이 윤리를 변형시킬 잠재력을 갖는가에 대한 단일하

---

[19] 진화는 진보나 전진이라는 개념과는 관계가 없다. 진화는 그저 환경에 맞춰서 적응해 나가는 현상을 의미하는 것인데, 그 말을 인류 사회에 적용시켜 인류 문명의 진화를 진보로 해석하니까 결국 순수한 생물학적 용어인 진화라는 개념이 진보로 변질된 것이다. 본래 다윈은 진보의 뜻으로 진화를 사용하지 않았는데, 이 개념을 사회발전 이론에다 적용시키다 보니 그런 오해가 생겼다. 『과학사상』 제16호(범양사, 1996, 봄), 25-26쪽 참조.
[20] 줄리언 헉슬리(1887-1975): 영국의 생물학자. T. H. 헉슬리의 손자이며 문학가 A. L. 헉슬리의 형으로 진화 과정 자체에 정당성을 부여했다.
토머스 헉슬리(1825-1895): 영국의 동물학자. 다윈이 진화론을 발표하자 즉시 그것을 인정했고, 특히 1860년 6월 옥스퍼드에서 열린 영국 학술협회 총회에서 진화론 반대자인 윌버포스와 논쟁을 벌인 끝에 승리를 거둠으로써 진화론의 보급에 커다란 영향을 미쳤다.

고 통합적인 입장을 취하고 있지 못하다. 윌슨이 과학적 발견과 윤리의 관련성에 대해 말한 것은 대략 다음의 세 가지다. 우선 세 가지 모두를 간략하게 언급하고, 각각을 상세하게 고찰해 보도록 하겠다.

1) 과학은 어떤 행위를 함으로써 나타날 수 있는 궁극적인 결과(ultimate consequences)에 대한 새로운 지식을 산출할 수 있을 것이다. 가령 롤스의 정의 개념이 이를 엄격하게 따를 경우에 나타나게 될 생태적·유전적 결과를 고려치 않았다는 윌슨의 비판은 다음과 같은 사실을 함축하고 있다. 즉 진화론을 알지 못하는 상황에서 철학자들이 제기한 윤리 원리들은 그들이 예측하지 못한 원치 않은 상황을 초래할 가능성이 크다는 것이다.[21]

2) 과학은 기존의 윤리적 신념을 무너뜨릴 수 있을 것이다. 과학은 기존의 몇 가지 윤리적 견해—가령 아이를 갖는 것과 무관한 성관계에 대한 전통적으로 있어 왔던 반대와 같은—들이 인간에게 '자연스러운' 것이 무엇인가에 대한 잘못된 전제에 기초하고 있음을 보여 줄 수 있으며, 이러한 작업을 통해 기존의 윤리적 신념을 허물어뜨릴 수 있을 것이다. 좀 더 개괄적으로 말한다면, 과학은 기존의 윤리적 신념을 생물학적 적응의 산물로 해석해 내는 방법을 통해 '도덕규범의 본래적 의미를 판독(deciphering)해냄으로써 기존의 윤리적 신념을 무너뜨릴 수 있을 것이다. 이와 같은 입장에서 볼 때, 도덕규범은 더 이상 절대적인 특성을 지녔다고 할 수 없고 신이 명한 것이라고 볼 수도 없다.[22]

---

21 윤리 원리들은 생물학을 포함한 과학이 밝혀줄 인간의 본성을 도외시해서는 안 된다는 의미.
22 일부 윤리적 신념들에 대한 생물학적 설명은 그러한 신념들에 대한 고정관념을 무너뜨릴 수 있다. 가령 우리는 윤리적 신념을 진화의 산물에 불과한 것으로 격하시킴으로써 그러한 신념이 절대적 진리라는 환상을 무너뜨릴 수 있다.

3) 우리는 과학을 이용해 일련의 새로운 윤리적 전제를 도출하거나, 기존의 윤리적 전제에 대한 새로운 해석을 산출해낼 수 있을 것이다. 이는 바로 윌슨이 『사회생물학』에서 윤리에 대한 진화론적 접근으로부터 '본래적인 도덕적 다원주의'를 도출해낼 때 염두에 두고 있는 입장이다. 그리고 이는 윌슨이 『인간 본성에 대하여』에서 '인간의 생물학적 본성에 내재되어 있는 윤리적 전제'에 대해 언급할 때, 그리고 새로운 윤리 생물학을 이용해 더욱 훌륭한 윤리적 규율을 선택할 수 있는 날이 오기를 기다린다고 했을 때 염두에 두고 있는 바이기도 하다.[23]

윤리 이론과 생물학적 탐구 결과

과학이 갖는 윤리적 함의를 드러내기 위한 윌슨의 세 가지 주장 중 첫 번째 것에 대한 해명이 가장 간단하다. 전통적으로 사실(fact)은 과학적 탐구 영역으로, 가치(value)는 윤리적 탐구 영역으로 간주되어 왔다. 우리의 행위가 초래할 결과가 무엇인가에 관한 문제는 사실의 문제이다. 행위로 인해 나타나는 결과를 파악하는 것은 미래에 대한 예측을 요구하기 때문에 매우 어려운 경우가 많다. 그럼에도 이는 여전히 사실의 문제라 할 수 있다. 설령 사회생물학이 우리의 행위가 초래하는 궁극적인 결과에 대해 무엇인가를 일깨워준다고 하더라도, 그것으로 인해 과학과 윤리 사이의 전통적인 영역 구분이 위협받지는 않을 것이다. 윤리학을 전공하는 철학자들은 유전학이나 진화론에 별다른 관심

---

[23] 윌슨이 우리의 본성이 어떠어떠하니 어떻게 행동해야 한다는 식의 추론을 한다는 뜻. 싱어는 이를 전형적인 자연주의적 오류라고 생각한다.

을 보이지 않는데, 그 이유는 다음과 같다. 즉 그들은 무엇을 해야 할 것인가를 결정할 때에, 중요한 철학적 문제—가령 '선이란 무엇인가?'와 같은—부터 해결하고 난 후에야 비로소 우리의 행동 결과에 대한 정보를 사용할 수 있다고 생각했던 것이다. 행동이 초래하는 결과에 대한 정보는 어떤 결과를 가치 있다고 생각해야 하는가를 판단하는 데 도움을 주지 않는다. 행동 결과에 대한 정보는 어떤 행동이 이미 우리가 가치가 있다고 생각하는 결과를 초래할 것이며, 또한 초래하지 않을 것인지를 말해 줄 뿐이다. 대부분의 윤리 이론들은 가치 자체에 대한 근본 이론(fundamental theory of value itself)은 전혀 침범당하지 않으면서 행동 결과에 대한 새로운 정보를 수용한다.24

공리주의25는 위의 설명에 대한 가장 분명한 사례다. 가장 단순하고 고전적인 형태의 공리주의에서는 영향을 받는 모든 사람의 행복을 증진시키고 고통을 감소시키는 행위를 옳은 행위로 간주한다. 공리주의의 기초 원리 자체는 평화가 전쟁보다 옳은지, 진리가 거짓말에 비해 좋은지, 또는 사회주의가 자본주의에 비해 나은지에 대해 말해 주

---

24 가령 A라는 행동 유형과 B라는 행동 유형이 있는데 A라는 행동 유형이 더 많은 이익을 산출한다고 하자. 이때 최대다수에게 최대이익을 산출하는 행동을 하고자 하는 공리주의자인 갑돌이는 더 많은 이익을 산출하는 A라는 행동 유형을 선택할 것이다. 그런데 어느 날 생물학적 연구 결과 C라는 행동 유형이 더 많은 이익을 산출한다는 사실이 밝혀졌다고 하자. 이때 갑돌이는 입장을 바꾸어 C라는 행동을 할 것이다. 이때 유의해야 할 점은 갑돌이가 원래부터 가지고 있던 신념, 즉 최대다수의 최대이익의 원리를 그대로 간직하고 있다는 것이다. 다시 말해 새로운 사실이 알려졌어도 원리 자체는 손상 받지 않고 남아 있으며, 갑돌이는 단지 '최대다수의 최대이익'을 산출하기 위해 C라는 행동으로 방향 전환을 했을 따름인 것이다.
25 공리주의는 무엇을 본래적 선으로 보는가에 따라 쾌락공리주의와 다원공리주의로 구분할 수 있다. 또한 그러한 선의 극대화를 위한 계산 방식에서 개별 행위에 초점을 맞추는가, 아니면 행위 규칙에 초점을 맞추는가에 따라 행위공리주의나 규칙공리주의로 나누어진다. 그리고 어떤 행위나 제도가 최대의 선을 산출하는 것인가를 확인하기 위한 공리 계산에 있어 전체선의 총량에 그 초점을 두느냐, 아니면 구성원들이 갖는 평균선에 두느냐에 따라 전체공리주의와 평균공리주의로 나누어진다. 황경식, 『사회정의의 철학적 기초』(문학과지성사, 1991), 47쪽.

는 바가 없다. 공리주의자들은 각각의 경우에서 나타나는 결과를 확인한 후 어떤 제도나 정책 또는 행위가 옳은지를 결정한다. 아무리 중요한 새로운 지식이라고 할지라도 그것은 어떤 제도나 정책, 또는 행위가 행복을 최대화할 것인가를 평가하는 데 도움을 줄 수 있을 따름이다. 새로운 지식은 공리의 원리(principle of utility) 자체에 대해서는 어떠한 의문도 제기할 수 없다.(행복만이 본래적으로 좋고, 고통만이 본래적으로 나쁘다는 견해에 모순되는 사실적 정보를 상상해 보려 하라.) 가령 우리 사회의 모든 고위직 중 50퍼센트를 여성에게 돌아가도록 보장하겠다는 광대한 계획을 마음에 품고 있는 공리주의자를 상상해 보라. 만약 그와 같은 프로그램을 시행함으로써 치르게 될 대가에 관한 윌슨의 견해를 받아들일 경우 그러한 공리주의자는 마음을 바꾸어 상대적으로 과격하지 않은 기회 균등과 같은 것을 목표로 삼을 것이다. 반면 자신들의 잠재력을 실현하지 못하면서 삶을 영위하는 여성들이 겪고 있는 불평등이 초래하는 결과에 대한 또 다른 정보는 기회 균등에 만족했던 공리주의자를 훨씬 과격한 여성 운동가로 바꾸어 놓을 것이다. 그런데 양쪽 경우 모두 공리주의자는 자신이 견지하고 있는 윤리 이론 자체를 변경시킬 하등의 이유가 없다.

    윌슨이 특별히 존 롤스의 정의론에 대해 언급했기에 여기서는 롤스의 이론을 두 번째 사례로 들어보기로 하자. 롤스는 다른 사람들의 동일한 자유와 상충되지 않는 한도 안에서 모든 사람이 가장 큰 기본적 자유에의 권리를 똑같이 가져야 하며, 이것이 바로 정의의 요체라고 주장한다.(내가 생각하기엔 롤스의 주장에 문제가 있지만 여기서 이는 다룰 바가 아니다.)[26] 그 다음으로 그는 가장 가난한 집단의 입장을 개선시킬 수 있는 경우에 한해서 재화적 측면에서의 불평등을 용인한다. 여기서 롤스가 고려

하지 못한 '궁극적인 생태학적 또는 유전적 결과'는 무엇인가? 나는 없다고 생각한다. 윌슨이 『인간 본성에 대하여』에서 롤스에 대해 언급한 부분—'롤스가 가능한 최대로 사회적 부를 동등하게 분배하기 위해 견고한 사회 통제마저 허용할 것이라는'—은 윌슨이 견고하게 사회를 통제함으로써 치르게 될 대가(그가 다른 곳에서 개인적 자유의 희생을 초래하며, 궁극적으로 인간 정신에 불만족을 가져다 줄 것이라고 말했던)를 염두에 두고 있음을 암시하고 있다. 하지만 적어도 내가 방금 인용한 구절에 대해서는 윌슨이 롤스의 입장을 완전히 오해하고 있다. 왜냐하면 롤스는 동등한 기본적 자유를 최대화하는 것이 수입의 분배 문제를 해결하는 것보다 우선적으로 고려해야 할 대상이라고 주장하고 있기 때문이다.27 심지어 자유 극대화 원리가 충족되고 난 후에도, 롤스가 사회적 보상의 평등한 재분배 그 자체를 옹호한 적은 없다. 그는 단지 최소 수혜자의 복리를 최대화하는 조건에서 재분배를 제안하고 있을 따름이다. 만약 최소 수혜자의 복리를 최대화하기 위해서 특별한 능력을 갖춘 자들에게 더 많은

---

26 롤스가 내세우는 두 가지 정의의 원리는 다음과 같다.
 • 제1원리: 모든 사람은 다른 사람들의 동일한 자유와 상충되지 않는 한도 안에서 가장 큰 기본적 자유에의 권리를 똑같이 가져야 한다.
 • 제2원리: 사회적·경제적으로 인정될 수 있는 정당한 불평등은 다음과 같은 조건을 만족시켜야 한다. 1) 불평등의 모체가 되는 직위와 직무는 모든 사람에게 균등하게 공개되어야 한다. 2) 불평등이 최소 수혜자에게 최대한의 이익이 되어야 한다.
 여기서 롤스는 제1원리와 제2원리 사이에 대립이 생겼을 때, 다시 말해서 어떤 사람들의 자유를 제한함으로써 제2원리를 만족시키는 불평등이 있을 수 있는데, 이 경우 제1원리가 제2원리보다 우선한다고 하는 '우선 원리'를 제시하고 있다. 이처럼 롤스의 정의론은 자유민주주의를 옹호하면서 자유에 대한 권리 밑에 재분배 정책을 위치시키고 있다. 신일철, 『현대 철학사상의 새 흐름』(집문당, 1988), 206쪽.
27 롤스의 정의 원리는 다른 어떤 목적(이를 테면 부의 총량의 증가 등)을 위해서도 자유는 희생될 수 없다고 규정한다. 이 점에서 롤스의 원리는 사회 전체의 선(또는 부)의 총량의 극대화를 위하여 필요한 희생(예컨대 소수의 자유의 억압 등)을 용인할 수 있는 공리주의의 관점과 첨예하게 대립된다. 이인탁, 「롤스의 사회정의론」, 『사회철학대계 2』(민음사, 1993), 327쪽.

많이 돌아가도록 조치를 취해야만 한다면(이는 능력 사용을 촉발하여 전체 경제, 특히 최소 수혜자에게 이익이 돌아가게 하기 위한 조치다), 롤스는 매우 불평등한 몫의 분배마저도 기꺼이 받아들일 것이다. 결론적으로 롤스는 모든 사람들의 자유를 제한하는 견고한 사회 통제를 거부할 것이다. 그는 우리 사회의 최소 수혜자들이 불만을 느껴서 다른 경우에 비해 더욱 행복하지 못하게 되는 경우 또한 거부할 것이다.

우리는 재분배를 반대하는 사회 다원주의자들의 주장—윌슨이 '유전적 결과'에 대해 말할 때 넌지시 지적하고 있는 것처럼 보이는—에 대해서도 동일한 답변을 제시할 수 있을 것이다. 그들은 롤스의 이론이 현실에 적용될 경우 생존 경쟁이 방해받게 되며, 그와 동시에 '적자가 아닌 자'들의 번식을 허용하여 우리 공동체의 유전적 퇴보가 초래될 것이라고 말할 것이다.[28] 그런데 부의 재분배가 파멸적인 유전적인 퇴락을 초래하는 것이 어떻게 해서 사실로 밝혀졌다고 하자. 이때 롤스가 계속 부의 재분배를 고집할 것이라고 생각해서는 안 된다. 롤스는 특정한 부의 재분배가 파멸적인 유전적 퇴락을 초래하는 정도에 비례해서 그와 같은 재분배에 반대할 것이다. 파멸적인 유전적 퇴락이라는 결과가 초래될 경우 우리 사회의 최소 수혜자—다른 모든 사람들과 더불어—는 더욱 살아가기가 어렵게 될 것이다. 만약 이것이 사실이라면 롤스의 이론이 최소 수혜자의 처지가 개선될 가능성이 없음에도 굳이 유전적 퇴락을 초래할 무엇인가를 요구할 리가 없다.

결과나 목표에 바탕을 두고 있는 여타의 윤리 이론들과 관련해서도 유사한 논변을 제시할 수 있다. 다시 말해 우리의 행동이나 정책의 가

---

[28] 여러 측면에서 우월한 인간이 탄생하지 않고 상대적으로 열등한 인간이 나타나게 될 것이라는 뜻.

능한 결과에 관한 새로운 지식이 윤리 자체의 타당성을 위협할 수는 없는 것이다. 그렇다면 결과나 목적을 강조하지 않고 결과와 무관하게 도덕 규칙을 옹호하거나 절대적인 권리를 유지하려는 윤리 이론은 어떠한가? 흔히 칸트의 윤리 이론은 이와 같은 입장을 보여 주는 사례로 파악되고 있다. 칸트는 설령 사람을 살해하려는 자가 당신 집에 와서 죽이려는 자가 어디에 숨어 있는가를 묻는 경우에도 거짓말을 해서는 안 된다고 적고 있다. 로버트 노직Robert Nozick[29]이 자신의 저서 『무정부, 국가 그리고 유토피아Anarchy, State and Utopia』에서 제시한 개인의 절대권 이론은 절대주의 이론의 더욱 최근 사례다.[30] 어찌 되었건 새로운 사실에 관한 지식은 결과론적 이론보다 의무론적 이론을 고수할 경우에 더욱 커다란 문제를 초래할 것이다. 가령 우리가 생물학, 그리고 진화에 대해 조금 더 깊은 이해에 도달하게 되었다고 생각해 보자. 그리고 칸트의 융통성 없는 규칙 윤리에 집착할 경우 어떤 유전적 또는 생태학적 재난을 면하지 못할 것임을 알게 되었다고 하자. 이러한 일은 실제로 벌어질 수 있다. 그런데 도덕 규칙을 따르는 결과에 동요되지 않고 자신들의 입장을 고수하는 것이 절대주의 윤리설을 견지하는 사

---

[29] 노직(1938-2002): 프린스턴 대학에서 박사학위를 받은 후 1969년부터 하버드 대학교 철학과 교수로 재직했다. 최소 국가를 지지하고, 개인의 자유와 자발적 선택에 최대의 의의를 부여하며 자유로운 사회를 옹호했다. 1974년 출간된 그의 저서 『아나키, 국가, 그리고 유토피아』는 롤스의 『정의론』과 더불어 윤리학계에 커다란 반향을 불러일으켰다.

[30] 분배적 정의의 문제와 관련하여 롤스가 복지 국가적 자유주의를 옹호하는 데 반해 노직은 보수적인 자유지상주의(libertarianism)를 지지한다는 점에서 이들의 차이는 분명히 드러난다. 그렇지만 개인의 자유를 무엇보다도 중요시한다는 점에서, 모든 인간을 단순히 수단으로서가 아니라 목적으로서 대우해야 한다는 칸트의 준칙을 계승하고 있다는 점에서, 그리고 사회를 구성하는 개인을 초월하는 어떤 절대적인 사회적 실체도 존재하지 않음을 역설한다는 점에서 롤스와 노직의 입장은 상당히 근접해 있다. 특히 공리주의에 대해 단호하게 비판적이라는 점에서 이들은 거의 일치하고 있다. 최용철, 「차등원칙과 소유 권리」, 『현대철학과 사회』(서광사, 1992), 361-362쪽 참조.

람들의 특징이다. 그들은 "하늘이 무너져도 정의가 행해져야 한다"는 입장을 취한다. 내 생각에는 바로 이것이 절대주의 이론의 취약점이다. 하지만 이는 철학자들이 너무나도 잘 알고 있는 약점이다. 절대주의 이론을 고수함으로써 화를 입을 수 있음을 확인하기 위해 굳이 새로운 과학적 지식을 끌어올 필요도 없다. 대부분의 철학자들은 상식적 지식만으로도 결과에 주목하지 않는 도덕 이론을 충분히 거부할 수 있었다.[31] 사회생물학의 새로운 통찰은 단지 절대주의 이론을 따름으로써 나타날 수 있는 문제를 재확인시켜 주는 데 그칠 뿐이다.

행위나 정책을 통해 나타날 수 있는 결과에 관한 새로운 과학적 지식이 윤리 이론에 미치는 영향을 요약해 보면 다음과 같다. 결과론적 윤리 이론은 새로운 정보를 접하게 됨으로써 이전과는 다른 행동을 요구하게 될 것이다.[32] 하지만 이론의 핵심은 영향을 받지 않은 채 그대로 남아 있을 것이다. 반면 결과에 관심을 기울이지 않는 이론은 새로운 지식으로 인해 전혀 영향을 받지 않을 것이다. 비록 비결과론적 이론을 추종하지 않는 사람들이 새로운 지식, 다시 말해 이러한 이론에 따라 행위할 경우에 초래되는 결과를 알게 됨으로써 더욱 이론에 문제가 있다고 생각할 것이지만 말이다.

결과주의 윤리설을 옹호하는 나의 입장에서 본다면, 윤리 문제를 생

---

[31] 거짓말을 하지 않으면 수백 명이 목숨을 잃을 상황에서 내가 '거짓말을 하지 말라'는 절대주의 법칙을 고수한다고 가정해 보자. 이 경우 나의 결정으로 인해서 수많은 사람들이 목숨을 잃게 될 것이다. 그런데 그와 같은 사태가 발생함에도 절대주의 법칙은 그 특성상의 이유로 인해 자신의 입장을 고수해야 한다. 반면 공리주의자들은 많은 사람들의 목숨 구제가 거짓말을 하는 것보다 더 많은 쾌락을 산출한다는 것을 인식한다면 주어진 상황에서 기꺼이 거짓말을 하려 할 것이다. 이때 최대다수의 최대행복이라는 원리는 전혀 변화가 없이 그대로 남아 있다. 여기서 주목해야 할 것은 양자 모두 사실에서의 변화가 있었음에도 원리나 법칙에는 전혀 변화가 없었다는 점이다. 간단히 말해 사실에 대한 지식은 도덕의 근본 원리나 법칙에 대해서는 영향력을 발휘할 수가 없는 것이다.

각하는 사람들이라면 누구나 가능한 한 최선의 정보를 갖춘 상태에서 결론을 도출해야 한다. 그리고 잘 확립되어 있는 생물학 이론이 윤리적 결정에 영향을 줄 수 있다고 판단될 경우, 그 이론은 고려의 대상이 되어야만 한다. 우리가 최종적으로 내리는 윤리적 판단이 이와 같은 이론을 반영할 수도 있을 것이다. 때문에 철학자는—다른 모든 사람들과 더불어—인간 본성에 대한 생물학 이론의 조류에 대해서 알고 있어야 한다. 생물학을 무시한다는 것은 윤리적 결정에 도움을 줄 수 있는 가능한 지식의 원천 한 가지를 무시하는 처사라 할 수 있다.

하지만 이 정도를 인정한다고 하더라도 윤리 생물학을 통해 윤리를 '모든 차원에서(at all depths)' 설명하거나 도덕철학자들을 불필요한 존재로 전락시킬 수 있다는 극적인 주장을 정당화할 수는 없다. 설령 인간 본성에 관한 사회생물학의 모든 견해를 무비판적으로 받아들인다고 해도, 그와 같은 새로운 지식은 비교적 피상적으로 윤리에 영향을 미칠 것이다. 윤리에서의 중요한 문제들, 다시 말해 근본적인 윤리적 가치들의[33] 본질과 정당화의 문제들은 침해받지 않은 채 그대로 남아 있

---

[32] 결과론적 윤리설을 지지하는 사람의 판단은 다음과 같이 이루어질 것이다.
- A라는 행위 결과 – 10의 쾌락을 산출
- B라는 행위 결과 – 20의 쾌락을 산출
- C라는 행위 결과 – 50의 쾌락을 산출

이 경우 공리주의자 갑돌이는 A, B, C라는 행위 결과에 관한 정보에 입각해 C라는 행위 결과를 선택하게 될 것이다. 그런데 어느 날 갑돌이가 D라는 행위가 100의 쾌락을 산출한다는 것을 알게 되었다고 하자. 이 경우 갑돌이는 노선을 바꾸어 D라는 행위를 선택하려 할 것이고, 더 많은 이익을 산출하는 행위가 있음이 밝혀진다면 그는 그 행위를 선택하고자 할 것이다. 한편 한 번의 결정을 변경시키기 힘든 경우가 있을 수 있다. 가령 특정한 장소에 대한 쓰레기 소각장 건립 결정은 그 예라 할 수 있을 것이다. 이 경우 최대한의 쾌락을 산출할 수 없음이 알려졌다고 해서 소각장의 위치를 새로운 정보가 나타날 때마다 바꿀 수는 없는 노릇이다. 소각장의 위치 및 건립 여부를 결정하기 위해서는 어떤 선택이 최대한의 쾌락을 산출할 수 있을지에 대한 최대한의 정보가 요구된다. 하지만 이 경우마저도 정보는 최대다수의 최대행복이라는 원리에 부합되는 선택을 위해 요구되는 것이지 원리 자체를 수정하기 위해서 사용되는 것은 아니다.

게 될 것이다.

윤리의 실체 폭로

윌슨은 생물학이 기존의 윤리적 신념의 토대를 훼손할 수 있으리라고 생각하는데, 이는 그가 생물학을 통해 윤리를 변형시킬 수 있다고 생각하는 두 번째 근거이다. 어떤 윤리적 신념이 인간에게 자연스러운 것에 관한 가정에 바탕을 두고 있는 경우, 생물학이 어떻게 비판의 도구가 될 수 있는지를 파악하기란 어렵지 않다. 엄격하게 말해 여기서의 생물학의 영향이란 생물학을 이용하여 윤리적 신념 자체가 지지될 수 없음을 보여 주는 것을 말한다기보다는 그러한 신념의 원래 정당화 방식이 잘못되었음을 보여 주는 것을 일컫는다. 예컨대 증거 수집을 통해 1퍼센트의 인간이 동성애자이며, 이는 자연스러운 것이라는 윌슨의 주장을 최종적으로 확증할 수 있다면, 자연스럽지 못하다는 이유로 동성애에 반대하는 주장은 옹호될 수 없게 된다. 물론 사람들이 계속해서 동성애가 나쁘다는 입장을 견지할 수도 있다. 하지만 동성애에 대한 부정적인 입장을 견지하기 위해서는 자연스럽지 못하다는 이유가 아닌 다른 이유를 찾거나, 그렇지 않으면 부정적인 느낌을 어떤 자명한 도덕적 직관으로 간주하고 거기에 만족해야 할 것이다.

이렇게 본다면 생물학 이론은 '자연법' 이론[34]에 근거하여 윤리적 판단을 내리는 자들에게 커다란 타격을 가할 수 있을 것이다.[35] 하지만

---

[33] 피상적인 차원에서만 윤리에 영향을 미친다는 것은 결국 이론의 궁극적인 원리에 대해서는 영향을 주지 못하고 구체적인 행동 방식 등에서만 차이를 산출한다는 뜻.

그것이 윤리 전체에 대해 치명적인 타격을 가하는 것은 아니다. 왜냐하면 자연법 윤리 체계는 종교, 특히 로마 가톨릭 집단을 넘어서까지 널리 지지되고 있지는 않기 때문이다. 가령 동성애가 실로 자연스럽지 못하다고 가정해 보자. 이로부터 동성애가 그르다는 결론을 타당하게 이끌어낼 수 있는 철학자(비종교적인 대학에 있는)는 거의 없다. 질병 치료에서 사카린 사용에 이르기까지 자연스럽진 않지만 그렇다고 그릇되다고 말할 수 없는 것들이 많이 있다. 더욱이 어떤 것이 자연스럽지 않기 때문에 그릇되다는 주장은 사실(fact)로부터 가치(value)를 도출하는 논증으로, 이는 타당하지 못한 논증이다.(그 이유는 다음 절에서 밝히도록 하겠다.)

생물학 이론이 윤리적 신념의 토대를 손상시키는 역할을 한다는 논거로 앞에서 언급한 내용보다 중요하다고 생각되는 단서가 윌슨의 저작에서 발견된다. 윤리 규칙들이 진화사進化史로부터 탄생한 생물학적 적응의 산물임을 알게 되었다면 우리는 더 이상 그러한 윤리 규칙들을 절대적으로, 또는 자명하게 옳다고 생각하지 않을 것이다.[36] 다음에서

---

34 자연법 윤리설의 기본 입장은 우리가 인간의 근본적인 경향성과 성향들이 목표로 하고 있는 가치들을 촉진해야 한다는 것이다. 인간의 삶에서 이러한 가치들의 실현은 인간의 본성을 충족시킬 것이다. 여기서 가치들이란 생명과 출산이라는 생물학적 가치, 그리고 지식과 사회성이라는 인간 특유의 가치가 포함된다. 자연법 윤리설은 일종의 절대주의 윤리설이기 때문에 모든 근본적 가치들이 간접적으로도 침해될 수 없다고 규정한다. 때문에 자연법 윤리설에서는 생명이라는 기본적 가치를 무너뜨리는 낙태, 출산과 관계없는 동성애나 변태적 성행위 등은 어떠한 일이 있어도 금지되어야 한다. C. E. 해리스, 『도덕 이론을 현실 문제에 적용시켜 보면』(서광사, 1994), 122쪽.
35 자연법 윤리학을 옹호하는 자들은 자신들의 근본적 가치를 정당화하는 데 어려움을 느낀다. 그들은 종종 자연법 도덕의 기본적 가치들을 모든 인간의 행위에 필수적으로 가정된 것이라고 논증함으로써 정당화하려고 한다. 그러나 그러한 논증은 충분치 못한 것이다. 더구나 그러한 논증은 자연법 윤리학의 기본적 가치들이 결코 위반될 수 없다는 것 또한 보여 주지 못한다. 『도덕 이론을 현실 문제에 적용시켜 보면』, 148쪽.
36 윤리 규칙들이 생물학적 적응의 결과 나타난 것이라고 하자. 이때 규칙은 어떤 적응 과정을 거쳐가게 되는가에 따라 우리에게 다른 것을 요구하게 될 것이며, 이로 인해 윤리 규칙들의 자명성이나 절대성에 대한 신념이 무너지게 될 것이다.

는 이러한 경우가 어떻게 발생할 수 있는지 살펴보도록 하자.

우리의 일상사에는 윤리적 판단이 부지불식간에 스며들어 있는 듯이 보인다. 사람들은 그러한 판단들에 대해서 그다지 생각해 보지 않으며 살아가는 듯하다. 그와 같은 판단들에 대해 고찰해 보는 경우마저도 사람들은 별다른 의심을 품지 않는(의심하지 않는 이유는 그러한 판단이 공동체에서 널리 받아들여지는 것이기 때문이다) 어떤 다른 판단으로 거꾸로 추적하여 고찰해 보는 데서 만족해 버리기 일쑤다. 그리고 거기에서 멈춰 버린다. 윤리에 대해 생각하는 경우 우리는 하나의 윤리적 판단을 더욱 근본적인 또 다른 것과 연결시키는 데 머무는 경우가 대부분이다. 심지어 무엇을 해야 하는가에 관한 이론을 개발하는 도덕 철학자들마저도 더 깊숙이 탐구해 들어가는 경우가 별로 없다. 그들 중 일부는 철학이 사람들의 도덕적 직관을 체계화하는 것 이상을 할 수 없다고 명시적으로 이야기하는 경우마저 있다. 그들에 따르면 어떤 한 가지 도덕적 직관을 다른 직관들에 근거하여 비판할 수는 있지만, 모든, 또는 대부분의 도덕적 직관을 일괄하여 비판할 수는 없다. 마치 지구를 들어 올리기 위해 지렛대를 사용하려는 것처럼 그와 같은 과제 또한 실패로 돌아가리라고 그들은 생각한다. 왜냐하면 직관 밖에서 직관을 비판할 수는 없기 때문이다.

그런데 과학은 윤리의 바깥에 위치한다. 때문에 일부 사람들은 윤리적 판단의 기원에 대한 과학적 연구가 지레 받침(우리의 비판의 지렛대를 올려 놓을 수 있는) 역할을 할 수 있다고 생각한다.[37] 그들에 따르면 과학은 그 자체가 하나의 도덕 원리를 포기하도록 강요하지는 않는다. 지레 받침은 그 자체가 어떤 힘으로 작용할 수 없다. 하지만 그들은 우리가 합리성의 도움을 받아 과학을 기본적 윤리 원리의 토대를 손상시키는 데 활용할 수 있는 지레 장치로 활용할 수 있을 것이라고 생각한다.

사람들이 일부 윤리 원리들을 견지하는 이유를 파악하는 데 도움을 줄 경우 과학은 과연 그러한 윤리 원리들의 정당화 근거를 비판하는 데 활용되는 지레 장치가 될 수 있을 것이다. 우리가 의심의 여지가 없는 도덕적 직관이라고 생각하는 것이 실제로는 우리가 겪어온 진화사의 잔재에 지나지 않을 수도 있다. 윌슨은 다음과 같이 말한다. "직관주의자들은 뇌가 산출해내는 정서적 판단을 신뢰하며, 그러한 판단을 산출하는 뇌를 마치 블랙박스처럼 여기는데, 이것이 바로 그들의 아킬레스건이다."[38] 물론 이러한 비판은 특정한 자기 이익 또는 문화적 편견으로 인해 생긴 직관을 거부하는, 진정한 직관과 거짓 직관을 구분하고자 하는 직관주의자들에게는 공정하지 못한 것으로 파악될 것이다. 그럼에도 윌슨의 말이 완전히 틀린 것은 아니다. 우리의 직관이 생물학적 기원을 갖는다는 사실을 알게 될 경우 우리는 도덕적 직관이 자명한 도덕적 공리라는 생각에 의심을 품게 될 것이다.

한 가지 사례로 '우리 스스로의 것'들에 대한 선호를 고찰해 보자.

---

[37] 모든 도덕 원리는 그 나름의 정당화 방식이 있는데, 그러한 정당화 방식은 여타 이론들과의 비교에 중요한 자료가 되며, 이를 통해 어떤 특정한 이론의 우월성을 도출해내게 된다. 이제껏 그러한 비교와 검토는 윤리 내에서 해결해야 할 문제로 간주되었는데, 사회생물학자들은 자신들의 도덕에 대한 생물학적 규명을 통해 윤리의 영역 밖에 서서 윤리 이론의 선택 내지 비판에까지 도움을 줄 수 있다고 주장한다.

[38] 직관주의자의 대표자 중 한 사람인 무어(G. E. Moore)는 "좋음이란 무엇인가?"라는 물음에 대해서 "좋음은 정의할 수 없다"고 답하며 좋음은 직관적으로 파악될 수밖에 없다는 직관주의의 입장을 이끌어낸다. 이때 직관의 대상은 '단지 긍정하든가 부정하든가 할 수밖에 없는 어떤 명제, 즉 다른 명제로부터 논리적으로 연역할 수 없는 명제'다. 이러한 명제는 결코 증명될 수 없으며, 이는 증명을 기다릴 필요가 없이 자명한 것이다. 그런데 윌슨은 이러한 직관을 자명하다고 믿는 것에 문제가 있다고 생각한다. 비유하자면 블랙박스 안에 무엇이 들어가 있는지도 모르면서 거기에서 나오는 명령을 옳다고 생각하고 무조건 따르는 데 문제가 있는 것처럼, 우리가 도덕적 직관의 기원이라든가 진화 과정 등을 고려함이 없이 그의 자명성을 믿고 무조건적으로 따라야 한다고 생각하면 안 된다는 것이다.

이러한 선호를 가짐으로써 우리는 공동체 외부의 고통보다는 자신이 속해 있는 공동체에서 느끼고 있는 고통에 더욱 관심을 갖게 된다. 이미 살펴본 바와 같이 많은 사람들은 자신과 가까운 사람들을 우선적으로 배려하는 것이 옳은 동시에 당연하다고 생각한다. 이는 우리 시대의 상식인 동시에 시즈윅이 살던 당시의 통속 도덕 원리였으며, 인간의 역사를 통틀어 살펴보아도 이제껏 그러한 원리가 의문의 대상이 된 적은 없었다. 그런데 그러한 원리가 당연시되고 있는 이유에 대한 생물학적 설명이 없었다고 가정해 보자. 이때 우리는 그러한 원리가 거의 보편적으로 받아들여진다는 사실 자체를 가족에 대한 의무가 자명한 도덕적 진리에 근거한다는 증거로 간주해 버렸을 것이다. 그런데 우리 것 선호 원리가 혈연선택의 표현임을 이해하게 될 경우, 우리 것에 대한 애착이 당연하다는 믿음은 신뢰성을 상실하게 된다.

이것이 '일부 행위가 생물학적 토대를 갖는다'는 것을 보여 줌으로써 생물학으로부터 윤리 원리를 연역해 내고자 하는 사람들이 흔히 주장하는 바와 반대의 결과가 나타날 수 있는 이유다. 생물학적 설명은 '자연스런' 것으로 알려진 원리들을 정당화하기는커녕 오히려 자명한 도덕 법칙인 듯이 보였던 법칙이 누리던 고상한 지위를 격하시키는 수단이 될 수 있는 것이다. 우리는 생물학적 설명이 주어질 수 있는 그러한 원리들을 당연하게 생각하고 있는 이유가 도대체 무엇인가에 대해 다시 한 번 생각해 봐야 할 것이다.

한편 오직 생물학적 설명만이 널리 인정되고 있는 윤리 원리들의 정체를 폭로하는 역할을 맡는 것은 아니다. 우리는 스스로가 속해 있는 특정 사회가 가지고 있는 윤리적 신념의 역사를 탐색해 봄으로써 설명을 완성할 수 있을 것이다. 이때 우리는 윤리적 신념으로부터 진화사의 잔재 및 문화사의 잔재를 발견할 수 있게 될 것이다. 가령 인간 생명의 존엄성을 강조하는 서구의 지배적인 원리는 아무리 결함이 많은 인간의 생명이라 할지라도 이를 빼앗는 것의 그릇됨과 인간 아닌 동물의 생명을 빼앗는 것의 그릇됨을 확실하게 구분한다는 점에서 독특하다. 그런데 이는 내가 다른 곳에서 언급한 바와 같이 유대그리스도적 세계관의 잔재라고 설명할 수 있다. 유대그리스도적 세계관에서는 동물이 아닌 오직 인간만이 신의 형상에 따라 만들어졌으며 불멸의 영혼을 지니고 있다. 하지만 유대그리스도교의 권위를 인정하지 않는 사람들은 그와 같은 설명에 만족하지 못할 것이며, 모든 인간의 생명이 존엄하다는 믿음, 그리고 오직 인간의 생명만이 존엄하다는 믿음을 재검토하게 될 것이다.[39]

생물학적 설명과 문화적 설명을 통한 폭로가 갖는 문제점 중 한 가지는 그러한 폭로를 어디에서 멈추어야 하는가라는 점이다. 우리가 갖는 모든 윤리적 원리들이 진화사 또는 문화사의 잔재임이 밝혀진다면 그러한 원리들은 모두 신뢰를 상실해야 하는 것일까?

윌슨은 아마 다음과 같이 대답할 것이다. 윤리에 대한 생물학적·문화적 설명은 현대 도시 생활보다는 부족 사회에 적합했던 윤리 원리(이는 우리 역사의 초기 단계의 잔재이다)에 대해서만 불신의 눈길을 보낸다. 그 외의 윤리 원리들은 생물학적 적응의 산물로 오늘날의 상황에 적합하다

---

[39] 예를 들어 공리주의적 입장에 서서 생각해 볼 때 우리는 인간의 생명만이 존엄하다고 주장할 수 없다. 공리주의자들에 따르면 우리는 쾌락을 최대한 산출하고 고통을 제거하는 데 힘써야 할 의무를 지닌다. 그런데 쾌락이나 고통은 단지 인간만이 느끼는 것이 아니며 동물, 특히 포유류나 조류 등도 쾌락과 고통을 느낀다. 동물들이 쾌고 감수 능력을 가진 존재임이 확실하다면 우리는 논리적 귀결로서 동물들의 생명에 가치를 부여하지 않을 수 없으며, 인간에게만 도덕적 가치를 부여한다는 주장을 종차별주의적 발상이라고 비판해야 할 것이다.

는 것을 보여 줄 수 있을 것이다. 그러한 원리들은 진화 이론을 통해 정당화될 수 있다. 그리고 그러한 원리들이야말로 우리가 현재 견지하고 있는 원리일 것이다.

만약 이것이 윌슨의 대답이라면, 이는 윤리 원리를 정당화하기 위해 생물학을 이용하려는 시도라고 할 수 있을 것이다. 이것은 생물학이 윤리에 영향력을 행사할 수 있다고 윌슨이 말하는 이유 중 마지막에 해당하며, 가장 의미심장한 시도라고 할 수 있다.[40]

궁극적 가치들에 대한 생물학적 기초?

앞에서 우리는 과학이 궁극적인 윤리적 가치를 적용하는 데 활용할 정보가 될 수 있음을 살펴보았다. 그런데 여기서 한 걸음 더 나아가 과학으로부터 궁극적인 윤리적 가치 자체를 이끌어낼 수 있는가? 생물학자들이 '인간의 생물학적 본성에 내재되어 있는 윤리적 전제들'을 발견할 수 있는가?

이를 긍정하는 것은 아마도 가장 잘 알려진 현대 도덕철학의 주장과 정면으로 배치된다고 할 수 있을 것이다. 즉 사실과 가치 간에는, 그리고 '무엇이라는(what is) 서술'과 '무엇이어야 한다(what ought to be)는 규정' 간에는 건널 수 없는 간격이 있다는 주장에 정면으로 배치되는 것이다. 이러한 간격이 존재한다는 것은 1739년 발간된 데이비드 흄David

---

[40] 여기서 지적하고 있는 것은 윤리학에서 매우 중요한 주제로 다루어지는 사실/가치의 구분에 관한 문제이다. 싱어는 사실에서 가치는 도출될 수 없다는 입장을 취하고 있으며, 대부분의 윤리학자들 또한 이러한 입장에 동의하고 있다.

Hume[41]의 『인성론*Treatise of Human Nature*』에서의 잘 알려진 다음과 같은 구절에서 최초로 지적된 바 있다.

> 나는 이와 같은 추론에 어떤 중요성을 갖는다고 판단되는 관찰을 첨가하지 않을 수 없다. 내가 알고 있는 도덕 체계는 그 어느 것이건, 그 저자가 얼마 동안 일상적인 추론 방법을 사용해 나가다가 결국에 가서 신의 존재를 입증하거나 인간사人間事에 관한 소견을 내세운다. 그런데 나는 그러한 주장들이 모두 '~이다'와 '~가 아니다'라는 일상적인 연사連辭로 명제를 맺지 않고 갑자기 '~해야 한다', '~해서는 안 된다'로 끝맺고 있다는 것을 보고 매우 놀라게 된다. 이는 알아차리기 어렵지만 매우 중요한 변화이다. 왜냐하면 그와 같은 '~해야 한다', '~해서는 안 된다'는 어떤 새로운 관계 또는 단언을 나타내는 것이기에 제대로 관찰 설명되어야 하며, 동시에 그와 같은 새로운 관계가 전적으로 다른 관계로부터 어떻게 연역되는지에 대한 이유(이는 거의 알아차리기 힘든데)가 제시되어야 하기 때문이다.

다음은 흄이 염두에 두고 있던 것과 유사한 추론의 한 사례이다. 첫째, 우리의 저자는 '인간사人間事를 관찰한다.'

> 사람들 중 일부만이 성性적인 재생산이라는 분해 행동(dissolving action)의 진

---

41 다원주의와 흄의 유사성으로 루스는 다음과 같은 것들을 들고 있다.
- 도덕성이 전적으로 인간 본성의 기능이라고 생각한다.
- 하지만 도덕적 감정을 단순한 느낌과는 다른 것으로 파악한다. 여기에는 의무감이 동반되며, 이것이 우리에게 동기를 부여한다.
- 가까움의 정도가 멀어짐에 따라 도덕적 의무감의 강도 또한 점차 약해진다.

M. Ruse, *Taking Darwinism Seriously*(Basil Blackwell, 1986), 266-272쪽 참조.

정한 결과를 인식하고 있으며, 이와 더불어 자손의 '계보(lines)'가 별다른 중요성을 갖지 않는다는 것을 깨닫고 있다. 한 개체의 DNA는 주어진 세대의 모든 조상들의 동등한 공헌으로 만들어졌으며, 이는 미래의 모든 후손들에게 동일하게 나누어지게 될 것이다…… 한 개체는 이러한 풀로부터 도출된 유전자들의 덧없는 조합에 불과하며, 유전자는 다시 풀로 되돌아가 분해된다.

이로부터 우리의 저자는 "공동 풀이라는 형식 안에서 인간 유전자의 생존은 매우 중요하다"는 결론을 도출해낸다. 이는 분명 가치가 개입된 결론이다. 비록 그가 '~해야 한다' 또는 '~해서는 안 된다'는 말을 사용하여 결론을 내리고 있진 않지만, 그의 결론은 '공동 풀 형식으로서의 인간 유전자의 생존이라는 가치를 매우 중요하게 받아들이고, 인간 유전자의 생존을 위협하는 것은 그 무엇도 해선 안 된다'에서 도출되고 있다.

여기서 우리의 저자란 말할 것도 없이 에드워드 윌슨이며, 위의 구절은 『인간 본성에 대하여』에서 인용한 것이다. 여기서 우리가 제기해야 할 질문은 다음과 같다. "사실과 가치 사이에는 진정으로 건널 수 없는 간극이 있는가? 만약 그렇다면 생물학에서 윤리적 전제를 도출하려는 윌슨 및 그 외의 사람들이 양자의 간극을 불법적으로 슬그머니 넘어선 것은 아닌가?"

내가 생각하기에 이러한 질문에 대한 대답은 '그렇다'이다. 사실에서 가치로 넘어가는 오류[42]—이는 자연주의적 오류(이는 엄격히 말해 단순히 사실에서 가치를 연역해내는 데서 발생하는 오류라기보다는 사실을 통해 가치를 정의하는 데서 야기되는 오류라 할 수 있다)라고도 불린다—는 파악하기에 어렵지 않다. 가치는 행위를 하는 이유(reason for action)를 제공해 주어야 한다. 가령 일단 당신이 청중들을 설득했고, 이에 따라 청중들 스스로가 인간 유전자 풀의 생존을 위협해서는 안 된다고 생각할 이유를 갖지 않는 이상, 인간 유전자 풀의 생존이 매우 중요한 가치를 갖는다고 사람들을 설득하는 것은 별다른 효과를 발휘하지 못한다. "인간 유전자 풀의 생존이 매우 중요하다는 것을 인정한다. 하지만 나는 인간 유전자 풀의 생존 여부에 대해서는 과거와 다름없이 계속 관심을 기울이지 않을 것이다"라고 누군가가 말한다면, 우리는 그가 실질적으로(really)는 인간 유전자 풀의 생존 가치를 인정하지 않았다고 말할 수 있을 것이다. 그 사람은 그저 관습적으로 용인된 견해를 큰 소리로 읊어댄 것에 지나지 않는다. 만약 무엇인가를 행하는 데 어떤 가치를 갖는다는 것이 아무런 영향력을 행사하지 않는다면 가치는 그 중요성을 상실하게 될 것이다.

이제 사실에 대해 생각해 보자. 사실 그 자체는 행위를 하는 이유를 제공하지 않는다. 물론 현명한 결정을 내리기 위해서는 사실의 도움이 필요하다. 하지만 사실이 아무리 많이 쌓인다고 하더라도 그것을 통해 결정을 내릴 수는 없다. 설령 사실들이 많이 축적된다고 해도 그것은 내가 가치를 받아들이는 데 도움을 주지 못하며, 또한 내가 무엇을 해야 하는가에 대한 결론을 수용하는 데도 영향을 줄 수가 없다.[43]

이를 구체적인 사례를 통해 다시 살펴보도록 하자. 내가 동인도에 위치하고 있는 밸로드Valod의 부족민들을 돕기 위해 지원 기관에 500달

---

[42] 무어가 주장한 '자연주의적 오류'는 그 자체 논의의 여지가 없지 않으나, 흔히 1) 정의할 수 없는 '좋음'을 정의하려고 하며, 2) 비자연적인 성질인 '좋음'을 자연적인 성질과 혼동하는 데서 비롯된 오류를 말한다. 그런데 여기에서는 무어의 윤리 이론적 의미에서의 오류를 지칭하고 있기보다는 인간이 무엇을 바라고 있는가에 대한 심리학적 서술에서 인간은 마땅히 무엇을 바라야만 하는가라는 윤리적 당위를 이끌어낼 수 없다는 상식적인 의미에서 '자연주의적 오류'라는 용어를 사용하고 있다.

러를 기증하려는 생각을 가지고 있다고 가정해 보자. 밸로드 부족민들은 가난하고 경제적으로 후진성을 면치 못하는 사람들로, 조그맣고 건조한 땅덩어리에서 가장 원시적인 농법으로 삶을 꾸려 가는 사람들이다. 그들의 출산율은 높으며 유아 사망률도 높다. 부족민들은 기후가 좋지 않은 해에는 기아에 허덕인다. 조금 나은 해에도 역시 영양실조로 인해 아이들의 성장 발육이 지체되며, 이와 더불어 면역 기능의 약화가 초래된다. 사람들의 자발적인 기부로 운영되는 원조 기관은 신중하게 원조 계획을 세운다. 그리하여 관개가 이루어지고, 좀 더 나은 농법이 도입되며, 이러한 노력의 결과로 결국 밸로드 사람들이 건강하게 삶을 유지할 정도로 넉넉한 양의 곡식이 재배될 수 있게 된다. 또한 원조기관은 사람들의 의료적 관심을 개선하고 가족계획—밸로드 공동체가 지지하는—을 도입하여 인구 성장이 식량 공급의 증진을 추월할 수 없도록 조치를 취한다. 비록 모든 지원 계획에는 생각하지 못한 부분들이 있게 마련이지만, 방금 언급한 계획은 사려 깊고 지혜로운 인간이 고안해낼 수 있는 최선의 방법이라 할 수 있을 것이다.

그런데 나는 500달러를 가지고 다른 것들을 할 수 있다. 가령 나는 새 옷을 많이 사 입을 수 있으며 오디오를 마련할 수도 있다. 500달러는 나의 가족과 내가 휴일을 요긴하게 보내는 데 도움을 줄 수 있다.

---

43 가령 북한 어린이, 아프리카 난민 등 각종 어려움을 겪고 있는 수많은 사람들에 대한 정보를 입수했다고 하더라도, '인간 생명의 소중함'이라든가 '이 세상의 고통을 극소화하는 데 힘써야 한다'는 등의 가치를 내면화하고 있지 않다면 우리는 그들을 도울 결정을 내리지 않을 것이다. 역으로 고통받는 사람들의 어려움은 내 탓이 아니며, 심지어 그들에게 고통을 가중시켜야 한다는 가치를 내면화하고 있는 사람들이 있다면 그들은 어려움을 겪고 있는 자들에게 더욱 고통을 주려고 노력하게 될 것이다. 정보를 통해 어떤 행동을 하게 되는 것은 이처럼 가치의 지시로 인한 것이며, 어떤 가치를 소유하지 않는다면 사실에 대한 정보를 아무리 많이 확보해도 우리의 행동은 전혀 영향을 받지 않을 것이다.

또한 나는 500달러를 저금할 수도 있다. 나의 자녀들은 어느 날 내가 저금해 둔 사실을 틀림없이 알게 될 것이며, 그들은 이를 유용하게 사용할 것이다. 물론 나와 가족들의 욕구는 밸로드 부족민들의 그것만큼 긴급성을 띠지 않는다. 우리는 이미 어느 정도의 안락함을 누리고 있다. 만약 나의 돈이 밸로드에 전해진다면, 그것은 그곳 사람들의 고통을 경감하고 행복을 증진시키는 데 도움을 줄 것이다. 반면 그 돈이 나와 가족을 위해 쓰인다면, 그것은 나와 가족의 행복을 증진시키는 데 보탬이 될 것이다.

이상은 돈으로 무엇을 해야 할 것인가를 생각해 볼 경우에 내 마음을 스쳐 지나는 몇 가지 사실에 관한 선택지들이다. 그런데 이러한 사실들이 문제를 해결해 주는 것은 분명 아니다. 사실들은 그저 나에게 어떤 선택지가 있는가를 알려줄 뿐이다. 반면 여러 선택지들 중에서 무엇을 선택할 것인가에는 나의 가치가 반영된다.[44] 사실은 내가 가치가 있다고 여기는 것에 대해 말해 주는 바가 없다. 사실은 내가 나와 가족들의 잉여적 안락과 사치보다 인도의 생면부지의 사람들을 돕는 것을 더욱 가치 있게 생각하는지의 여부를 알려주지 않는 다. 이렇게 볼 때 사실과 가치의 간극은 '사실'이 선택 명령을 내릴 수 없다는 데서 생겨난다고 할 수 있을 것이다.

사실을 더 많이 알게 됨으로써, 또는 상이한 사실을 더 많이 알게 됨으로써 양자의 간격을 메울 수 있을까? 사회생물학자들이 중요하다고

---

[44] 나는 주어진 상황에서의 여러 선택지 중에서 선택을 해야 한다. 가령 나는 친구들과 함께 등산을 하며 주말을 보낼 수 있으며, 공부, 연애, 낮잠 등으로 주말을 보낼 수도 있다. 또한 봉사활동이나 기타 어려움을 겪는 사람들의 곤란을 덜어 주기 위해 주말을 보낼 수도 있는데, 이와 같은 여러 선택지 중에서 선택을 할 경우에 개입되는 것은 어떤 사실에 관한 정보가 아니라 나의 가치관이다.

생각하는 사실들은 양자의 틈을 좁힐 수 있을까? 다시 말해 진화 이론과 더불어 생물학적 유기체로서의 인간 본성에 관한 사실, 이타성의 유전적 토대, 그리고 우리의 정서를 산출하는 뇌의 시상하부와 대뇌변연계 체계에 대한 사실이 사실과 가치의 틈을 메우는 데 도움을 줄 수 있을까?

사회생물학자들이 지적한 대로 우리는 진화를 거친 생물학적 유기체이고, 뇌와 정서는 진화를 통한 적응을 반영하며, 이러한 적응으로 말미암아 우리는 살아남을 수 있었다. 한편 가치와 윤리 체계는 우리의 진화된 본성의 산물이다. 그런데 이것이 사실이라면 생물학적·생리학적 지식이 발전해감에 따라 우리의 생물학적 본성에 내재되어 있는 윤리적 전제들이 드러나게 되고, 그리하여 사실과 가치의 간격이 메워지는 것은 아닐까?

이에 대해 간단히 답하자면 '그렇지 않다'이다. 어떠한 과학도 우리의 생물학적 본성에 내재된 윤리적 전제를 발견할 수 없을 것이다. 윤리적 전제는 과학적 탐구를 통해 발견되는 것이 아니다. 윤리적 전제들은 생물학적 본성에서 발견되는 것이 아니며, 양배추 밑에서 발견되는 것 또한 아니다. 우리는 단지 윤리적 전제들을 선택할 수 있을 따름이다. 앞의 예로 되돌아가서 내가 500달러를 어디에 쓸 것인가를 생각해 보고 있는데, 누군가가 진화는 오로지 자신의 생존에 도움을 주는 유전자만을 선택하며, 이에 따라 당신의 유전자가 모르는 사람에게 이타적 행위를 하려는 경향을 갖게 하지 않았을 것이라고 말했다고 가정해 보자. 하지만 나 또한 내 자신과 가족을 돌보도록 하는 유전자를 지니고 있으며, 진화에 관한 이러한 설명이 갖는 설득력에 아무런 하자가 없다고 생각해 보자. 이때 내가 전해들은 정보가 나의 결정에 영향력을 행사해야 하는가? 내가 즉각적으로 "그래? 그렇다면 인도 사람들에겐 안 된 일이지만, 유전적으로 볼 때 나의 이타성은 나의 혈연에게 한정되어 있으니 돈을 가족 휴가에 써야겠다"라고 말해야 하는 것일까? 물론 아니다. 나의 유전자에 대한 정보는 문제 해결에 아무런 도움도 주지 않는다. 왜냐하면 결정을 내리는 것은 유전자가 아니라 바로 '나'이기 때문이다.

사회생물학자는 이러한 답변이 윤리를 비과학적인 방식으로 바라보는 것이며, 억지를 쓰는 것이라고 반박할 것이다. 그들에 따르면 의사 결정하는 '나'를 강조하는 것은 '나'가—다른 생물과는 달리—과학적 탐구에 개방되어 있지 않은 신비스러운 실체임을 은연중에 드러내는 것이다. 그들은 계속해서 다음과 같이 주장할 것이다. "하지만 우리는 다른 생명체와 마찬가지로 인간 또한 생물학적 본성에 지배되고 있음을 알게 되었으며, 바야흐로 어떻게 인간의 가치가 시상하부와 변연계 체계의 활동에 영향을 받고 있는가에 대해 알게 되는 시점에 이르렀다. 생물학적 유기체에 유용한 가치만이 윤리적 가치이고, 여러 가치들 사이에서의 선택은 생물학적 유기체가 하는 것이다. 따라서 원리적으로 볼 때 모든 가치와 선택은 생물과학으로 설명이 가능하다." 물론 조심스런 사회생물학자는 다음과 같이 덧붙일 것이다. 인간이 갖는 가치의 생물학적 기초에 관한 지식은 아직도 불완전하다. 하지만 그 틈새는 꾸준히 메워지고 있다. 시간이 주어진다면 "윤리와 도덕철학자들이 남김없이 설명될 날이 올 것이다. 그때 가서는 정서적인, 주관적인, 그리고 임의적인 선택에 근거하여 윤리적 결정이 이루어지지 않게 될 것이다. 그와 같은 과정을 거쳐 윤리적 결정은 탄탄한 과학적 토대를 갖게 될 것이다."

이와 같이 반박하는 사람은 여전히 사실과 가치의 구분이 갖는 특성을 오해하고 있다. 여기서 문제는 가치를 설명하는(explaining) 것이 아니다. 윌슨은 롤스의 『정의론』을 비판하고 있는데, 그 이유는 "그의 이론이 인간 존재에 대한 설명이나 예측을 담지하지 못하기 때문"이라는 것이다. 이는 윤리와 도덕철학자들의 역할에 대한 깊은 오해에서 비롯된 비판이다. 롤스나 다른 어떤 현대의 도덕철학자들도 인간 행위를 설명 또는 예측하려고 하지 않는다. 만약 설명이나 예측해야 하는 임무를 가지고 있는 사람들이 있다면 그들은 과학자이지 철학자가 아니다. 그리고 우리는 전과 다름없이 무엇을 해야 할 것인가를 골똘히 생각하는 도덕철학자를 필요로 할 것이다. 물론 과학과 철학의 경계가 항상 오늘날과 같이 나누어졌던 것은 아니다.[45] 가령 데이비드 흄과 같은 철학자는 인간의 행위를 설명하고자 했던 철학자로 분류될 수 있을 것이다. 반면 임마누엘 칸트는 도덕적인 선善—즉 자기 이익을 떠난, 오직 의무를 위한 행위—에 대한 자신의 개념이 경험이나 인간 행위를 관찰함으로써 발견되는 것이 아님을 분명하게 밝히고 있다. 그는 심지어 "지금까지 세상에서 그러한 행위 사례가 발견되지 않았을" 수도 있다고 생각한다. 하지만 그는 우리의 이성이 여전히 도덕적으로 선한 행위를 하라는 명령을 내리고 있다고 믿고 있다. 물론 다른 곳에서와 비슷하게 여기에서도 칸트가 극단적인 입장을 취하고 있다고 말할 수

---

[45] M. 루스는 과학과 철학의 관계가 밀접하다는 주장을 하면서 다음과 같은 논거를 들고 있다.
- 과학이 철학에 대한 비판적인 역할을 하여 특정 철학적 주제가 지지될 수 없음을 밝히는 데 이용되는 경우가 있다.
- 과학이 철학에 도입되어 종국에는 철학의 역할을 대행하는 경우도 있다.
- 물론 이와 반대의 경우도 있다.
- 과학 혁명(코페르니쿠스, 뉴턴, 다윈 등에 의한)이 철학에 미친 중요성은 말할 나위조차 없다.

M. Ruse, *Taking Darwinism Seriously*(Basil Blackwell, 1986), 273-279쪽 참조.

도 있을 것이다. 하지만 칸트와 같은 입장이 적어도 가능하다는 것은 설명(explaining)과 예측(predicting)이 규정(prescribing)과 정당화(justifying)와 얼마나 멀리 떨어져 있는가를 보여 준다. 그리고 양자는 바로 사실과 가치의 차이인 것이다.

  과학은 설명을 추구한다. 이것이 성공을 거두면 우리는 미래를 예측할 수 있다. 이에 반해 이 장 맨 앞에서 아인슈타인이 밝힌 것처럼 윤리는 명령(directives)으로 이루어져 있다. 우리는 명령을 통해 무엇을 해야 할 것인가에 대한 충고나 지침을 파악한다. 사실은 그 자체로는 그 무엇도 명령하지 않는다. 사실은 우리가 무엇을 해야 할 것인가에 대해 중립적이다. 철학자들이 애용하는 사례를 든다면, 황소가 돌진한다는 사실이 그 자체로 "뛰어!"라는 명령을 함축하고 있지는 않다. 즉 권고가 뒤따르게 하려면 나에게 살고자 하는 욕구가 있다는 배경이 미리 전제되어야만 하는 것이다. 만약 보험회사가 사고로 처리하게 할 목적으로 자살을 의도하고 있다면 이상과 같은 상황에서 뛰라는 명령을 내리지 않을 것이다.

  이와 유사하게—인간 유전자 풀이 중요한 가치를 갖는다는 윌슨의 논의로 되돌아가서—한때 나의 DNA는 수없이 많은 사람들에게 분배되었으며, 미래에도 수많은 사람들에게 분배되리라는 사실 그 자체가 인간 유전자 풀의 생존에 내가 특별히 관심을 가져야 한다는 것을 함축하고 있지는 않다. 설령 나의 유전자가 광범위하게 확산된다고 하더라도 나는 스스로의 유전자의 운명에 철저하게 무관심할 수가 있다. 또한 자녀들과 손자와 손녀들은 내가 직접적으로 알고 있는 사랑하는 사람들이기 때문에 깊은 관심을 갖는 반면, 먼 후손들은 살아서 만나보지 못할 사람들이기 때문에 관심을 기울이지 않겠다는 입장을 취하는 것도 얼마든지 가능하다. 이와 같은 점을 고려해 볼 때 윌슨이 제시한 DNA 분배와 관련된 사실이 인간의 유전자 풀의 생존을 보장해야 할 자동적인 이유가 되는 것은 아니다. 윌슨과 같은 결론을 도출하기 위해서는 우리 또한 윌슨과 마찬가지로 모든 사람이 각자의 DNA의 미래에 대해서 염려하고 있다고 가정해야 한다. 만약 이처럼 염려하는 것이 사실이라면 —이는 이상한 가정으로 느껴지는데—그제야 비로소 우리들 스스로의 DNA의 생존을 주요 가치로 여기게 될 것이며, 윌슨의 논변이 사실로부터 새로운 가치를 도출하는 것이 아니라고 주장할 수 있게 될 것이다.

이상의 논의를 엄격한 논리적 명사^{名辭}로 나타내 볼 경우 윌슨이 오류를 범하고 있는 곳이 어디인지를 알아낼 수 있을 것이다. 윌슨은 다음과 같이 주장한다.

전제: 우리의 유전자는 공동의 풀에서 왔으며, 공동의 푸울로 되돌아갈 것이다.
결론: 따라서 공동의 유전자 풀을 위협하는 일은 그 무엇도 해선 안 된다.

윌슨의 결론은 가치어 '~해야 한다'를 포함하고 있음에 반해 그 전제는 가치어를 포함하고 있지 않다. 이는 그의 추론이 잘못되었음을 보여 준다. 즉 우리는 그의 전제를 받아들이면서 동시에 결론을 거부할 수 있는 것이다. 그의 논증에 논리적인 설득력을 부여하려면 그의 논증에 사실적 전제 외에 가치 전제를 첨가해야 한다. 가령 다음과 같은 논증은 건전하다.

첫 번째 전제: 우리의 유전자는 공동의 풀로부터 왔으며, 공동의 풀로 되돌아갈 것이다.

두 번째 전제: 유전자의 장구長久한 생존을 위협하는 일은 그 무엇도 해선 안 된다.

결론: 따라서 공동의 유전자 풀을 위협하는 일은 그 무엇도 해선 안 된다.

이 논증에서 전제를 받아들인다면 결론 또한 받아들여야 한다. 가치는 두 번째 전제에서 도입되었으며, 이에 따라 결론에서 나타나는 가치어 '해야 한다'는 정당하다. 하지만 우리는 두 번째 전제, 즉 가치 전제에 논의의 여지가 있음을 알 수 있다. 유전자의 장구한 생존에 저해되는 행위를 해서는 안 되는 이유는 무엇인가? 윌슨은 이와 같은 가치 전제에 대한 옹호 논의를 제시하고 있지 않으며, 그렇다고 그러한 가치 전제를 자명한 진리라고 말할 수도 없다.

사회생물학은 윤리에 대한 설명을 제공한다. 또한 사회생물학은 인간 사회가 윤리 체계를 갖는 이유가 무엇이며, 윤리 체계의 규칙 또는 '규범'이 같은 종 구성원을 살해하는 등의 행동을 금하고, 친족과 음식을 나눠먹는 등의 행동을 권장하는 이유가 무엇인가에 대한 이론을 제시한다. 이렇게 본다면 사회생물학의 설명은 윤리에 대한 인류학적 또는 사회학적 설명과 동일한 차원에 놓여 있다고 할 것이다. 앞의 장들에서 암시했던 바와 같이 나는 윤리의 기원과 발달에 대한 사회생물학적 설명에 어느 정도 설득력이 있다고 생각한다. 하지만 여기서 문제는 그것이 아니다. 여기서 문제는 과학적 설명이 도대체 윤리 자체에 함의하는 바가 무엇이냐이다. 이에 적절히 답하고자 한다면 사회생물학적 설명을 '무엇을 해야 하는가'에 대한 철학적 이론의 라이벌이라고 생각할 것이 아니라 인류학적 설명의 라이벌로 보아야 할 것이다. 자신들의 윤리에 대한 설명을 통해 '무엇을 해야 할 것인가'에 대해 말해줄 수 있다고 생각하는 사회생물학자들의 오해는 인류학자들의 오해에 비견된다. 즉 사회생물학자들의 오해는 "사회마다 갖추고 있는 도덕이 다양하다"는 사실 자체에 "모든 사람들이 스스로가 속한 사회의 규율에 따라야 한다"는 의미가 함축되어 있다고 생각하는 인류학자들의 오해에 비할 수 있는 것이다.[46] 그것이 인류학적 설명이건 사회생물학적 설명이건 그에 관계없이 윤리가 '무엇이냐'에 대한 설명은 우리가 '무엇을 해야 하는가'를 말해 줄 수 없다. 왜냐하면 나는 내가 속한 사회의 관례에 반드시 따를 필요는 없으며, 나의 유전자의 생존을 고취해야 하는 것 또한 아니기 때문이다.

과학적 설명과 윤리적 결정의 차이는 이른바 관점(standpoints)의 차이라고도 할 수 있다. 관찰자(observer)의 관점은 참여자(participant)의 관점과 다르다. 과학자로서의 나는 해외 원조 기구에 돈을 기부할 것인지, 혹은 자기와 가족들을 위해 돈을 쓸 것인지에 대해 고민하는 수없이 많은 사람들을 관찰했을 수 있다. 나는 이러한 상황에서 모든 자료에 부합하는, 사람들이 내리는 선택에 대한 훌륭한 이론을 갖추고 있을 수 있다. 하지만 누군가가 내게 당신 가족들을 위해 돈을 쓰는 대신 그것을 해외 원조에 쓸 것이냐고 묻는다고 가정해 보자. 이때 나는 가지고 있는 이론과 자료만으로는 무엇을 해야 할 것인가를 결정할 수가 없다. 바꾸어 말해 이론과 자료는 갈등 상황에서 사람들이 '무엇을 하

---

[46] 상대주의 비판을 보려면 제4장의 10번 주석을 볼 것.

는가(What people do)'에 대한 이론일 뿐, 그들이 '무엇을 해야 하는가(What people should do)'에 대해서는 말해 주는 바가 없는 것이다.

의사 결정 과정에서 참여자(participant)가 될 능력이 있다는 것, 즉 반성하고 선택할 수 있는 능력이 있다는 것은 인간의 본성에 관한 사실이며, 이는 대뇌 변연계의 체계가 정서에 영향을 미치고 있는 것을 사실이라고 하는 것과 다를 바 없다. 그런데 선택 능력이 있다는 것을 명백한 사실로 인식한다고 해서 그것이 과학적 관점으로부터의 이탈을 의미하는 것은 아니다. 또한 선택 능력이 있음을 사실로 인정한다고 해서 그것이 '나' 또는 '자아' 내지 '의지'로 알려진 신비한 실체(모든 인과법칙을 넘어선 영역에서 선택하는)의 존재를 믿는다는 것을 뜻하는 것도 아니다. 선택 능력이 있다는 사실은 우리의 행위를 인과적으로 완전히 설명할 수 있다는 입장과 원칙적으로 양립 가능하다. 혹자는 우리가 어떻게 선택할 것인가를 어떤 관찰자가 예측할 수 있다면, 그것이 곧 우리의 선택 능력에 대한 믿음이 환영이었음을 보여 주는 것이라 말한다. 하지만 이는 잘못된 생각이며, 우리는 여전히 참된 선택을 할 수 있다.[47] 가령 인간 행위에 대한 현재의 지식이 매우 제한되어 있어도, 우리는 잘 아는 친구가 어떤 선택—예측이 정확했음이 입증되었을 경우에, 친구가 참된 선택을 한 것이 아니라고 생각하지는 않기로 하고—을 할 것인가를 흔히 예측할 수 있다.

관찰자의 관점과 참여자의 관점은 구분을 피할 수 없다. 관찰자의 관점이 아무리 발전한다고 해도 그러한 발전이 참여자의 시점을 군더

---

[47] 윌슨은 마음의 기초가 기계론적이라 할지라도 인간의 마음과 행위를 예측할 능력이 있는 존재는 없으며, 그런 의미에서 인간은 자유의지를 갖는다고 할 수도 있다고 말한다. E. Wilson, *On Human Nature*(Harvard Univ. Press, 1978), 71-72쪽.

더기로 만들지는 못할 것이다. 가령 해외 원조 기구에 돈을 기부하는 선택에 관한 나의 이론이 매우 정확하고 완전하며, 이에 따라 나와 똑같은 사람이 어떻게 선택할지 예측할 수 있다고 하자. 내가 그의 선택을 예측할 수 있다고 해도 주체로서의 나는 **여전히** 선택을 해야 한다. 게다가 나의 선택이 나와 똑같은 사람이 무엇을 선택할 것인가를 예측하는 나의 이론과 정반대로 이루어질 수 있다는 것—**이러한 사실로 인해 이론이 반박되지 않고서도**—은 호기심을 자아내는 의미심장한 진리이다. 여기에서 드러나는 명백한 역설은 내가 **나의** 선택을 예측할 때, 내가 결정을 내리기 전에 그러한 예측을 모를 수 없다는 사실을 통해 설명이 가능하다.[48] 내가 다른 사람의 선택을 예측할 때, 나는 그가 나의 예측을 알지 못하게 할 수 있다. 하지만 내 경우는 예측에 대해 안다는 것이 나의 선택에 영향을 주게 된다. 가령 나는 나의 행위가 예측 가능하다는 이유로 인해 화가 날 수 있으며, 이에 따라 진정한 의미의 선택을 할 수 있다는 위안을 얻기 위해 반대되는 선택을 할 수가 있다. 물론 **외부로부터의** 관찰자도 이와 동일한 예측을 할 수 있다. 만약 나와 똑같은 사람이 주말을 신나게 보내기 위해 돈을 쓰리라는 것이 나의 원래의 예측이었다면, 내가 진정한 의미의 선택을 통해 위안을 얻으려

---

[48] 여기에서 싱어는 관찰자의 관점과 참여자의 관점을 구분하고, 이것이 과학적 설명과 윤리적 결정의 차이와 관련이 있다고 말하고 있다. 그에 따르면 관찰자의 관점은 과학의 특징 중 일부가 되는 '예측'을 가능케 한다. 반면 참여자로서의 나의 선택은 '예측'이 불가능하다. 왜냐하면 나의 선택에 대한 예측 자체가 나의 선택에 꼬리를 물고 영향을 줄 수 있기 때문이다. 가령 나의 모습을 줄곧 관찰한 사람이 있었다면 내가 이제껏 아침 6시에 일어났고, 오늘도 아침 6시에 일어날 것이라는 예측을 할 수 있을 것이다. 하지만 만약 내가 과거로부터 줄곧 6시에 일어났으므로 오늘도 6시에 일어날 것이라는 내 스스로에 대한 행동을 예측했다고 생각해 보자. 이때 나는 나의 행동이 예측될 수 있다는 것에 불만을 나타내며 고의적으로 5시 30분에 일어날 수가 있다. 또한 여기까지를 예측할 수 있다는 것이 불쾌하여 5시, 4시…… 등으로 옮겨가며 예측을 피할 수 있는 것이다. 이처럼 참여자의 관점을 갖는 윤리적 결정은 사실과는 달리 예측이 불가능하다.

한다는 사실을 아는 외부로부터의 관찰자는 내가 인도인들을 도와주기 위해 돈을 기부하리라고 예측할 것이다. 내가 이와 같은 외부 관찰자의 예측을 알고 있지 못하는 한, 그 예측의 정확성을 뒤집을 수 있는 것은 아무것도 없다. 하지만 내가 외부 관찰자의 예측을 듣게 되었다면 그러한 예측은 나의 선택에 또다시 영향을 주게 될 것이며, 나는 또 다시 반대로 선택하게 될 것이다. 그런데 이것마저도 예측이 되었고, 내가 그러한 새로운 예측을 알게 되었다면…… 이와 같은 식으로 무한히 흘러가게 될 것이다. 이제 문제의 핵심이 무엇인가가 분명해져야 한다. 나는 내 자신의 선택을 예측할 수 없다. 다른 어떤 사람도 나의 선택 부담을 덜어 줄 수 있는 방식으로 내 선택을 예측하여 내게 말해 줄 수 없다.[49] 설령 과학 이론을 통해 잘 뒷받침되고 있어도 나의 선택에 대한 예측은 내가 결정을 내릴 때 고려해야 할 또 한 가지 사실에 불과하다. 어떤 선택의 상황에서 나는 내가 알게 되는 나의 선택에 대한 모든 예측을 거부할 수 있다. 달리 주장하는 것은 스스로의 결정에 대한 책임을 회피하는 처사라 말할 수 있을 것이다.

---

[49] 반면 윌슨은 복잡한 측면이 있으나 적어도 이론적으로는 인간의 행동을 예측할 수 있다고 말한다. 단, 1) 현재의 기술로는 그것이 불가능하며, 2) 하이젠베르그가 아원자물리학에서 말하는 불확정성의 원리라는 측면에서 문제가 있다. 다시 말해, 관찰자가 행위자의 행위를 자세히 관찰하면 할수록 행위는 관찰 행위에 의해 변화되고, 행위의 의미 또한 관찰에 의존하게 된다는 것이다. 하지만 윌슨은 이러한 문제도 내부 신경계를 '동시에', 그리고 '멀리서' 기록할 수 있는 엄청난 기기가 출현한다면 어느 정도 극복할 수 있을 것이라고 말하고 있다. 3) 한편 윌슨은 인간의 경우 행위 과정이 매우 복잡하다는 문제가 있음을 지적하기도 한다. E. Wilson, *On Human Nature*(Harvard Univ. Press, 1978), 73쪽.

궁극적인 선택

진화론, 생물학, 과학 일반 중 궁극적인 윤리적 전제(ultimate premises of ethics)[50]를 제공할 수 있는 것은 없다. 윤리에 대한 생물학적 설명은 소극적인 역할, 즉 우리가 자명한 도덕적 진리로 간주하지만 사실상 진화론적으로 설명이 가능한 도덕적 직관을 재고해 보도록 하는 역할을 맡고 있음에 불과하다.[51] 이 책 서문에서 개괄적으로 언급한 바와 같이 종교의 힘을 빌려 적극적인 지침을 구할 수도 없다. 우리는 스스로가 궁극적인 윤리적 전제를 선택해야 한다. 그렇다면 선택 외에 더 추가될 것이 있는가? 우리가 윤리적 전제들을 선택(choose)해야 한다는 데 동의하는 실존주의 철학자들은 선택 외에 더 이상 필요한 것이 없다고 단언한다. 실존주의 철학자들은 단순히 '본성을 따르는' 데 얽매여 있지 않는 태도—이를 실존주의자들은 "실존은 본질에 앞선다"고 다소 애매하게 표현했다—가 선택의 자유를 의미한다고 주장하면서, 궁극적 가치에 대한 선택은 '신념의 도약'이라는 실천이며, 이와 같은 선택은 어떠한 합리적 평가도 넘어서며, 그리하여 궁극적으로 볼 때 임의적이라고 밝히고 있다.[52] 그런데 이와 같은 결론은 자포자기적인 냄새

---

[50] 윤리의 궁극적 전제란 페이턴(H. J. Paton)이 말하는 윤리 원리, 또는 해리스(C. E. Harris)의 윤리 규준을 말한다. 페이턴의 구분에 관해서는 제4장의 35번 주석을 참조할 것.
[51] 우리가 생물학을 통해 적극적으로 어떤 윤리적 원리를 도출할 수는 없고, 다만 몇몇 윤리적 원리를 포함한 윤리적 문제들을 생물학적으로 규명하여 이의 설득력을 재고하게 할 수는 있다는 뜻.
[52] 실존주의 철학이 가지고 있는 몇 가지 문제점 중 하나는 그것이 자칫 주관주의로 빠질 수 있다는 점이다. 실존주의는 자유로운 결단을 강조한다. 실존적 자유는 자기 존재의 가능성을 선택하는 것이며, 결단과 자기 존재는 동일한 것이라고 본다. 이때 자유란 이것이든 저것이든 아무것이나 선택한다는 뜻이 아니라 자기 존재가 실현될 수 있는 자유를 가리킨다. 하지만 이때 무엇을 결단해야 하는가에 대해서는 아무것도 가르쳐 주는 바가 없으며, 이에 따라 실존주의는 무엇이든 옳을 수 있는 주관주의로 빠져들 수가 있는 것이다.

가 난다. 왜냐하면 이러한 생각은 실존주의 철학자 하이데거Heidegger의 나치로 향하는 신념의 도약과, 또 다른 실존주의 철학자 사르트르Sartres의 나치에 대한 저항이 동등하게 정당화될 수 있음을 암시하고 있기 때문이다.

절망적이라고 생각될지 모르겠지만 위에서 살펴본 바와 같은 유형의 윤리적 주관주의는 윤리적 논쟁이 갖는 한계를 극명하게 보여 주고 있을 수 있다. 윤리 원리에 대한 생물학적·문화적 설명의 폭로 효과가 갖는 문제점으로 들 수 있는 것은 그러한 설명으로 인해 너무 많은 것을 의문의 대상으로 생각하게 된다는 것이다. 만약 모든 윤리적 신념이 문화적·생물학적인 방법으로 설명될 수 있다면 윤리적 신념들은 모두 의심의 대상이 될 것이다. 하지만 우리가 윤리 원리들을 전혀 갖지 않는 삶을 영위할 수는 없다. 우리는 여전히 무엇을 해야 할 것인지를 결정해야 하며, 그러한 결정은 가치의 힘을 빌릴 수밖에 없다. 따라서 우리는 신뢰를 잃은 윤리 원리들 중 일부를 되살려내야 한다. 그런데 무슨 근거를 가지고 그렇게 할 수 있을까? 만약 근본적인 원리(최소한 하나라도)를 옹호하는 데 이용할 수 있는 이성적 요소가 윤리에 포함되어 있지 않다면 생물학적·문화적 설명이 임의로 사용됨으로써 우리는 심각한 도덕적 주관주의를 벗어나지 못하게 될 것이다. 어떤 특정한 윤리적 원리를 다른 윤리적 원리들보다 선호할 아무런 이유가 없다면, 이미 전부터 가지고 있던 원리들을 고수하는 편이 분명 나을 것이다. 그런데 한때 자명한 절대적 도덕이라고 생각했던 원리가 이제는 그렇지 않다고 판명되었다면 어떻게 해야 할까? 어떤 윤리적 원리가 이성적 토대에 의해 뒷받침되지 않는다면 그것을 다른 원리보다 낫다고 생각할 이유가 전혀 없다.[53] 궁극적인 윤리적 전제를 그 어느 곳에서도 도출할 수 없다고 가정해 보자. 이 경우 윤리적 전제들은 그 자체가 우리가 받아들이거나 거부하기로 선택하는 출발점이라 할 수 있다. 그런데 선택을 하는 데 아무런 근거가 없다면 궁극적으로 윤리는 비판에서 벗어난 주관적 판단에 의존하는 격이 될 것이다.

만약 생물학으로부터 윤리를 도출할 수 없다는 사실을 받아들인다면, 윌슨은 윤리적 주관주의에서 벗어날 수가 없게 된다. 그 이유는 윌슨이 모든 비생물학적(nonbiological) 윤리를 감정의 표출 결과에 지나지 않는다고 생각하기 때문이다. 그는 '선과 악의 기준을 직관하려는 윤리 철학자들'은 사실상 '정서 통제 중추'의 의견을 듣는 것이라고 말하고 있다. 그런데 윤리적 판단이 단지 우리 정서 통제 중추의 유출물에 지나지 않는다면, 어떤 음식에 대한 선호를 비판하는 것이 적절하지 못한 것과 마찬가지로 윤리적 판단에 대한 비판 또한 적절치 않다. 가령 우유를 섞은 차보다는 레몬을 넣은 차를 선호하는 것과 마찬가지로 사형에 대한 지지 또한 우리의 감정 표현에 지나지 않게 되고 마는 것이다.

그런데 윤리가 정서 표출에 불과하다고 생각하는 것 외에 또 다른 선택이 있을 수 있다. 윤리적 판단은 이성적 요소를 포함한다. 윌슨은

---

53 윤리가 감정적 요소만을 가지고 있다면 공약 불가능한 상황을 맞이할 수 있을 것이다. 가령 에이어(A. J. Ayer)는 윤리적 언사는 개념이 아니라 감정을 표현하는 기호라고 주장한다. 즉 윤리적 언사는 말하는 사람의 감정 표현과 듣는 사람의 감정 자극(일정한 행동에 대한 명령적 기능도 포함된)이라는 두 가지 기능을 가지고 있다는 것이다. 이와 같은 에이어의 견해를 받아들인다면, 만일 동일한 사실에 대해서 두 사람의 윤리적 판단이 다르다고 할지라도, 그 판단은 각기 자기의 주관적 감정의 표현 이상으로 다른 것이 아니기 때문에 어느 쪽이 옳고 그른지를 단정할 수가 없으며, 따라서 양자의 의견 차이는 결코 이론적으로 해결할 수 없게 된다. 이때 불일치를 일치에로 유도하기 위해서 우리에게 필요한 것은 객관적인 도덕적 가치 또는 규범인데, 싱어에 따르면 여기에는 이성적 요소가 포함되어야 하며, 바로 이와 같은 이성적 요소로 인하여 우리는 일치에 이를 수 있게 된다.

윤리를 생물학으로 흡수하고자 하는 열정 때문에 소크라테스, 플라톤, 아리스토텔레스, 스토아학파, 아퀴나스[54], 칸트, 시즈윅, 그리고 그 외의 여러 철학자들이 지지한 이성적 입장을 간과했다. 윤리에서 이성과 감정의 역할에 대한 논의는 고대 그리스 이래 서양 윤리 철학의 중심을 차지해 왔다. 하지만 윌슨은 아무런 논증 없이 이성이 윤리에서 중요한 역할을 담당하지 않는다고 가정하고 있다.

윤리적 전제를 선택한다고 하는 주장은 그 자체가 선택이 자의적임을 함축하지 않는다. 우리는 선택이 자의적임을 인정하기에 앞서 이성이 궁극적인 윤리적 선택에서 아무런 역할도 하지 못한다는 가정을 의심해 봐야 한다. 만약 그러한 가정이 잘못되었다면—만약 생물학 및 진화론과 더불어 이성 또한 윤리 발전에 중요한 요소라면—진화로부터 윤리적 전제를 도출해내려는 시도를 거부한다고 해서 윤리가 단순히 기호나 주관적 느낌의 문제임을 의미한다고 말할 수는 없을 것이다. 설령 윤리적 전제를 선택(select)한다고 해도 우리는 그것을 이성적으로 선택할 수 있을 것이다.[55]

다음 두 장에서는 인간 윤리의 발전에서 이성이 차지했던 역할에 대해 살펴볼 것이다. 내가 말하려는 내용 중 그 어떤 것도 우리가 생물학적·진화적 존재라는 지식과 상충되지 않는다. 하지만 제4장에서 그러한 지식은 일시적으로 배경으로 물러나게 될 것이다. 왜냐하면 우리의 이성 능력에 대한 논의가 바야흐로 무대의 중심을 차지할 것이기 때문

---

[54] 아퀴나스(1225?-1274): 중세 유럽의 스콜라 철학을 대표하는 이탈리아의 신학자.
[55] 싱어는 윤리적 기준에 따라서 살아간다는 것이 어떤 사람이 자신의 살아가고 있는 방식을 옹호하고, 그것의 근거를 제시하며, 정당화한다는 개념과 밀접히 관련되어 있다고 말하고 있다. 이는 이성이 전제되지 않으면 윤리적 기준에 맞추어 사는 것이 불가능하다는 의미를 담고 있다. 이성주의자로서의 싱어의 면모는 제4장에서 잘 드러날 것이다.

이다. 이성에 대한 강조가 철학자의 인간 본성에 대한 관념주의적 묘사의 전형이라고 비난하는 사람은 일단 사격을 중지하길 바란다. 제4장에서의 설명(이는 분명 일면성을 면치 못할 것인데)은 제5장과 제6장에서 보충될 것이다. 거기에서 우리는 고고하게 우뚝 서 있는 순수 이성으로부터 유전자 선택의 산물로서의 윤리, 그러면서도 이성적 사고 능력이 있는 존재를 위한 윤리를 살펴보는 데로 돌아가게 될 것이다.

제4장

이성

도덕 감정은 사람과 하등동물을 가르는 가장 훌륭하고 주요한 기준일지도 모른다. 하지만 이 문제에 대해서는 더 이상 언급할 필요가 없다고 생각한다. 왜냐하면 나는 아주 최근에 사회적 본능—인간이 가지고 있는 도덕적 구조의 제1원리—이 인간이 가지고 있는 활발한 지적 능력과 습관 효과의 도움을 받아 "남이 네게 해주어야 한다고 생각하는 바를 너도 똑같이 해주어라"는 황금률로 자연스럽게 이어지게 된다는 것을 보여 주고자 했기 때문이다. 바로 이러한 규율이 도덕성의 토대를 이루고 있다.
―찰스 다윈Charles Darwin, 『인류의 기원The Descent of Man』

…… 여러분은 내가 덕에 대해서, 또한 내가 나 스스로와 다른 사람들의 생각을 검토한다고 말하는 것들에 대해서 토론을 벌이는 것이 인간에게 최대의 선이라고 말해도 믿지 않을 것이오. 또한 여러분은 검토되지 않는 삶은 가치가 없다고 반복해서 이야기해 봐야 내 말에 귀를 기울이려 하지 않을 것이오. 하지만 나는 진실을 말하고 있소. 다만 당신들을 설득하기가 어려울 따름이오.
―소크라테스Socrates, 『플라톤의 변명Plato's Apology』 중에서

이성 능력은 예기치 못한 곳으로 우리를 이끌어 가는 특별한 종류의 능력이다. 싱어는 이를 에스컬레이터 올라타기에 비유한다. 그에 따르면 이성적 사고는 일단 걸음을 옮겨 놓으면 우리의 의지를 벗어나 어디까지 올라가게 될지 모르는 에스컬레이터에 올라타는 것과 유사하다.

수학의 발전은 이와 같은 이성의 발전을 잘 보여 주고 있다. 그리고 윤리의 발전 또한 수학과 유사하게 이루어졌다. 혈연 이타성과 호혜적 이타성을 갖추고 있던 초기 인류들은 두뇌의 발달에 따라 이성적 사고 능력을 획득하였고, 이와 더불어 언어와 반성 능력을 갖게 되었다. 이성 능력은 인간에게 획기적인 전환의 계기를 마련하여 주었다. 우리는 그러한 능력을 통해 진화와 유전에 기초한 관행들을 규칙과 계율 등의 체계로 전환시킬 수 있

었고, 마침내 우리만이 가지고 있는 도덕 체계가 탄생할 수 있었던 것이다.

싱어는 수천, 수만 년에 걸쳐서 이루어진 윤리의 변천 과정을 차례대로 추적해 간다. 우선 사람들은 이성 능력의 발전에 따라 승인이나 비난이라는 반응을 나타낼 수 있게 되었다. 이와 더불어 그들은 자신들의 판단에 대한 정당화 능력을 키울 수 있었고, 여기에서 공평 무사성의 개념이 나타나게 되었다고 싱어는 말하고 있다.

인류 역사상 최초의 윤리 체계는 관습 윤리일 것이다. 관습 윤리는 진화적·생물학적 요인에 기인한 이타성과 현대 윤리를 매개시켜 주는 역할을 했다. 관습은 그 사회가 집단적으로 승인하거나 거부하는 것의 축적물이며, 부족 사회에서는 '관습적이 아니다'가 '잘못되었다'라는 말과 동일한 의미로 쓰이는 경우가 많았다. 이와 같은 관습은 공적(公的)인 특성을 지니며, 개인적인 원한에 의해 사건을 처리하는 데서 최소한 몇 걸음 전진한 것이다. 하지만 이는 여전히 억압적 요소를 포함하는 등 적지 않은 문제점을 지니고 있었다.

한편 관습에 따른다는 것은 아무 생각 없이 기존의 질서에 따르는 것처럼 느껴지기도 한다. 물론 관습에도 특정한 사건을 일반 규칙의 기준으로 처리하는 경우처럼 이성적인 요소가 개입된다. 하지만 관습에서의 이성적 요소는 제한성을 벗어날 수가 없다. 관습에서의 이성적 사고는 관습에 비추어 어떠한 행동을 받아들일 수 있는지를 판단하는 데 쓰일 따름이다. 이성적 사고가 그와 같은 한계를 벗어나기까지는 좀 더 많은 시간이 흘러야 한다.

관습적 도덕에 대해 의혹을 품음으로써 발전이 이루어진 가장 훌륭한 사례는 소크라테스의 삶과 죽음에서 찾아볼 수 있다. 소크라테스는 기존의 제도와 관습 등에 의문을 제기하며 이성적 탐구를 진행해 나간다. 비록 소크라테스 개인은 불행하였지만 그로 인해 이성은 관습이라는 테두리에서 한 걸음 더 나아가게 되었다. 이러한 이성은 확장적인 특성과 더불어 보편화를 추구하며 자연스레 발전해 나간다. 물론 발전이 꾸준히, 지속적으로 이루어지지는 않았다. 하지만 제한된 범위를 벗어나지 못하던 이성은 어느 순간 도약하였으며, 이성의 발전은 언제 어디에서 끝을 맺게 될지 모르는 과정인 것이다.

싱어에 따르면 윤리에 포함되어 있는 이성적 사고는 어떤 권위나 관습을 부정하는 데만 자신의 역할을 제한하고 있지 않다. 우리는 이성적 사고를 통해 진보할 수 있으며, 이를 이용하여 공평무사한 관점, 나아가 윤리 원리를 모색하는 데까지 이르게 된다. 여기서 싱어는 "결정에 의해 영향을 받는 모든 사람들의 이익을 동등하게 고려해야 한다"를 윤리의 궁극적인 원리로 제시하고 있다. 그는 이를 '이익 동등 고려의 원리(The principle of impartial consideration of interests)'라고 부르는데, 이러한 원리는 나의 이익과 무관하게 객관적인 입장에서 윤리적 판단을 내리길 요구한다. 싱어는 자신이 제시하는 '이익 동등 고려 원리'를 이기주의 원리, 그리고 관례적 도덕 규칙을 포함한 비결과론적 윤리설과 비교하면서 상대적 우위를 확보하고자 한다.

비교적 상세한 논의 끝에 싱어는 자신의 공리주의 원리가 다른 원리들보다 훌륭한 원리임을 확인한다. 이와 같은 확인 작업이 끝난 후 그는 이성의 자율적 발전에 따른 윤리적 고려 대상의 범위 확장을 설명한다. 과거의 종족 도덕은 오직 종족 구성원들만으로 도덕적 고려의 범위를 제한했다. 그런데 그 후 고려의 대상은 종족이나 민족을 넘어 전 인류에 이르기까지 확장되었다. 냉정히, 그리고 객관적인 입장에서 생각해 볼 때 나의 이익은 다른 사람들의 이익보다 중요하지 않다. 또한 제3자적 입장에서 고려해 볼 때 나의 혈연의 이익이 다른 이웃들의 이익에 비해, 그리고 내가 속한 사회나 민족 또는 인종의 이익이 다른 사회, 민족, 인종의 이익보다 중요치 않다는 것을 알 수 있다. 여기에서 모든 인간을 동등하게 처우해야 한다는 결론이 도출된다. 그러면 윤리적 고려 범위가 인간만을 포함시키는 데서 멈추게 되는 것일까?

싱어는 그렇지 않다고 대답한다. 가족과 종족에서 국가와 인종으로 확대된 도덕적 고려 대상의 범위는 최근에 이르러 전 인류에게까지 확대되었고, 이제 바야흐로 동물마저도 도덕적인 고려 대상에 포함시키는 단계에 이르렀다. 여기서 이 책의 원제목이 '범위 확장(The Expanding Circle)'이라고 붙여진 이유가 밝혀진다. 즉 진화적·생물학적 요인으로 인해 과거 우리의 먼 조상이 가지고 있던 이타성이 관례적 도덕 단계를 거쳐 현대 윤리에 이르는 동안 도덕적 고려의 대상 범위는 혈연, 이웃, 민족, 국가, 인류 나아가 동물에 이르기

> 까지 점차적으로 확장되어 왔던 것이다.
>
> 싱어는 현재로서는 식물, 산과 바위, 강에 이르기까지 윤리적 고려의 대상 범위가 확장될 것 같지는 않다고 말한다. 왜냐하면 그것들은 아직까지 쾌고 감수 능력이 있는 존재(sentient creature)임이 밝혀지지 않았기 때문이다. 공리주의자로서의 싱어는 쾌고 감수 능력이라는 기준이 종이나 인종을 기준으로 나누어진 경계와는 달리 임의적인 경계가 아니라고 이야기한다. 물론 슈바이처Schweitzer와 레오폴드Leopold의 모든 존재에 대해 관심을 가져야 한다는 주장에도 일리가 없는 것은 아니다. 하지만 현재까지 알려진 바에 따르면 쾌고를 느끼지 못하는 존재에게는 고려해야 할 이익이 존재하지 않으며, 따라서 그것들은 도덕적 고려의 대상에서 제외된다. 이렇게 볼 때, 쾌고 감수 능력이 있는 존재에까지 도덕적 고려의 범위가 확장되면 도덕적 지평의 확대가 마침내 머나먼 여정에 종지부를 찍는다고 볼 수 있는 것이다.

진화의 맹목적인 발전은 여러 종들에게 이성적으로 사고할 수 있는 능력을 던져 주었다. 그런데 정상적인 인간의 이성적 사고 능력은 다른 종들의 능력을 크게 앞서 있다. 물론 이렇게 말한다고 해서 인간이 항상 이성적으로 사고한다는 것은 아니다. 이는 단지 이성적으로 사고할 수 있는 능력이 인간에게 있음을 말하는 데 지나지 않는다. 그런데 이성 능력이 어떻게 윤리의 발달에 영향을 미칠 수 있었을까?

이성의 본질

이성 능력은 어떤 특별한 종류의 능력이라고 할 수 있다. 이와 같이 말하는 이유는 이성 능력이 예기치 못했던 곳으로 우리를 이끌어 갈 수 있기 때문이다. 이성 능력은 가령 타자를 치는 능력(ability to type)과는 구분된다. 이 장의 기안을 만들면서 나는 이성 능력과 타자 능력을 동시에 사용하고 있다. 나의 타자 능력은 내가 생각한 바를 산출해낸다. 다시 말해 내가 목적으로 선택한 단어들이 나의 사고를 실어 타자 능력을 통해 타자기에 꼽혀 있는 종이에(어느 정도 내가 의도한 바대로) 나타나는 것이다. 반면 나의 이성 능력은 상대적으로 결과를 예측하기가 어렵다. 가령 건전하다고 생각했던 논증이 오류로 밝혀지는 경우가 있을 수 있으며, 내가 이전부터 견지해 왔던 입장을 버려야 하는 경우도 있을 수 있다. 또한 내가 완성할 수 없다고 생각한 계획을 포기해야 하는 경우도 있을 수 있다. 물론 문제가 긍정적인 방향으로 전환될 수도 있다. 가령 내가 이전에 간과했던 두 가지 문제들 간의 연관성을 파악하게 되는 경우가 있을 수 있고, 이전에는 믿지 못했던 바를 믿게 될 수도 있다. 이성적 사고를 시작한다는 것은 계속 위쪽을 향하다 결국에는 시야에서 사라져 버리는 에스컬레이터에 올라타는 것에 비유할 수 있다. 일단 첫 발걸음을 옮겨 놓으면 어디까지 여행하게 될 것인가는 우리의 의지를 벗어나며, 어디에서 멈추게 될 것인가를 미리 파악할 수도 없다.[1]

이와 같은 과정을 보여 주는 유명한 사례로 우리는 홉스[2]가 유클리드Euclid[3]의 추론 방식을 처음으로 접하게 되었을 때의 상황을 들 수 있을 것이다. 유클리드 추론 방식의 발견은 홉스 자신의 철학하는 방법에 커다란 영향을 주었다. 자초지종을 이야기하자면 다음과 같다. 홉스가 개인 서재에서 책을 탐독하고 있을 때였다. 그때 홉스는 47번째 정리가 적혀 있는 곳이 펼쳐져 있는 유클리드의 『기하학 원론Elements of

Geometry』 사본을 우연히 접하게 되었다. 결론을 읽으면서 홉스는 이것이 불가능하다고 생각했다. 그리하여 그는 이미 증명된 정리에 기초한 증명을 읽게 되었으며, 이를 읽고 난 후 그는 이미 증명된 정리를 읽어야 했다. 이는 그로 하여금 또 다른 증명을 읽게 하였으며, 이러한 과정은 그가 의심했던 정리가 거부할 수 없는 정리로부터 도출되었음이 분명하다는 것을 최종적으로 확인할 때까지 반복되었던 것이다.(그때 이후 홉스는 유클리드와 유사한 논증적 추론 기준을 자신의 작업에 적용하고자 했다. 하지만 유클리드가 기하학에서 이룬 업적을 정치철학에 적용시키는 것은 훨씬 어려운 작업이었다.)

또 다른 사례: 셈을 하는 능력은 인류 발달의 초기에 나타났음에 틀림없다. 물론 일부 동물에게도 셈을 할 수 있는 능력이 있다. 가령 비

---

1 이성에 대한 싱어의 견해는 포퍼(K. Popper)의 제3세계와 유사하다. 포퍼에 의하면 독립된 실재로서 세 개의 서로 다른 세계가 이 세상에 존재한다. 제1세계, 제2세계, 제3세계가 그것이다. 이들 세 가지 서로 다른 세계는 다음과 같이 구별된다.
   • 제1세계: 물리적 대상세계를 말한다.
   • 제2세계: 우리의 정신세계, 의식세계를 가리킨다.
   • 제3세계: 이는 사고의 산물로, 인식의 도구인 언어로 표현된 세계를 의미한다. 여기에는 우리 사고의 객관적 내용물이라고 할 수 있는 명제, 언명, 이론, 논증들과 책, 전문잡지, 도서관의 장서 등이 속해 있다. 포퍼에 의하면 제3세계는 인간의 손에 의해 만들어진 산물이다. 그러나 일단 인간에 의해 만들어진 제3세계는 그 스스로 어떤 의도되지 않은 문제들을 계속 산출해냄으로써 자신의 독자적인 자율성을 보여 주게 된다. 다시 말해 제3세계는 인간적 산물임에도 불구하고 자율적이다. 가령 자연수는 우리 인간이 만들어냈다. 그러나 인간에 의해 만들어진 자연수는 그 스스로 독자적인 문제들을 창출해낸다. 짝수와 홀수의 구분, 그리고 소수의 문제는 우리가 만들어낸 것이 아니다. 이들은 자연수라는 우리의 창조물에서 자연스럽게 유도되어 나온 전혀 의도되지 않았던 부산물이다. 제3세계에 대해서는 포퍼의 *Objective Knowledge*(Clarendon Press, 1979), 3-4장을 참고할 것.
2 홉스(1588-1679): 영국의 철학자. 그에 따르면 인간은 본래 이기적이어서 '자연 상태'에서는 아무것도 금할 수 없고, 개인의 힘이 곧 권리이다. 이처럼 모든 사람이 자기 이익만을 끝까지 추구하는 자연 상태에서는 '만인의 만인에 대한 투쟁'만이 있을 뿐이다. 그러므로 각자의 이익을 위해서 사람들은 계약을 통해 국가를 만들어 '자연권'을 제한하고, 국가를 대표하는 의지에 자연권을 양도하여 복종한다. 그의 주저는 『리바이어던』이고, 이 밖에 『자연법과 국가의 원리』 (1640) 등이 있다.
3 유클리드: 기원전 300년경에 활약한 그리스의 수학자. 그리스 기하학, 즉 '유클리드 기하학'의 대성자이다.

비원숭이는 네 명의 사냥꾼이 덤불로 들어갔는데 세 명만이 그곳에서 빠져 나왔다면 그 근처에 가려 하지 않는다고 한다. 그 이유는 누군가가 그곳에 여전히 남아 있다는 사실을 알고 있기 때문이라는 것이다. 하지만 그보다 많은 사람들이 덤불로 들어가서 한 명만 빼고 나머지는 다 빠져 나올 경우 원숭이들은 속아 버린다. 즉 비비원숭이들은 셈을 하되 능숙하게 하지는 못하는 것이다. 하지만 원숭이들의 서툰 셈 능력에 대한 보고가 사실이라고 할지라도 그들에게 셈을 하는 능력은 실용적인 가치를 지닌다. 그리하여 약간이라도 셈을 할 줄 아는 비비원숭이는 그보다 셈을 못하는 원숭이가 절멸했을 경우에도 생존할 수 있게 된다. 우리 조상들 또한 셈을 하는 능력으로 인해 원숭이들과 유사한 혜택을 누리게 되었을 것이다. 인간 종은 모두 수를 사용한다. 사람들은 글쓰기가 나타나기 훨씬 전부터 막대기에다가 눈금을 새기거나 실에다 조개를 꿰는 방식 등을 통해 자신들이 셈을 한 것에 대한 영구적인 기록을 만들어냈다. 그런데 그들은 엄격한 논리적 단계들을 밟아 제곱근, 소수素數, 그리고 미분으로 이어지게 되는 이성적 사고의 에스컬레이터에 자신들이 올라타게 되었다는 사실을 인식하지 못했다. 그럼에도 사실상 그들은 그러한 에스컬레이터에 올라탔던 것이다. 어떤 장소에서 언제 수학적 발전이 이루어지게 되었는지는 수많은 역사적 요인에 좌우된다. 하지만 발전 그 자체는 수를 사용함으로써 나타난 논리적 결과에 해당한다. 우리는 셈을 배우기 시작하면 조만간에 더하기와 빼기를 배우게 된다. 다음으로 그물에 담겨져 있는 나무 열매를 배분하면서 나누기를 배운다. 그리고 나누기가 정확히 이루어지지 않을 때 분수를 발견하게 된다. 그 외에 지면地面 측정을 통해 기하학을 배우게 되며, 피타고라스Pythagoras와 같이 직각 삼각형의 사변斜邊의

길이를 계산하려다가 제곱근을 통해 저 수수께끼 같은 무리수(가령 자신을 제곱하였을 때 2가 되는 수)를 알게 된다. 이와 같이 장황하게 이야기했어도 고등수학을 언급하려면 아직도 갈 길이 멀다. 하지만 이 정도만으로도 현실 생활에서 활용되는 가장 기초적인 셈으로부터 일상인들의 실제적 필요에서 벗어난 단계로 진보해 나가는 특징을 보여 주기엔 충분하다. 인간이 추론 능력과 계산 능력을 갖추고 있다는 것은 틀림없는 사실이다. 왜냐하면 진화를 이루기 위한 생존 경쟁에서 추론과 계산 능력을 갖게 하는 유전자를 포함하고 있는 일련의 유전자들은 그러한 유전자를 포함하고 있지 않은 유전자들에 비해 생존할 가능성이 더 높은 듯이 보이기 때문이다. 그런데 일단 그와 같은 능력이 나타나면 수학의 발달은 유전자뿐만 아니라 수 개념이 갖추고 있는 고유한 논리를 통해서도 설명이 가능하게 된다.

  그런데 수학 발전에 대한 위에서의 설명과 윤리 발전에 대한 설명 사이에는 어떤 유사점이 있는 것일까? 이성에 대해 이 장에서 언급한 견해와 이타성의 기원에 대한 이론을 조화시켜 윤리의 기원과 본질에 관한 합당한 이론을 만들어낼 수 있을까? 다음에서는 바로 그 가능성을 모색해 보고자 한다. 윤리의 기원과 본질에 관한 여타의 이론들과 마찬가지로 나의 설명 또한 엄격한 증거가 결여된 사색을 담고 있다. 즉 우리는 아무런 역사적 기록도 없는 인간 발달 단계를 고찰하는 것이다. 더군다나 관념은 화석마저 남기지 않는다. 그럼에도 나의 설명은 내적인 정합성을 갖추고 있으며, 우리가 활용할 수 있는 증거들과 부합된다. 이는 윤리적 사고가 갖는 고유한 논리를 외면하는 순수 생물학적 설명보다 훨씬 많은 것을 알려줄 수 있을 것이다.

첫 번째 단계

우리가 이미 살펴본 바와 같이 수많은 인간 아닌 동물(nonhuman animals)[4]들은 자신의 혈연을 돌보며 혈연에게 해를 입히는 행동을 자제한다. 어떤 종은 자신들과 관련이 없는 동물들에게마저도 우호적인 태도를 견지하는 경우가 있다. 나는 수학에서의 첫 단계와 마찬가지로 윤리로 향한 첫 단계도 인류 이전의 조상에 대한 고찰로부터 시작하고자 한다. 윤리는 서로 협조하며 가급적 상해를 가하지 않으려 하는 유전자를 갖는 사회적 동물로부터 비롯되었다. 이와 같은 기초 위에 이제 우리는 이성 능력을 부가해야 한다.

혈연 이타성과 호혜적 이타성을 바탕으로 서로 영향을 주고받는 초기 인류 집단을 머리에 떠올려 보라. 혈연 이타성을 통해 우리는 고도로 발달한 부모로서의 성향, 즉 자손들을 부양하고 방어하려는 성향을 갖게 된다. 이에 비해 형제와 자매는 상대적으로 도움을 적게 주고받을 것이다. 또한 친척 아닌 자들과 비교해 볼 때 조카와 조카딸, 그리고 사촌들도 호의적인 처우를 받는다. 호의적인 태도의 강도는 관계가 멀어짐에 따라 약해지게 된다. 그럼에도 작고 응집력 있는 공동체에서는 모든 구성원들이 어느 정도 상호 관련을 맺게 되며, 이에 따라 혈연 이타성은 집단에 대한 이타적 성향(상대적으로 힘이 약한)의 도움을 받아 다른 집단의 사람들보다는 자기 집단의 성원을 기꺼이 돕고자 하는 일반적인 성향으로 발전하게 된다. 호혜적 이타성에는 이와는 다른, 그리고 다소간의 복잡한 경향이 첨가된다. 과거에 도움을 주었던 사람들에

---

[4] '인간 아닌 동물'이라는 표현에는 인간 또한 동물이며, 인간이 여타의 동물들과 근본적인 차이를 갖지 않는다는 의미가 포함되어 있다.

게 사의(謝意)를 표하는 것은 혈연관계에 기초하지 않은 우정과 상호 협조로 이어지게 될 것이다. 그렇지만 사람들이 집단의 모든 구성원들에게 두루 호의를 갖게 되지는 않을 것이다. 왜냐하면 그들은 호혜적이지 않은 '사기꾼'에 대해서는 적의를 나타낼 것이기 때문이다.

호혜적 이타성은 비교적 안정된 집단에 사는 영리한 동물들에서만 나타난다. 앞에서의 서술은 인간뿐만 아니라 인간 아닌 사회적 동물에게도 적용될 수 있다. 어쨌거나 인류 이전의 조상이 진화 과정을 거치면서 인류의 두뇌는 점차 커져 갔으며, 이에 따라 다른 어떠한 동물도 이루지 못한 정도의 이성적 사고 능력을 발전시키게 되었다. 우리는 동료들과 더 원활한 의사소통을 할 수 있게 되었다. 우리의 언어는 무한히 많은 사건, 과거와 현재, 그리고 미래에 대해서 언급할 수 있는 지점에 이르기까지 발전했다. 그에 따라 우리는 과거와 미래를 갖는, 일정 기간을 살아가는 존재로서의 자신을 더욱 잘 알게 되었고, 우리가 영위하는 사회생활의 패턴을 더욱 잘 인식할 수 있게 되었다. 우리는 반성을 할 수 있었고, 반성을 토대로 선택을 할 수 있었다. 물론 이 모든 것은 생존 경쟁에서 엄청난 이익을 안겨주었다. 그런데 우리는 반성을 통해 인간 사회가 아닌 사회에서는 볼 수 없었던 무엇인가를 얻게 되었다. 즉 우리는 진화와 유전에 기초하고 있는 사회적 실천을 규칙과 계율 체계(반성을 통해 타인을 대할 때 우리의 품행을 이끌어 주는)로 변형시킬 수 있었던 것이다. 이러한 변형은 규칙과 계율을 준수하는 자들에 대한 대다수 사람들의 지지, 그리고 그렇게 하지 않는 자들에 대한 불만 표시 등을 통해 촉진되었다. 이와 같은 과정을 거쳐 우리는 윤리나 도덕 체계를 갖기에 이른다.[5]

이와 같은 변화는 점차적으로, 다시 말해 수천, 수만 년에 걸쳐서 이루어졌을 것이다. 그 과정에서 이성은 '집단 내의 다른 구성원이 은혜를 갚을 경우 우호적으로 핥아 주고, 갚지 않을 경우 그를 위협하기 위해 으르렁거리는 소리를 내는 등의 행동을 통해 반응하는 경우'와 '승인이나 비난의 판단을 통해 반응하는 경우'의 차이를 만들어내게 되었다. 물론 이러한 방식으로 차이를 언급하는 것은 그 차이가 얼마만큼 큰가에 대한 논의의 여지를 남긴다. 가령 윤리적 판단이 사실상 우호적 핥음과 으르렁거리는 소리를 세련되게 가다듬은 것에 불과하다고 생각할 수 있다. 하지만 한 가지 차이는 분명하다. 으르렁거림이라든가 핥아 줌은 서로 간에 논의의 여지가 별로 없다. 반면 윤리적 판단은 논의의 여지가 많이 있다. 판단을 내리려면 그 존재는 사고 능력을 갖추고 있어야 하며, 또한 자신들의 판단을 옹호할 수 있어야 한다. 존재들이 일단 사고하고 이야기할 수 있게 되었다면, 또한 서로에게 대항하며 "왜 그런 일을 했지?"라고 물을 수 있게 되었다면, 그들의 으르렁거림이나 핥아 줌은 윤리적 판단으로 진화해 가고 있는 것이라 할 수 있다.

 판단의 개념에는 판단의 준거 틀인 표준이나 비교의 근거라는 개념이 포함되어 있다. 판단은 도전을 받을 수 있다. 따라서 판단은 으르렁거림이나 핥아 줌처럼 어떤 특정한 경우에만 한정되어서는 안 된다. 가령 개는 어떤 낯선 사람을 보고선 으르렁거리다가도 또 다른 사람을 보고는 꼬리를 살랑거릴 수 있으며, 이와 같이 구분하는 이유를 정당화할 필요가 없다. 하지만 인간은 분명 동일한 상황임에도 불구하고 다른 윤리적 판단을 내렸을 경우, 그 이유를 대지 않고 넘어가기가 쉽

---

5 여기서 공평무사성이란 자신의 행동에 의해 영향을 받는 모든 사람의 이익을 동등하게 고려하는 것을 의미한다.

지 않다. 가령 어떤 사람이 자신은 다른 종족 구성원이 모아둔 열매를 가져가도 되지만 정작 자신의 것은 아무도 가져가선 안 된다고 말하였을 때, 그는 두 경우가 구분되는 이유가 무엇인가에 대해 질문을 받을 수 있다. 그는 거기에 대한 이유를 대야 한다. 물론 아무렇게나 이유를 대선 안 된다. 이성적으로 사고할 수 있는 존재들(단합이 잘 이루어지는 집단에 속해 있는) 간의 논쟁에서 이유를 대라고 요구하는 것은 전체로서의 집단이 받아들일 수 있는 정당화를 요구하는 것이다. 때문에 제시된 이유는 공정성을 지녀야 하며, 최소한 모든 사람들이 받아들일 수 있어야 한다. 데이비드 흄이 말했듯이, 도덕적 정당성을 내세우는 사람은 "자신의 사적이고 특정한 상황으로부터 벗어나서 타인들과 공통되는 관점을 선택해야 한다. 그는 인간의 심정이 갖는 어떤 보편적인 원리에 호소해야 하며, 모든 인간이 일치와 조화를 이룰 수 있는 것에 의거해야 한다."

공평무사성(disinteresetedness)을 요구한다는 것은 자기 이익에 대한 뻔뻔스러운 호소는 통하지 않는다는 것을 의미한다. 가령 타인들이 내게서 열매를 가져간다면 손해가 되고 타인으로부터 열매를 가져오는 것은 이익이 된다는 이유로 타인으로부터 열매를 가져갈 수 있다고 말할 수는 없다. 전체로서의 집단의 동의를 얻길 원한다면 나는 최소한 나의 입장을 공정성을 띤 것처럼 만들 필요가 있다. 예를 들어 나는 전사로서 용맹하다는 이유로 더 많은 열매를 가져갈 권한이 있다고 말할 수 있을 것이다. 그와 같은 정당화는 나와 같이 전사로서 용맹성을 갖추고 있는 자라면 누구든 나만큼의 열매를 가져야 함을 뜻한다는 의미에서 공정하다. 역으로 그러한 정당화는 싸움 기술이 떨어질 경우 적은 양의 열매를 가져야 한다는 것을 의미한다. 빈정대는 사람들은 내가 전사이기 때문에 전사들의 주장을 지지한다고 말할지도 모른다. 바꾸어 말해 처지가 바뀌어 내가 열매를 수확하는 사람이었다면 열매를 수확하는 사람들의 주장을 지지하리라는 것이다. 우리가 앞으로 살펴보겠지만, 설령 그렇다고 하더라도 나는 스스로의 정당화에 유사^{類}^{似} 공정성이라는 옷을 입혀야 하며, 이는 윤리적 추론이 발전하기 위한 중요한 발판이 된다.

물론 열매에 관한 논의는 인위적인 사례다. 하지만 이는 종족을 우선적으로 고려하는 태도를 비판적인 눈길로 바라보는 오늘날의 입장을 상기시킨다.[6] 오늘날의 수많은 문화에서 살펴볼 수 있는 윤리 체계와 마찬가지로, 초기의 윤리 체계 또한 습관적인 수용(의도적으로 의문을 품는 것을 그 특징이라고 하기보다는)이 그 특징이었다고 생각해야 할 것이다. 동물의 이타성과 현대 윤리를 매개하는 것은 사회 관습 체계였다. 한 사회의 관습은 그 사회가 집단적으로 승인하거나 거부하는 것의 축적물이라 할 수 있다. 우리의 언어는 여전히 그러한 특징을 보여 주고 있다. 가령 'ethics(윤리)'라는 단어는 그리스어 ēthos(에토스)에서 유래한 것으로, 이는 흔히 '공동체의 특성을 규정하는 지침이나 이상(character)'이라는 의미로 사용된다. 그런데 이것이 복수로 쓰일 경우 '습속(manners)'이라는 뜻으로 사용될 수 있다. 이는 그리스 단어로 관습(custom)을 나타내는 ethos와 관련이 있으며, 단지 단음 e를 쓰고 있다는 측면에서만 차이가 난다. 이와 유사하게 'moral(도덕적)'이라는 단어는 '관습(custom)'을 의미하는 라틴어 mos와 moralis(이들 두 단어는 우리가 여전히 사회의 전통적인 습속을 나타내는 'mores'라는 용어와 관련이 있다)에서 왔다. 부족 사회에

---

[6] 같은 인종이나 민족끼리 단순히 뭉치는 데 그치지 않고 여타의 인종이나 민족에게 적개심을 드러내어 총체적인 사회 발전에 악영향을 미치는 경우를 이에 대한 예로 들 수 있을 것이다.

서는 '관습이 아니다'라는 말이 '그것은 잘못되었다'라는 주장이 우리에게 부과하는 힘과 동일한 효력을 발휘하는 경우가 흔하다. 관습은 그 본래적인 특성상 공적公的인 성격을 지닌다. 이 때문에 관습은 공정성이라는 특성을 최소한 형식적으로나마 어느 정도 나타내고 있다. 관습이 가령 여성이라든가 가난한 자들과 같은 전체 집단을 억압하는 경우도 있다. 하지만 관습은 억압받는 자들이 억압 자체를 적절하다고 받아들일 수 있는 방식으로 억압한다. 또한 억압받는 자들은 흔히 그와 같은 억압을 적절한 것으로 받아들이고 있다. 억압적인 특성을 갖는 관습의 희생양이 된다는 것은 개인적인 원한의 희생이 된다는 것과는 매우 다르다.

오늘날 회의적 지성知性에게 '관습적이다'라는 말은 그가 무엇을 행하기에는 너무 빈약한 이유이다. 때문에 관습에의 호소가 이성에의 호소의 정반대에 위치해 있는 듯이 보일 수 있다. 그럼에도 유전적 기초를 갖는 사회적 행동을 사회적 관습으로 전환시킨 데는 다음과 같은 의미가 내재되어 있다. 즉 비록 제한적이긴 해도 지금까지 우리 유전자의 도전받지 않는 지배하에 있던 태도에 최초로 이성이 관여하게 되었다는 의미가 담겨 있는 것이다. 관습이라는 관념에는 특정 사건을 넘어서 보는 능력, 그리고 지금 여기서 일어난 어떤 일과 과거에 일어난 어떤 일을 한꺼번에 묶을 수 있다는 의미가 담겨 있다. 이성을 활용할 수 있는 능력은 비단 인간만이 가진 특성이 아니다. 하지만 이성 능력은 다른 동물들에 비해 유달리 인간에게서 발달했음에 틀림없다. 특정한 사건을 일반 규칙에 가져다 놓을 수 있는 능력은 인간과 동물 윤리 간의 가장 중요한 차이라 할 수 있을 것이다.

관습을 따른다 함은 과거의 습관에 맹목적으로, 그리고 아무 생각

없이 따르는 것처럼 느껴진다. 만약 다양한 윤리 체계를 비교할 수 있는 외부로부터의 관찰자의 시각에서 관습적인 도덕을 전체적으로 바라볼 수 있다면, 또한 "왜 하필이면 이 윤리 체계를 따라야 하지?"라고 물어볼 수 있는 능력을 갖추었다면 그와 같이 느끼는 것도 무리는 아니다. 하지만 그러한 시각을 갖는다는 것은 윤리적 추론의 발달에서 훨씬 후에나 가능하게 된다. 윤리의 발달에 관여했던 초기 인류는 자신들이 속해 있는 종족이나 사회의 현실적인 관행을 넘어서 있는 어떤 가능성들을 거의 의식하지 못했다. 그러한 시각의 한계 내에서 이성적 사고는 관습적인 도덕을 구체적으로 적용하는 데 사용되었을 따름이다. 이성적 사고는 특정 행동이 관습의 범위 안에 포함되는가의 문제를 해결하는 데 활용되었으며, 간혹 오래된 관습을 새로운 상황에 확장시키고자 하는 데 쓰이기도 했다. 영국의 관습법은 이러한 작업이 어떤 것인가를 즉각 확인시켜 준다. 사실상 영국 관습법(English Common Law)은 관습적 기준을 세련된 방법으로 나타낸 거대한 체계에 지나지 않는다. 표면적으로 볼 때 관습법에서 어떤 결정에 대한 정당화는 항상 과거의 결정이나 선례를 기준으로 이루어진다. 관습법의 전 체계는 영국 국민의 관습과 과거의 관행에 구현되어 있는 공통된 지혜를 부가(附加)적으로 설명해 놓은 것이라 해도 과언이 아닐 것이다. 물론 선례들이 애매한 경우에는 재판관들 스스로가 판단하기에 최상인 평결을 내릴 것이다. 하지만 그들은 여전히 선례를 통해 자신들의 결정을 정당화해야 한다. 이러한 소송 절차에는 재판관 앞에서의 며칠에 걸친 법률적 논의가 포함되는 경우가 흔하며, 비록 선례라는 제한된 틀 내에서이지만 판결은 그 어떤 철학적 작업 못지않게 신중한 고찰의 결과일 수 있다. 이상과 같은 사실로 미루어 볼 때, 과거에 이미 행해졌거나 행해지지 못한 바의 한계를 넘어서지 못했다는 이유로 일련의 관습 규칙들의 발전에 포함되어 있는 이성적 사고를 무턱대고 무시하는 처사는 잘못이라 할 것이다.

발전하는 이성

관습적 도덕의 경계를 깨뜨리고 그것을 넘어서는 이성은 소크라테스의 삶과 죽음에 고전적인 모습으로 구현되어 있다. 플라톤이 그를 묘사한 곳을 살펴보면, 소크라테스는 자신이 살던 시기의 관례적인 도덕에 의문을 제기하며 아테네의 시장 바닥을 배회하고 다녔다. 그는 사람들이 정의, 용기, 경건 또는 다른 덕목들의 본질에 대한 이해가 간단하다는 주장을 하도록 유도한다. 다음 단계로 소크라테스는 그들의 생각이 전적으로 잘못되었음이 분명해질 때까지 그들이 내린 정의를 면밀하게 검토한다. 이처럼 그는 자신의 이름이 붙어 있는 논의 방식, 즉 '소크라테스 문답법'이라 불리는 논의 방식으로 청중들을 이끌어 간다. 소크라테스 문답법을 통해 대화를 나누는 두 사람은 이성적인 탐구 방식을 이용하여 훌륭한 사람은 무엇을 해야 할 것인가를 찾아 나선다. 가령 정의란 빚을 갚는 데 있다는 생각(이는 당시 아테네의 관습에서 지혜로 인정받고 있었다)에 대응하여 소크라테스는 자산에게 무기를 빌려준 후 미쳐 버린 친구가 무기를 돌려달라고 하는 경우의 사례를 제시한다. 관례적인 도덕은 이러한 딜레마에서 아무런 해답을 제시하지 못한다. 이에 따라 관례적 도덕에서의 정의正義에 대한 원래 정의定義가 검토의 대상이 되면서 논의가 진행된다. 소크라테스 자신은 해답을 안다고 주장하는 법이 없다. 그는 자신의 지혜는 무지를 안다는 사실에 있다고 말한다. 때문에 그는 아무것도 모르면서 뭔가를 안다고 생각하는 사람들보다 사실상 더 많이 안다고 할 수 있는 것이다. 그리고 바로 이것이 그의 관례적 도덕 비판의 출발점이다.

우리 모두는 소크라테스에게 어떤 일이 일어났는지 안다. 그는 사형을 언도받았으며 극약을 마시게 되었다. 비록 재판은 그의 정적政敵들의 부추김을 받아 이루어졌지만 아테네의 젊은이들을 타락시켰다는 고발은 적절한 것이었다. 즉 관습적인 도덕의 기준에서 보았을 때, 소크라테스는 분명 젊은이들을 타락시키고 있었던 것이다. 관습적 도덕은 관습적으로 수용되고 있는 기준 자체를 문제 삼는, 이성적 탐구를 통해 이루어지는 상세한 검토를 묵과할 수 없었다. "검토되지 않는 삶은 살 만한 가치가 없다." 소크라테스는 자신을 판결하기 위해 투표를 하려는 자들에게 외친다. 그는 자신이 사람들의 신뢰를 얻을 수 있다고 생각하지 않았으며, 사실상 신뢰를 얻지도 못했다. 오늘날에 와서도 소크라테스와 같은 방식으로 자신의 삶을 검토하며 살아가는 사람들은 많지 않다. 이로 미루어 볼 때, 그는 지금까지도 폭넓은 신뢰를 얻지 못하고 있는지도 모른다. 어쨌거나 오늘날 사람들은 모범이 되는 소크라테스의 행위에 찬사를 보내고 있는 반면, 그에게 유죄 판결을 내린 자들의 행위에 대해서는 야유를 보내고 있다.

기원전 5세기의 관습은 이제 남아 있지 않다. 그 당시 관습에 대한 소크라테스의 비판이 우리에게까지 위협이 될 수는 없다. 하지만 이성은 살아남아 여전히 그 역할을 수행하고 있다. 물론 우리가 살고 있는 시대의 관습으로부터 자유롭게 되기란 쉽지 않다. 하지만 우리는 이성적으로 사고할 수 있는 존재이며, 이성적 탐구와 이성적 삶을 철저히 살아가는 사람을 존경하지 않을 수 없다. 소크라테스 개인은 불행하였지만 그래도 이성은 이러한 방식으로 발전—어쩌면 바로 그러한 불행 때문에—을 이루었던 것이다.

어떤 한 가지 사례가 커다란 발전을 극적으로 그려내고 있다고 할지라도, 그것이 그 발전의 모든 것을 알려줄 수는 없다. 따라서 앞에서의 소크라테스에 관한 사례 외에 우리는 이성의 발전이 갖는 논리적 토대를 좀 더 자세히 살펴볼 필요가 있다. 우리는 이성적으로 사고하는 존재가 유전적 토대를 갖는 행위들을 어떻게 도덕적인 힘을 갖는 관습 체계로 전환시킬 수 있었는가를 살펴보았다. 관습적 도덕 체계를 실생활에 적용하고자 할 때 우리는 이성적 사고를 사용한다. 하지만 설령 관습적 도덕을 적용하는 데 매우 고차적 단계의 이성적 사고 능력을 활용한다고 하더라도, 그것은 어떤 한계 내에서의 활용에 지나지 않는다. 다음 단계에서는 소크라테스가 당대의 관례적 기준을 검토해 보았던 것처럼 관습 자체가 검토의 대상이 된다. 그와 같은 단계에 이르기 위해서는 이전의 경향을 단순히 계승하는 것이 아니라 미지의 것에로의 도약이 요구된다. 관습적 도덕 체계 발전 과정의 어느 시점에서 소크라테스와 같이 의문을 제기하는 사람이 나타날지를 예측한다는 것은 불가능하다. 물론 이미 언급한 바와 같이, 이는 자기가 살고 있는 사회에 대해 제3자의 시각을 갖는 능력과 어느 정도 관련이 있다. 제3자의 관점에서 볼 때, 내가 소속되어 있는 사회의 관습은 상이한 수많은 가능한 체계들 중의 하나로 보일 것이다. 그리고 제3자의 관점을 갖게 됨으로써 우리는 자신이 속해 있는 사회의 관습이 당연히 옳으며 불가피한 성격을 갖는다는 편견으로부터 벗어날 수 있게 된다.

소크라테스가 살았던 시대의 그리스인들은 민족마다 관습이 상이

하다는 사실을 잘 알고 있었다. 그들은 인간의 행위에서 무엇이 자연스러운 것이며 관습적인 것은 어떠한 것인가에 대해 의견을 나누었다. 그리스의 역사가 헤로도토스Herodotos[7]는 서로 다른 국가의 상이한 관행들을 자신의 연대기에 담았다. 그는 페르시아 왕 다리우스Darius[8]가 그리스인들을 불러들여 얼마를 지불해야 아버지의 시신을 먹어치우겠는가를 물어본 적이 있었다는 이야기를 들려주고 있다. 그리스인들은 어떤 대가를 치르더라도 그러한 일은 못하겠다고 거절했다. 이윽고 다리우스는 자신들의 부모의 시신을 먹은 인도인들을 불러들여서 그들 아버지의 시신을 화장하게 하려면 어떻게 해야 할 것인가를 물었다. 인도인들은 그와 같은 무시무시한 생각을 입 밖에 내어선 안 된다고 소리쳤다. 헤로도토스는 각각의 민족은 자신들의 관습이 최선이라고 생각하고 있으며, 오직 미친 사람만이 관습을 무시할 것이라고 주장했다. 하지만 그는 그와 같은 지적으로부터 더 깊이 파고들어 가진 않았다. 그는 모든 사람들이 자신이 속해 있는 사회의 관습을 따라야 한다고 믿는 초기 문화적 상대주의자였을지도 모른다.[9] 관습의 상이함을 알게 되었을 경우, 헤로도토스와 같은 반응을 나타내는 경우는 흔히 살펴볼 수 있다. 그런데 '자신이 속해 있는 사회의 관습을 따라야 한다'는 그의 규범적 반응은 '상이한 민족들 간에 관습이 상이하게 나타난다'는 사실적 지식의 논리적 함축은 분명 아니다. 상이한 관습에 관한 지식은 행동을 취하기 위한 아무런 이성적 토대도 제공하지 못한

---

7 헤로도토스(기원전 484?-425?): 그리스의 역사가. 키케로는 그를 '역사의 아버지'라고 불렀다. 과거의 사실을 시가(詩歌)가 아닌 실증적 학문의 대상으로 삼은 최초의 그리스인으로, 그의 저술인 『역사』는 그리스 산문사상 최초의 걸작으로 평가된다.
8 다리우스(기원전 558?-486): 아케메네스 왕조 페르시아 제국의 왕(재위 기원전 522-486). 페르시아명은 다리야바우시. 흔히 '다리우스 대왕'이라고 불린다.

다.[10] 관습적 도덕으로부터 도덕적 사고 단계로의 전환은 상대주의자들의 반응에서보다는 윤리의 이성적 토대를 찾고자 하는 소크라테스에서 비롯되었다고 할 수 있다.

흥미롭게도 몇몇 상이한 문화 속에서의 아동, 청년, 그리고 어른들의 도덕 발달에 대한 연구를 수행한 미국의 심리학자 로렌스 콜버그 Lawrence Kohlberg 또한 자신이 속해 있는 사회의 관습에 따라 사고하는 개인들이 '관습적 도덕'으로부터 '자율적이면서 깊은 사유의 결과인 윤리'로 이행해 나아가는 과정에서 상대주의적 입장을 취하는 기간을 거친다는 사실을 발견했다. 우리의 윤리적 견해가 관습에 근거해 있음을

---

9 리처드 브랜트는 다음과 같은 세 가지를 윤리적 상대주의로 부를 수 있다고 말하고 있다.
 • 개인과 문화에 따라 그 근본적인 도덕적 · 비도덕적 가치 판단에 차이가 있다.
 • 개인과 문화에 따라 상대적인 도덕적 · 비도덕적 가치 판단은 도덕적으로 볼 때 옳은 것이며, 본래적으로 좋은 것이기도 하다.
 • 근본적인 도덕적 판단들에서의 차이는 이성적인 방법이나 객관적인 방법으로 해결할 수 없으며, 각각의 판단들은 모두 동등하게 타당한 것으로 간주되어야 한다.
 • 여기서 첫 번째는 사실에 관한 판단이다. 이를 흔히 '기술 윤리적 상대주의' 또는 '문화적 상대주의'라고 부른다. 두 번째는 사실에 관한 도덕적 판단인데, 이는 '윤리적 상대주의' 또는 '규범윤리적 상대주의'로 불린다. 마지막으로 세 번째는 '분석 윤리적 상대주의'로 불리는데, 이는 주로 윤리적 언사나 윤리적 판단의 정당화 문제와 관련된다.
 Richard Brandt, *Ethical Theory*(Englewood Cliffs, N. J.: Prentice Hall, Inc, 1959), 423쪽.
10 여기서 싱어는 규범 윤리적 상대주의에 대한 비판을 제기하고 있다. 규범 윤리적 상대주의에 대해 지적할 수 있는 문제점은 문화가 다양하다는 사실이 규범 윤리적 상대주의를 함축하는 것은 아니라는 점이다. 이렇게 말하는 이유는 문화가 다양하다는 사실을 받아들이면서 동시에 규범 윤리적 상대주의를 부정하는 것이 아무런 모순 없이 완전히 가능하기 때문이다. 여러 다른 문화권에서 받아들이는 도덕적 신념과 도덕규범이 서로 다르다고 하더라도, 여전히 그러한 신념들 가운데서 어떤 것은 참이고 어떤 것은 거짓이라든가, 규범들 가운데 어떤 것은 다른 것보다 좀 더 옳으며 보다 정당화되어 있고 또 더욱 계몽되어 있다는 주장을 할 수 있다. 사회에 따라 무엇이 옳고 그른가에 대해 입장이 서로 다르다고 해서 한 사회가 다른 사회보다 그들의 의견을 주장하는 데 더 좋은 이유를 가질 수 없다는 결론은 나오지 않는다. 예를 들어 병이 박테리아에 의한 것인가 아니면 악령에 의한 것인가에 대해 두 사람이 의견을 달리 한다고 해서 병의 원인에 대해 보다 정확하거나 합리적 의견이 없다는 결론은 도출되지 않는다. 이와 유사하게 두 사회가 대량 학살이 옳은가 그른가에 대해 서로 의견이 다르다는 사실로부터 이런 도덕 문제에 대한 정당하거나 합리적인 의견이 없다는 결론을 산출할 수는 없다.

알게 될 경우, 그리고 상이한 관습을 갖는 상이한 사회에서 성장할 경우 상이한 윤리적 견해를 가질 것임을 알게 될 경우 나타나는 충격의 첫 번째 반응은 극단적 상대주의로 나타날 것이다. 하지만 결국에 가서는 콜버그가 연구한 모든 학생들은 도덕이 어떤 이성적 토대를 가지고 있다는, 따라서 결국 임의적이지 않다는 견해를 갖게 되었다.[11]

자신이 속해 있는 사회의 관습이 여러 가능한 체계들 중 하나임을 파악할 경우, 이는 소크라테스와 같이 의문을 제기하는 사람의 출현으로 이어질 수 있다. 물론 이미 확립되어 있는 삶의 방식을 옹호하는 자들은 대체로 반대자들을 궤멸시키는 데 성공(소크라테스에 대한 아테네의 규제보다도)할 것이다. 의문을 제기하는 사상가가 출현한 시기와 성공에 관한 한, 역사는 우연성의 연대기라고 할 수 있다. 하지만 이성적 사고가 관습적인 도덕의 경계에서 활개를 치게 되면 결국 진보는 필연적으로

---

11 콜버그의 도덕성 발달 단계는 전(前) 인습 수준, 인습 수준, 후(後) 인습 수준으로 나누어진다. 그 중 전 인습 수준은 처벌을 피할 수 있거나 힘이 있는 사람에게 무조건 복종하는 것 자체가 도덕적 가치를 갖는 처벌 회피 및 복종 지향의 제1단계, 서로의 등을 긁어 주는 것과 같이 자신에게 돌아오는 이익을 생각하는 수단적인 호혜성의 수준에 머물러 있는 도구적 상대주의 지향의 단계인 제2단계로 나누어진다. 그 다음으로 인습 수준은 제3단계인 대인간 조화 또는 착한 소년·소녀 지향의 단계와 제4단계인 법과 질서 지향의 단계로 나누어진다. 전자는 아들, 형제, 친구 등으로서 자기에게 가까운 사람들의 역할 기대에 따라 행동하는 것이 도덕적 행위이며, 선한 동기를 가지고 타인에 대한 관심을 보이는 것이 선이라고 생각하는 단계이고, 후자는 스스로 동의한 현실적 의무를 준수하는 것이 선이며, 확고한 사회적 의무와 갈등을 일으키는 극단적인 경우를 제외하고는 법은 준수되어야 한다고 생각하는 단계를 말한다. 이와 같은 4단계에서는 사회, 집단, 제도에 공헌하는 것을 선으로 파악한다. 마지막으로 후 인습적 수준은 5, 6단계인 사회적 계약 및 합법적 지향의 단계와 보편적인 윤리적 원리 지향의 단계로 구분된다. 5단계에서는 개인의 권리를 존중하고 사회 전체가 인정하는 기준을 준수하는 것이 옳은 행동이라고 생각한다. 사회적 약속은 대다수의 성원들의 더욱 나은 이익을 위해 항상 바뀔 수 있는 것으로 판단되며, 이전 단계와 달리 도덕적 융통성을 갖는다. 6단계에서는 옳은 행동이 자신이 선택한 윤리적 원리와 일치하는 양심에 의해 결정된다. 이 원리는 구체적인 규율이 아닌 인간의 존엄성, 정의, 사랑, 공정성에 근거를 둔 추상적이며 보편적인 행동 지침이다. 이 단계의 도덕성은 극히 개인적인 것이므로 때로는 대다수가 수용하는 사회적 질서와 갈등을 일으킬 수 있다. 그러나 이 단계에 도달한 사람들은 자신의 양심이 가하는 처벌을 사회가 가하는 처벌보다 더욱 고통스럽게 생각한다. 송명자, 『발달심리학』(학지사, 1996), 286쪽.

이루어지게 된다. 간혹 자신들의 이성적 사고를 경계하는 태도에 곤혹스러움을 느끼는 뛰어난 사상가가 출현할 것이다. 왜냐하면 '출입 금지'라는 말을 싫어하는 것이 이성적 사고의 본질이기 때문이다. 이성적 사고는 본래 확장적인 특성을 가지고 있다. 또한 이성적 사고는 보편적인 적용을 추구한다. 어떤 힘에 의해 분쇄되지 않는 한, 이성적 사고가 새롭게 적용된 각각의 경우는 미래 세대들에 전해질 이성적 사고 영역의 일부가 된다. 이성적 사고는 그냥 내버려두어도 생물학적 진화와 유사한 원리에 입각해 발전해나갈 것이다. 생태계에서는 여러 세대를 거치는 동안 진보가 이루어지지 않는 경우가 있다. 그러다가 갑작스레 기존의 혈통보다 훌륭하게 적응한 돌연변이가 나타나 안정을 이루게 되고, 그것이 진화를 이루는 밑거름이 될 수가 있다. 이와 유사하게 사상가들 또한 관습이 갖는 한계에 대해 의심을 품지 않고 세대를 거쳐 갈 수가 있다. 그런데 일단 관습이 갖는 한계가 이성적 탐구의 대상이 되고, 거기에 무엇인가 부족한 바가 있음이 알려지게 되면 관습은 자리를 양보하고 물러날 수밖에 없다. 이성적 사고는 이와 같은 과정을 거쳐서 좀 더 넓은 경계 내에서 활동할 수 있게 되는데, 종국에 가서는 이성적 사고를 제한하던 경계마저도 의문의 대상이 되어 버리고 마는 것이다.[12]

이성적 토대

의문을 제기한다는 것과 그것에 대한 해답을 얻는다는 것은 별개의 문제이다. 이성적 사고의 본질상 관습의 기준은 얼마 있지 않아 의문의 대상이 될 가능성이 크다. 하지만 우리가 어떻게 그저 의문을 제기하는 데서 한 걸음 더 나아갈 수 있을까? 윤리가 이성적 토대를 갖기보다는 유전적 토대를 갖는다고 한다면 윤리에 대한 이성적 탐구는 결국 무의미하지 않을까? 존재하지도 않는 이성적 토대를 무턱대고 찾아나서는 것은 아닐까? 소크라테스가 사망한 지 2,000년이 넘는 시간이 흘렀지만 우리 모두는 여전히 그의 회의적 정신을 찬양한다. 하지만 그의 회의에 대해 얼마만큼 답변을 제시하는 데까지 이르렀을까?

윤리에서의 이성적 사고는 부정적 책무, 다시 말해 윤리적 권위의 원천으로서의 관습을 거부하는 데만 자신의 역할을 한정하고 있지 않다. 우리는 윤리적 논쟁의 이성적 해결을 향해 진보해 나갈 수 있으며, 이와 같은 진보는 전체로서의 사회에 비추어 우리의 행위를 정당화한다는 이념에 내재해 있는 공평무사함이라는 요소를 윤리 원리에 포함시킴으로써 이루어지게 된다. 여기서 원리란 결정에 의해 영향을 받는 모든 사람들의 이익을 동등하게 고려하는 것을 말한다.[13] 이러한 원리는 내가 윤리적 판단을 내리는 경우, 철저하게 공정한 관점으로부터 결정을 내리길 요구한다. 여기서 공정한 관점이란 내가 의도한 행동을

---

12 도덕성의 발달을 도식화하여 나타내면 다음과 같다.
　인간 아닌 동물과 공유하는 이타성 → 관습적 도덕 → 보편 도덕을 포함하는 현대 윤리.
　한편 도덕적 고려의 범위가 확장되는 방향은 다음과 같다.

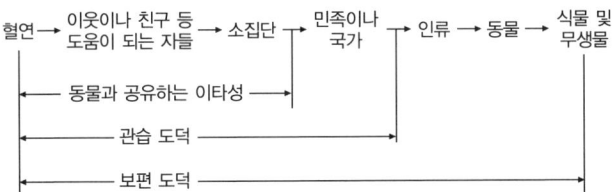

통해 내가 얻는 바가 있을지의 여부와 무관하게 취하는 관점을 말한다.14 그와 같은 결정에 이르는 한 가지 방법은—이는 미국의 철학자 C. I. 루이스C. I. Lewis15가 최초로 제안했고, 최근 들어 옥스퍼드 대학의 도덕철학 교수 R. M. 헤어R. M. Hare가 되살려낸 것인데—나의 결정을 통해 영향을 받는 모두의 삶을 상상해 보고 내가 거기에서 어떤 선택을 할 것인지를 묻는 것이다.16

이 방법이 어떻게 활용되는가를 살펴보고 싶다면 세 명의 친구들과의 저녁 약속을 지킬 것인가, 아니면 아파서 누워 계신다고 방금 전화로 말씀하신 아버지를 찾아뵐 것인가를 결정해야 하는 상황을 상상해 보라. 만약 나의 친구들과 아버지 외에 내가 어떤 행동을 함으로써 영향을 받는 사람이 아무도 없다고 가정한다면, 나는 약속을 어겼을 경

---

13 여기서 말하는 이익이란 충분히 넓게 정의해서 어떤 사람이 욕구하는 모든 것을 말하며, 그것이 설령 다른 사람의 이익과 양립되지 않는다 할지라도 이익으로 간주한다. 피터 싱어, 『실천윤리학』(황경식·김성동 옮김, 철학과현실사, 1992), 32쪽.
14 J. 레이첼즈(Rachels)는 도덕의 최소 개념을 서술하며 싱어와 매우 유사한 입장을 취하고 있다. 레이첼즈에 따르면 "도덕은 최소한 자기의 행위를 이성에 의하여 인도하려는 노력, 다시 말해 도덕은 그렇게 해야만 하는 최선의 이유가 있는 행위를 하려는 노력이며, 동시에 그것은 자기의 행동에 의하여 영향을 입게 될 각 개인의 이익에 대하여 동등한 가치를 부여한다." 제임스 레이첼즈, 『도덕철학』(김기순 옮김, 서광사, 1989), 28쪽.
15 C. I. 루이스(1883-1964): 미국의 철학자. 스승 J. 로이스의 영향으로 일찍부터 기호 논리에 관심을 가지고 뒤에 양상 논리라고 불린 영역을 개척했다. 주요 저서에 『기호논리학 개관』(1918), 『마음과 세계 질서』(1929), 『지식과 평가의 분석』(1947) 등이 있다.
16 헤어에 따르면 도덕 언어의 두 가지 논리적 특징으로 들 수 있는 것은 보편화 가능성과 규정성(즉 명령문적인 성격)이다. 이 중 보편화 가능성이란 "나는 A를 (도덕적으로) 해야만 한다"는 도덕 판단을 내릴 경우 "나와 유사한 상황에 있는 사람들 모두가 A를 (도덕적으로) 해야만 한다"는 판단을 받아들여야만 한다는 것을 뜻한다. 이것은 이 판단의 보편화 가능성 때문이다. 보편화 가능성의 원리는 우리가 특정한 상황에 대하여 어떤 판단을 한 경우, 우리로 하여금 다른 모든 유사한 (현실적·가설적) 상황에 관해서도 똑같은 판단을 하도록 요구한다. 이 요구는 논리적 요구이다. 이 요구에 따르지 않는 판단자는 "이 도형은 사각형이지만 이와 유사한 모양을 가진 다른 도형은 사각형이 아니다"라는 발언을 한 사람이 범하는 것과 동일한 논리적 오류를 범하게 된다. 이인탁, 「도덕 문제의 합의가능성」, 『사회계약론 연구』(김릭카 외, 철학과현실사, 1993), 473-474쪽.

우의 친구들의 입장을 상상해 볼 수 있으며, 찾아뵙지 않았을 때의 아버지의 입장을 상상해 볼 수 있다. 그리고 이와 같은 상상을 통해 나는 공정한 결정을 내릴 수 있게 된다. 여기에 나의 선호(preferences) 또한 고려의 대상이 되어야 한다. 내가 아버지를 찾아뵙는 것보다 저녁 식사를 즐기겠다고 말했다고 하자. 하지만 내가 찾아뵙지 않음으로써 느끼는 아버지의 실망감은 내가 식사를 함께 하지 못했을 때에 느끼는 친구들의 서운함을 훨씬 능가할 것이다. 공정하게 결정을 내리고 싶다면 나는 친구들과의 저녁 식사에 가거나 가지 않았을 경우의 선호와, 아버지를 찾아뵙거나 그렇게 하지 않았을 경우의 선호를 합산해 보아야 한다. 더 많은 선호를 충족시키는 행동이 있다면(이는 선호의 세기에 따라 결정될 것인데) 그것이 무엇이건, 그것이 바로 내가 선택해야 할 행동이다.

물론 선호를 이와 같은 방식으로 합산해 보는 것은 판단의 문제라 할 수 있다. 이렇게 말하는 이유는 우리가 선호의 강도를 그것이 얼마나 강한지를 보여 주는 부착된 꼬리표와 같은 것을 통해 파악할 수 없기 때문이다.[17] (여기서 내가 '강한'으로 의미하고자 하는 것은 대략적으로 말해 선호를 갖는 바로 그 사람이 그 선호를 얼마만큼 중요하게 여기느냐에 따른 구분이다.) 하지만 타인의 입장에 서서 상상해 보고 그들의 취향과 선호도를 느껴 보고자 할 때, 흔히 우리는 어떤 행동이 더 많은 선호를 충족시킬지에 대한 상당히 자신감 있는 판결을 내린다. 가령 내가 아버지와 친구들을 잘 알고 있다면, 설령 친구들이 세 명이라는 사실이 그들을 세 배로 고려하게 하고 여기에 나의 즐거움의 상실이 더해진다고 하더라도, 나는 친구들

---

17 선호의 강도는 마치 상품에 붙어 있는 가격표를 읽어보듯이 파악할 수 없다. 여기에는 어느 정도 주관이 개입된 판단이 작용한다. 그럼에도 우리는 선호의 강도에 대한 대략적인 합의에 이르게 되는 경우가 많다.

의 서운함이 아버지의 실망감보다는 중요하지 않을 것이라고 확신한다. 내 스스로의 삶과 친구들의 삶, 그리고 아버지의 삶을 하나씩 살아본다고 상상해 봄으로써 나는 친구들과 저녁 식사를 하러 가는 삶보다 아버지를 찾아뵙는 삶을 선택하게 될 것임을 알 수 있다.

선호를 이러한 방식으로 가감해 보는 것은—그리고 오직 선호와 이익(interest)만을 고려의 대상으로 삼는 것은—윤리적 논쟁을 해결하는 한 가지 방법이라 할 수 있다. 하지만 이것이 유일한 해결 방식일까? 우리의 이성이 그러한 접근 방식을 강요하는 것일까? 이는 우리가 윤리에 대해 품을 수 있는 의문 중 가장 어려우면서도 중요한 질문이라 할 수 있을 것이다. 만약 여기서 제시하는 방식이 도덕적 판단에 이르는 이성적인 방법 중 유일한 것이라면 윤리는 이성적인 토대를 갖춘 셈이 될 것이며, 우리는 윤리적 논쟁을 해결하는 한 가지 이해 방식에 이른 격이 될 것이다.[18] 물론 이렇게 말한다고 해서 우리가 모든 윤리적 문제들에 관해 실질적인 일치에 도달할 수 있음을 뜻하는 것은 아니다. 사실적 문제들 중에는 우리가 일치에 이를 수 없는 것들이 수없이 많이 있다.[19] 그리고 행동 결과를 예측하고 그것에 의해 영향을 받는 선호의 세기를 평가하는 경우에도 우리는 서로 다른 견해를 가질 것임에 틀림없다. 그럼에도 우리는 윤리적 선택이 건전한지의 여부를 시험해 볼 수 있는 최소한의 기준을 가졌다고 말할 수 있을 것이다.

이 질문에 답하기 전에 분명하게 짚고 넘어가야 할 사항이 한 가지

---

[18] 만약 이익 동등 고려의 원리가 이성적으로 사고해 보았을 때 도달할 수 있는 유일한 귀결이라면 우리는 윤리의 굳건한 이성적 토대를 갖는 것과 다를 바 없다.
[19] 가령 낙태의 문제는 윤리 이론 간의 차이로 인해 해결이 어렵다기보다는 과연 태아를 인간으로 볼 것인가, 만약 본다면 어느 때부터 인간으로 간주할 것인가와 관련한 사실의 문제에서의 불일치로 인해 의견차가 나타난다.

있다. 나는 윤리의 이성적 토대 또는 공정한 관점에로 이끌어가는 이성을 이야기하면서 '우리'를 집합적인(collective) 의미로 사용하고 있지 개별적인 각각의 사람들(each one of us individually)이라는 의미로 사용하고 있지 않다.[20] 여기서 나의 관심은 '우리가 어떻게 집단을 위한 도덕을 선택할 수 있는가'이다. 이렇게 보자면 나의 관심은 집합적인 이성적 사고(collective reasoning) 과정이 우리를 어디로 인도할 것인가에 초점이 맞추어져 있는 것이다. 어떤 한 개인에게 합리적인 것은 무엇인가의 문제는 이와는 별개의 문제로, 이에 대해서는 다음 장에서 논의하도록 하겠다.

이제 우리가 고려해 볼 문제는 다음과 같은 것이다. 우리의 행위를 사회에 비추어 정당화한다는 생각에 포함된 '공평무사함'이라는 조건은 모든 사람들의 이익에 동등하게 비중을 두어야 한다는 입장으로 우리를 이끌어 가는가?[21] 이 질문에 답하기 위해 우선 우리는 공평무사함이라는 조건에 부합되는 어떤 다른 입장이 있을 수 있는가를 고려해 보아야 할 것이다.

모든 사람들의 이익을 동등하게 고려하는 원리[22]의 스펙트럼 대극에는 이기주의[23]가 위치해 있다. 이기주의는 내 스스로의 이익을 증진시킬 것을 행해야 한다는 입장을 견지하며, 타인을 돕는 일이 내게 도움이 되지 않는다면 그들의 이익에 개의치 않는다는 태도를 취한다. 이

---

20 싱어는 개인으로서의 이성적 선택과 집단으로서의 '우리'의 도덕적 선택을 구분하고 있다. 싱어에 따르면 집단으로서의 도덕적 선택은 이익 동등 고려의 원리로 귀결된다. 반면 우리가 이성적 개인으로서 선택을 하게 될 때에는 이익 동등 고려의 원리를 선택할 수도 있지만 이기주의 등 다른 원리들을 선택할 수도 있다.
21 여기서 싱어는 공평무사함의 필연적 귀결이 이익 동등 고려의 원리인가를 묻고 있다. 이를 검토해 보기 위해 그는 첫 단계로 공평무사함을 내세우는 이기주의 원리를 분석하고 있다.

기주의가 집단 윤리의 토대가 되기 위해서는 그것이 단순히 나의 이익을 겨냥한 원리가 아님이 분명해야 한다.(나, 피터 싱어에게 이기주의의 이상적 형태는 다른 사람이 아닌 바로 나의 이익을 증진시키기 위해 모든 사람들이 행동해야 한다는 입장24을 견지하는 것이다. 하지만 이는 나 외의 다른 사람들이 받아들일 것 같지 않은 입장이다.)

---

22 싱어의 이익 동등 고려 원리는 모든 이익들을 측정해서 영향 받는 사람들의 이익이 최대화될 것으로 보이는 행위 과정을 채택할 것을 요구한다. 이때 나는 모든 것을 고려할 때 영향 받는 모든 사람들에게 '최선의 결과'를 가져올 행위 과정을 선택해야만 한다. 이는 공리주의의 한 형태인데, 이때 '최선의 결과'라는 말이 단지 즐거움을 증가시키고 고통을 감소시키는 것이라기 보다는 모든 것을 고려할 때 영향 받는 모든 사람들의 이익을 증진시키는 것을 의미한다는 점에서 고전적 공리주의와 구별된다고 할 수도 있다. 하지만 벤담이나 밀과 같은 고전적 공리주의자들이 '쾌락'과 '고통'을 넓은 의미로 사용한 것으로 해석한다면 '쾌락'은 바라는 것을 달성하는 것으로, '고통'은 그 반대의 경우로 이해될 수도 있다. 만약 이와 같은 해석이 정확하다면, 이익에 기초한 공리주의와 고전적 공리주의와의 차이는 사라진다. 싱어, 『실천윤리학』(황경식·김경동 옮김, 철학과현실사, 1992), 32-33쪽.
23 윤리적 이기주의는 크게 세 가지 유형으로 나눌 수 있다.
 • 모든 개인은 각자의 이익을 가장 많이 증진시키는 것을 해야 한다.(보편적universal 윤리적 이기주의)
 • 모든 개인은 나의 개인적 이익을 가장 많이 증진시키는 것을 해야 한다.(개인적individual 윤리적 이기주의)
 • 나는 오직 나의 개인적 이익을 가장 많이 증진시키는 것을 해야만 한다.(고립적personal 윤리적 이기주의)
만약 세계가 A, B, C, D라는 네 사람으로 구성되어 있다면 보편적 윤리적 이기주의는 A는 A 자신의, B는 B 자신의, 그리고 C와 D는 각각 그 자신의 이익을 증진시켜야 한다고 주장한다. 반면 개인적 윤리적 이기주의자는 A는 A 자신의 이익을 증진시켜야 하고, B, C, D 모두 다 A의 이익을 증진시키도록 해야 한다고 주장한다. 마지막으로 A가 고립적 이기주의자라면 A는 자신의 이론에 따라 자기 이익을 증진시켜야 한다. 그러나 그의 이론은 B, C, D가 무엇을 해야 하는가에 대해서는 아무 말도 하지 않는다. 여기서 고립적 이기주의의 문제점만을 지적한다면 그러한 이기주의는 세계 안에 있는 오직 한 사람에 대해서 그가 무엇을 해야 하고 또 하지 말아야 하는가를 말할 뿐, 다른 모든 사람들의 행동에 대해서는 완전히 침묵을 지키고 있기 때문에 자기 스스로에 관계하는 한 사람이 채택하는 사적인 행동의 방침 이외에 다른 어떤 것도 아니다. 결과적으로 이 주의는 도덕 원리로서의 자격을 갖추지 못한다. 폴 테일러, 『윤리학의 원리』(김영진 옮김, 서광사, 1985), 53-54쪽과 81-82쪽 참조.
24 이는 개인적 윤리적 이기주의를 말한다. 이에 대한 비판으로 우리는 다음과 같은 의문을 제기할 수 있다. "왜 당신의 이익이 다른 사람의 이익보다 더 중요시되어야 하는가?" 만약 개인적 이기주의자가 특별한 취급을 받을 자격이 있다는 것을 보여 줄 수 없다면 그가 타인들에게 지고 있지 않는 의무를 타인들이 당신에게 지라는 법은 없다. 폴 테일러, 『윤리학의 원리』, 80쪽 참조.

따라서 이기주의가 윤리의 가능한 토대가 되려면 나뿐만이 아니라 개개인 모두가 각자의 이익이 되는 바를 행해야 한다는 공평무사한 형식을 갖추어야 할 것이다.[25]

모든 사람들이 각자의 이익[26]과 결부된 것을 행해야 한다는 원리— 윤리적 토대로서의—를 받아들여야 하는 이유가 있을까? 경제학자들 중에는 애덤 스미스[27]를 따라 시장 경쟁을 통해 이루어지는 개인들의 자기 이익 추구가 결국 모든 사람들에게 최대의 선을 안겨주게 된다고 주장하는 자들이 있다. 그와 같은 주장을 하는 이유는 우리가 이익을 얻기 위해 경쟁자들의 제품보다 싸거나 나은 제품을 판매하게 되기 때문이다. 이러한 입장을 수용한다면, 우리는 모든 사람들이 각자의 이익에 도움이 되는 바를 행하여야 한다는 입장을 취하게 될 것이다. 왜냐하면 바로 그러한 입장을 취해야만 비로소 모든 사람들의 이익이 증진될 것이기 때문이다. 그런데 우리가 사람들의 이익 증진을 목표로 하여 이기주의 윤리에 이르게 되었다면 실질적으로 우리는 사실상 전혀 이기주

---

25 이는 보편적 윤리적 이기주의를 말한다.
보편적 윤리적 이기주의에 대해 가장 흔히 제기되는 비판은 그것이 내적 모순성을 가진다는 것이다. 보편적 윤리적 이기주의자는 각자가 자기 이익을 증진시켜야 한다고 말한다. 그러나 이기주의자 자신과 다른 사람 사이에 이익의 충돌이 일어날 많은 상황이 있다. 그런 상황 속에서 만일 타인들이 그들의 목적을 추구한다면 이기주의자 자신은 자기이익을 추구함에 있어서 방해받거나 억제당할 수 있을 것이고 또 그 역도 성립할 것이다. 이때 보편적 윤리적 이기주의는 자기모순을 함축하게 된다. 왜냐하면 그것은 타인들이 어떤 행동을 해야 한다(그것이 자기들의 이익을 증진시킬 것이기 때문에)는 것도 함의하고, 동시에 타인들의 이러한 행동은 이기주의자 자신의 자기 이익을 추구하는 데 방해도 되기 때문에 그들은 그런 행동을 하지 말아야 한다는 것도 함의하기 때문이다. 폴 테일러, 『윤리학의 원리』, 78-79쪽 참조.
26 여기서 '이익'이라는 것은 개략적으로 말해 어떤 사람이 욕구하는 모든 것을 일컫는다.
27 애덤 스미스(1723-1790): 영국의 경제학자, 철학자. 고전 경제학의 창시자이다. 근대인의 이기심을 경제 행위의 동기로 보고, 이에 따른 경제 행위는 '보이지 않는 손'에 의해 궁극적으로 공공복지에 기여하게 된다고 생각했다. 그는 생산과 분배에는 자연적 질서가 작용하여 저절로 조화되어 간다고 하는 자연법에 의한 예정조화설을 설파했다. 『도덕 감정론』(1759), 『국부론』(1776)이 그의 대표작이다.

자가 아니라고 할 수 있다. 여기서 우리는 '공정하게 고려된 모든 사람들의 선'을 가장 근본적인 가치라고 생각하고 있으며, 이기주의는 단지 모든 사람들의 이익을 증진시킬 목적을 얻기 위한 수단으로서만 채택되고 있는 것이다. 만약 인간의 생활하는 모습이 실제로 애덤 스미스와 그의 추종자들이 주장하는 바와 동일하다면, 여기에서 검토하고 있는 유형의 윤리적 이기주의는 사실상 모든 사람들의 선호를 공평하게 고려하는 데서 도출된다고 할 수 있다.(나는 인간의 실제 삶은 자유 시장을 옹호하는 자들이 주장하는 바와 다르다고 생각한다. 하지만 이는 별개의 문제이다.) 결국 이와 같은 이기주의는 '영향을 받는 모든 사람들의 선호 합산을 통해 윤리적 논쟁을 해소하는 방법'을 대체할 수 있는 윤리 이론이 될 수 없다. 설령 논의 자체의 타당성을 인정하더라도, 위에서 살펴본 이기주의는 선호 최대화의 충족 수단으로서만 그 타당성이 인정될 것이다.

공평무사한 이기주의를 옹호하는 또 다른 방법(이는 모든 사람의 이해를 공평하게 고려한 이론의 진정한 대안으로 내놓은 것인데)은 각자가 자신의 이익을 증진시키는 것이 옳거나 합당하다고 주장하는 것이다. 이때 중요한 것은 **이기주의적 입장을 취함으로써 나타나는 타인들에 대한 결과에 각각의 사람들이 관심을 갖지 않는다**는 점이다.[28] 이러한 입장을 취하는 자들은 사람들이 각자의 이익을 개별적으로 추구함으로써 나타나는 결과에 대해 무관심하다. 우리에게 좋은 것으로 판명되건, 나쁜 것으로 판명되건 그에 관계없이 그들은 사람들이 각자의 이익을 추구해야 한다고 주장한다.

---

28 결과에 관심을 갖는 이기주의, 다시 말해 모든 사람들의 선을 극대화하려는 목적을 추구하는 이기주의는 엄밀한 의미에서 이기주의라 할 수 없다. 왜냐하면 여기에서는 이기주의가 단지 공공선을 달성하기 위한 수단으로 사용되고 있기 때문이다. 이의 대안은 비결과론적 이기주의인데 이하에서는 싱어가 이와 같은 이기주의를 선택했을 때의 문제점을 지적하고 있으며, 결국 이기주의 윤리설은 지지될 수 없다는 입장을 취하고 있다.

이러한 이기주의는 비결과론적인 도덕적 주장과 유사한 입장을 취하고 있다. 다시 말해 이는 결과가 어떻게 되었건 우리가 절대 거짓말을 해선 안 된다는 주장과 유사한 입장을 취하고 있는 것이다.

이는 **가능한** 윤리적 입장이다. 이러한 이기주의는 공평무사함이라는 특징을 지니고 있으며, 자기 모순적이지도 않다. 사람들은 얼마든지 이와 같은 원리를 채택할 수 있고, 어떤 반대에도 굴하지 않을 수 있다. 하지만 이성적 존재자의 집단이라면 그 어떤 집단이라도 이와 같은 이기주의를 채택해야 한다는 이유가 도대체 무엇인가? 이러한 이기주의는 막대한 피해를 줄 가능성이 있다. 도대체 윤리적 토대가 우리가 소속된 집단 구성원 모두와 각각에 미칠 결과와 무관해야 하는 이유가 무엇인가?

이러한 이기주의를 옹호하는 사람은 다음과 같이 대답할 것이다. "당신은 그러한 유형의 이기주의를 채택해야 할 이유가 있습니다. 모든 사람이 자신의 이익을 확대해 나가는 것은 옳으며, 따라서 당신은 이기주의를 채택해야 합니다."

이러한 주장을 하는 사람이 의미하고자 하는 바는 무엇일까? 물론 이것이 단순히 이기주의 원리에 대한 화자話者의 개인적인 지지를 나타내는 것일 수 있다. 하지만 오직 주관적으로 선호한다는 이유로 그러한 원리를 지지한다면, 도덕적 논의에서 다른 여타의 선호보다 이기주의에 대한 주관적 선호가 더 중요하다고 생각해서는 안 된다. 즉 이는 다른 것에 대한 선호와 다를 바가 없는 것이다. 이기주의에 대한 선호가 단순히 예컨대 음식에 대한 선호가 아닌 도덕적 원리에 대한 선호라는 이유로 문제를 해결할 수 있다고 생각해서는 안 된다. 만약 도덕적 판단이 주관적 선호에 불과하다면, 그러한 판단은 우리의 결정에 의해 영향을 받는 사람들의 다른 선호들과 더불어 공평하게 그 비중이 측정되어야만 할 것이다.

그런데 이기주의 옹호가 단순한 주관적 선호 표현에 불과한 것이 아니라 결과에 관계없이 참된 도덕적 원리라는 주장일지도 모른다. 비결과론적 입장을 취하는 일반적인 도덕적 견해를 지지하기 위해—설령 그것이 이기주의에 관한 견해가 아니더라도—우리는 토머스 칼라일 Thomas Carlyle[29]을 인용해 볼 수 있을 것이다. 그는 다음과 같이 주장하고 있다. "도대체 윤리를 논하는 데 이익을 거론할 이유가 무엇인가? 우리에겐 올바른 방식과 그릇된 방식이 주어져 있을 따름이다. 우리가 생각해 볼 것이라곤 이 두 가지밖에 없다." 윤리에 대해 이와 같은 견해를 갖는 자들은 살아 있는 존재자들의 선호와 무관한 참이나 거짓이 있다고 상정하고 있다. 그들은 인간—그리고 다른 동물들—의 이익이 일시적이고 편협성을 면치 못하는 경우가 흔히 있음에 반해, 윤리 법칙은 영구적이며 보편적인 특성을 갖는다고 주장한다. 그들은 생명이 있기 전부터 우리가 살고 있는 행성에 윤리 법칙이 존재하고 있었으며, 지구가 싸늘하게 식을 때까지 그와 같은 법칙은 존속될 것이라고 주장한다.[30]

이와 같은 견해 속에는 인간 존재나 선호를 갖는 여타 생물이 존재한다는 것과는 관계없이, 윤리에 영원하고 보편적인 무엇인가가 담겨 있다고 하는 조그마한 진리가 담겨져 있다. 우리가 이제껏 논의해 온 이성적 사고 과정은 영원하고 보편적인 특징을 지닌다. 원리상으로 따

---

29 칼라일(1795-1881): 영국의 비평가, 역사가. 대표적 저서로 『프랑스 혁명』(1837), 『차티즘』(1839), 『과거와 현재』(1843), 『크롬웰의 서간과 강연집』(1845), 『프리드리히 대왕전』(1858-65)이 있다.
30 이는 절대주의 윤리설에 대한 설명이다.

져볼 때, 우리들 스스로의 이익이 수많은 일련의 이익들 중의 하나이며, 타인이 갖는 유사한 이익 이상의 중요성을 갖지 않는다는 결론은 이성적 존재자들이라면 누구나가 수긍할 수 있는 결론이다.

이성적이며 사회적인 존재가 있는 곳이면 그곳이 지구이건, 멀리 떨어진 은하계이건, 그곳에 살고 있는 존재들이 우리가 갖는 기준과 유사한, 공평무사하고자 하는 행위 기준을 가지고 있으리라고(비록 이러한 성향을 제한하는 구속의 강약의 차이는 있을 수 있겠지만) 예측해 볼 수 있다. 하지만 윤리에서의 그와 같은 보편적 요소는 매우 추상적이라 할 수 있다. 따라서 윤리에 보편적 특징이 '존재한다'(인간이나 선호를 갖는 다른 생물이 있건 없건, 그와 무관하게)라고 말할 수 있긴 해도, 선호를 갖는 존재가 실존하지 않는 한 윤리가 갖는 보편적 요소는 무의미하다고 할 수 있다. 만약 이익을 갖는 존재가 없다고 한다면 모든 이익을 공평하게 다루어야 한다는 조건은 전적으로 공허할 수밖에 없다. 그와 같은 조건은 선호를 가진 이성적 존재자(그와 같은 존재자가 있는 경우)가 그에 맞추어 사고하는 어떤 틀로서만 존재한다. 그것은 특정한 행위를 명령하는 구체적인 도덕 법칙으로 존재하는 것은 아니다.[31]

도덕을 하늘에서 전해진 법칙 체계로 파악할 경우, 우리는 자연스럽게 도덕 판단을 우리와 독립적으로 존재하는 도덕 법칙을 서술하려는 시도로 파악하게 된다. 도덕 법칙의 배후를 이루는 실재는 신의 의지인 것처럼 보인다. 어쩌면 과거로부터 있어 온 신성한 입법자에 대한

---

[31] 이익 동등 고려 원리는 형식적 틀로서 그 자체가 어떤 내용을 담고 있지는 않다. 반면 도덕 법칙은 구체적인 행동 지침으로서 그 자체가 내용을 담고 있다. 예를 들어 '거짓말을 하지 말라'는 도덕 법칙에 해당하는 것으로 그 지시 내용이 구체적이다. 반면 이익 동등 고려 원리는 구체적인 행위를 요구하고 있지 않다. 하지만 이러한 원리는 법칙이 어떤 상황에서 적용되어야 하는지의 여부를 결정하는 준거 틀로서 그 기능을 발휘한다.

믿음의 유산이 우리로 하여금 '외부'에 무엇인가가 있다는 생각—이는 우리의 윤리적 판단에 반영되고 있는데—을 갖게 하였는지도 모른다. 하지만 이제 윤리는 이성 능력을 갖춘, 수명이 긴 사회적 동물의 진화의 산물이라고 설명될 수 있다. 이에 따라 우리와 독립하여 존재하는 윤리 법칙을 믿어야 할 필요성은 사라지게 되었다. 그리고 살아 있는 생물들에 독립하여 존재하는 영원한 도덕적 진리—종교적인 틀을 벗어나서—가 있다는 것이 무엇을 의미하는가를 생각하면 할수록 더욱더 그와 같은 관념은 이해할 수가 없어진다. 옥스퍼드의 철학자 J. L. 매키J. L. Mackie[32]가 객관적 가치에 대해서 말했듯이,

> 만약 객관적인 가치가 존재한다면 그것은 매우 이상한 종류의 실재일 것이다. 그러한 가치는 세상에 존재하는 어떤 것과도 전적으로 다를 것이다. 따라서 우리가 그것을 인식하고자 할 경우, 이는 어떤 특별한 도덕적 지각이나 직각 능력을 통해 이루어질 것이며, 여타의 것들을 알게 되는 일상적인 방식과는 매우 다른 방식으로 이루어질 것이다.

객관적 가치가 이상한 종류의 실재라고 말하는 이유는 우리가 앞에서 검토했던 사실과 가치의 구분에 관한 논의를 통해 파악할 수 있을 것이다. 가치들은 본래 실천과 관련된다. 즉 무엇인가에 가치를 부여한다는 것은 가치를 부여하는 사람 자신이 그것을 촉진할 이유가 있다

---

[32] 존 매키(1917-1981): 오스트레일리아의 시드니에서 태어났으며, 『윤리학: 옳고 그름의 탐구』(1977)가 대표작이다. 주관주의적 입장에 서서 '오류설(error theory)'을 내세운 윤리학자로 알려져 있다. 책에서 그는 객관적 가치란 없으며, 도덕성은 발견될 수 있는 것이 아니라 만들어질 수밖에 없다고 주장하고 있다. 존 매키, 『윤리학: 옳고 그름의 탐구』(진교훈 옮김, 서광사, 1990), 5-6쪽 참조.

고 생각하는 것이다. 어떻게 이 세상에 존재하면서 우리들 자신과 우리의 목적, 욕구 그리고 이익과 무관하게 일정한 방식으로 행동할 이유를 제공하는 것이 있을 수 있단 말인가? 다시 한 번 매키를 인용하자면 어떻게 '추구되어야 함(to-be-pursuedness)' 또는 '해선 안 됨(not-to-be-doneness)'이 사물들이 갖는 특성을 가질 수 있단 말인가?[33]

우리는 윤리적 이기주의를 논의하고 있었다. 그런데 결과와 무관하게 참인 도덕적 원리라는 개념에 대항하기 위해 비유하자면 나는 파리를 잡기 위해 중대포를 사용했던 것이다.[34] 어쨌건 '모든 사람들이 결과에 관계없이 자신의 이익을 증진시키기 위해 노력해야 한다'는 원리는 썩 괜찮다는 판정을 받을 만한 도덕 원리는 아니었다. 그런데 철학이라는 대포는 또 다시 포화를 집중시켜야 한다. 왜냐하면 앞에서 살펴본 형태의 이기주의와 유사하게, 영향을 받는 모든 사람들의 선호를 합산하지 않고도 공평무사함의 기준을 충족시킬 더욱 매력적인 도덕 원리들이 있을 수 있기 때문이다. 관례적인 도덕 규칙들은 바로 그와 같은 범주에 들어간다. "거짓말 하지 말라", "선량한 자들의 목숨을 빼앗지 말라", "약속을 지켜라", "간음하지 말라"—이 모든 규칙들은 영향을 받는 자들의 이익과 무관한 궁극적인 도덕적 표준이 존재한다는 사실을 보여 주고 있는 듯이 여겨지는 규칙들이다.

물론 한 사회가 공평한 고려를 통해[35] 모든 사람들의 이익을 최대화하고자 할 경우 채택하여야 하는 원리라는 의미에서, 최소한 이러한

---

33 사물들이 갖는 특성을 가질 수 없다. 만약 이와 같이 주장한다면 그것은 자연주의적 오류를 범하고 있다고 말할 수 있을 것이며, 사실과 가치의 영역 구분을 무시하는 처사라 할 수 있을 것이다.
34 이익 동등 고려 원리라는 결과론적 윤리설을 옹호하기 위해 그에 대항하는 윤리적 이기주의를 포함한 비결과론적 윤리설 일반을 비판하여 논의를 지나치게 확대했다는 의미.

관례적인 도덕 규칙 중 일부는 건전한 행위 원리—하지만 절대적으로 예외 없는 규칙은 아니다—임이 밝혀질 수 있을 것이다. '사회에 사는 모든 사람들의 이익을 최대화할 경우'라는 단서는 그러한 규칙들에 조건부 타당성(dependent validity)을 부여할 것이다. 이는 자유 시장 경제학자들이 주장하는 바와 같이, "모두의 삶을 윤택하게 만들고자 할 경우 우리들 각자가 스스로의 이익만을 추구해야 한다"고 주장하는 유형의 이기주의에서 살펴본 조건부 타당성과 유사하다. 나는 제6장에서 모든 사람의 이익을 증진시키기 위해 사회가 어떤 원리를 채택해야 하는가의 문제로 되돌아갈 것이다. 지금 나의 관심은 관례적 도덕 규칙이 "좋은 결과를 산출하건 나쁜 결과를 산출하건 그 자체가 갖는 권리로 인해 타당하다"는 주장을 부정하는 데 있다. 오직 결과와 무관하게 타당한 도덕 규칙이 있다는 강력한 주장만이 이익 동등 고려 원리가 윤리

---

35 항상 구분하고 있는 것은 아니지만 이 책에서 대체로 싱어는 원리(principle)와 규칙(rule)을 구분하고 있다. 페이턴(Paton)에 따르면 우리의 도덕성은 1) 궁극적인 판단의 근거가 되는 도덕 원리, 2) 인류로서의 사람들에게 적용되는 십계명과 같은 도덕 법칙, 3) 군인이나 사형 집행자에게는 죽이는 것이 의무일 수 있다는 진술과 같은 도덕 규칙, 4) 나는 존 스미스를 죽여서는 안 된다는 판단과 같은 개별적 도덕 판단으로 나누어진다. H. J. 페이턴, 『칸트의 도덕철학』(김성호 옮김, 서광사), 32쪽.
한편 C. E. 해리스(Harris)는 도덕 이론이 세 단계로 나누어진다고 말한다. 1) 도덕 규준(standard). 이는 기본적인 도덕 원리, 즉 하나의 이론에 관하여 옳고 그름의 결정 기준을 제공하는 원리이다. 예) 최대의 유용성을 산출하거나 또는 적어도 다른 행위들(또는 규칙들)보다 많은 유용성을 산출하는 행위들(또는 규칙들)은 옳다. 2) 도덕 규칙(rule). 두 번째 혹은 중간 단계는 도덕 규준으로부터 도출된 일반적인 원리들로 구성되어 있다. 이러한 도덕 원리들은 많은 개별적 도덕 판단들을 정당화시킬 수 있다. 이들은 도덕 판단보다 더 넓은 영역의 행위에 적용된다. 이러한 중간적인 도덕 원리를 도덕 규칙이라고 부른다. 예) 사형은 그르다. 3) 도덕 판단(judgment). 도덕 판단은 개인과 행위에 대한 도덕적 평가이거나, 아니면 적어도 도덕 규칙에서 다룬 것보다 더 구체적인 행위 또는 인간에 대한 도덕적 평가이다. 예) 김모 씨의 처형은 그르다.
이 책에서 싱어가 이익 동등 고려 원리라 부르는 것은 해리스의 도덕 규준, 그리고 페이턴의 도덕 원리라 할 수 있을 것이고, 규칙 도덕은 도덕 규칙 내지 도덕 판단, 그리고 페이턴의 도덕 법칙, 도덕 규칙, 도덕 판단에 해당하는 것이라 할 수 있다. C. H. 해리스, 『도덕 이론을 현실 문제에 적용시켜 보면』(김학택·박우현 옮김, 서광사), 62-70쪽.

의 유일한 이성적 토대가 된다는 생각을 흔들어 놓을 수 있을 것이다.

내가 관례적 도덕 규칙들이 무조건적으로 타당한 윤리 원리임을 부정하는 이유는 이기주의 원리가 우리 모두에게 미치는 결과와 무관하게 타당하다고 했을 때 그 원리를 거부하는 이유와 동일하다. 만약 도덕 규칙들이 좋은 결과를 산출하기 때문에 집단에 권장되는 것이 아니라면, 도대체 그러한 규칙들은 어떤 근거에서 권장되고 있는 것일까?[36]

한 가지 가능성은 특정 도덕 규칙을 지켜야 한다고 주장하는 사람들이 모두 이러한 규칙을 준수하고자 하는 자신의 주관적 선호를 표현하고 있다고 파악하는 것이다. 하지만 만약 그렇다면 도덕 규칙에 대한 선호는 유사한 강도의 선호 이상으로 평가되어선 안 된다. 이렇게 본다면 규칙을 준수하고자 하는 욕구는 그에 따름으로써 좌절되거나 충돌되는 욕구들과 비교하여 그 경중이 평가되어야 한다. 이 경우 우리는 선호들 간의 갈등을 공평하게 판결해야 하는 과제를 그대로 안고 원래의 위치로 되돌아온 격이 된다.

반면 사람들이 도덕 규칙을 준수해야 한다고 말하되, 그것이 그들의 주관적 선호 때문이 아니라 그러한 규칙이 무조건적으로 타당하다는 이유 때문에 준수해야 한다고 말하면, 우리는 또 다시 그와 같은 주장이 전제하는 독립적으로 존재하는 도덕적 실재의 본성에 대해 물어보아야 한다. 결과와 무관하게 타당한 도덕 규칙이라는 개념은 '영향을 받는 모든 사람들의 이익에 대한 공평한 고려에 기초하여 내린 결론

---

[36] 만약 결과와 무관하게 타당한 관례적 도덕 규칙이 존재한다면 그것은 이익 동등 고려의 원리가 유일한 이성적 추론의 결과라는 주장에 대한 강력한 반론이 될 수 있을 것이다. 그런데 싱어에 따르면 관례적 도덕 규칙이 사회에서 인정을 받는다면 그것은 그 규칙을 지킴으로써 나타나는 결과와 무관할 수 없다. 즉 그러한 규칙은 좋은 결과를 산출하기 때문에 옹호될 수 있으며, 나쁜 결과를 산출한다면 그러한 규칙은 자연 도태될 수밖에 없었으리라는 것이다.

들'에 대항하기엔 역부족이다. 왜냐하면 그러한 개념은 더욱 자연스럽고 신비하지 않은 방식으로도 얼마든지 설명될 수 있는 인간 삶의 영역에 객관적인 도덕적 실재라는 당혹스러운 관념을 쓸데없이 도입하고 있기 때문이다.[37]

이와 같은 대응을 통해 이익 동등 고려 원리(The principle of impartial consideration of interests)는 윤리를 다른 토대에 근거지우려는 대안들의 도전을 견뎌내게 된다. 그리고 바로 이러한 원리만이 윤리의 이성적 토대로 남게 된다. 이는 중요한 결론인데, 너무나도 중요한 결론이기 때문에 거기에 도달하게 된 방식을 간단하게나마 다시 살펴볼 필요가 있다.

도덕적 결정을 내리는 경우, 나는 타인이 수긍할 수 있는 결정을 내리고자 한다. 이러한 결정은 단지 나의 것이라는 이유만으로 내 스스로의 이익을 나의 것과 유사한 타인의 이익 이상으로 간주하지 않는 시각을 요구한다. 만약 내 스스로의 이익을 선호하고자 할 경우, 이는 좀 더 공평한 어떤 원리를 통해 정당화되어야 할 것이다. 언뜻 보았을 때 이익 동등 고려의 원리는 타인이 나의 이익에 별다른 관심을 기울이지 않는 한, 나 또한 그들의 이익에 그다지 관심을 기울이지 않거나, 아예 관심을 갖지 않는 몇몇 원리를 포함하여 모든 종류의 도덕 규칙 및 원리들보다 나을 바가 없는 것처럼 느껴지기도 한다. 하지만 방금 언급한 도덕 규칙이나 원리들을 조사해 볼 경우, 우리는 그것들을 권하는 이유가 '모든 사람들의 이익을 증진시킬 것'이라는 이유 때문

---

[37] 하먼(G. Harman)은 '도덕적 사실'을 통해 도덕적 관찰을 설명하는 것보다 도덕 감각을 통해 관찰을 설명하는 것이 '단순성'이라는 측면에서 더 나은 설명이라고 생각한다. 바꾸어 말해 도덕적 관찰을 우리의 마음이나 도덕적 감각으로 설명할 수 있다면 굳이 설명을 위해 도덕적 사실을 가정할 필요가 없다는 것이다. Gilbert Harman, *The Nature of Morality*(Oxford Univ. Press, 1977), 7쪽 참조.

이거나, 또는 '단순히 그것들 자체가 옳다'는 이유 때문이라는 사실을 발견하게 된다. 만약 두 가지 근거들 중 첫 번째 이유가 설득력이 있는 것으로 밝혀진다면 이익 동등 고려 원리는 도덕의 궁극적 기초로 남게 된다. 그리하여 '어떻게 해야 모든 사람들의 이익을 가장 잘 증진시킬 수 있을까?'라는 과제를 수행하는 문제만이 남아 있게 된다. 반면 간단하게나마 윤리의 기원에 대한 설명을 알고 나면 도덕 법칙이 살아 있는 존재의 이익과 선호(preference)[38]에 독립하여 존재한다는 주장은 받아들이기가 어렵다. 만약 독립적인 도덕적 실재라는 개념이 지탱하여 주지 않는다면 비결과적 도덕 규칙이나 원리들을 옹호하는 주장은 집합적 관점에서 보았을 때, 다른 선호 이상의 비중을 둘 수 없는 개인적인 선호를 표현한 것에 지나지 않게 된다.[39] 그리하여 서로 다른 도덕적 이상들(ideals) 간의 대립은 여타 선호들끼리의 대립과 마찬가지로 처리할 수 있게 된다. 다시 말해 도덕적 이상을 공평하게 평가하여 보고, 개략적이나마 가장 큰 선호를 충족시킬 수 있는 것을 선택함으로써 이상들 간의 대립을 해소할 수 있게 된다는 것이다.

나는 이상과 같은 논의 방식을 오직 두 가지 윤리적 견해, 즉 이기주의와 관례적 도덕 규칙에만 적용해 보았다. 하지만 내가 제시한 논의 방식은 이익 동등 고려 원리의 대안이나 변형으로 제시되는 가치에는

---

[38] 20세기의 후생경제학자들은 쾌락과 고통이라는 극히 주관적인 범주 대신 그 대안으로서 선호(preference)라는 관찰 가능한 범주를 그 비교 척도로 삼는다. 여기에서 공리는 쾌락이 아니라 선호의 만족으로 정의된다. 김명식, 「환경윤리에 관한 연구」(고려대, 박사학위 논문, 1996), 33쪽 참조.
[39] 선호공리주의의 강점은 우선 이론적인 편의의 문제로 볼 수 있다. 쾌락의 정도는 본인만이 느낄 수 있는 반면 선호의 정도는 밖으로 표출 가능하기 때문에 타인들도 그것을 관찰할 수 있다. 선호의 만족으로 복지를 측정할 때, 그 사람의 선호가 만족되었느냐는 관찰을 통해 확실하게 파악할 수 있다. 김명식, 「환경윤리에 관한 연구」, 32쪽 참조.

어디에건 적용이 가능하다. 가령 우리는 위에서의 논의 방식을 정의正義, 그리고 인권이 '이익에 대한 공평한 고려'에 독립해 있는 윤리 원리들이라는 생각에 적용해 볼 수 있다. 우리는 그와 같은 원리들에 대해 항상 다음과 같은 질문을 던질 수 있다. 원리가 단지 주관적인 선호에 불과한가? 그렇다면 그러한 원리에 동등한 세기(strength)를 갖는 다른 선호들 이상의 비중을 두지 말도록 하자. 한편 원리가 우리와 독립하여 존재하는 세상의 한 요소이며 진리로 간주되고 있는가? 이때 우리는 세상에 본래부터 존재하는 윤리적 진리에 대한 설명, 즉 그것을 어떻게 인식할 수 있으며 그것이 우리의 욕구와 무관하게 행동할 이유를 제공하는 것은 무엇 때문인가에 대한 설명을 요구해야 한다. 그럴 듯한 설명이 주어지기 전까지는—그러한 원리들은 아직까지 적절한 설명을 제시하지 못하고 있는데—윤리가 우리의 사회적 본능과 이성 능력으로부터 진화되었다는 좀 더 단순한 이론을 따르도록 하자. 그리고 윤리적 의사 결정의 유일한 토대로서의 이익 동등 고려 원리—이 원리는 우리가 이익을 갖는다는 사실을, 그리고 우리 스스로의 이익이 타인의 이익에 비해 더 중요하지는 않다고 생각할 수 있을 정도로 우리가 이성적이라는 사실을 전제한다—를 고수하도록 하자.

도덕적 고려 범위의 확장

원래 공평무사함이라는 관념은 윤리가 '자신의 행위를 자신이 속해 있는 종족 집단이나 사회에 비추어 정당화시킨다'는 의미를 함축하고 있기 때문에 이 논의에 도입되었다. 앞의 몇몇 페이지에서 살펴본 철학적인 논의를 통해 우리는 공평무사함이라는 관념을 도출해냈다. 하지만 거기에는 자신이 속해 있는 사회에 대한 언급이 없었다. 그와 같은 배제는 의도된 것으로, 내가 지금부터 설명해야 하는 부분이다. 행동들 중에는 우리가 속해 있는 사회에서는 수용할 수 있지만 다른 사회의 구성원들은 받아들일 수 없는 것들이 있다. 종족 도덕(tribal morality)은 바로 그와 같은 유형의 규율에 해당한다. 종족 도덕에서는 의무가 오직 종족의 성원들로 제한된다. 이방인들은 매우 제한된 권리를 갖거나 전혀 권리를 갖지 못한다. 종족 구성원 살해는 그릇된 행동으로 처벌되지만, 당신이 우연히 길에서 마주친 다른 종족의 구성원을 살해하는 것은 찬양받기조차 한다. 이처럼 자기 편과 다른 편을 구분하는 것은 문맹(illiterate) 종족에서만 나타나는 현상이 아니다. 성경에는 히브리인들에 대한 명령이 나온다.

> 네 동족이 빈한하게 되어 네게 몸이 팔리거든 너는 그를 종으로 부리지 말고…… 너의 종은 남녀를 무론하고 너의 사면 이방인 중에서 취할지니 남녀종은 이런 자 중에서 살 것이며, 또 너희 중에 우거한 이방인의 자녀 중에서도 너희가 살 수 있고 또 그들이 너희 중에서 살아서 너희 땅에서 가정을 이룬 그 중에서도 그리 할 수 있은즉 그들이 너희 소유가 될지니, 너희는 그들을 너희 후손에게 기업으로 주어 소유가 되게 할 것이라. 이방인 중에서는 너희가 영원한 종을 삼으려니와 너희 동족 이스라엘 자손은 너희 피차 엄하게 부리지 말지니라.

이는 유대인들에게는 공평무사하게 권장될 수 있는 규범이다. 하지만 이러한 규범은 가나안 사람들에게는 권장되기 어렵다. 이와 같은 종족 규범은 고대 그리스에서도 마찬가지로 살펴볼 수 있다. 고대 그리스에서는 '이방인 후대법'의 적용을 받는 손님이 아닌 이상 권리를 갖지 못했다. 처음에는 이러한 내·외부인의 구분이 심지어 이웃해 있는 그리스 도시 국가 시민들에게까지도 적용되었다. 기원전 5세기 중반의 묘비에는 다음과 같은 글이 적혀 있다.

> 이 기념비는 매우 훌륭한 사람의 육신을 위해 세워졌다. 메가라 출신의 피티온Python은 일곱 명을 살해하였으며 그들의 몸에 일곱 군데의 창 자국을 냈다…… 세 명의 아테네 시민을 구한 이 사람은…… 이 땅에 살고 있는 그 누구에게도 슬픔을 안겨주지 않았으며, 모든 사람들의 축복 속에 지하 세계로 떠났다.

아리스토파네스Aristophanes[40]는 아테네인들을 위협하는 그리스인 적들의 굶주림을 희극적으로 묘사하면서 위에서의 서술 내용과 유사한 특징을 보여 주고 있다. 그들의 굶주림은 아테네인들이 그들을 황폐화시킨 데 따른 것이었다. 플라톤은 이와 같은 종족 도덕을 한 단계 발전시켰다. 그는 그리스인이 전쟁을 통해 다른 그리스인의 땅을 황폐화시키거나 집을 무너뜨려선 안 되며, 다른 그리스인을 노예로 삼아서도 안 된다고 주장했다. 플라톤에 따르면 그들이 착취할 수 있는 대상은 오직 비그리스인들에 국한된다는 것이다.

이러한 예들은 얼마든지 들 수가 있다. 고대 아시리아[41] 왕들은 그들이 어떠한 방법으로 아시리아인이 아닌 적들을 고문했으며, 어떻게

---

[40] 아리스토파네스(기원전 445?–385?): 고대 그리스의 최대 희극 시인.

적들의 시체로 산과 들을 가득 채웠는가를 비석에 자랑스럽게 새겨 놓고 있다. 로마인들은 미개인들을 동물처럼 포획해도 무방한 존재로 간주했으며, 그들을 콜로세움에서 상대를 죽임으로써 관중을 끌어 모으는 역할이나 하는 존재쯤으로 생각했다. 유럽인들이 서로를 이러한 방식으로 파악하지 않게 된 것은 최근의 일이다. 200년이 채 되지 않은 과거에 살았던 사람들 중 상당수는 아프리카인이 윤리적 고려의 대상이 아니라고 생각했다. 이에 따라 그들은 아프리카인을 거두어서 필요한 작업에 쓸 수 있는 자원으로 간주했다. 이와 유사하게, 영국에서 이주한 수많은 정착민들은 오스트레일리아 원주민들을 일종의 해충(편의에 따라 언제든지 사냥해서 살해할 수 있는)과 같은 존재들이라 생각했다.

이렇게 본다면 집단과 집단 사이가 아닌, 한 집단 내의 개인들 사이에서 공평무사한 관점을 갖는다는 것으로부터 보편적 관점을 갖는 것으로의 이행은 실로 엄청난 변화라 할 수 있을 것이다.[42] 사실상 이는 너무 엄청난 변화라서 아직까지도 이러한 이행은 겨우 관념적으로만 수용되는 시점에 머물러 있으며, 실천 단계에서 받아들여지려면 아직도 먼 길을 가야 한다. 그럼에도 이러한 이행은 과거로부터 오늘날까지 도덕적 사고가 흘러온 방향이다. 이와 같이 흘러온 것은 역사상의 우연한 사건일까? 아니면 이성 능력이 우리를 인도한 방향일까?

---

41 아시리아: 메소포타미아의 북부에서 일어나 고대 오리엔트 최초의 세계 제국을 세운 셈족계 국가. 아시리아의 영토는 이라크 북부 북위 37도 부근에서부터 남쪽으로 티그리스 강과 소자브 강의 합류점 부근에 이르고, 서쪽으로는 광막한 평야로 연결되는 티그리스 강 중·상류와 그 지류의 유역을 중심으로 역삼각형을 이루었다. 동쪽으로 비옥한 골짜기가 있어서 농경에 적합했다.

42 과거로부터 윤리적 행위는 보편적인 관점에서 받아들여질 수 있는 것이라고 생각되어 왔다. 윤리가 보편적인 관점을 취한다는 의미는 윤리적인 판단을 내릴 때 우리가 스스로의 호불호를 넘어서야 한다는 것이다. 피터 싱어, 『실천윤리학』, 29-30쪽.

그런데 이성 능력이 우리가 소속되어 있는 집단 내에서의 공평무사함보다 많은 것을 요구할 수밖에 없는 이유는 무엇일까? 내가 소속되어 있는 집단의 이익은 다른 집단 구성원들의 이익을 무시함으로써 더욱 잘 확보될 것이다. 때문에 어떤 행위를 공적公的으로 정당화하고자 할 경우 우리는 방금 언급한 바 이상의 것이 필요하지 않다고 생각할 수도 있을 것이다. 실제로 내가 소속되어 있는 집단의 이익과 타집단의 이익을 동등하게 생각해선 안 된다고 말하는 것이야말로 공적인 정당화 방법이 아닐까?

이러한 주장은 이성적 사고가 갖는 자율성(내가 에스컬레이터로 묘사했던 특징)을 간과하고 있다고 말할 수 있다. 만약 에스컬레이터가 무엇을 하는 것인지 잘 모르겠다면 조금만 타고 올라가 볼 의향으로 올라타 보면 된다. 일단 올라타면 우리는 끝까지 가지 않을 수 없음을 알게 된다. 이와 유사하게 우리가 이성적 사고를 하기 시작하면 그것이 어디에서 멈추게 될지를 말하기 어렵다. 우리의 행위를 공평무사한 입장에서 옹호하고자 하는 이유는 인간이 사회적 특성을 가지고 있기 때문이며, 집단생활을 하고 있다는 이유 때문이다. 그런데 이성적 존재의 사고는 집단의 경계를 넘어서 자신을 확장해 가는 자체의 논리를 지니고 있는 듯이 보인다.

이러한 과정을 보여 주는 역사적 사례 두 가지만 들면 다음과 같다. 그 첫째는 상속법에 관한 것이다. 한때 유럽의 여러 곳에서는 외국인의 재산 상속을 금지한 적이 있었다. 프랑스에서 재산을 가지고 있던 독일인이 사망했을 경우 그의 재산은 모두 몰수되었다. 어떤 나라에서는 단지 한 관구에서 다른 관구로 옮겨간 사람에게도 그러한 법률이 적용되었다. 프랑스에서는 1790년 혁명 프랑스 국민의회(Revolutionary

French National Assembly)[43]가 이 법률을 철폐했다. 그들은 그와 같은 법률이 형제애 원칙에 위배된다고 생각했던 것이다. 그런데 이러한 행보는 계몽주의 사상가들에 의해 촉발된 집단적 추론(collective reasoning)의 좋은 사례라 할 수 있다. 이는 집단선택(group selection)이라는 협소한 성향에 대한 승리를 의미한다. 그런데 마치 이타성이 자신이 속해 있는 집단에 제한되지 않을 수는 있어도, 그러한 제한이 상호 이익을 주고받는 자들을 넘어서지 못한다는 것을 증명이라도 하듯이, 몇 년 지나지 않아 나폴레옹 법전(Code Napoléon)은 오직 자국 영토 내에서 외국인들에게 호혜적 권리를 부여하는 국가 출신의 외국인들만으로 상속법 철폐의 범위를 제한했다. 하지만 이러한 호혜적 이타성마저도 진보를 오랫동안 막고 있을 수는 없었다. 즉 그와 같은 범위 제한은 1819년 폐지되었던 것이다. 참고적으로 말한다면 영국에서는 1870년에 이르기까지도 외국인들이 영국민들과 동등한 재산 상속권을 획득하지 못했다.

윤리의 경계를 확장하는 이성의 발전 과정을 보여 주는 두 번째 사례는 좀 더 최근의 것이다. 이는 미국 내 인종 문제를 다룬 군나르 뮈르달 Gunnar Myrdal의 획기적인 연구서 『미국의 딜레마*An American Dilemma*』[44]에서 가져온 것이다. 이 책은 1944년에 출간되었으며, 대부분의 연구는 전쟁 이전에 행해졌다. 이 책은 미국 내에 살고 있는 흑인이 겪고 있는 상황을 서술하고 있으며, 60년대 시민권 운동이 성공하기 훨씬 전의 흑인에 대한 백인의 태도를 그리고 있다. 그럼에도 뮈르달은 인종주의적

---

43 국민의회: 프랑스혁명 초기에 성립한 최초의 근대적 의회. 이 명칭은 그 후에도 두 차례 사용되었다. 1789년 9월 26일 인권선언을 채택하여 행정, 사법의 개혁에 착수하였고, 이로 인해 국민의회의 원리를 이룬 정치적 민주주의가 확립되었다.
44 『미국의 딜레마』: 1938-40년까지의 미국 흑인의 사회적·경제적 문제를 다룬 뮈르달의 저서.

태도에 일침을 가하는 윤리적 추론 과정을 간파해내는 데 성공하고 있다. 다음은 그와 같은 과정을 서술하고 있는 핵심 구절의 일부다.

> 한 개인은…… 도덕적인 고립 속에서 행동하지 않는다. 그는 외부로부터의 간섭에서 벗어나 있지 않으며, 임의로 자신의 입장을 합리화할 수도 없다. 반대로 그의 가치 평가는 의문과 논쟁의 대상이 될 것이다. 민주주의란 '토의를 통해서 이루어지는 통치'를 말한다. 정도의 차이는 있겠지만, 다른 통치 형태도 토의를 통해 이루어지는 통치라는 점에서는 일맥상통하다. 도덕적 논의는 가까운 가족이라는 테두리에서 국제 회의석상에 이르기까지 모든 집단에서 통용되고 있다…… .
>
> 서로 간에 주고받는 이러한 도덕적 비판 과정에서 한 쪽 집단 또는 다른 쪽 집단은 좀 더 고차적이고 일반적인 수준에서의 가치 평가—어떤 조그마한 집단에만 한정되지 않고 모든 인류를 거론하는—에 호소하게 된다. 이는 그와 같은 가치 평가가 사회의 모든 집단들 사이에서 공통적으로 지지되기 때문에 나타나는 현상이다. 또한 그와 같은 평가가 전통적으로 부여받은 명성 때문에 나타나는 현상이기도 하다. 이와 같이 민주적으로 이루어지는 공개적인 논의 절차로 인해 좀 더 넓은 가치 영역을 의식적으로 주목하게 되는 경향이 나타나게 되었다. 한 개인이나 집단이 어떤 특정한 순간에 자신에게 유리하다고 생각해서 자발적으로 호소하는 경우보다는 이러한 공개적인 논의 절차를 통하여 가치 영역의 확대는 더욱 잘 의식된다…… .
>
> 도덕적 가치 판단의 위계질서 내에서 논리적 일관성을 유지하려는 느낌을 갖게 되는 것은—그리고 도덕 체계가 불안정하다는 느낌을 갖게 되는 것(이는 사람들을 당혹스럽게 만들며, 간혹 낙담을 불러일으키기도 한다)은—오늘날에 이르러 유난히 강렬해졌는데, 이는 새로운 현상이라 할 수 있다. 이동이 별로 없

고, 지적인 의사소통이 그다지 이루어지지 않았으며, 공공 토론의 기회가 거의 없던 이전 세대들은 가치 갈등에 노출되는 경우가 별로 없었다. 잘못된 믿음을 갖게 됨(이를 통해 사람들은 목표를 달성하고자 했으며, 그리하여 스스로가 견지하는 가치를 더욱 완벽하게 합리화했다)으로써 얻게 되는 손실은 과학의 발전이 이루어지지 못하고 교육의 기회가 적었던 시대에 더욱 컸다. 이와 같은 시대간의 편차는 오늘날 우리가 살고 있는 사회의 서로 다른 계층(이들은 교육 수준이 다양하고, 좀 더 커다란 사회와의 의사소통 경험에서도 천차만별이다) 사이에서도 관찰된다. 즉 분절되지 않고 전통적인 경계를 넘어서지 않는 고립되고 뒤떨어진 준-가족 사회로부터 문화 중심의 지성인 집단에 이르기까지 그 편차는 다양하게 나타나고 있는 것이다. 누군가가 전자의 집단에서 후자의 집단으로 이동할 경우 그의 도덕적 가치 평가 영역은 유연성을 얻게 될 것이며, 다른 한편 그의 평가 영역에는 애매하고 불투명한 것들이 나타나게 될 것이다. 동시에 더욱 일반적인 가치들이 우위를 점하여 점차적으로 지역, 계급, 그리고 다른 소집단의 전통적인 특징에 얽매어 있는 가치들을 넘어서게 될 것이다. 앞에서 언급한 내용을 확실하게 일반화시켜 말하자면, 전체적으로 우리 사회는 좀 더 일반적인 가치를 추구하는 방향으로 신속하게 이행해 가고 있다.

뮈르달은 도덕적 영역의 확대에 관한 구체적인 사례를 서술하고 있다. 그는 20세기의 지식과 의사소통 방식에 주목하고, 그러한 것들이 자신이 서술한 바의 진행을 촉진시키고 있다고 생각했다. 그런데 이들 외에도 영역의 확장으로 이끌어 가는 수없이 많은 힘들이 인간 역사를 관통하여 작용해 왔다. 물론 어느 체제보다도 민주주의 체제 내에서 더욱 많은 도덕적 논의가 이루어질 수 있을 것이다. 하지만 어떤 공동체이건 어느 정도까지는 논의가 이루어질 수 있는 법이다. 물론 일관성 있는 가치 평가를 하려는 욕구는 오늘날에 와서 더욱 강렬해졌다고 할 수 있다. 하지만 이는 적어도 일관되지 못함을 인류가 인식할 수 있게 된 최초의 순간부터 잠재력으로 작용하고 있었다. 과학의 발달과 교육의 확대는 비교적 최근에 이루어졌지만 양자가 기초해 있는, 지식을 추구하고자 하는 욕구 자체는 그렇지 않다. 뮈르달의 설명 중에서 이전 시기에 적용할 수 없는 유일한 것은 "사회의 모든 집단들이 공통으로 지지하기 때문에 **모든** 인류에 대한 호소가 이루어진다"는 그의 주장이다. 모든 인간을 거론하는 주장이 항상 진리로 군림해 왔던 것은 아니었다. 하지만 좀 더 많은 존재들을 대상으로 삼는 가치 평가가 결국에 가서는 더욱 많은 지지를 얻게 된다는 것은 일반적인 경향으로, 뮈르달의 경우가 한 예라 할 수 있다. 플라톤이 살아 있을 당시의 사람들은 '모든 인간 존재'에 관한 주장에 호소하는 것을 터무니없다고 생각했을 것이다. 하지만 단지 아테네인들만이 아니라 모든 그리스인들의 복리를 고려하라는 플라톤의 호소는 진보적인 역할을 하였던 것으로, 그의 호소는 오늘날 모든 인류에 대한 호소가 진보적인 역할을 하고 있는 것과 유사하다고 할 수 있다.

계급 혁명의 역사를 연구하면서 마르크스Marx는 방금 언급한 바와 같은 확장 경향에 주목했다.

> 관념적으로 이야기해서 기존의 지배 계급을 대체하는 새로운 계급은 각각 그 목적을 달성하기 위해서라도 자신들의 이익을 사회 구성원 모두의 공동 이익으로 표현하지 않을 수 없다. 그들은 자신들의 사상에 보편성이라는 형식을 부여해야 하며, 그것들을 합리적이며 보편타당성을 갖는 유일한 것으로 나타내야 한다…… 그러한 방법을 통해 새로운 계급은 이전의 계급보다

폭넓은 토대를 확보하여 지배권을 획득할 수 있게 되는 것이다.

　마르크스는 역사를 유물론적 입장에서 파악한다. 따라서 그는 확장을 하려는 본래적인 특징을 갖추고 있는 이성적 사고가 자신이 서술하고 있는 과정에서 중요한 인과적(causal) 역할을 한다는 사실을 받아들일 수가 없었을 것이다. 오히려 그는 이성적 사고에 대한 강조가 혁명을 이루고자 하는 자들의 계급적 이익을 은폐한다고 생각했을 것이다. 하지만 마지막으로 귀결되는 곳은 동일하다. 마르크스는 계급이나 국가 간의 경계에 의해 나누어지지 않는 사회로서의 공산주의를 마음에 그리고 있었다. 이렇게 본다면 사실상 그는 가능한 한 가장 보편적인 형태의 인간 사회를 염두에 두고 있었던 것이다. 설령 마르크스가 관념이 갖는 힘에 별다른 감흥을 느끼지 못했다고 하더라도, 사실상 보편성의 관념은 그의 사고를 강력하게 지배하고 있었던 것이다.
　이제 우리는 윤리적 경계 확장의 이성적 토대에 대해 말할 수 있게 되었다. 한 집단 내에서의 공평무사성을 논하기 위해서는 이기주의적 사고를 거부해야 한다. 윤리적으로 사고하기 위해 나는 내 스스로의 이익이 집단을 이루는 사람들의 수많은 이익 중의 하나라고 생각해야 하며, 그것이 다른 사람의 이익과 동등하다고 생각해야 한다. 나의 행동을 집단에 비추어 정당화하려 할 경우 '너는 너고 나는 나'라는 사실이 중요한 것이 아니라는 관점을 취하게 된다. 집단 내에서의 여타 구분들은 윤리적 고려의 대상이 될 수 없다. 어떤 사람이 당신보다 나와 더 가깝다거나, 공동체를 구성하는 수많은 마을들 중 바로 내가 사는 마을에 산다는 사실은 어떤 것을 선호하는 것에 대한 윤리적 정당화가 될 수가 없다. 윤리적 정당화는 당신이 당신의 혈연이나 동료 마을 사람들에게 행하는 바 이상을 내가 나의 혈연이나 동료 마을 사람들에게 행하는 것을 용납하지 않는다. 물론 윤리 체계라면 그 어느 곳의 체계이건 혈연과 이웃에 대한 특별한 의무를 잘 파악하고 있을 것이다. 하지만 보편적 윤리의 관점에서 보았을 때 혈연과 이웃에 대한 의무는 공평무사함이라는 틀, 다시 말해 나의 혈연과 이웃들에 대한 의무가 다른 사람들의 혈연과 이웃에 대한 의무 이상의 중요성을 갖지 않음을 인식하는 틀 안에서의 의무를 뜻한다.

윤리적 관점에서 보았을 때 나와 혈연, 그리고 이웃들의 이익이 내가 소속되어 살고 있는 사회 내의 다른 사람들의 이익 이상의 중요성을 갖지 않는다는 사실을 알았다면, 그 다음 단계는 내가 속해 있는 사회의 이익이 다른 사회의 이익에 비해 중요한 이유가 무엇인가를 묻는 것이다. 만약 내가 소속된 사회이기 때문이라는 것이 유일하게 제시될 수 있는 답변이라면, 이성을 이용한 윤리적 추론은 그와 같은 답변을 거부할 것이다. 만약 거부하지 않는다면 우리는 다음과 같은 입장을 동시에 견지하는 셈이 될 것이다.

1) 만약 내가 하는 일이 옳고 당신이 하는 일이 그르다고 주장한다면, 나는 당신의 행동이 당신(또는 당신의 혈연이나 마을)에게 이익을 주는 반면 나의 행동은 나(또는 나의 행동)에게 이익을 준다는 사실 외에 다른 이유를 제시해야 한다. 그럼에도

2) 나는 단순히 나의 행동이 내가 소속되어 있는 사회에 이득을 가져다주는 반면, 당신의 행동은 당신의 사회에 이득을 가져다 줄 것이라는 근거에서 당신이 하는 행동은 잘못되었음에 반해 나의 행동은 옳다고 주장할 수 있다.

이성적으로 사고하고 있는 이상, 이성적 존재는 자신들의 신념들 사이에서 일어나는 위에서와 같은 모순을 받아들일 수 없을 것이다. 윤리적인 관점에서 보았을 때, 내가 단지 내가 속해 있는 사회의 많은 사람들 중에 하나임을 알게 되었다면, 또한 전체라는 관점에서 볼 때 나의 이익이 내가 속해 있는 사회에 살고 있는 타인들이 갖는 유사한 이익보다 중요하지 않다는 것을 알게 되었다면 나는 다음과 같은 사실을 기꺼이 받아들이게 될 것이다. 즉 좀 더 넓은 관점에서 보았을 때 나의 사회가 여러 사회들 중의 하나에 불과하며, 좀 더 넓은 시각에서 볼 때 내가 소속되어 있는 사회 구성원의 이익이 다른 사회에 살고 있는 사람들의 유사한 이익보다 중요하지 않다는 점을 수용하게 될 것이다. 윤리적 추론은 일단 시작되면 당초에 제한되어 있던 윤리적 지평을 밀어내고 좀 더 보편적인 관점을 취하도록 우리를 인도한다.[45]

이와 같은 과정은 어디에서 종지부를 찍을 것인가? 도덕적 추론이 갖는 공평무사성이라는 특징은 그 논리적 귀결로써 첫째, 모든 인간에 대해 동등하게 관심을 가질 것을 요구한다. 프랑스 혁명을 이끈 자들은 자유 및 평등과 더불어 동포애 또는 '인간들 간의 형제애'를 자신들의 이상에 포함시켰는데, 이를 통해 그들은 혈연들에게만 느끼는 관심을 모든 인류에게로 확장하고자 하는 계몽의 이념을 훌륭하게 구현해냈다. 오늘날 범인류적 형제애라는 이상을 거론하는 것은 공식적인 수사적 기교가 되었다. 하지만 그러한 이상과 이상의 현실에로의 전환은 별개이다. 어떤 나라의 국민들이 기아에 굶주려 허덕이고 있을 때, 다른 어떤

---

[45] 다윈 또한 싱어와 유사한 주장을 내세우고 있다. 아이블아이베스펠트에 따르면 "다윈은 아는 사람과의 연결 끈인 친근감을 소집단을 넘어서서 전 인류에로 확장하는 것이 문화인의 중대한 과제라고 생각했다." 아이블아이베스펠트, 『사랑과 미움』(조정옥 옮김, 민음사, 1996), 134쪽.

나라의 국민들은 전대미문의 사치에 탐닉하고 있다면 그곳에 형제애란 있을 수 없다. 잘 알려진 사례 한 가지만을 들어보겠다. 미국인들이 소비하는 엄청난 양의 고기—그러한 고기들은 곡물과 콩 등으로 사육되는 동물에서 산출되는데—들은 평균 잡아 1년에 2,000파운드에 해당하는 곡식을 먹어치운다. 이에 반해 인도인들은 1년에 450파운드의 곡식을 소비하는 데 불과하다. 이는 인도인들이 곡물을 먹은 동물을 식사의 대상으로 삼음으로써 곡물을 간접적으로 섭취하지 않고(이는 곡식이 갖는 음식으로서의 가치를 95퍼센트나 낭비해 버리는 과정이다) 곡물을 직접 소비하기 때문에 나타나는 현상이다. 도대체 어떤 형제가 자신의 형제들이 굶고 있을 때 그와 같이 많은 양의 음식을 소모해 버린단 말인가?

　이타적으로 대해야 할 대상의 범위는 가족과 혈연으로부터 국가와 인종으로 확대되어 왔고, 이제 인간이라면 누구에게나 의무가 확대되어야 함을 의식하는 시점에 와 있다. 그런데 인간을 고려하는 데서 그러한 과정이 멈추어서는 안 된다. 이전에 쓴 책 『동물해방Animal Liberation』에서 나는 인류 종의 이익만을 동등하게 고려하는 원리는 자신이 속해 있는 인종의 이익만을 고려하는 원리만큼 자의恣意적임을 보여 주었다. 이타적으로 대하여야 할 대상의 범위 확장에서 우리가 멈춰서는 것이 정당화될 수 있는 유일한 지점은 '이타적으로 대하여야 할 대상의 범위 내에 우리의 행동으로 인해 영향을 받을 수 있는 모든 존재의 복리가 포함되는 지점'이다. 이는 쾌락과 고통을 느낄 수 있는 존재라면 모두 고려의 대상이 되어야 한다는 의미이다. 우리는 쾌락을 증진하고 고통을 감소시킴으로써 그러한 존재들의 복리를 증진시킬 수 있게 된다.

　이렇게 본다면 도덕적 고려 대상의 범위는 대부분의 동물들이 포함되는 데까지 넓혀져야 한다.(나는 '모든'이 아니라 '대부분'이라는 표현을 사용했다. 이것은 진화의 등급을 따져 내려갈 경우, 우리가 고려의 대상으로 삼는 어떤 동물—가령 굴이라든가 이보다 원형적인 생물—들이 과연 무엇인가를 느낄 수 있는 존재인지가 의문시되는 지점에까지 이를 수 있기 때문이다.) 공평한 관점에서 본다면 인간 아닌 동물의 쾌락과 고통은 그것이 호모 사피엔스 종에 소속되어 있지 않은 동물들이 느끼는 것이라는 이유로 하찮다고 생각해선 안 된다. 물론 이렇게 말한다고 해서 인간과 쥐가 항상 동등한 대우를 받아야 한다거나 양자의 생명이 동등한 가치를 갖는다는 사실을 의미하는 것은 아니다. 인간은 쥐가 갖지 못하는—지식, 교육, 그리고 미래의 계획 등과 관련한—이익을 가지고 있다. 이익 동등 고려 원리가 우리와 쥐의 이익에 동등한 비중을 둬야 한다고 요구하는 경우는 양자의 유사한 이익(고통을 피하는 것에 관한 이익은 가장 중요한 사례가 될 수 있을 것이다)을 비교할 때로 한정된다.[46]

인간 아닌 동물들로의 도덕적 고려 범위 확장은 겨우 걸음마 단계에 도달해 있다. 이와 관련한 전반적인 실천은 말할 것도 없고, 이에 대한 언어적인, 그리고 지적知的인 승인이 여전히 요구되는 상황이다. 생태운동을 벌이는 사람들은 우리가 이 지구상에 살고 있는 유일한 존재가 아니라는 점, 그리고 인간에 대한 유용성이라는 기준을 통해 모든 것들을 평가해선 안 된다는 점을 줄곧 강조하고 있다. 동물 권리 옹호

---

[46] 우리와 쥐의 이익에 동등한 비중을 두어야 한다고 말하는 것은 항상 쥐와 인간을 동등하게 대우해야 한다는 것을 뜻하지 않는다. 이익은 다음과 같이 고려한다.
- 인간이 느끼는 고통이 20이고 쥐가 느끼는 고통이 50일 때-쥐를 우선적으로 고려.
- 동일한 감금이라도 인간이 느끼는 고통이 80이고 쥐가 느끼는 고통이 20일 때-인간을 우선적으로 고려.
- 쥐가 감금을 당함으로써 느끼는 고통이 30이고 인간이 어떠한 상황에서 느끼는 고통이 30일 때-양자를 동등하게 고려.
- 쥐 열 마리가 느끼는 고통의 합이 50이고 한 명의 인간이 느끼는 고통이 20일 때-쥐들을 우선적으로 고려.

론자들은 우리에게 정서적인 호소력을 갖지 못하는 동물에게는 비교적 무관심하면서, 집에서 키우는 애완동물들에게만 지대한 관심을 가졌던 구태의연한 동물 복리 체계를 점차 개선해 나가고 있다. 영어 사용권의 철학 분야에서는 동물의 도덕적 지위 문제가 활발한 논쟁거리가 되고 있다. 그리고 우리의 동물들에 대한 태도에 변화를 요구하는 사람들의 수가 최근 늘어나고 있다. 물론 아직도 많은 사람들에게 동물을 동등하게 고려해야 한다는 주장은 이상한 것으로 여겨지고 있다. 하지만 그와 같은 주장이 흑인을 동등한 고려의 대상으로 삼아야 한다는 생각이 300년 전의 사람들에게 이상하게 느껴진 것 이상으로 기이하게 여겨지고 있지는 않다. 우리는 바야흐로 도덕적 사고의 새롭고도 중요한 단계로 향하는 최초의 움직임을 목도하고 있는 것이다.

이와 같은 새로운 단계로의 진입이 윤리적 확장의 마지막 단계가 될 것인가? 아니면 동물을 넘어서 식물이 포함되고, 심지어 산과 바위, 그리고 개울까지 포함될 것인가? 오늘의 계몽적 사고가 내일에는 편협한 보수적 사고가 될 수 있다. 예를 들어 지금은 남성적 편견이 담겨 있음이 뚜렷하게 드러나는 18세기의 '형제애(brotherhood)'에 대한 호소에 주목해 보라. 우리가 인간 아닌 동물들을 고려의 대상으로 삼았다고 해서 공평무사한 이성적 탐구가 요구하는 한 최대한 먼 곳에까지 이르게 되었다고 단언하는 것은 성급하다고 할 수 있을 것이다. 동물들의 생명을 고려의 대상으로 삼아야 한다는 주장은 인간의 복리에만 관심을 두는 윤리로부터의 전환을 보여 주는 여러 노선들 중의 하나다. 알베르트 슈바이처Albert Schweitzer는 '생명 외경(reverence for life)' 윤리를 제창하였는데, 이는 식물의 생명까지 고려하고 있다는 점에서 그 특징을 찾아볼 수 있다. 그는 다음과 같이 말한다. "한 인간을 윤리적이라 할 수 있는 경우는 그가 도울 수 있는 모든 생명을 도우라는 의무를 잘 따를 때이다. 그는 이런 저런 생명이 어떻게 그 자체로 가치 있는 것으로 공감을 얻을 수 있는가를 묻지 않으며, 그것들이 얼마만큼 느낄 수 있는가를 묻지도 않는다. 그는 생명 그 자체를 신성하게 생각한다." 초기 생태학자 알도 레오폴드Aldo Leopold[47]의 견해는 이러한 입장의 더욱 적절한 사례가 될 수 있을 것이다. 그는 나의 윤리의 진화에 대한 언급과 유사한 방식으로 윤리적 고려 범위의 확장을 논하고 있다. 그런데 그는 이와 같은 범위의 확장이 쾌고 감수 능력이 있는 생명을 넘어서까지 전개되고 있다고 본다. 레오폴드는 『모래군의 열두 달Sand County Almanac』에서 다음과 같이 자신의 견해를 피력하고 있다.

위엄을 갖춘 오디세우스[48]는 트로이 전쟁이 막을 내린 후 집으로 돌아왔는데, 그때 그는 자신이 없는 동안 부정한 행동을 했을 가능성이 있는 십여 명의 여성 노예를 한 줄로 묶었다.

이와 같은 결박은 의심의 여지가 없이 정당한 것이었다. 그 당시 여성들은 소유물이었으며, 지금과 마찬가지로 소유물의 처분은 사리私利의 문제이지 결코 옳고 그름의 문제가 아니었다.

---

47 알도 레오폴드(1887-1948): 생태철학자. 현대 미국 환경운동과 비인간중심적 윤리 이론 발달의 선구자이다.
48 오디세우스: 그리스 신화에 나오는 영웅. 호메로스의 『오딧세이아』의 주인공. 라틴명은 울릭세스Ulyxes 또는 울리세스Ulysses이다. 이오니아해의 작은 이타케 섬의 왕자이며 페넬로페의 남편이다. 트로이 전쟁에의 출전을 처음에는 미친 척하고 거부했으나, 일단 전쟁에 참가하자 그리스군의 패주를 저지하는 등 뛰어난 무장으로 활약했다. 그는 고향으로의 개선길에 거인 폴리페모스에 의해 동굴에 갇히기도 하고, 마녀 키르케에 의하여 부하가 돼지로 변하기도 하고, 세이레네스의 요염한 노래의 유혹을 받는 등 위험을 무릅쓰면서 20년간의 방랑 끝에 겨우 고향에 다다랐다. 그런데 그가 없는 사이에 많은 젊은이들이 밤낮으로 잔치를 베풀고 그의 아내 페넬로페에게 청혼하며 승낙을 재촉했다. 그녀가 더 이상 견뎌낼 수 없는 상태가 되었을 때 오디세우스가 그들 앞에 나타나 그들을 모조리 죽이고 왕위에 오른다.

오디세우스가 살던 그리스에 옳고 그름의 개념이 없었던 것은 아니었다. 검은 뱃머리의 전함이 검붉은 바다를 헤치고 마침내 집으로 돌아오게 되기까지 오랜 세월 동안 충절을 지킨 그의 아내를 주목해 보라. 그 당시의 윤리구조에서는 아내들이 윤리적 고려 대상에 포함되었다. 하지만 고려 대상이 인간의 소유물에까지 확장되었던 것은 아니었다. 그 이후 3,000여 년이 흐르는 동안 윤리의 기준은 행위의 많은 분야로 확장되었으며, 이와 더불어 개인의 이익만을 위한 판단은 줄어들었다.

아직까지도 인간과 토지의 관계, 인간과 동물, 그리고 땅 위에서 자라는 식물들과의 관계를 다루는 윤리는 나타나지 않고 있다. 토지는 오딧세이아의 여성 노비와 마찬가지로 여전히 소유물로 간주되고 있다. 토지와의 관계는 여전히 사용권을 함축하는 경제적인 문제로 취급되지 의무의 문제로 간주되지 않고 있다.

내가 증거를 올바르게 읽어냈다면, 인간 환경에서의 이와 같은 제3의 요소로 윤리를 확장한다는 것은 하나의 진화적 가능성임과 동시에 생태적 필연성이다. 이는 윤리 발전의 제3단계에 해당한다. 앞의 두 단계는 이미 거친 바 있다. 에스겔Ezekiel과 이사야Isaiah의 시대에서부터 독창적인 사상가들은 토지를 황폐화시키는 것은 좋은 방책이 아닐 뿐만 아니라 잘못되기조차 하다고 주장했다. 하지만 지금까지도 사회는 그들의 신념을 긍정하지 않고 있는 것이다.

우리는 모든 살아 있는 존재에 대한 슈바이처와 레오폴드의 관심에 쉽게 공감할 수 있다. 모든 쾌고 감수 능력이 있는 존재들(sentient creatures)[49]로 윤리가 확장될 수 있음을 일단 인정한다면 식물과 심지어 땅과 개울 그리고 산과 같이 생명 없는 자연물에까지 윤리적 고려의 범위가 확장될 수 있을 것이며, 이를 현실과 비교해 본다면 우리는 이제 불과 몇 걸음을 옮긴 것에 불과하다고 할 수 있다.

그럼에도 도덕적인 측면에서 따져 볼 때, 나는 쾌고 감수 능력을 갖춘 존재를 기준으로 삼는 경계—쾌고 감수 능력이란 느낄 수 있는 능력을 지녔으며, 고통을 받거나 즐거움을 느낄 수 있는 능력을 뜻한다—가 임의적으로 그어진 경계는 아니라고 믿는다. 이는 종 또는 인종의 경계가 임의적인 것과는 엄연히 다르다. 나무가 아무것도 느끼지 못한다면, 우리는 그 나무를 베어 넘어뜨리는 것이 나무에게 어떤 결과를 안겨줄 것인가를 이해하는 데 어려움을 겪게 될 것이다. 산을 파괴하는 것도 마찬가지이다. 내 스스로가 나무나 산의 입장에 서 본다고 하더라도, 그들을 파괴하는 것이 나쁘다는 이유를 파악하는 데 별다른 도움을 받지 못할 것임에 분명하다. 왜냐하면 그와 같은 상상 자체가 완전히 불가능할 것이기 때문이다. 산을 자갈로 환원시켜 버리는 것을 미적 가치나 휴양적 가치를 잃는다는 이유로, 또는 수많은 동물들의 서식처를 빼앗아 버린다는 이유로 잘못되었다고 말하는 경우가 흔히 있을 것이다. 그렇지만 자연 파괴가 쾌락과 고통을 느낄 수 있는 존재에 미치는 모든 영향과 무관하게 그 자체로 나쁘다고 할 수 있을까?

이전에 살았던 사람들과 마찬가지로 나의 무지는 내가 살고 있는 시대의 한계를 극복하지 못한 것일지도 모른다. 하지만 쾌고 감수 능력

---

49 sentient being은 '쾌고 감수 능력'을 갖춘 존재라고 번역하는 것이 좋다. 왜냐하면 'sentient being'을 도덕적 고려 대상으로 삼는 자들은 공리주의자들이며, 공리주의자들은 쾌락이나 고통을 느낄 수 있는지의 여부를 도덕적 고려의 구획 기준으로 삼고 있기 때문이다. 동물을 도덕적 고려의 대상으로 삼아야 한다는 주장은 일찍이 제레미 벤담(Jeremy Bentham)이 제기한 바 있다. 자세한 내용은 제레미 벤담의 *The Principles of Morals and Legislation*(Hafner Pub. Co., 1948), 311쪽 참조.

을 갖춘 존재로 도덕적 고려의 범위를 제한한다는 것이 사실상 전혀 제한이 아닐 수도 있다. 왜냐하면 쾌락과 고통을 느끼지 못하는 존재의 경우에는 우리의 행동에 의해 영향을 받는 존재들의 입장에 서 보려는 노력이 사실상 고려의 대상으로 삼을 바가 전혀 없다는 것을 의미할 수 있기 때문이다. 우리가 이익 동등 고려의 원리에서 쾌고 감수 능력을 갖추지 못한 존재들을 의도적으로 배제할 필요는 없다. 여기서 내가 말하고자 하는 것은 단지 그것들을 원리의 적용 범위 내에 포함시킨다는 사실이 그것들을 배제하는 것과 동일한 결과로 귀결된다는 것뿐이다. 왜냐하면 쾌고 감수 능력을 갖추지 못한 존재들은 아무런 선호—따라서 엄격히 말해 아무런 이익도—도 고려할 바가 없기 때문이다. 우리가 그들에게 영향을 줄 것이라고는 전혀 없다. 이익을 갖지 못하는 것들을 아무리 고려해 주려 해도 우리가 정작 고려해야 할 것은 아무것도 없다. 이것이 바로 윤리가 쾌고 감수 능력을 갖춘 모든 존재의 이익을 고려의 대상으로 삼는 위치에까지 이르게 되면 도덕적 지평의 확대가 마침내 길고도 불규칙한 여정을 마무리 짓는다고 생각하는 이유다.[50]

---

[50] 싱어는 산이나 강, 식물 등 쾌락과 고통을 느끼지 못하는 사물은 도덕적 고려의 범위를 벗어난다고 생각하며, 오직 쾌락과 고통을 느낄 수 있는 존재만으로 도덕적 고려의 대상 범위를 한정하고 있다.

제5장

이성과 유전자

인간은 이성적으로 사고하는 동물이다.
— 세네카 Seneka, 『루실리우스에게 보내는 편지 Ad Lucilium』

인간은 이성의 명령에 따라 행위하길 요구받을 때 항상 화를 내는 이성적 동물이다.
— 오스카 와일드 Oscar Wilde[1], 『예술가로서의 비평 The Critic as Artist』

앞 장에서의 고찰을 통해 우리는 우리가 이성적인 사고 능력을 갖춘 존재이며, 이러한 능력이 윤리의 발달에서 중요한 역할을 한다는 사실을 확인할 수 있었다. 여기서 한 가지 의문점은 과연 우리가 유전자의 영향력으로부터 벗어나 순수 이성적인 관점을 취할 수 있는지의 여부이다. 흄이 "이성은 정염의 노예이거나 노예이어야 한다"고 했듯이 이성 또한 유전자의 노예이거나 노예일 수밖에 없는 것은 아닌가? 이성이 우리의 이기성을 바꾸어 놓을 수 없는 것은 아닌가?

우선 싱어는 '우리가 하는 모든 일들은 이기적이게 마련'이라는 심리적 이기주의의 주장을 검토하고 이의 부당함을 밝힌다. 또한 그는 『이기적 유전자 The Selfish Gene』라는 책 이름 때문에 사회생물학이 심리적 이기주의를 옹호한다고 생각하는 사람들이 많은데 이는 잘

---

[1] 와일드(1854-1900): 아일랜드의 시인, 소설가, 극작가, 평론가. 19세기 말 '예술을 위한 예술'을 주창한 영국 유미주의 운동의 대표자이다.

못이라고 말한다. 사회생물학은 심리적 이기주의를 옹호하기는커녕 오히려 그와 반대되는 입장을 취하고 있다. 우리는 제2장의 '죄수의 딜레마' 사례에서 사회생물학에 대한 통속적인 비판이 잘못되었음을 살펴본 바 있다. 그렇다면 사회생물학자들이 말하는 '이기적'이란 무엇을 말하는가? 싱어가 검토한 바에 따르면 그들이 말하는 '이기적'이란 "한 존재가 다른 것들의 적응을 희생시키며 자신의 적응을 도모하는 것"이다. 얼핏 보면 이와 같은 정의는 일반적으로 사용되는 '이기성'의 용례와 유사하게 보인다. 하지만 이는 흔히 쓰이는 '이기적'과 다음과 같은 차이가 있다.

1) 사회생물학자들은 '이기적'이라는 단어를 '자손들의 생존 숫자'와 관련하여 사용한다.
2) 그들이 말하는 '이기적'은 동기와 전혀 무관하다.

요약하자면 사회생물학에서는 '이기적'이라는 단어를 동기와 무관하게, 한 존재가 자신들의 자손의 생존을 위해 분투한다는 의미로 사용하고 있는 것이다. 이와 같이 '이기적'을 파악할 경우 '이타적 동기'와 '이기적' 유전자는 아무런 문제없이 양립 가능하다.
그런데 사회생물학이 상식적인 의미에서의 '이기적'을 함축하지 않는다는 것이 명백함에도 불구하고 혹자는 사회생물학이 여전히 혈연, 도움을 주는 사람들, 또는 자신이 속해 있는 소집단에 이타성이 한정될 수밖에 없음을 보여 주는 것이 아니냐고 이의를 제기할 수 있다. 하지만 설령 이타성이 제한적일 수밖에 없다는 사회생물학적 설명이 사실이라고 해도, 그것이 보편적 이타주의의 가능성을 부정하지는 못한다. 바꾸어 말해 사회생물학적 사실이 유전자의 힘을 이성이 극복하지 못함을 보여 준다고 생각하면 이는 분명 그릇된 것이다. 싱어는 이성이 유전자의 영향력을 극복한 사례로 다음의 두 가지를 들고 있다.

1) 피임
우리에게는 자손을 남기고자 하는 생래적인 욕구가 있다. 하지만 우리는 이성적 사고를 통해 피임이라는 방법을 사용하여 출산을 하지 않으려 하기도 한다.

2) 헌혈

싱어에 따르면 헌혈은 자기 이익이 개입되지 않은 순수한 이타성의 전형적인 사례이다. 왜냐하면 헌혈은 아무런 대가가 주어지지 않는데도 헌혈을 한 사람이 수혈자에게 무상으로 자신의 피를 제공하기 때문이다.

제4장에서 살펴본 바와 같이 싱어는 도덕과 관련한 이성적 사고의 특징으로 공평무사함을 들고 있다. 공평무사함은 동서고금을 통해 줄곧 강조되어 온 기준이다. 가령 예수는 "다른 사람들이 당신에게 행하길 바라는 바를 그들에게 행하라"라고 했으며, 이외에도 유대교의 율법, 마하바라타, 공자, 마르크스 아우렐리우스, 세네카 등 여러 시대, 여러 계층의 사상과 사상가들이 마치 서로 약속이라도 한 듯이 유사한 주장을 내세우고 있다. 이와 같은 현상은 우리가 윤리에서의 이성의 역할을 인정하여 그 논리적 귀결이 무엇인가를 생각하기만 한다면 어렵지 않게 이해할 수 있을 것이다.

한편 생존 경쟁이라는 측면에서 생각해 볼 때, 또한 상식적으로 생각해 볼 때 공평무사함을 발휘하여 타인에게 일방적으로 이타적이거나, 또는 알지 못하는 사람들에게까지 이타적으로 대하는 자들은 도태되어야 마땅하다. 그럼에도 공평무사함이라는 기준은 도태되지 않았다. 그 이유는 무엇일까? 싱어는 이성과 이타성의 경계 확장이 상호 밀접한 관계에 놓여 있다는 데서 해결책을 찾는다. 만약 이성적 사고 능력에 이타성의 범위 확장이 포함되어 있다면 그와 같은 이타성은 쉽사리 제거되지 않을 것이다. 왜냐하면 이성 능력 자체는 우리의 생존에 매우 큰 역할을 하였으며, 그와 같은 능력이 제거될 경우 우리가 치를 대가는 너무나도 클 것이기 때문이다. 이성 능력과 도덕적 고려 범위 확장 능력이 별개였다면 진화의 과정에서 후자는 쉽사리 도태되었을 것이다. 하지만 양자는 불가분의 관계에 놓여 있다. 그리하여 생존에 도움이 되지 않았어도 도덕의 경계를 확장하는 사고는 제거되지 않았고, 나의 이익과 남의 이익에 실질적인 구분이 있을 수 없다는 관점 또한 존속될 수 있었던 것이다.

이제 우리는 객관적인 입장에서의 도덕적 사고가 명맥을 유지할 수 있었던 이유를 알게 되었다. 하지만 개별적인 한 인간이 그러한 사고의 정당성을 파악하는 것과 정작 객관적인 입장에서 행동한다는 것은 별개의 문제다. 대부분의 사람들은 객관적인 사고에 입각해서 행동하기보다는 자신의 이기적 욕구를 충족시키기 위해 행동하는 경우가 많다. 이러한 사실은 어떻게 설명할 수 있을까?

싱어는 이를 두 가지로 나누어 설명한다. 우선 싱어에 따르면 나와 혈연들의 이익을 우선적으로 고려하려는 욕구는 매우 오래된 것으로, 객관적인 입장에서 행동하려는 이성적 욕구에 비해 오래되었다. 이와 같은 이기적 욕구는 새로운 욕구보다 더욱 강력한 힘을 발휘하기 일쑤다. 이로 인해 우리는 이기적으로 행동하도록 추동되는 경우가 많다.

이기적 욕구를 버리지 않는 또 한 가지 이유는 우리가 얼마든지 이중적인 삶을 살 수 있기 때문이다. 외적으로 보이는 면과 내적으로 간직하고 있는 원리 간에 일관성을 갖추어야 할 필연적인 이유가 있다고 가정해 보자. 이때 우리는 남들과의 원활한 사회생활을 위해서라도 이기적인 욕구를 포기해야 할 것이다. 하지만 그러한 일관성을 갖추어야 할 필연적인 이유란 존재하지 않는다. 또한 다행인지 불행인지 우리의 마음은 사밀私密적인 특성을 갖는다. 이로 인해 사람들은 개인적인 행위 지침으로는 이기성을, 공공적인 행위 지침으로는 공평무사성을 채택하고 있는 듯한 모습을 보여 줄 수 있다. 이와 같은 이율배반적인 태도는 일관성을 갖춘 것이라 할 수 있다. 왜냐하면 외적으로 공평한 자세를 견지하는 듯이 보임으로써 사람들의 좋은 평판을 유도하여 결국 자기 이익을 도모할 수 있기 때문이다.

그렇다면 우리는 오직 이기적인 목적을 위해서만 살아가는 존재일까? 싱어는 그렇지 않다고 답한다. 그에 따르면 첫째, 우리는 한 공동체에서 사회적 존재로서의 삶을 살아 왔기에 공동체에 대한 강한 정서적 유대감을 가지고 있다. 때문에 사람들은 철저하게 이기적으로만 살아가지 않으며, 나아가 타인에 대한 배려나 공공선公共善에 관심을 갖는다.

둘째, 자기 이익만을 철저하게 추구하는 삶은 '쾌락주의의 역리'에 빠진다. 말초적인 쾌락만

> 을 추구하는 이기주의자들은 자신만의 사치와 즐거움을 줄기차게 추구하다가 결국 권태의 나락으로 빠져들게 되는데, 이를 방지하려면 우리는 삶에 의미를 주는 목적을 추구해야 한다. 그리고 공평무사한 윤리적 관점을 갖는 것이야말로 그러한 목적에 부합되는 것이다. 하지만 생물학적 존재인 우리들은 자기중심적 욕구를 완전히 제거할 수 없다. 때문에 우리는 이기적 욕구와 객관적인 윤리적 입장 사이에서 갈등을 겪게 된다. 물론 집단적인 차원에서는 만인萬人들에게 도덕적 태도로 살아가라고 권고할 수 있으며, 이를 통해 도덕에 대한 관심을 유도하고 고려 범위를 확장시킬 수도 있을 것이다. 하지만 개인적인 차원에서는 개인적 욕구가 객관적인 원리를 능가하는 경우가 흔히 발생하게 된다. 우리는 양자의 조화를 필요로 하는데, 싱어에 따르면 인간의 윤리 체계는 이와 같이 "집단적인 이성적 사고와 생물학적 근거를 갖는 개인으로서의 인간적 욕구간의 긴장에 대처하려는 인간 사회의 산물"이다.

  앞 장은 상당히 높은 곳에서 끝을 맺었다. 이제 우리는 지상으로 내려와야 한다. 인간은 이성적 사고 능력을 지니고 있다. 다른 한편 인간은 유전자에 작용하는 선택적 압력(selective pressure)의 산물이기도 하다. 우리는 자신의 이익과 혈연의 이익을 증진시킨 조상 덕분에 존재하고 있다. 그런데 과연 스스로의 협소한 목적을 포기하고 순수 이성적인 보편적 관점을 채택하도록 진화된 존재의 출현이 가능한가?
  1739년 데이비드 흄[2]은 자신의 『인성론 *The Treatise of Human Nature*』에서 이성과 욕구가 투쟁을 피할 수 없다는 통념에 대해 이견을 제시했다.

---

2 흄(1711-1776): 영국의 철학자. 그의 유명한 말 '이성은 정념의 노예'라는 구절이 나타내고 있듯이, 그는 정념이 오성과 지성으로부터 독립되어 있다고 생각했다. 흄은 도덕의 밑바닥에 '공감'을 두고, 그것으로 인해 사람들이 상호간에 주고받는 쾌락과 고통의 감정, 그리고 상호간의 덕성을 판정하는 시인 및 비난의 감정을 얻게 된다고 주장했다.

그는 이성이 욕구와 맞서 싸울 수 없다고 주장했다. 그 이유는 이성이 이미 존재하고 있는 욕구를 방향 지어 주는 구실밖에 할 수 없기 때문이라는 것이다. 바꾸어 말해 이성은 우리가 이미 가지고 있는 욕구에 대항할 힘이 없으며, 새로운 욕구를 산출할 수 없다는 것이다. 이성과 정념의 갈등이라고 생각하는 것은 실제로는—낭만적이지만 무익한 연인과 그에 비해 덜 흥분되지만 깊은 충족감을 주는 부부 관계 사이에서의 선택과 마찬가지로—강렬하지만 찰나적인 욕구와 잔잔하지만 오래 지속되는 욕구 사이의 갈등이라 할 수 있다. 이성은 선택한 결과를 정리하는 데 도움을 줄 수 있을지 몰라도 우리가 가장 원하는 것이 무엇인가를 말해 주지는 않는다. 이와 같은 입장에서 흄은 "이성은 정염의 노예이거나 노예이어야 한다"고 쓰고 있다.

흄의 주장은 관찰이나 과학으로부터 도출되었다기보다는 이성의 본질에 관한 자신의 견해로부터 연역된 것이다. 그런데 우리는 그가 일부 사회생물학자들의 선구先驅임을 금방 알아차릴 수 있다. 사회생물학자들은 흄의 주장을 "이성은 유전자의 노예이거나 노예이어야 한다"라고 수정할 것이다. 그리고 그들은 이성이 유전자에 종속된다는 입장을 바탕으로 '이성이 보편적 관점에로 인도할 것'이라는 생각을 철학적 환상에 불과하다고 치부해 버릴 것이다.

그런데 제4장의 결론에 대해 오직 사회생물학자들만이 회의적인 반응을 나타내는 것은 아니다. 나는 제2장에서 자신이나 가족의 이익보다 이방인들의 이익에 관심을 기울이는 사람들은 없다고 주장한 바 있다. 우리는 모두 이성적 사고 능력을 갖추고 있다. 그리고 우리는 자신과 가족들의 이익을 증진시키려면 어떻게 하는 것이 가장 좋을 것인가에 대해 수없이 많은 생각을 한다. 그런데 우리의 이와 같은 모습은 이성이 자기 이익과 관련된 욕구에 도움을 주기 위해 활용된다는 사실—우리의 관심 대상을 좀 더 확대시키는 데 기여하는 것이 아니라—을 보여 주는 것은 아닌가? 이성이 우리의 근원적인 이기적 관심을 바꾸어 놓을 수 없는 것은 아닌가?[3]

이기성

철학자가 존재한 이래, 아니 그 이전부터 우리들의 모든 행동은 결국 이기적이게 마련이라는 생각을 한 사람들이 있었다. 철학자들은 그와 같은 입장을 "심리적 이기주의"[4]라고 부른다. 이렇게 부르는 이유는 심리적 이기주의가 사람들이 이기적으로 행동한다는 것이 하나의 심리적 사실이라는 주장을 담고 있기 때문이다. 그런데 오늘날 거의 대부분의 철학자들은 이와 같은 이론을 거부하고 있다. 그들은 이기주의적 입장을 견지하는 자라면 누구나 '이기적인'이라는 단어가 가지고 있는 두 가지 해석 중 한 가지를 선택해야 할 것이라고 말하고 있다. 그

---

[3] 윌슨은 인간의 이타성이 궁극적으로는 이기적인 특성을 나타낸다고 주장한다. 여기서 윌슨과 싱어는 결정적인 차이를 나타내고 있는데, 먼저 윌슨은 혈연 이타성이 아닌 경우에는 어떤 경우에도 진정한 의미의 이타성이 없다고 생각한다. 이에 반해 싱어는 인간의 이성 능력을 신뢰하며 진정한 이타주의의 가능성을 긍정하고 있다. 윌슨의 이타성에 관한 논의는 *On Human Nature*, 7장을 살펴볼 것.

[4] 심리적 이기주의는 인간의 동기와 행동에 관한 사실적인 이론이다. 이는 사람들이 왜 이기적으로 행동하는가를 설명한다. 이에 반해 윤리적 이기주의는 하나의 규범으로서 사람들이 어떻게 행동해야 하는가를 결정할 표준이나 원리를 제시한다. 즉 윤리적 이기주의는 우리가 왜 이기적으로 행위해야 하는가를 말하고 있는 것이다. 심리적 이기주의자들은 모든 사람이 실제 어떠한 목적을 추구하고 있는가를 말해 준다. 그러나 윤리적 이기주의자들은 모든 사람들이 어떠한 목적을 추구해야 하는가를 말하여 준다. 폴 테일러, 『윤리학의 원리』(김영진 옮김, 서광사, 1985), 52쪽.

중 첫 번째는 이기적이라는 단어가 '자기 외에 그 누구의 이익도 고려하지 않는다'는 것을 의미한다는 해석이다.(단, 타인들의 이익을 고려할 경우 자신만의 이익을 고려하는 경우보다 원하는 것을 더 많이 얻을 수 있을 경우는 예외다.) 이는 대략 우리가 누군가가 이기적이라고 말할 때 흔히 사용하는 의미이다. 그런데 이와 같은 의미에서 모든 사람이 언제나 이기적이라고 말하는 것은 적절치 못하다. 예컨대 아무런 대가를 바라지 않고 타인을 위해 일하는 사람들이 있다. 여기에는 자신의 국가를 위해 죽음을 선택하는 애국자로부터 잘 모르는 사람을 위해 1파인트[5]에 해당하는 피를 기증하는 사람에 이르기까지 다양한 사람들이 있을 수 있다. 이러한 경우가 있기 때문에 심리적 이기주의자들은 좀 더 넓은 의미로 '이기적' 행위라는 단어를 사용한다. 가령 그들은 한 우국지사가 기꺼이 자폭 임무를 수행하겠다고 자원할 경우, 그 자원이 계속 살아남기보다는 진정으로 조국을 위해 목숨을 바치고자 하는 행위임을 보여 주어야 한다고 말한다. 또한 이기주의자들은 헌혈을 하는 사람이 모르는 사람에게 무료로 수혈을 해주었다면, 그것은 모르는 사람을 도움으로써 스스로가 만족을 얻기 때문에 그러한 행위를 하는 것이라고 말한다. 이와 같이 '이기적'이라는 단어를 해석(이는 두 번째 해석인데)할 경우, 사람들이 이기적으로 행동하게 마련이라는 주장은 더욱 반박하기 어려워진다. 하지만 이 경우 심리적 이기주의자들이 쓰고 있는 이기주의라는 단어의 의미는 원래적 의미의 '이기주의'에서 너무 벗어나 버린다. 이에 따라 처음 얼핏 보았을 때와는 달리 심리적 이기주의는 더 이상 매우 이상적인 인간 본성론으로서의 자격을 갖춘 과감한 이론이라는 느낌이 들지

---

[5] 1파인트: 액량의 단위로서 미국에서는 약 0.47리터를, 영국에서는 0.57리터를 말한다.

않게 된다. 심리적 이기주의자가 새로 정의한 심리적 이기주의는 일상적 의미의 이기적 행위와 타인이 괴로워하는 것을 무심코 바라보기보다는 돕고자 하는 것을 이기적이라고 말하는 특별한 의미의 '이기적' 행위를 구분하는 것과 어느 정도 양립 가능하다. 즉 두 번째 의미의 '이기적'이라는 단어는 모든 것을 포괄함으로써 오히려 전혀 유용한 기능을 발휘하지 못하게 되어 버리는 것이다. 만약 모든 행위가 두 번째 의미에서 이기적인데, 그 중 어떤 행위는 첫 번째 의미에서도, 즉 좁은 의미에서도 이기적이라 할 수 있다고 가정하자. 이때 우리는 '이기적'이라는 단어를 협소한 의미에 한정함으로써 명료성을 획득할 수 있을 것이다. 이처럼 '이기적'이라는 단어를 제한된 의미로 사용함으로써 어떤 종류의 행위와 다른 행위의 대비는 용이해질 것이다.

심리적 이기주의에 대한 반박은 이와 같이 이루어지는 경우가 대부분이며, 나는 이러한 반박이 건전하다고 생각한다. 하지만 심리적 이기주의는 그 명맥을 유지하고 있는데, 가령 심리적 이기주의는 사회생물학 관련 서적에서 재포장되어 나타나고 있는 것이다. 이는 아이러니한 일이다. 왜냐하면 정확히 파악할 경우, 사회생물학은 심리적 이기주의를 거부할 분명한 이유를 제시하고 있기 때문이다.

사회생물학은 오직 자신의 이익만을 고려하는 존재가 혈연의 이익을 고려하는 존재보다 적은 수의 자손을 후대에 남긴다는 점을 보여주고 있다. 이와 같은 사실을 고려해 볼 때, 우리는 오직 자신만의 이익을 위해 모두가 행동하지는 않을 것이라고 믿을 만한 충분한 이유가 있다. 개체의 이기적 행위만을 촉진하는 유전자는 그렇지 않은 유전자에 비해 살아남을 확률이 적을 것이다.

사회생물학이 심리적 이기주의와 무관하다는 사실은 죄수의 딜레마를 통해서도 확인할 수 있다. 제2장에서 살펴본 바와 같이, 죄수의 딜레마는 협조를 해야 할 때 하지 않은 이기주의자들에게 불이익이 생길 수 있음을 보여 준다. 딜레마 상황에서는 두 명의 이기주의자들보다 두 명의 진정한 이타주의자들이 여러 모로 잘 대처해 나갈 것이다. 한편 자신의 이기성이 타인에게 명백히 알려질 경우 이기주의자는 이타주의자보다 곤란한 삶을 영위하게 될 것이다. 최소한 인간관계라는 영역에 국한시켜 생각해 볼 때, 우리는 참된 이타성이 진화론과 조화를 이룰 수 있음을 알 수 있다.

그런데 사람들은 흔히 심리적 이기주의자의 견해와 사회생물학자의 견해가 비슷하다고 생각한다. 리처드 도킨스Richard Dawkins[6]는 『이기적 유전자The Selfish Gene』에서 다음과 같이 말하고 있다. "자연선택이 작용하는 방식을 바라보고 있노라면 자연선택에 의해 진화된 존재는 어떤 존재이건 이기적일 수밖에 없는 듯이 보일 것이다." 이와 관련하여 E. 윌슨은 "이타성을 DNA가 혈연 구성망을 통해 자신을 증식시키는 메커니즘으로 파악할 경우, 정신성spirituality은 다원적 진화를 가능하게 하는 또 하나의 도구에 지나지 않을 것이다"라고 말하고 있다. 그런데 설령 이들이 언급한 바를 이기성이라고 부를 수 있다고 해도 그것은 독특한 형태의 이기성일 것이다. 사회생물학자들은 한 존재가 자신을 희생하여 다른 존재의 적응을 증진시킨 경우, 그 행위를 이타적 행위로 간주한다. 반면 그들은 다른 존재들의 적응을 희생시키며 자신의 적응을 도모하는 행위를 이기적 행위로 파악한다. 이는 일상적 용례를

---

[6] 도킨스: 동물행동학 연구로 노벨상을 수상한 니코 틴버겐의 제자이며, 현재 옥스퍼드 대학에서 동물행동학 연구 그룹의 리더로 활동하고 있다. 그는 『이기적 유전자』의 저자이며, 이를 저술한 후 사회생물학 논쟁이나 진화 논쟁에서 중심적인 위치를 차지하며 선도적인 발언을 하고 있다.

크게 벗어나지 않는다. 그런데 문제는 처음 상상했던 것과는 달리 사회생물학자들은 '생존을 위한 개체 스스로의 적응(individual's own fitness for survival)'을 의미하고자 할 때에 '적응'이라는 단어를 사용하지 않는다는 점이다. 대신 그들은 적응이라는 단어를 **생존한 자손의 수에 의해 측정된다**(measured by the number of surviving offspring)'는 의미로 쓰고 있다. 바로 이것이 사회생물학자가 '이기적임'이라는 용어를 사용할 때의 독특함이다. 메리 미즐리Mary Midgley는 자신이 쓴 『야수와 인간Beast and Man』에서 '500년 내에 얼마만큼의 자손들을 갖게 될 것인가'만을 생각하는 사람이 있다면, 우리는 그를 이기적인 사람이라기보다는 미친 사람이라고 부르고 싶을 것이라고 말한 바 있다. 물론 미즐리가 틀린 지적을 한 것은 아니다. 하지만 사회생물학자들은 '이기적인'이라는 단어를 독특한 의미로 사용하고 있다. 이와 같이 말하는 이유는 사회생물학에서의 '이기적'이라는 단어는 **설령 어떤 사람이 오직 타인들의 복리만을 계속 생각했다 할지라도**, 결과적으로 500년 안에 갖게 될 자손들의 수를 최대화하는 방식으로 행동했다면 그 사람을 이기적이라고 부를 수 있음을 함축하고 있기 때문이다. 사회생물학 서적에서 말하는 '이기적인'과 '이타적인'이라는 단어는 동기와는 아무런 상관이 없다. 그러한 단어들은 오직 한 개체의 행위가 초래한 실질적인 결과하고만 관련이 있다. 그 개체가 결과에 의해 동기 지워지거나 결과를 의식한다는 것은 논외의 문제이다. 바로 이러한 이유로 도킨스가 '이기적 유전자'라는 표현을 쓸 수 있었던 것이며, 윌슨이 이타적 기생충(altruistic parasite)[7]이라는 표현을

---

7 기생충은 자신의 이익을 위해 남의 이익을 **빼앗는** 것을 특징으로 하는 동물이다. 그와 같은 동물 앞에 '이타적'이라는 단어를 사용하는 것은 역설적으로 보인다. 하지만 이와 같은 역설은 '이타적'이라는 단어를 '자신을 희생하여 자손들의 수를 최대화하려는'의 의미로 파악하면 자연스레 해소될 수 있다.

쓸 수 있었던 것이다. 이와 같은 방식으로 '이기적', '이타적'이라는 용어들을 사용할 경우 유전학과 기생충 연구에 대한 이해가 좀 더 용이해지는 것은 사실이다. 하지만 우리는 어떤 존재의 유전자이건, 그것을 가지고 있는 존재의 철저하게 비이기적인 동기와 '이기적' 유전자가 전적으로 양립 가능하다는 사실에 주목해야 한다. 그렇게 하지 않고서 인간 행위에 관한 논의에 이기적이라는 단어를 무분별하게 사용한다면 논의는 매우 잘못된 방향으로 흘러가게 될 것이다.

적절히 파악할 경우, 우리는 사회생물학이 적어도 우리 모두가 구제할 수 없을 정도로 이기적(정상적 의미에서의)임을 지지하는 이론이 아님을 알 수 있다. 그런데 거기까지를 인정한다고 해도 혹시 사회생물학이 혈연, 우리가 필요로 할 때 도움을 받을 수 있는 사람, 그리고 우리가 속해 있는 소집단 구성원들만을 고려의 대상으로 삼을 수밖에 없다고 말하고 있는 것은 아닐까? 윌슨은 그렇다고 생각하는 듯이 보인다. 가령 윌슨은 가난하고 병든 캘커타 사람들에 대한 테레사 수녀[8]의 보살핌을 그녀의 신앙심과 내세에서의 보상이라는 교의敎義를 통해 설명하고 있다. 개릿 하딘Garitt Hardin[9] 또한 생물학적 근거에서 이타성은 "어떤 특정 상황에, 소규모의 친밀한 집단 내에서, 소규모로, 단기간에 걸쳐" 존속되는 데 불과하다고 말하고 있다. 도킨스 또한 다음과 같이 밝

---

8 테레사 수녀(1910-1997): 빈민들, 특히 인도의 빈민들을 위해 헌신한 로마 가톨릭 여성 단체 애덕 선교회 창설자. 오늘날의 성녀로 추앙받고 있다. 1979년 노벨 평화상을 받았다.
9 개릿 하딘: 캘리포니아 대학 인간생태학 교수. '구명선 윤리(Lifeboat Ethics)'를 제창한 학자로 널리 알려져 있다. 구명선에는 적정 숫자의 사람들이 타 있다. 반면 바다에는 구조를 기다리며 많은 사람이 떠 있다. 여기에서 구명선은 선진국을, 바다에 떠 있는 자들은 빈국의 사람들을 나타내고 있다. 이때의 도덕적 딜레마는 구조를 갈망하는 자들을 과연 배에 태워야 하는가이다. 여기서 하딘은 만약 바다에 빠져 허둥대는 자들을 승선시킬 경우 배가 가라앉을 것이기 때문에 그들을 무시해야 한다고 결론짓고 있다. K. S. Shrader Frechette ed., *Environmental Ethics*(Boxwood Press, 1991), 33쪽 참조.

히고 있다. "아무리 달리 믿고 싶어도 보편적인 사랑과 전체로서의 종의 복리는 진화적 의미를 갖지 않는 개념에 불과하다."[10]

만약 하딘과 도킨스가 보편적 이타주의의 가능성을 부정하기 위해 위에서와 같은 주장을 했다면 그들은 사회생물학을 통해 입증할 수 있는 바를 넘어선 것이다.(우리가 앞으로 살펴볼 것이지만, 도킨스는 최소한 보편적 이타주의의 가능성을 부정하려고 하지는 않았다고 볼 수 있다.) 개체로서의 우리는 진화적 의미를 갖지 않는 수많은 일들을 한다. 섹스를 예로 들어보자. 인간은 성행위에 대한 강한 욕구를 가지고 있다. 이는 모든 사람들이 일반적으로 가지고 있는 욕구이다. 성욕의 발생은 의심할 여지없이 진화에 기인한다. 성욕을 적게 갖는 사람은 자신의 유전자를 후대에 남길 가능성이 적다. 진화라는 측면에서 볼 때 성욕의 중심 기능은 자손을 남기는 데 있다. 하지만 임신되는 시기가 아닌 때에도 인간이 성관계를 갖는다는 사실은 섹스가 다른 진화적 기능 또한 가지고 있음을 암시한다. 아마도 이는 의존 기간이 긴 자손을 부양하고자 할 경우, 지속적인 관계를 유지하는 것이 유리하다는 사실과 관련이 있을 것이다. 하지만 설령 섹스에 다른 기능이 있다고 하더라도, 자손을 남기는 것은 성욕의 진화적 기능에서 여전히 중심을 차지한다. 그럼에도 많은 사람들은 성행위가 자손의 탄생으로 이어지지 않도록 조심한다. 그들이 조심하는 이유는 자손들의 생존 가능성을 높이기 위해 오직 적은 숫자의 아이들에만 정성을 쏟으려는 진화적 전략을 추구하기 때문이 아니다. 열 명의 아이를 키울 능력

---

[10] 데이비드 흄도 이와 유사한 지적을 하고 있다. "인간의 마음에는 인류애와 같은 어떤 감정이 존재하지 않는다. 즉 자신의 기질, 자신의 이익, 자신과의 관계 등과 독립적인 어떤 것으로서의 인류애란 존재하지 않는다."
피터 싱어, 『이렇게 살아가도 괜찮은가』(정연교 역, 세종서적, 1996), 164쪽.

이 되는 부자들조차도 좀처럼 자식을 많이 낳는 법이 없다. 개중에는 전혀 아이를 갖지 않기로 결정한 사람들마저 있다.

많은 아이들을 어른이 되기까지 훌륭하게 양육해낼 수 있는 자들의 피임은 '진화적 의미'를 갖는다고 볼 수 없다. 하지만 그것을 멸종의 징후를 보여 주는 행동이라고 볼 수도 없다.(인구 폭발 방지가 종의 생존을 위해 필요하며, 이 때문에 피임이 진화적 의미를 갖는다고 말해선 안 된다. 이는 유전자가 아닌, 종 차원에서 선택이 이루어진다는 잘못된 생각을 갖게 한다.) 피임의 확산으로부터 얻을 수 있는 교훈은 다음과 같다. 이성적 존재가 반드시 진화적 의미를 갖는 행위만을 하는 것은 아니다. 이는 사회생물학자들 또한 일반적으로 인정하는 바인데, 문제는 그들이 이를 심도 있게 검토해 보고 있지 않다는 데 있다. 오늘날의 피임 기술의 발달은 우리의 진화된 행위가 초래하는 결과를 극복하는 데 이성이 사용되고 있음을 보여 주는 훌륭한 사례이다. 피임은 이성이 우리의 유전자를 지배할 수 있음을 적절히 보여 주고 있다.

여기서 이성의 유전자 지배가 가능하다는 결론에 대한 반박 두 가지를 살펴보도록 하자. 첫 번째 반박은 피임이 진화 원리와 상반된다면 피임은 결국 자멸에로 귀결되리라는 비판이다. 이러한 비판에 따르면 피임을 하지 않는 자들이 점차적으로 많아질 것이며, 결국에 가서는 그들이 피임을 하는 자들을 대체해 버릴 것이다. 그런데 이와 같은 우울한 예언은 개인의 피임 여부가 유전자에 의해 거의 결정된다는 그릇된 가정에 기초하고 있다. 나는 유전자보다 우리의 성장 과정과 교육이 피임을 선택하는 데 더 중요한 역할을 한다고 생각한다. 사람들이 피임을 하는 데는 나름대로의 이유가 있다. 또한 최소한의 이성적 사고 능력이 있는 자라면 누구나 어떤 특수한 상황에서는 피임을 해야 한다는 것을 알 수 있다. 이성적 사고 능력은 인간 종으로부터 제거될 것 같지 않으며, 여기에는 진화적인 이유가 있다. 이렇게 본다면 이성적 사고의 산물인 피임 또한 사라지지 않을 것이다.

두 번째 반박은 좀 더 심도 있는 것이다. 비판자들은 우리가 피임법을 개발하고 사용하는 데 이성을 사용한다는 사실을 인정한다. 하지만 그들은 그것이 곧 이성적 사유가 우리의 유전자를 지배한다는 사실을 보여 주는 것은 아니라고 생각한다. 왜냐하면 피임에 활용되는 이성적 사고는 적어도 유전적 기초를 갖는 성적 욕구를 충족시키는 쪽으로 방향 지어져 있기 때문이다.[11] 비판은 계속된다. 물론 우리는 섹스를 성욕 충족과 그러한 욕구의 본래적인 진화적 기능으로 나눌 수 있다. 하지만 그와 같은 구분이 가능한 것은 섹스의 경우에는 진화가 간접적으로(indirectly) 작동하고 있기 때문이다. 진화는 우리에게 아이를 갖고자 하는 욕구와 별개로 섹스를 하고자 하는 욕구를 심어 주었다. 우리는 후손을 남기고자 하는 욕구와 무관한, 단순한 성욕 자체만을 즐길 수 있게 되었다.[12] 하지만 이러한 사실이 우리가 이성 능력만으로 유전자의 영향을 극복할 수 있음을 보여 주는 것은 아니다. 특히 이러한 사실이 이타적으로 대할 대상을 좁은 범위로 한정하는 유전적 성향을 이성

---

[11] 성(性)은 인간에게 크게 두 가지 측면에서 중요하다. 첫째, 성은 번식의 도구로 사용된다. 둘째, 성은 부부간의 유대를 위해 필요하다. 원시 시대의 인간은 양성(兩性)의 협력이 절실히 필요했다. 왜냐하면 어느 한 쪽이 없을 경우 자손의 생존이 거의 불가능하였을 것이기 때문이다. 가령 여성의 경우 임신한 상태에서 사냥이나 먹을 것을 찾아다니는 것은 실질적으로 자살 행위나 다름없었을 것이다. 또한 임신한 여성이 죽게 되었을 경우 남성의 유전자를 갖는 자손 또한 생존할 수 없게 된다. 이러한 이유로 부부 상호간의 유대, 특히 남성의 보호는 여성과 자손의 생존을 위해 불가결하였는데, 이때 빈번한 성행위는 짝유대를 위한 중요한 고안물로 기능했으며, 여기서 얻어지는 성적 쾌락은 짝유대를 강화시키는 역할을 했다. 한편 인간은 성이 주는 쾌락으로 인해 번식과 무관한 성욕을 갖게 되었다. 인간의 성에 관한 사회생물학적 설명은 윌슨의 *On Human Nature*, 8장을 참고할 것.

이 극복할 수 있음을 보여 주는 것은 아니다. 왜냐하면 가족과 동포의 복리를 우선적으로 생각하는 욕구(이는 모르는 사람의 복리에 대한 욕구보다 훨씬 강하다)의 경우에는 진화가 좀 더 직접적으로 작용하기 때문이다.[13]

이러한 두 번째 비판은 우리가 좀 더 신중해야 함을 보여 주고 있다. 우리는 '진화가 가고자 하는 종족 유지에의 길을 방해하는 데 성공했다'는 것을 '진화가 이타성에 부과한 한계를 쉽게 극복할 수 있음'을 시사하고 있는 것으로 생각해서는 안 된다. 어쩌면 진화를 통해 만들어진 충동(impulses)은 우리가 의지할 만한 다른 진화적 충동이 있을 경우에만 극복될 수 있을지 모른다. 인간의 생물학적 특성에 대한 이해가 중요하다는 설명을 하면서 도킨스는 다음과 같이 말하고 있다. "이기적 유전자가 무슨 일을 하고 있는가를 이해하도록 하자. 내가 왜 이런 말을 하느냐 하면 우리가 그와 같은 이해에 도달했을 경우에야 비로소 유전자의 계획을 좌절시킬 기회를 획득할 수 있기 때문이다. 이는 다

---

[12] 유성생식인 성행위는 그 자체로는 직접적인 진화적인 이점을 갖지 않는다. 상식적으로 생각해 보면 오히려 무성생식이 훨씬 직접적이며, 안전하고, 능률적이다. 그럼에도 분명 성은 진화해 왔다. 그 이유는 무엇인가? 윌슨에 따르면 성은 다양성을 창조한다. 그리고 그러한 다양성은 예상치 못한 환경변화에 적응하는 데 유리하다. 가령 단일한 유전자 A만 있을 경우보다 AA, Aa, aa의 세 유전자가 있을 때 훨씬 종족 보존에 유리할 것이다. 한편 성은 짝유대를 위한 중요한 고안물로 기능하였으며, 여성을 둘러싼 남성들 사이에서의 공격성을 감소시키기도 한다. 윌슨은 이와 같은 성의 생물학적 의의는 유대주의와 기독교 이론가들에 의해 오해되어 왔다고 주장한다. 그에 따르면 성은 이론가들이 생각하는 것과는 달리 오로지 생식의 도구로서만의 기능을 갖는 것이 아니다. 다시 말해 성은 우선 남녀간의 유대를 위해서, 그리고 생식의 도구로서의 기능을 갖고 있는 것이다. 윌슨의 *On Human Nature*, 8장을 볼 것.
[13] 우리가 생식과는 무관하게 성을 즐길 수 있음은 분명하다. 하지만 이것이 곧 이성이 유전자를 극복했다는 것을 보여 주는 것은 아니다. 이와 같이 말하는 이유는 우선 위의 주석에서도 언급한 바 있지만 단지 쾌락만을 위해 이루어지는 성행위조차도 사실상 남녀 간의 유대를 강화시키는 역할을 함으로써 종족의 생존에 간접적으로 이바지하고 있기 때문이다. 더군다나 성과 관련한 논변은 오직 혈연이나 도움을 주는 사람에게 제한된 본래적 이타성을 넘어설 수 있음을 보여 주지 않는다. 이를 보여 주려면 자기 내지 혈연의 이익을 넘어선 이타성이 존재한다는 사실을 보여 주어야만 하는데, 싱어는 뒤에서 헌혈의 예를 통해 자기 이익을 고려치 않은 이성에 입각한 도덕성이 있다고 주장하고 있다.

른 어떤 종의 생물도 감히 꿈꾸지 못했던 바이다." 이는 T. H. 헉슬리의 견해, 즉 윤리의 진보는 진화 과정에 대항하여 싸움으로써 이루어진다는 견해를 상기시킨다. 그런데 헉슬리에 비해 우리가 진화 과정에 대해 더 많이 알고 있긴 해도, 우리가 윤리를 얼마만큼 진보시킬 수 있을지는 알 수 없다. 하지만 인간의 이기성(이기성이라는 용어를 우리가 원하는 바를 더 많이 얻고자 한다는 일상적인 의미로 사용하건, 생물학적 의미, 즉 우리 유전자의 생존 가능성을 높인다는 좀 더 확장된 의미로 사용하건 그에 관계없이)에 대해서 최소한 다음과 같은 정도는 말할 수 있을 것이다. 우리가 항상 자기 이익만을 위해 행동한다고 믿을 이유는 없다. 따라서 우리는 열린 마음으로 이성적 기초를 갖는 이타주의가 과연 가능한지를 계속 고찰해 볼 수 있을 것이다.

비이기성

영국에서는 의료용 혈액이 오직 국립 헌혈원(National Blood Transfusion Service)에 자신의 혈액을 자발적으로 기증하는 사람들로부터 공급된다. 이때 헌혈하는 사람들은 돈을 받지 않는다. 그들은 자신들이 혈액을 필요로 할 때 우대를 받지도 못한다. 국립 헌혈원은 혈액이 필요한 영국인이면 누구에게나 무상으로 피를 제공한다. 따라서 헌혈자들은 특별한 대우를 받을 기회가 없다. 또한 헌혈자들은 자신들의 헌혈로 인해 생명을 구하게 된 환자들로부터 아무런 보상—심지어 감사하다는 의미의 웃음마저도—도 받지 못한다. 기증자들은 누가 혈액을 제공받았는지 전혀 알지 못하며, 환자들 또한 누가 혈액을 기증했는지를 알지 못한다.

상식적으로 생각해 볼 때 헌혈하는 사람은 그저 타인을 돕기 위해 헌혈을 하지 자기의 이익을 추구하기 위해 헌혈하는 것이 아니다. 리처드 티트머스Richard Titmuss는 수혈자들을 대상으로 헌혈한 이유에 대해 질문을 해보았는데, 그들의 답변은 우리의 상식을 뒷받침해 주고 있다. 즉 오직 2퍼센트 미만의 사람들만이 자기 이익과 결부된 듯한 답변, 가령 건강에 좋기 때문에 헌혈을 했다는 식으로 답변했던 것이다. 이타적 동기를 가졌음을 과장하는 경향이 사람들에게 있음을 인정한다고 해도, 영국에서의 혈액 공급 체계가 이타적 기증자에 의존하고 있다는 결론은 피할 수 없는 것처럼 보인다. 이러한 기증이 우연히, 그리고 일시적 기분 때문에 이루어진다고 치부해 버려서는 안 된다. 국립 헌혈원은 6,000만 명 이상의 의료적 수요를 충족시키고 있다. 이러한 헌혈원은 만들어진 지 30년이 되었으며, 해마다 백만 이상의 헌혈자의 도움을 받고 있다.

그런데 이와 같은 헌혈원은 영국에만 있는 시설이 아니다. 이와 유사한 시설은 오스트레일리아나 네델란드, 그 외 여러 나라에 설립되어 있다. 이러한 사실은 이타성이 혈연이나 소집단, 또는 호혜적 이타성을 고무함으로써 좋은 결과가 산출되는 곳에서만 나타날 수 있다는 주장을 반박하는 사례라 할 수 있을 것이다. 혜택을 주는 사람과 받는 사람 사이에 접촉이 이루어지지 않는다는 사실은 헌혈 행위가 매우 확실한 이타적인 사례임을 보여 준다. 물론 이와 유사한 다른 이타적 행위들도 많다. 어쨌건 널리 행해지고 있는 행위로서 대가를 바라지 않고 타인을 돕는 사례는 한 가지를 드는 것으로도 충분하리라 믿는다. 다시 말해 모르는 사람에 대한 참된 비호혜적 이타성은 분명 있다고 할

수 있는 것이다.14

비호혜적 이타성이 존재한다는 사실이 우리가 고찰해 온 인간 본성 이론에 암시하는 바는 무엇일까? 이는 모르는 사람에 대한 비호혜적 이타성은 있을 수 없다고 주장하는 이론(그것이 어떠한 형태의 주장이건)이 잘못되었음을 보여 준다. 그런데 이렇게 말하는 것이 이 책의 제1장에서 논의한 바 있는 이타성의 기원에 관한 진화 이론이 잘못되었음을 의미하는 것일까? 내가 제시한 이타성의 기원에 관한 설명은 혈연 이타성과 호혜적 이타성, 그리고 소집단 이타성의 발생에 관한 것이었으며, 이에 따라 나의 설명은 상호 이익을 주고받지 않는, 모르는 사람에 대한 이타성을 설명할 수 없었다. 때문에 우리는 이타성의 기원에 관한 이론이 잘못되지 않았나 하는 의문을 품을 수 있는 것이다. 하지만 제4장에서의 주장, 다시 말해 자신의 혈연과 집단에 한정되어 있던 이타적 충동이 좀 더 넓은 영역에로 확대(이와 같은 확대는 자신과 자신의 혈연이 여러 집단들 중의 하나이며, 공평한 관점에서 보았을 때 다른 집단 이상의 중요성을 갖지 않음을 파악할 수 있는 이성적 존재에게 가능하다)될 수 있다는 나의 주장을 상기해 보라. 만약 이타성의 경계가 이와 같은 방식으로 확장될 수 있음을 받아들일 수 있다면, '혈연선택과 호혜성, 그리고 집단선택을 통해 이타성의 진화를 설명하는 생물학 이론'과 '알지 못하는 자들에 대한 비호혜적 이타성이 존재한다는 것'이 양립하지 못할 이유는 전혀 없는 것이다.

---

14 미시간 대학의 진화 생물학 교수이자 도덕성에 대한 생물학적 연구의 선구자인 리처드 알렉산더는 헌혈하는 사람들이 다른 사람들을 돕기 위해 그렇게 한다는 '상식적인' 가정에 현혹되어 싱어가 혼란에 빠졌다고 비판을 가하고 있다. 알렉산더에 따르면 상식에 의존하는 그와 같은 가정은 "잘 정립된 생물학적 사실과 이론"에 정합적이지 못하며, 더구나 사람들의 생각이 행위의 이유라는 생각은 "행위가 갖는 실제적인 중요성을 전달하지 못할 확률이 크다"는 사실을 간과한 것이다. 이 비판이 정당한지에 대해서는 논쟁의 여지가 있다. 피터 싱어, 『이렇게 살아도 괜찮은가』(세종서적, 1996), 142-143쪽.

이타성의 범위 확장에 대한 설명으로 이와 같은 설명만 있는 것은 분명 아닐 것이다. 금세기 초, 에드워드 웨스터마크는 도덕적 배려 대상의 범위 확장 경향에 주목했다. 하지만 그는 이러한 확장 경향이 이성 능력이 아니라 모든 도덕성의 기초가 되는 이타적 감정의 확장에 기인한다고 생각했다. 그는 우리가 소속되어 살고 있는 공동체의 규모가 점차적으로 커져 가고 있다는 점―마을에서 국가로, 그리고 이젠 전 세계로―이 우리의 관심과 공감의 좁은 한계를 허물어뜨리는 요인임을 지적했다.

　그런데 웨스터마크의 설명보다 나의 설명이 더욱 설득력이 있다고 생각할 이유가 있는 것일까? 여기서 우리가 양자택일할 필요는 없다. 다시 말해 우리는 양자 모두를 받아들일 수도 있는 것이다. 공동체의 확장이 이타주의의 확장에 영향을 주었다는 것은 틀림없는 사실이다. 일단 한 집단이 다른 집단과 교류(가령 사냥이나 수확을 공동으로 한다든가, 물물 교환을 한다든가 하는 등의)하기 시작하면 호혜적 이타주의는 각각의 집단 내(within each group)에서뿐만 아니라 집단 사이(between groups)에서도 그 장점을 드러내기 시작한다. 그리하여 사의謝意나 공정함, 그리고 내게 해를 입히지 않는 자에겐 해를 입히지 않는다는 등의 개념이 집단을 넘어서 확장되어 나간다. 어쨌거나 도덕성의 범위 확장에 관한 웨스터마크의 설명이 나름의 설득력을 갖는다고 하더라도, 그것이 곧 이성의 역할을 부정하는 근거가 될 수는 없다. 왜냐하면 이성이 우리를 더욱 더 보편적인 윤리적 견해에로 이끌어간다는 주장은 그 자체로 봐서도 설득력이 있기 때문이다. 내가 이미 언급했듯이 그러한 주장은 이성의 본질을 생각해 볼 때, 또한 이성이 협소한 경계를 넘어 논리적으로 스스로를 확장시켜 나간다는 사실에 비추어 볼 때 설득력이 있다고 할 수 있다. 또한 그와 같은 주장은 다양한 문화 속에서의 윤리적 사고 발달에 관한 우리의 지식에 비추어 보았을 경우에도 충분히 이해가 가능하다.

주요한 윤리적·종교적 전통에서의 사상적 지도자들은 공평한 기준이라는 윤리적 이념의 중요성을 한결같이 강조하고 있다. 가령 유대교에서는 당신의 이웃을 당신과 같이 사랑하라는 명령을 율법으로 삼고 있다. 이는 예수가 말한 두 가지 위대한 계율 중 하나이다. 그와 동시대에 살았던 율법학자 힐렐Hillel은 "당신이 싫어하는 바를 당신 이웃들에게 행하지 말라. 그것이 율법(Torah)의 모든 것이고, 나머지는 그에 대한 주석에 지나지 않는다"고 말했고, 예수는 이를 달리 표현하여 "다른 사람들이 당신에게 행하길 바라는 바를 그들에게 행하라"고 갈파했다. 한편 사람들이 공자에게 평생의 실천 규칙으로 삼을 수 있는 것 한 가지를 가르쳐 달라고 요구했을 때 그는 다음과 같이 대답했다. "서로 돕는 것이 그것 아닌가? 네가 스스로에게 행해지길 바라지 않는 바를 타인에게도 행하지 말지어다." 또한 인도의 서사시 『마하바라타 Mahabbarata』[15]에는 다음과 같은 내용이 쓰여 있다.

> 자신이 화를 낼만한 일을 다른 사람에게 행해선 안 된다. 이것이 바로 올바름의 요체라 할 수 있다. 거기에 따르지 않는 행위는 자신의 성벽性癖에 따른 행위이다. 무엇을 거부하거나 제공할 때, 쾌락과 고통을 느낄 때, 그리고

---

[15] 마하바라타: 인도 고대의 산스크리트 대서사시. '바라타족의 전쟁을 읊은 대사시(大史詩)'란 뜻으로 오랜 세월에 걸쳐 구전되어 오는 사이에 정리, 수정, 증보를 거쳐 4세기경에 지금의 형태를 갖추게 된 것으로 여겨진다. 18편 10만 송(頌)의 시구와 부록 「하리바니사」 1편 10만 6,000송으로 구성되었다.

즐거움과 슬픔을 맛볼 때 우리는 자신의 경우와 같이 그 경우를 생각해 봄으로써 적절한 규칙을 획득하게 된다.

로마제국 시대의 스토아[16] 철학자인 마르쿠스 아우렐리우스Marcus Aurelius[17]는 우리 모두가 가지고 있는 이성은 모든 사람들을 동료 시민이라고 생각하게 한다고 말했으며, 세네카Seneca는 현명한 사람이라면 연고가 있는 특정 공동체보다 이성적 존재의 공동체를 훨씬 중요하게 생각할 것이라고 주장했다.

이러한 이념이 오늘날에 이르게 되는 과정을 추적할 필요는 없을 것이다. 이는 오늘날 수많은 철학자들의 윤리적 저서뿐만 아니라 대중적인 도덕적 가르침에서도 중심을 차지하는 주제가 되고 있다. 스스로가 대접받길 원하는 방식으로 타인을 대우하라는 생각이 반복해서 나타나고 있다는 것은 놀랄 만한 일이 아니다. 오히려 놀라운 것은 그러한 생각이 상이한 윤리적, 문화적 전통 속에서 독립적으로 나타났음에도 그것이 각각의 전통 속에서 윤리적 삶의 근원(여기에서 다른 모든 것들이 도출되는)으로 간주되고 있다는 사실이다. 그리하여 오히려 이성이 윤리에서 맡은 역할이 없다면 그것이야말로 놀라운 일이라고 말할 수 있을 것이다. 윤리가 단순히 혈연과 도움을 주는 사람, 그리고 우리가 속해

---

16 스토아학파: 키프로스의 제논이 스토아 포이킬레에 창설한 철학의 한 유파. 기원전 3세기로부터 로마 제정 말에 이르는 후기 고대를 대표한다. 그리스인도, 이국인도, 노예의 주인도, 노예도, 모든 인간은 어떠한 차별도 없이 비이성적인 욕망을 제거하고 인간 본성인 이성을 통해 평정과 부동의 경지에 이르기 위해 노력해야 하며, 이를 위해 노력하는 삶을 '유덕'한 생활 방식이라고 가르쳤다.

17 아우렐리우스(121-180): 로마의 제16대 황제(재위 161-180). 5현제 중 마지막 황제로 후기 스토아파의 철학자이다. 그가 쓴 『명상록』은 스토아적 철인의 정관(靜觀)과 황제의 격무라는 모순 사이에서 고민하는 인간의 애환이 담겨 있다.

있는 소집단을 돕고자 하는 성향의 산물에 지나지 않는다면, 우리는 윤리적 스승들이 한결같이 좀 더 고상하고 폭넓은 행위 기준을 강조해 온 이유를 이해하기 힘들 것이다.(윤리적 사상가들이 옹호하는 호혜성이 사회생물학에서 말하는 '호혜적 이타성'이 아님에 주목하라. 윤리적 사상가들이 말하는 호혜성은 '타인들이 우리에게 행한 바처럼 타인에게 행하라'는 권고가 아니라 '그들이 우리에게 행하길 원하는 바를 그들에게 행하라'는 것이다.[18] 그러한 호혜성은 우리가 그에 상응하는 대가를 받을 수 있을 경우에만 준다는 것을 의미하는 것 또한 아니다.) 하지만 일단 이성이 윤리에서 역할을 수행한다는 사실을 인정할 수만 있다면, 커다란 문화의 차이가 존재함에도 불구하고 서로 다른 시기와 장소에서 살았던 빼어난 사상가들이 제한된 형식의 이타주의를 넘어 근본적으로 동일한 공평무사한 윤리 원리에로 나아갔다는 것은 전혀 이상하게 보이지 않는다.

이성적 사고와 도덕적 고려 범위의 확장이 밀접한 관계에 놓여 있다는 역사적, 비교문화적cross cultural 증거에 덧붙여, 다음에서는 인지 발달이 이루어지면서 한 개인의 차원에서도 집단의 차원과 동일한 과정이 나타나고 있음을 보여 주는 이론을 제시해 보고자 한다. 장 피아제 Jean Piaget[19]의 심리 발달 이론을 계승한 로렌스 콜버그 Lawrence Kohlberg[20]

---

18 윤리 사상가들이 말하는 호혜성은 '주는 것'이 주된 관심사이며, 어떻게 주어야 하는가를 논할 때 '자신이 바라는 것'과 같이 주는 것이 가장 바람직하다고 말하고 있다. 이는 사회생물학에서 말하는 호혜적 이타성과는 다른 것인데, 사회생물학적 의미의 호혜적 이타성은 타인에게 주는 것이 관심사가 아니다. 거기에서는 타인에게 되돌려줄 때 자신이 받은 만큼만 되돌려주라는 요구가 강조되고 있다.
19 피아제(1896-1980): 스위스의 심리학자. 아동심리학자인 그는 인간의 지능 발달에 관심을 가졌다. 그는 인지 작용이 연령 시기에 따라 어떻게 발달하는가의 연구를 통해 감각 운동적 지능 단계로부터 시작하여 표상적 사고의 단계, 구체적 조작의 단계를 거쳐 형식적 조작의 단계에 이르는 발달 과정을 밝히고 있다.
20 콜버그(1927-1987): 미국의 심리학자. 장 피아제의 인지발달 이론의 영향을 받아 도덕성 발달에 대한 이론을 제시했다. 그에 따르면 도덕성은 전(前) 인습 수준에서 후(後) 인습 수준에 이르는 여섯 단계로 발달이 이루어진다.

는 아이들이 성장하면서 일정한 도덕적 사고 단계의 수순을 밟아 나간다고 주장했다. 대략적으로 볼 때, 수순은 도덕성이 상벌의 문제로 간주되는 이기적 차원으로부터 집단의 기준에 충실하고자 하는 두 번째 단계를 지나, 자기 이익이나 집단의 기준과 무관한 도덕 원리의 토대를 찾고자 하는 세 번째 단계에로 이행해 간다. 콜버그는 이와 같은 발전에 논리적 질서가 내재해 있으며, 각 단계는 바로 전 단계에 비해 고차적인 논리 구조를 갖추고 있다고 생각했다. 이처럼 특정한 추론 기술—예를 들어, 자신을 타인의 입장에 놓고 상상할 수 있는 능력—은 고차적 단계에로 이행해 나가는 데 필수불가결한 역할을 하게 된다. 물론 콜버그가 이성적 사고에 익숙해지는 능력 자체를 최고의 도덕 발달 단계에 도달하기 위한 충분조건이라고 생각하고 있지는 않다. 하지만 그는 적어도 이성적 사고 능력이 최고 단계에 이르기 위한 필요조건은 된다고 생각하고 있다. 이와 더불어 그는 도덕적 추론과 도덕적 행위가 밀접하게 관련되어 있으며, 이러한 관련성은 증명 가능하다고 주장하고 있다. 그런데 이상과 같은 주장들은 다음과 같은 생각, 즉 생물학적 성향의 한계를 넘어 이타성이 확장해 나아가는 데 이성이 핵심적인 역할을 한다는 생각에 부합된다.

 콜버그의 연구와는 별개의 연구들이 그의 이론을 어느 정도 지지하고 있다. 가령 대부분의 경우 나이든 아이들이 어린 아이들에 비해 관대하다는 연구 사례가 보고된 바 있으며, 같은 또래 집단 내에서는 타인의 역할 수행 능력 실험에서 좋은 성적을 올린 아이들이 그렇지 못한 아이들에 비해 관대하다는 점이 밝혀진 바 있다. 또한 콜버그의 주장에 힘을 배가하는 자료들이 있는데, 그러한 자료는 '이성적 사고에 능숙해짐'이 타인의 이익에 지대한 관심을 쏟게 되는 고차적인 도덕 단계에 도달하기 위한 충분조건은 아니지만 필요조건은 된다는 것을 보여 주고 있다. 그 외에도 도덕적 사고 능력과 도덕적 행위가 밀접한 관련을 맺고 있음을 보여 주는 증거가 있다.—예를 들어 콜버그의 도덕적 사고 능력에 대한 척도로 평가해 보았을 때, 비행아들은 다른 아이들에 비해 도덕적 사고 능력이 떨어졌던 반면, 피아제가 고안해낸 도덕적 판단 실험에서 좋은 점수를 획득한 아이들은 다른 아이들과 사탕을 나눠가진다거나 다른 아이들의 어려운 과제를 돕고자 하는 성향을 보여 주고 있었다.

하지만 이와 같은 증거에도 문제가 없진 않다. 가령 몇몇 연구는 이성적 사고 능력과 도덕적 단계가 아무런 관련이 없다거나 도덕적 단계와 이타적 행위가 별다른 관계가 없다고 보고하고 있다. 나아가 콜버그 자신의 자료 또한 심각한 비판에 부딪친다. 예를 들어 도덕적 발달에서 사람들을 높거나 낮은 단계에 위치지우는 콜버그의 이론은 더 나은 언어적·이성적 사고 능력을 갖춘 자들이 더 높은 득점을 올리리라는 편견을 이미 그 자체 내에 담고 있다는 것이다. 콜버그의 이론은 윤리 내에서의 이성의 역할에 관한 나의 전반적인 견해와 일치하고 있다. 하지만 지금의 단계로선 그의 이론을 확립된 사실이라고 간주하기보다는 흥미로운 고찰 정도로 생각해야 할 것이다.

이성적 사고가 이타성의 경계를 넓히는 데 일익을 담당했으리라는 견해를 지지하는 논의로는 바로 그러한 가정이 다음과 같은 질문에 납득할 만한 답변을 제시할 수 있었다는 점을 들 수 있다. "진화가 모르는 사람에 대한 진정한 비호혜적 이타성을 제거하지 않은 이유가 무엇일까?" "모르는 사람들에게까지 이타성을 나타내는 자들이 자신들이 가지고 있는 생각과 함께 생존 경쟁에서 도태되어 버리지 않은 이유가 무엇일까?"

이는 사회생물학자들이 해결하고자 했던 이타성에 관한 수수께끼다. 사회생물학자들은 기껏해야 혈연 이타성이나 호혜적 이타성에 관련된 부분만을 해결했을 뿐이다. 이타성의 영역 확장이 웨스트마크가 말한 것처럼 오직 자비의 감정(feeling of benevolence)을 확장한 결과로 나타났다면, 타인에 대한 진정한 비호혜적 이타성이 존재한다는 것은 불가사의한 일로 남게 된다. 진화는 지나치게 고려 대상의 범위가 넓고 비이기적 특성을 띤 자비의 감정이라는 이유로 보상받지 못하는 비이기적 특성을 도태시켜 버렸어야 했을 것이다. 그런데 이타성의 범위 확장이 인간이 가지고 있는 이성 능력으로 인해 나타났다고 생각한다면 의문에 대한 해결책이 나타나게 된다. 왜냐하면 이성적으로 사고할 수 있는 능력 자체는 진화가 좀처럼 제거할 수 없는 무엇으로 보이기 때문이다. 음식을 구하거나 위험을 모면하고자 할 때, 그리고 그 외의 우리 삶의 모든 영역에서 훌륭한 이성적 사고 능력을 갖춘 자들은 그렇지 못한 존재보다 훨씬 유리하다. 이상과 같은 논거로 미루어 볼 때, 우리는 진화가 고도의 이성적 사고 능력을 선택했으리라 예견해 볼 수 있다.(우리는 인간의 뇌가 엄청나게 빠른 속도로 성장했음을 알고 있다.) 만약 혈연과 친구들에게 갖는 관심을 모르는 사람에게까지 확장하는 이유를 파악하는 능력까지 이성 능력에 포함된다면 진화는 윤리의 바탕이 되는 원리를 파악하는 이와 같은 능력을 제거하지 못했을 것이다. 이성적 사고 능력을 제거할 경우 그 대가는 너무 비싸게 치러질 것이기 때문이다. 진화에서 이성적 사고 능력이 갖는 장점은 단점을, 다시 말해 약간 손해를 보면서 모르는 사람을 이롭게 하는 행위로 인해 나타나는 단점을 능가할 것이다. 결과적으로 진정한 이타성이 오직 감정에만 근거해 있다고 할 경우, 우리는 확장된 이타성이 존속하는 이유를 설명할 수 없게 된다. 반면 진정한 이타성의 원천이 감정이 아니라 이성이라고 한다면 진정한 이타성이 존속한 이유에 대한 이해는 훨씬 용이해진다.

물론 위의 주장은 친구들 및 친척에 제한되어 있는 좁은 울타리를 확장하려는 노력의 타당성을 파악할 수 있는 능력이 고차적인 이성 능력과 밀접한 관계에 놓여 있음을 전제하고 있다. 만약 양자의 관계가 쉽사리 나뉠 수 있는 것이라면 진화적 압력(evolutionary pressure)은 이를 끊어 버렸을 것이다. 하지만 제4장에서 서술한 바에 따라 이성을 생각해 본다면, '이성적 사고 능력'과 '도덕적 관심의 대상 영역을 확대하려 하는 이유를 파악할 수 있는 능력'은 본질적으로 동일하다. 홉스와 마찬가지로 이성적으로 사고할 수 있는 사람이라면 누구나가 유클리드의 기하학 정리 증명을 따라갈 수 있다. 마찬가지로 이성적 사고 능력을 지닌 사람들은 누구나가 자신의 이익이 다른 사람의 이익보다 중요하지 않다는 객관적인 관점을 이해할 수 있다. 이를 험프리 보가트Humphrey Bogart[21]는 저 위대한 오늘날의 도덕적 이야기 「카사블랑카Casablanca」[22]에서 다음과 같이 표현하고 있다. "이봐, 나는 그다지 고상하지 못해. 하지만 나

---

[21] 보가트(1899-1957): 미국 영화배우. 갱 등의 악역을 비롯하여 사립 탐정역, 도회지의 비정하고 음영이 짙은 역 등 냉혹한 개성이 돋보이는 연기를 실감나게 보여 주었다. 대표적인 출연작으로 「카사블랑카」, 「아프리카의 여왕」 등이 있다.
[22] 「카사블랑카」: 미국 영화. 1943년 워너브라더스 제작 흑백 영화. M. 커티스 감독, I. 버그만, H. 보가트 주연. 1943년 아카데미 작품, 감독, 각색상을 수상했다. 파리가 독일군의 수중에 들어간 1904년, 북아프리카의 프랑스령 모로코의 항구 도시 카사블랑카에는 망명객, 반나치 투사, 피난민, 각국 스파이 등이 득실거리고 있었다. 이들이 드나드는 '카페 아메리카'의 주인 리크(보가트)는 의협심 강한 미국인이다. 반나치 투쟁의 거물 빅터 라즐로(P. 헨리드)도 아내 일자(버그만)와 함께 이곳에 잠입, 미국으로 탈출할 기회를 엿보고 있었으며, 게슈타포의 스트라서 소령(K. 파이트)은 이들을 체포하기 위해 뒤쫓고 있다. 파리 시절의 옛 애인 일자를 자기 가게에서 우연히 발견한 리크는 순간 착잡한 감회에 빠지지만 사랑하는 일자의 행복을 위해 모든 것을 바치기로 결심한다. 리크가 마련해 준 여권으로 비행기 트랩을 오르는 라즐로와 그의 아내 일자의 눈에는 눈물이 고인다. 곧 추격해 온 스트라서 소령은 리크에게 사살되고 라즐로 부부를 태운 비행기는 리스본을 향해 밤하늘을 날아간다.

마저도 여기 이 미친 세상에서 힘없는 세 사람들의 문제가 몇 푼의 값어치도 나가지 않는다는 것을 파악할 수 있단 말이야."[23]

가치양립

자신의 문제가 수많은 사람들의 문제 중 하나에 불과하다는 사실을 파악(see)한다는 것은 그다지 어렵지 않다. 그런데 이를 파악한다는 것과 그에 따라 행동한다는 것은 별개의 문제이다. 가령 나는 객관적 입장에 서서 나의 이익이 당신의 이익 이상의 중요성을 갖지 못한다는 주장을 수용할 수 있다. 동시에 나는 그와 같은 객관적 입장을 무시하고 주관적 관점에서 내 스스로의 이익에 우선권을 주어 버릴 수도 있다. 「카사블랑카」에서 보가트는 초연하게 자신의 고상함을 드러내면서 사랑하는 여자를 떠나도록 내버려둔다. 그런데 보가트가 잉그리드 버그만Ingrid Bergman[24]의 매력이 객관적 입장의 통찰보다 더 중요하다고 생각하여 그녀를 붙잡았다고 하더라도, 영화광들은 그것 때문에 놀라워하진 않았을 것이다. 이성적 사고를 할 수 있는 사람들 중 대다수는 객관적 입장을 취하는 것이 무엇인가를 잘 알고 있다. 하지만 그들이 실제로 객관적 입장에 따라 행위하거나 행위하지 않는 경우는 드물다. 그들은 항상, 또는 흔히 자신의 이익에 우선권을 둔다. 앞에서 언급한 이타성의 사례로 돌아가 보자. 분명 영국인들 중 상당수는 자신이 모르는 사람들에게 혈액

---

23 설령 상식적으로 살아가는 평범한 인간이라 할지라도, 모든 사람들을 동등하게 대하지 않는 태도가 그릇되다는 것쯤은 알 수 있다는 것을 나타내기 위해 제시된 인용문.
24 버그만: 스웨덴 출신의 여배우. 주연 작품으로 「카사블랑카」, 「누구를 위하여 종을 울리나」, 「성 메리의 종」, 「개선문」 등이 있다.

을 제공한다. 하지만 헌혈을 하는 자들보다 훨씬 많은 사람들—정확히 94퍼센트에 해당하는 사람들—은 헌혈을 하지 않는다. 헌혈을 하지 않는 자들 중 상당수는 혈액을 제공하는 자들 못지않은 이성적 사고 능력을 갖추었을 것이다. 널리 알려져 있듯이 우리는 사기꾼이나 협잡꾼, 또는 기타 범죄인들 중에서 기가 막히게 두뇌 회전이 빠른 자들을 발견한다. 그러나 그들은 자신의 두뇌를 오직 자신들의 이익을 얻기 위해서만 사용한다. 그들은 이타적인 사고를 따라갈 수 있지만 그렇게 하지 않는다. 설령 생각은 그렇게 한다고 하더라도 막상 행동으로 옮길 때에는 그러한 생각들을 무시해 버리는 것이다.

이성을 통해 객관적 견해를 가질 수 있음에도 많은 사람들이 이성이 존재하지 않는 듯이 행동하고 있다는 사실은 어떻게 설명할 수 있을 것인가? 여기서 다시 이 장의 처음에서 살펴봤던 흄의 테제, 즉 이성은 정념의 노예라는 테제로 되돌아가 보도록 하자. 만약 흄이 옳다면 모르는 사람들에게 이타적으로 행동하는 사람들이 별로 많지 않다는 사실을 이상한 현상이라고 생각할 수는 없을 것이다. 왜냐하면 모르는 사람들의 복리를 도모하려는 이타적 욕구를 갖는 사람만이 이타적인 방식으로 행동할 것이기 때문이다. 그런데 우리가 잘 알고 있는 진화적인 이유를 근거로 보자면 모르는 사람에게 이타적으로 대하려는 욕구를 가진 사람들이 많이 있으리라 기대할 수는 없다.[25]

---

[25] 모르는 사람을 이타적으로 대하는 사람은 자연 도태될 가능성이 높다. 가령 검치호와 마주치게 된 경우를 생각해 보자. 검치호를 만난 모르는 자를 도우려는 자는 화를 입을 가능성이 높으며, 그로 인해 자신의 이타성을 후대에 남길 가능성이 줄어들게 될 것이다. 반면 위기에 처한 혈연이나 친지를 도우려 하는 경우는 사정이 다르다. 왜냐하면 그들을 도움으로써 자신의 혈연이 살아남게 되거나, 살아남은 친지가 가족들을 보호해 주어 희생된 자의 성향이 후대에 전해질 수 있기 때문이다.

흄의 주장에 전혀 설득력이 없는 것은 아니었다. 이성은 지원支援이 이루어지지 않고서는 독자적으로 행동을 산출해낼 수 없다. 바꾸어 말해 이성은 욕구, 필요, 혐오 또는 좋아하거나 싫어하는 느낌과 결합해야 행동을 산출할 수 있는 것이다. 흄의 주장은 이성을 원하는 바를 얻는 데 쓰이는 도구로 파악했다는 측면에서 옳다. 이성은 자신의 이익이나 가족의 이익을 증진시키고자 할 때, 그리고 원하는 바를 얻는 데 사용된다.

이러한 설명력에도 불구하고 흄의 주장을 모두 옳다고 말할 수는 없다. 다시 말해 도구가 오히려 목적(이 목적을 위해 도구가 사용되는데)에 영향을 미치는 경우가 있는 것이다. 특히 추구하는 목적이 한 가지만이 아닐 때에는 수단과 목적이 바뀌는 경우가 비일비재하다. 가령 자동차는 A라는 지점에서 B라는 지점으로 사람들을 수송하기 위한 수단으로 개발되었으며, 오늘날에도 여전히 수송을 위한 수단으로 사용된다. 하지만 우리는 수송이라는 목적 외에도 주말 오후를 즐기기 위한 수단으로 자동차를 사용하기도 한다. 우리는 이를 흔히 '드라이브 간다'고 표현한다. 다시 말해 사람들은 차를 가지고 그저 한두 시간 어디로 떠났다가 집으로 돌아오는 것이다. 여기서 자동차를 타고 소풍을 떠나는 목적은 드라이브 자체에 있지, 자동차를 타고 어떤 특정한 장소에 도착하는 데 있지 않다. 그런데 이와 유사한 상황이 도구로서의 역할을 하는 이성적 사고에서도 충분히 발생할 수 있는 것이다.

원래 자동차는 이동을 위해 개발되었다. 하지만 얼마 있지 않아 우리는 거기에 머물지 않고 운전하는 것 자체를 즐길 수 있음을 알게 되었다. 윤리적 추론의 경우에는 우리가 타인들과 조화를 이루는 행위를 하기 위한 수단으로 공평무사성을 갖는 이성적 사고를 하기 시작했는데, 곧 이어 우리는 공평한 이성적 사고가 도출해 낸 결론에 따라 행위함을 선호하는 스스로를 발견하게 되었던 것이다. 미국 백인의 인종 차별적 태도에 대한 군나르 뮈르달의 분석을 회상해 보라. 뮈르달이 "도덕적 가치 평가의 계층 내에서 논리적 일관성을 부여해야 한다는 느낌"이라고 서술했던 것은 과연 느낌(feeling)일 수가 있다. 하지만 그와 같은 느낌은 이성적 사고 능력(일관되지 못함을 인식하는 능력은 이의 일부를 차지한다)으로부터 도출된다. 즉 일관되지 못함에 대한 인식이 우선이고, 그로부터 비일관성을 피해야겠다는 느낌이 뒤따르는 것이다.[26]

사람들이 일관되지 못함을 불편하게 여긴다는 사실을 관찰하기란 어렵지 않다. 이는 이성적으로 행위할 수 있는 능력이 인간의 진화에 결정적인 역할을 했다는 점에 의거해서 설명이 이루어질 수 있을 것이다. 심리학자들은 이러한 현상을 설명하기 위해 '인지 부조화(cognitive dissonance)'[27]라는 인상적인 용어를 사용했다. 레온 페스팅거Leon Festinger는 자신의 『인지 부조화론A Theory of Cognitive Dissonance』에서 이를 다음과 같이 요약해서 설명하고 있다.

---

[26] 여기서 싱어는 이성은 정념의 노예라는 주장에 대한 반론을 제기하고 있다. 간단히 말해 어느 것이 우선이고 어느 것이 나중인지에 대해서는 일정한 법칙이 있을 수 없다는 것이다.
[27] 페스팅거의 인지 부조화론에서는 우리가 사물이나 행동 등에 대해 갖고 있는 여러 지식들, 즉 인지 요소들이 서로 유기적인 관계를 맺고 있거나 혹은 전혀 무관한 관계에 놓여 있다고 전제한다. 그런데 인지 요소들 간에 유기적 관계가 있을 경우에는 반드시 조화의 상태나 부조화의 상태에 놓이게 된다. 한 인지 요소가 다른 것을 포함하거나 혹은 일치할 때가 조화 상태라면 인지 요소들 간에 서로 맞지 않을 때를 부조화 상태라고 한다. 그리고 인지 요소들 간의 부조화 상태가 태도 변용을 가져온다는 것이 페스팅거의 인지 부조화 이론의 요체다. 부조화 상태는 심리적 불안 상태이기 때문에 이를 해소할 수 있는 정보나 행동을 취함으로써 조화 상태를 유지하려는 것이 인간의 자연스런 태도라는 것이다. 아니면 아예 처음부터 부조화 상태를 가져올 수 있는 정보를 피하려고 한다. 김우룡 엮음, 『커뮤니케이션 기본이론』(나남, 1995), 167-168쪽에서 인용.

간단히 말해 나는 부조화, 즉 인식들 사이에서 조화롭지 못한 관계가 존재한다는 것 자체가 행위 동기를 유발한다고 제안하고자 한다. 여기서 인식이라는 용어는 자기 자신, 자신의 행위 또는 환경에 대한 지식이나 견해 내지 믿음을 의미한다. 인지 부조화는 부조화 제거를 목표로 삼는 행위가 나타나기 위한 선행 조건이라 할 수 있으며, 이는 배고픔이 배고픔 감소를 지향하는 행위로 우리를 이끄는 것과 마찬가지다.

인지 부조화는 신념들 사이에서, 또는 신념과 행동 사이에서 불일치를 느낄 경우 그와 같은 불일치의 느낌을 제거하기 위해 무엇인가를 하고자 한다는 뜻으로 해석할 수 있을 것이다. 이는 마치 사람들이 배고플 때 배고픔을 없애기 위해 무엇인가를 한다는 것과 유사하다. 뮈르달과 페스팅거가 지적하였듯이 불일치의 느낌을 제거하는 데는 여러 가지 방법이 있을 수 있다. 가령 우리의 신념과 행동을 참되고 일관되게 만드는 것도 한 가지 방법일 것이다. 또한 일관되지 못한 신념들을 조화시키기 위한 방편으로 바로 그 상황이 아니면 받아들이지 않았을 신념을 받아들이는 경우도 있을 수 있다. 그 외에 불일치가 나타나는 부분에 대한 관심을 아예 끊어버림으로써 불일치의 느낌을 제거하고자 할 수도 있다. 인간은 항상 진리와 일관성을 얻기 위해 분투해야 하는 존재라는 말이 옳다면, 그들을 자신들이 바라는 완벽하게 이성적인 존재라고 말할 수는 없을 것이다. 그럼에도 우리가 신념과 행동에서의 불일치를 제거하려는 욕구 자체로 인해 동기 지워질 수 있다면 이성을 단순히 노예라고 할 수는 없다. 물론 필요를 충족시키기 위해 이성이 사용될 수도 있다. 하지만 얼마 지나지 않아 이성은 스스로의 동기 부여력을 개발하게 된다.[28]

객관적 관점을 취할 수 있는 사람들이 막상 행동에 옮길 때 실질적으로 그러한 관점을 고려할지는 자신들의 행동 방식을 이성적 사고방식에 일치시키려는 욕구가 얼마만큼 강한가에 달려 있다. 욕구의 강도는 상이한 방향에서 끌어당기는 세기에 따라 달라지는 상대적인 것이다. 생물학적으로 볼 때, 우리 스스로와 혈연들의 이익을 증진시키려는 욕구는 불일치를 피하고자 하는 이성적인 욕구에 비해 오래되었다. 우리 조상들은 자신과 자손들의 생존을 위해 분투했다. 그 후 오랜 시간이 흘렀으며, 그제야 비로소 우리는 일관성을 갖지 못한 신념을 인식하는 데 이르렀다. 그런데 새로운 욕구, 즉 불일치를 해소하려는 욕구는 오래된 욕구와 종종 상충되었으며, 이때 자신과 혈연을 선호하는 오래된 욕구가 더 강력한 힘을 발휘하기가 일쑤였다. 그런데 '이성적'이라는 단어에는 여러 가지를 종합적으로 평가하여 가장 욕구하는 바를 성취하기 위해 행동한다는 뜻이 포함되어 있다. 이러한 측면에서 '이성적'이라는 단어를 생각해 본다면, 우리는 오래된 욕구에 따라 이기적으로 생활하는 사람들도 완전히 이성적인 자들로 간주할 수 있다.29

 불일치를 피하고자 하는 욕구가 자기중심적 욕구를 누르지 못하는 더 근원적인 이유가 있다. 우리는 지금 한 개인의 믿음과 행동 간의 단순한 불일치를 살펴보고 있는 것이 아니다. 우리는 개인적인 행동과 그가 공적으로 지지해야 하는 원리들 간의 충돌을 살펴보고 있다. 우리는 사적으로 일련의 원리들을 채택함과 동시에 공적으로는 그와는

---

28 싱어는 인지 부조화론을 '이성은 정념의 노예이다'라는 주장에 대한 반론으로 제시하고 있다.
29 여기에서는 이성이 정념의 노예가 아님에도 정념이 강한 힘을 발휘하고 있는 첫 번째 이유에 대해 설명하고 있다. 정념은 이성에 비해 그 역사가 오래되었다. 때문에 정념은 이성보다 강한 힘을 발휘하는 경우가 종종 있으며, 이로 인해 이성이 마치 정념의 노예인 것처럼 보이는 것이다.

다른 원리들을 아무런 문제없이 일관성 있게 채택할 수 있다. 가령 우리는 자기 이익 추구를 우선적인 내밀(內密)한 원리로 삼으면서 공중 앞에서는 자신의 참된 행위 지침으로서가 아니라 공평무사성을 과시하여 타인들을 감동시킬 목적으로 윤리적 추론을 사용할 수 있다. 이것이 위선임에는 분명하다. 하지만 위선은 자기 자신의 이익을 증진시키기 위한 일관성 있는 계획의 일부라고 할 수 있다.30

이처럼 우리에게 자기 이익에 부합된 삶을 영위하려는 성향이 있다는 것은 부인할 수 없는 사실이다. 하지만 우리의 삶이 이기주의로 점철될 수는 없다. 우리는 사회적 존재로서 한 공동체에서 양육되고 교육받았으며, 이에 따라 깊은 정서적 유대감으로 공동체와 연결되어 있다. 때문에 계획적으로 위선적인 삶을 살아가는 것은 우리를 편안치 못하게 할 것임에 틀림없다. 공중들 앞에서는 항상 가면을 쓴다는 것, 개방적이지도 자연스럽지도 못하면서 끊임없이 경계를 늦추지 않는 것, 자신이 개인적으로 받아들이고 있는 원리에 대해 심지어 친구들마저도 속이는 것―이 모든 것들은 삶에 부조화를 안겨준다. 그런데 공중들에게 내세우는 원리와 내밀한 실천 간의 부조화를 감소시키고자 하는 욕구는 동기를 부여하는 힘으로 작용할 수 있으며, 이는 신념과 행동 간의 직접적인 불일치를 제거하고자 하는 욕구와 유사하다. 물론 이론상 우리는 일관성 있게 자기중심적인 입장을 취할 수도 있다. 그

---

30 정념이 이성보다 우위를 차지하는 이유에 대한 두 번째 설명이 제시되고 있다. 우리는 겉으로는 도덕을 표방하면서 속으로는 자기 이익을 추구할 수가 있다. 만약 내면이 훤히 드러나 보인다면 우리는 그와 같은 노선을 걷지 못할 것이고, 도덕과 이기성 사이에서 양자택일을 할 처지에 놓일 것이다. 집단생활을 하는 특징으로 인해, 그리고 이기성에 대한 각종 비난에서 벗어나기 위해 우리는 불가피하게 이기성을 버리지 않으면 안 되었을 것이다. 하지만 다행스럽게도(?) 내면은 보이지 않으며, 이에 따라 우리는 굳이 이기성을 제거할 필요가 없었다. 때문에 우리는 오히려 겉으로 보여 주는 도덕성마저도 자기 이익을 위한 수단으로 활용할 수가 있었던 것이다.

리하여 공적으로도 무관심하고 냉소적이며 경멸적인 태도를 보임으로써 부조화를 제거하는 방법을 선택할 수도 있다. 하지만 실제 생활에서 그와 같은 노선을 걷기에는 우리들은 대부분 타인에게 자연스런 호의를 너무도 많이 가지고 있으며, 소속된 공동체와 너무나도 정서적으로 밀접하게 결합되어 있다.[31]

전적으로 자기중심적인 삶을 선택하지 않는 데는 또 다른 이유가 있다. 과거로부터 철학자들은 자기 자신의 행복을 위해 지나치게 노력할 경우 오히려 자멸에 이르게 될 것이라고 주장해 왔다. 철학자들은 이를 '쾌락주의의 역리'[32]라고 불렀다. 이러한 역리는 자신의 쾌락을 추구하려 하는 자는 쾌락을 얻지 못함에 반해, 쾌락을 추구하지 않는 자는 역으로 쾌락을 얻을 수 있다는 주장을 담고 있다. 자기중심적인 삶은 결국 지겨워지게 될 것이며, 자기를 위한 더 많은 사치와 즐거움을 줄기차게 희구한다고 해도 그것이 지속적인 만족을 가져다주진 않을 것이다. 진정한 충족은 어떤 다른 목적을 위해 분투할 때 오히려 더욱 쉽게 찾아진다. 철학자들은 우리가 진정으로 행복한 삶을 영위하고자 한다면 행복을 직접적으로 추구해서는 안 되며, 삶의 좀 더 커다란 목적을 지향하는 데서 행복을 찾아야 할 것이라고 주장하고 있다.

---

[31] 이 단락에서 싱어는 우리가 반드시 자기중심적이지만은 않다는 주장을 하며 그 이유에 대해 설명을 하고 있다. 간단히 말해 우리는 소속되어 있는 공동체와 너무나도 정서적으로 결합되어 있어서 자기중심적으로만 살아가기가 쉽지 않다는 것이다.
[32] 가장 소박한 단계의 쾌락주의자들이 추구하는 행위의 목표는 1) 나의 2) 현재의 쾌락이다. '나 개인의 이 순간의 쾌락 추구'라는 이기적인 태도가 관능적인 쾌락주의에로 흐르기 쉽다는 것은 설명이 없더라도 명백하다. 그러나 관능적 쾌락의 추구자들은 '쾌락주의의 역리'라는 벽에 부딪쳐 후퇴하지 않으면 안 된다. 관능적 쾌락의 무절제한 추구가 필경 그 목적을 얻지 못하고 도리어 심한 고통을 준다는 심리학적 사실을 깨달은 쾌락주의자들은 좀 소극적이기는 하나 보다 영속적인 쾌락, 즉 "고통도 불만도 없이 고요하고 평안한 마음의 상태(ataraxia)"에서 삶의 참된 목적을 발견한다.

우리가 간접적으로 행복을 추구할 경우에 오히려 행복을 발견하기가 용이하리라는 주장은 물론 심리적 일반화일 따름이다. 따라서 다른 대부분의 일반화와 마찬가지로 이 또한 모든 사람들에게 타당하다고 할 수는 없다. 하지만 개인적인 쾌락만을 추구하는 것이 인간의 본성이라 즐기는 것 외에는 아무것도 하지 않는 인생을 살아가야 한다면 우리는 생각보다 훨씬 불행해질 것이다. 어쩌면 우리는 이상적 목적을 추구하는 존재로 발달해 온 존재인지도 모른다. 그리고 이에 따라 자연스럽게 좀 더 커다란 목적을 추구하고자 하며, 그것이 우리의 삶에 의미와 의의를 주는지도 모른다. 자기 자신의 쾌락을 넘어선 목적을 전혀 가지고 있지 않는 대다수의 사람들에서 살펴볼 수 있는 삶의 지루함과 권태로움은 우리의 본성이 이상적인 목적을 추구하려는 경향이 있다는 사실을 간과함으로써 나타난 결과이다. 만약 내 생각이 옳다면 윤리적 관점을 계속해서 거부할 논리적 가능성은 실생활에서 선택될 만한 매력을 품고 있지 못하다. 윤리적으로 공평한 관점을 취할 때 우리는 스스로의 이익에 대한 관심을 넘어서게 된다. 바꾸어 말해 그와 같은 관점을 취할 때 우리는 더욱 깊은 충족감과 의미를 느낄 수 있는 좀 더 커다란 목적으로 인도되는 것이다.

   앞에서 언급한 이유를 고려해 보았을 때, 윤리적 관점을 완전히 외면하는 사람은 그다지 많지 않을 것이다. 그럼에도 자기중심적 욕구(혈연과 가까운 친구들에 대한 관심을 포함하는)는 여전히 강하게 자리 잡고 있다. 그 결과 이기적 욕구들과 우리의 윤리적 실천 간에는 긴장이 나타난다. 에드워드 윌슨은 집단선택 이론이 "사회적 존재가 영위하는 삶의 방식들 사이에서의 가치 갈등을 예견하고 있다"고 밝히고 있다.[33] 그는 이와 같은 주장을 하면서 선택의 갈등, 특히 본인 또는 가족, 그리고 종족 중 어디에 충실할 것인가에 대한 갈등을 염두에 두고 있었다. 이성적 사고를 하는 사회적 존재에게는 이와 같은 가치 갈등이 자기중심적 욕구와 집단 구성원으로서 공적 정당화의 기준에 따라 행동하고자 하는 욕구 사이의 갈등 형식으로 나타난다. 집단적 차원[34]에서 볼 때, 이성적 사고 능력은 이타성 확장의 토대가 된다. 하지만 개별적 존재로서의 한 개인은 이성적 사고 능력을 활용하여 이타성을 확장하려고 노력을 기울일 필요가 없다. 윌슨의 언급은 철학자들이 흔히 주목했던 인간 본성의 분열을 생물학자의 입장에서 되풀이한 것이다. 플라톤과 칸트와 같은 철학자들은 갈등이 이성과 욕구 사이에서 나타난다고 생각했다. 이에 반해 생물학자인 윌슨은 흄의 견해, 다시 말해 갈등이 자기 이익과 관련된 욕구와 타인에 대한 공감 및 자비 등의 욕구(여기서 이성은 이들 간의 갈등에 개입하지 못하고 주변에 머물러 있다) 사이에서 나타난다는 견해에 가깝다. 나는 이성이 무력하지 않다고 주장했다. 집단적 차원에서는 일단 우리가 우리의 행위를 공적으로 정당화시켜 나가기 시작하면 이성은 도덕적 관심을 개발하고, 관심 영역을 확장으로 이끌면서 객관적 관점을 취하게 한다. 반면 개인적 차원에서는 이성이 그다지 힘을 발휘하지 못한다. 물론 우리가 이성을 통해 신념과 행동의 불

---

[33] 인간은 사회적 존재로서 여러 집단에 소속되어 있으며, 그러한 소속 집단이 요구하는 바도 여러 가지다. 이로 인해 우리는 종종 어느 집단의 요구에 따라야 하는가에 대한 갈등을 겪을 수 있다. 가령 우리는 아버지로서의 역할과 남편으로서의 역할, 그리고 직장인으로서의 역할, 나아가 박애를 실현하고자 하는 나 사이에서 무엇을 선택해야 하는가에 대한 갈등을 경험할 수 있다.

[34] 앞에서 언급하였지만 싱어는 집단적 차원에서 이루어지는 이성적 사고와 개별적 차원에서 이루어지는 이성적 사고를 구분하여 전자에서는 현대적 의미의 윤리로의 발전이 이루어진 반면, 후자에서는 이성적 사고가 반드시 이익 동등 고려 원리와 같은 확장된 이타성으로 나아가지 않을 수 있음을 말하고 있다. 즉 개인이 소유한 이성이 이타적 관점을 취할 수도 있지만 자기 이익이나 각종 욕구를 충족시키는 데 사용되는 경우도 비일비재하다는 것이다.

일치, 또는 공언하는 말과 사적으로 행하는 바의 불일치를 파악할 수 있는 것은 사실이다. 하지만 개인적 차원에서는 그러한 불일치를 피하고자 하는 욕구가 다른 욕구들을 항상 능가할 만큼 강한 것은 아니다. 결과적으로 이성은 객관적 관점에서 정당화를 이루기보다는 사소한 것을 추구하는 역할을 맡는 것으로 전환되어 버릴 수 있다. 인간의 윤리 체계는 이와 같은 긴장, 다시 말해 집단적인 이성적 사고와 생물학적 근거를 갖는 개인으로서의 인간적 욕구간의 긴장에 대처하려는 인간 사회의 산물이다.

제6장
윤리에 대한 새로운 이해

...... 덕에 대한 가장 건전한 기준은 우리 스스로를 천사의 본성을 지닌 공평무사한 관찰자의 위치에 놓고, 고결한 위치에서 편견의 영향을 받지 않은 상황에서 바라본다고 가정하고, 그가 우리 이웃의 본질적인 상황을 평가할 경우 어떠한 판단을 내릴 것이며, 거기에 따라 어떤 행동을 선택하게 될 것인가를 고려해 보는 것이다.
―윌리엄 고드윈William Godwin1, 『정치적 정의에 관한 탐구Enquiry Concerning Political Justice』

우리는 사람들이 스스로에게 축적된 이성에 의지해서 살아가는 것을 근심어린 눈길로 바라본다. 이와 같은 태도를 취하는 이유는 사람들이 그다지 이성적이지 않을 것이라는 생각 때문이며, 이 때문에 개인들이 국가와 시대라는 일상적인 은행bank과 자본capital을 활용하여 살아가는 것이 더 낫다고 생각하기 때문이다. 상당수의 사색적 인간들은 일반적인 편견을 타파해 버리기보다는 그 안에 있는 보이지 않는 지혜를 발견해내는 데 스스로의 현명함을 활용한다. 만약 스스로가 구하고자 하는 바를 편견으로부터 발견하고 좀처럼 실패를 맛보지 않는다면, 그들은 편견을 배척하고 적나라한 이성만을 남겨두기보다는 편견을 계속 유지하는 것(여기에는 이성이 활용되고 있다이)이 현명한 처사라 생각한다. 왜냐하면 편견은(거기에 담겨 있는 이성과 더불어) 이성이 활용되도록 하는 동인動因이 되며, 이성에 영속성을 가져다주는 영향력을 발휘하기도 하기 때문이다. 편견은 위급한 상황에서 활용될 만반의 태세를 갖추고 있다. 이는 지혜와 덕이라는 안정된 길에 마음을 잡아놓는다. 그리고 편견은 결정을 내릴 때나 회의적인 생각이 들 때, 또는 혼란스럽거나 결정을 내리지 못할 때 사람들을 주저하도록 내버려두지 않는다. 편견은 한 사람의 덕을 연결되지 않은 행위들의 연속이 아닌 습관이 되도록 만들어 준다. 오직 편견을 통해서 그의 의무는 본성의 일부가 되는 것이다.
―에드먼드 버크Edmund Burke2, 『프랑스 혁명 고찰Reflections on the Revolutions in France』

---

1 고드윈(1756-1836): 영국의 정치평론가, 소설가. 프랑스 혁명 직후에 『정치적 정의나 그것이 일반 미덕과 행복에 미치는 영향에 관한 고찰』(1893)을 써서 사유 재산의 부정과 생산물의 평등 분배에 입각한 사회 정의의 실현을 주장하였으며, 무정부주의의 선구자이자 급진주의의 대표가 되었다. 그의 이상적 자유주의는 올바른 선택을 하는 데 이성이 절대권한과 능력을 가지고 있다는 원리에 기초하고 있다.
2 버크(1729-1797): 영국의 정치가, 정치사상가. 1790년에 『프랑스 혁명에 관한 고찰』을 써서 혁명의 과격화를 경고했다. 웅변가로서 정의와 자유를 고취하였으며, 영국 보수주의의 대표적 이론가로서 명성을 날렸다.

싱어는 사회생물학의 역할에 대해 제한적으로 긍정적인 입장을 취한다. 그에 따르면 사회생물학은 "윤리가 집단생활에서 발전한 인간의 이성적 사고 형식임을 밝혀 주고 있으며, 그러한 사고 형식이 좀 더 제한적이며 생물학적 근거를 갖는 이타성의 기초 위에 세워진 것"임을 보여 주고 있다. 하지만 이와 같은 긍정이 사회생물학에 대한 전폭적인 수용을 의미하지는 않는다. 제3장에서 이미 살펴보았듯이, 어떤 행위가 생물학적 기초를 갖는다고 해도 그것이 곧 그러한 행위에 대한 정당화와 동일한 것은 아니며, 역으로 생물학으로 인해 도덕 규칙들에 대한 의문이 제기될 수도 있는 것이다.

한편 생물학을 통해 도덕 규칙들을 의심하게 되었다고 하더라도 우리가 도덕을 무조건 거부할 수는 없다. 왜냐하면 제4장에서 언급했다시피 윤리에는 이성적 요소가 포함되어 있기 때문이다. 그럼에도 우리는 또다시 다음과 같이 생각해 볼 수 있다. 생물학적 본성에 따른 이타성, 그리고 이성이 부분적으로 영향력을 발휘하고 있는 관습적 규칙을 포함한 대부분의 도덕 규칙을 폐기하고, 이성 능력을 끝까지 밀고 나갈 때에 도출되는 이익 동등 고려의 원리만을 남겨놓아야 하는 것은 아닌가?

싱어는 이와 같은 문제를 검토하기 위해 윤리를 개인으로서의 내가 선택할 기준과 사회 구성원 모두가 따라야 할 기준으로 나누어 본다. 만약 진정으로 객관적 관점을 취하고자 한다면, 비록 부담이 되는 기준이겠지만 우리는 이익 동등 고려의 원리를 받아들여야 한다. 하지만 이익 동등 고려의 원리는 사회 구성원 모두가 따라야 할 기준이기엔 지나친 면이 없지 않다. 바꾸어 말해 이익 동등 고려 원리는 너무 추상적이며 인간의 현주소를 무시한 기준이어서 감히 평범한 사람들이 그에 따를 엄두도 내지 못할 수 있는 것이다.

싱어는 바로 이러한 이유로 관습 도덕의 유용성을 인정한다. 물론 관습 도덕에도 문제가 없는 것은 아니다. 하지만 이성에 철저하게 따르는 기준인 이익 동등 고려 원리만으로는 부족하며, 생물학적 본성에 기초하고 있는 관습이나 편견의 도움을 받아야만 비로소 우리는 도덕적으로 건전한 삶을 영위할 수 있게 되는 것이다. 인간을 위한 윤리는 어떤 이상적인 인간상에 맞추어져서는 안 되며, 도달할 수 있는 현실적인 기준에 입각해 만들어져야 한다. 이러한 입장에 서서 싱어는 "모든 사람들의 복리를 최대화하려는 목표는 우선 우리의 성향을 인정하고, 그와 같은 성향을 이용한 윤리 체계가 모든 사람들에게 이익이 되게 함으로써 달성될 수 있을 것"이라고 밝히고 있다.

싱어는 이익 동등 고려 원리 외에 도덕 규칙을 가져야 하는 이유로 다음과 같은 주장과 논거를 제시하고 있다.

1) 도덕 규칙은 우리의 본성에 근거하고 있으며, 전체 선을 위해 활용될 수 있다.

싱어에 따르면 호혜성을 고무하는 규칙, 또는 거짓말을 못하도록 하는 규칙들은 우리에게 행해진 호혜적인 선 또는 악에 대응하려는 자연스런 인간 성향에 의거한다. 이와 같은 도덕 규칙은 인류 일반에 관한 명령이기보다는 구체적인 개인들에 대한 관심에 근거한 규칙들이다. 이러한 규칙들은 인간의 기본적인 성향과 부합되기에 사람들이 별다른 부담을 갖지 않고서도 따를 수 있을 것이며, 이를 통해 공공선이 증진될 수 있을 것이다.

2) 도덕 규칙은 우리의 의무를 한정한다.

이익 동등 고려의 원리는 성인聖人이 아닌 일반인들에게는 지나치게 높은 기준이라 할 수 있다. 따라서 지나친 요구를 통해 아예 윤리적 삶을 포기하게 만들기보다는 규칙을 통해 대다수의 사람들이 큰 어려움 없이 따를 수 있는 적당한 수준을 요구하는 것이 오히려 나을 수 있다.

3) 어린 아이와 젊은이들을 교육시키는 데 규칙을 사용하는 것이 유리하다.

원리는 그것이 포괄하고 있는 바가 광범위하다. 따라서 구체적인 상황에 적용하기에 어려움이 적지 않다. 더군다나 원리를 따르기 위해서는 어린 아이들이나 젊은이들이 갖지 못한 계산 능력이나 장래에 대한 안목이 요구된다. 반면 규칙들은 짧고 간명하게 나타낼 수 있어서 그 요구 내용이 비교적 명료하게 드러나며, 그것들을 가르치는 데 별 문제가 없다.

4) 득실에 대한 복잡한 계산의 수고를 덜어 준다.

어떤 행동이 모든 사람의 이익을 최대화할 것인지를 따져보기 위해서는 계산이 필요하다. 그러나 우리는 시간이나 필요한 정보 결여 등의 이유로 계산의 한계에 부딪치게 된다. 이 때문에 비교적 단순한 규칙에 따르는 것이 유리할 경우가 있다.

5) 자신의 이익을 위해 윤리적 계산을 하려는 유혹에서 벗어날 수 있다.

이해 당사자가 자신일 경우에는 아무리 객관적인 입장을 취하려고 노력해도 거기에는 한계가 있다. 이때 도덕 규칙의 필요성이 새삼 부각되는데, 다시 말해 도덕 규칙은 판단을 내리기 어려운 미묘한 상황에서 우리의 판단 부담을 덜어준다.

6) 의사소통에 본질적인 요소인 진실성을 구축하기 위해 필요하다.

거짓말이 무조건 상황에 관계없이 나쁘다고 할 수는 없으며, 오히려 여러 사람들에게 득이 되는 경우가 있다. 하지만 그러한 거짓말은 "거짓말을 하는 사람이 진실성을 갖춘 사람이라는 배후 전제가 있을 경우에만 효과를 발휘"할 수 있다. 즉 거짓말을 여러 사람들의 이익을 위해 사용하기 위해서도 최소한의 '진실성'은 유지되어야 한다.

이와 같이 여러 장점을 가지고 있는 도덕 규칙은 영원한 진리가 아니다. 싱어는 도덕 규칙이 예외 없이 적용 가능하다는 믿음을 포기해야 한다고 주장한다. 물론 평상시에 우리는 도덕 규칙의 유용성을 인정하고 이를 준수해야 할 것이다. 하지만 도덕 규칙이란 분명 생물학적 토대를 갖는 사회적 창조물에 지나지 않으며, 이는 이익 동등 고려의 원리에 입각하여 비판적으로 음미되어야 한다.

이 장의 마지막 절인 "생물학을 넘어서?"는 이 책의 결론에 해당한다. 여기에서 싱어는 윤리를 둘러싼 문제 이해의 중요성을 강조한다. 물론 그에 대한 이해를 얻게 되어도 윤리에 내재된 여러 갈등을 원천적으로 해결하지는 못한다. 하지만 문제를 이해함으로써 최소한 윤리를 둘러싼 혼란을 정리할 수 있게 되며, 나아가 우리가 갈 길을 희미하게나마 바라볼 수 있게 된다고 그는 말하고 있다.

우리는 유전학의 눈부신 성장을 통해 진화의 메커니즘을 상당한 정도로 규명해낼 수 있었다. 물론 아직까지도 많은 부분이 해명되어야 하지만, 과거에 진화를 논하던 자들과는 달리 우리는 좀 더 현실적이고 구체적인 지식을 통해 진화를 논할 수 있게 되었다. 이는 우리에게 획기적인 전환의 계기를 마련해 주었는데, 즉 우리는 유전학적 지식을 통해 "유전자가 우리에게 어떻게 영향을 주는가를 이해함으로써" 바로 그와 같은 영향에 도전할 수 있게 된 것이다.

싱어는 이러한 도전을 이룰 수 있었던 결정적인 단초를 우리의 이성 능력에서 찾는다. 이성 능력은 공상 과학 소설에서 창조자에 대항하는 컴퓨터에 비견되며, 우리는 이성 능력을 통해 진화가 가고자 하는 방향을 어느 정도 조정할 수 있었다.

인간 아닌 동물과 인간이 공유하는 이타성은 생물학적 이타성을 넘어서 공평한 고려를 통해 모든 사람들의 이익을 증진시키는 방향으로 발전했다. 그와 같은 원리가 이상적(ideal) 이라는 데는 의심의 여지가 없다. 하지만 그러한 원리는 모든 사람들이 따라야 할 궁극적인 윤리적 기준이 되기엔 지나치게 이상적이다. 때문에 모든 사람들이 그 원리에 따라 행동하리라고 기대해서는 안 된다. 우리는 생물학적 성향과 이익 동등 고려 원리의 어떤 절충안을 마련해야 하는데, 싱어는 이에 대한 한 가지 방안으로 '가난한 아이들의 양부모 되기 운동'을 제시한다. 우리는 불특정 다수를 도우라는 호소에는 그다지 귀를 기울이지 않는다. 반면 개인적으로 안면이 있을 경우 우리는 그 대상에게 많은 관심을 갖는다. 싱어는 이러한 성향을 응용하여 가난한 아이들의 양부모가 됨으로써 원조의 열의를 한층 높일 수 있다고 말하고 있다.

마지막으로 싱어는 인간의 문화가 유전자에 미칠 수 있는 영향을 강조한다. 제재와 형벌은 이의 대표적인 사례인데, 가령 강간을 하고자 하는 성향의 유전자는 사형, 추방, 거세, 투옥 등을 통해 후대까지 생존할 기회를 상실하게 된다. 싱어는 미래에는 이와 같은 유전자에 대한 관행의 영향이 더욱 잘 알려질 것이며, 지식이 확장됨에 따라 우리가 유전자의 구속을 벗어날 수 있는 존재임을 더욱 분명하게 파악할 수 있으리라는 희망적인 주장으로 책을 끝맺고 있다.

과학과 도덕적 직관

윤리에 대한 사회생물학자들의 설명은 불완전하며, 따라서 잘못된 방향으로 나아갈 수 있다. 그럼에도 사회생물학은 윤리를 새롭게 이해하기 위한 토대가 될 수 있다. 다시 말해 사회생물학은 윤리가 집단이라는 맥락에서 발전한 인간의 이성적 사고 형식임을 밝혀주고 있으며, 그러한 사고 형식이 좀 더 제한적이며 생물학적 근거를 갖는 이타성의 기초 위에 세워진 것임을 보여 주고 있는 것이다.

윤리는 이와 같은 규명을 통하여 신비로운 색채를 벗어던진다. 윤리 원리들은 하늘나라에서 쓰여진 법칙들이 아니다. 그것은 직관을 통해 파악될 수 있는 우주에 대한 절대적 진리도 아니다. 윤리 원리들은 사회적·이성적 존재로서의 우리의 본성에서 비롯된 것이다. 한편 진화론에 근거하여 윤리를 바라본다고 해서 윤리가 단순히 주관적 느낌이나 임의적 선택의 문제로 환원되는 것은 아니다. 또한 윤리적 판단이 외적 권위로부터의 명령이 아니라고 해서 그러한 판단이 여타의 판단과 다를 바 없음을 의미하는 것도 아니다. 윤리적 추론은 객관적 관점에서 윤리적 판단을 평가하는 길을 알려준다.

오늘날 도덕 문제에 관한 논의는 혼란되어 있는 경우가 많고, 갈피를 못 잡는 경우가 흔히 있다. 이와 같은 사태가 발생하는 이유는 논의를 하는 사람들이 윤리의 토대에 관한 문제에서 혼란을 겪고 있기 때문이다. 우리는 윤리를 새롭게 이해함으로써 이러한 혼란을 말끔히 정리하고 합의를 용이하게 도출해낼 수 있기를 기대한다. 그런데 생물학으로부터 윤리 원리를 도출할 수 없음이 밝혀졌어도 혼란에 대한 정리와 합의에 대한 기대를 포기하지 않을 수 있는 것일까?

사실과 가치는 나누어진다. 이와 같이 생각하는 이유는 세상이 어떻게 이루어져 있는가를 선택할 수는 없어도 무엇을 해야 할 것인가는 분명 선택할 수 있기 때문이다. 무엇을 해야 할 것인가에 대한 선택이 전적으로 주관적이라면 사실과 가치의 간격은 많이 벌어질 것이다. 하지만 윤리적 선택에서 이성적 요소가 강조될 경우에는 사실과 가치의 간격이 줄어드는 결과가 초래될 것이다. 이를 통해 우리는 윤리적 선택에 대한 이성적 비판이 가능해 질 것이며, 사실은 이러한 이성적 과정의 진행에서 참고해야 할 지식이 될 수 있을 것이다.

그런데 이와 같은 주장이 생물학으로부터 윤리적 원리를 곧바로 도출할 수 있음을 의미하는 것은 아니다. 즉 어떤 행위가 생물학적 기초를 갖는다고 해서 그것이 곧 그와 같은 행위를 정당화하는 것은 아닌 것이다. 우리가 3장에서 살펴보았듯이, 생물학적 발견은 행위를 정당화시켜 주기는커녕 오히려 정당화와 반대되는 방향으로 사람들을 이끌어갈 수도 있다. 다시 말해 자명한 도덕이라 생각했던 규칙들을 생물학적으로 설명할 경우, 오히려 그러한 도덕 규칙들을 받아들여야 할 것인지에 대한 의문이 제기될 수 있는 것이다.

제3장의 마지막에서 나는 **모든** 윤리적 신념을 이상에서와 같은 방식으로 설명할 수 있다면 생물학적·문화적 설명을 이용하여 윤리 원리들의 실체를 폭로할 수 없을 것이라고 주장했다. 이 경우 우리의 모든 윤리 원리들은 동등한 토대 위에 서 있게 될 것이며, 우리는 단지 어떤 윤리 원리를 견지하는 생물학적 설명을 알고 있다는 이유로 그 윤리 원리에 대해 회의적인 태도를 취할 수 없을 것이다. 우리는 여전히 무엇을 해야 할 것인가를 결정해야 하기 때문이다. 나는 윤리에 이성적 요소가 포함되어 있어야만 생물학적 설명을 사용하여 도덕 원리의 이

성적 요소와 생물학적 요소를 구분할 수 있다고 주장했다.

만약 제4장에서의 논의가 타당하다면 우리는 윤리에 이성적 요소가 포함되어 있다고 할 수 있을 것이다. 객관적 견해를 갖는다는 주장에는 우리 스스로의 이익이 다른 사람들의 이익과 동등하다는 의미가 포함된다. 이로부터 모든 사람들의 이익을 동등하게 고려하는 원리가 산출된다. 그런데 만약 이것이, 그리고 오직 이것만이 윤리가 갖는 이성적 요소라면 우리의 관습적인 윤리에 포함되어 있는 다른 모든 규칙들(즉 거짓말과 도둑질을 금하는 흔해 빠진 도덕 규칙으로부터 정의와 인간의 권리 등의 고상한 덕목에 이르기까지)에 대해서는 폭로적 설명—즉 생물학적 또는 문화적 설명—이 제시되어야 할 것이다. 이와 같이 규칙을 음미하여 거기에 무엇인가 부족한 부분이 있음이 확인되고, 이에 따라 그러한 규칙들이 제거되어 버린다면, 이때 우리에게 남아 있는 것이라고는 이익 동등 고려 원리밖에 없다.

그런데 이와 같이 관습적 도덕을 과감하게 제거해 버리는 것이 옳은 방책인가? 이처럼 관습적 도덕을 배제해 버림으로써 결과적으로 윤리가 매우 추상적이며 인간의 본성과는 거리가 먼, 그리하여—롤스에 대한 윌슨의 서술을 빌리자면—"육체에서 분리된 영혼의 이상적 상태"이긴 하지만 실제 인간에게는 적용할 수 없게 되는 것은 아닌가?

공평무사성을 자신의 논리적 결론에 이르기까지 기꺼이 이끌고 가고자 하는 철학자는 소수에 불과하다. 그 중 한 명을 들자면 『정치적 정의에 관한 탐구Enquiry Concerning Political Justice』를 쓴 18세기의 무정부주의자 윌리엄 고드윈William Godwin을 들 수 있을 것이다. 참고적으로 말한다면, 그는 여성 해방론자 메리 울스턴크래프트Mary Wollstonecraft[3]의 남편이었으며 『프랑켄슈타인』의 저자 메리 셸리Mary Shelly의 아버지이기도 하다. 『탐구』 이래 계속 논의되고 있는 사례에서 고드윈은 캄브라이의 대주교이자 유명한 저술가인 페늘롱Fénelon4이 몸종인 당신의 아버지와 함께 불타는 건물에 갇혀 있는 상황을 상상해 보라고 말한다. 그런데 두 명 모두를 구해낼 시간적 여유가 없다. 그렇다면 누구를 구해야 할 것인가? 여기서 고드윈은 페늘롱을 구해야 한다고 말하고 있다. 즉 페늘롱이 쓰는 책은 수많은 사람들에게 지혜와 즐거움을 선사하기 때문에 그를 구해야 한다는 것이다. 이렇게 본다면 그의 생명은 몸종의 생명에 비해 훨씬 가치 있는 것이 된다. 이때 몸종이 당신의 아버지라는 사실이 고려 사항이어선 안 된다. 고드윈이 말하듯이, "대명사 '나의(my)'라는 용어에 공평한 진리에 대한 결정을 뒤엎을 수 있는 어떤 마력이 있는가?" 고드윈은 '편견'에 영향을 받지 않는 공평한 관찰자가 내린 판단을 '가장 건전한 덕에 관한 기준'으로 제시했다.

고드윈이 제시한 덕의 기준은 공평한 이성이라는 확고한 토대 위에 서 있으며, 이는 앞의 여러 장에서 옹호한 공평무사성과 동일한 기준이라 할 수 있다. 그럼에도 아버지에 대해 느끼는 애정을 '편견'으로 간주하는 처사는 지나치게 추상적이며, 인간 삶의 구체적 현실에서 이탈한 것이라 할 수 있다.

고드윈 스스로도 '편견'이라는 단어가 잘못 쓰인 단어임을 인식하게 되었다. 『탐구』가 발간된 지 몇 년 후 새뮤얼 파Samuel Parr 목사는 고

3　울스턴크래프트(1759-1797): 영국의 작가. 여성 교육과 사회적 평등을 옹호했던 인물로 알려져 있다. 윌리엄 고드윈의 아내이며 대표작으로 『여성권 옹호』(1792)가 있다.
4　페늘롱(1651-1715): 프랑스의 대주교, 신학자, 저술가. 정치와 교육에 관한 자유주의적 시각과 신비적 기도의 본질에 관한 논쟁에 개입함으로써 국가 및 교회의 공격을 받았다. 그의 교육관과 문학작품은 프랑스 문화에 지속적인 영향을 끼쳤다. 『텔레마크의 모험』(1699)은 그의 대표작이다.

드윈이 자신의 책에서 옹호하고 있는 입장을 신랄하게 비판했다. 파에 대한 응답으로 고드윈은 페늘롱과 시종에 대한 자신의 입장을 수정하게 되었다. 그는 대승정이 아닌 아버지를 구한 자를 비난하지 않을 것이라고 말했다. 왜냐하면 "효심……은 훌륭하고 칭찬할 만한 수많은 행동을 가득 포함하고 있는 감정이기 때문이다." 또한 이는 덕스럽고 명예로운 특성을 나타내는 지표이기도 하다. 그런데 이와 같은 말을 하면서도 고드윈은 페늘롱을 구하는 것이 더 좋으리라는 자신의 입장을 철회하지는 않았다. 그는 단지 더 좋은 행동이 있기는 하지만 그것을 행하지 않은 사람도 여전히 훌륭한 사람일 수 있다고 설명하고 있을 따름이다.

개인적 결정과 사회적 규율

우리는 고드윈의 문제—그리고 공평한 이성적 사고와 관례적 윤리 기준간의 갈등이라는 일반적인 문제—를 두 가지 질문, 즉 "나는 무엇을 해야 할 것인가?"라는 질문과 "무엇이 우리 사회의 윤리 규율이 되어야 하는가?"로 나누어 봄으로써 그가 제기한 문제가 무엇인가를 명료하게 파악할 수 있을 것이다.[5]

개인적인 행동이라는 측면에서 생각해 볼 때 공평한 이성적 사고는 비판의 여지가 없다. 그런데 거기에 따라 사는 사람은 거의 없으며, 심

---

5 싱어에 따르면 비록 힘들기는 해도 한 개인으로서는 공평한 이성적 사고를 자신의 행위 원리로 삼을 수 있다. 하지만 그와 같은 원리를 사회 구성원 모두에게 따르라고 요구하는 것은 지나친 부담이며, 따라서 사회 규율은 인간의 현실을 감안한 수준으로 조절되어야 한다.

지어 그렇게 살고자 하는 사람도 거의 없다. 앞 절 마지막 단락에서 살펴본 바와 같이, 모르는 사람들의 이익보다 우리 자신과 가족들의 이익을 중요하게 생각하는 태도가 이성적이지 않은 것은 아니다. 그렇지만 '나의'(나와 아버지, 친척, 친구 또는 이웃들의 이익에 본래적인 중요성을 부과하는)라는 대명사에 아무런 마력이 없다는 것은 여전히 사실이다. 따라서 내가 행해야 할 최선(여기에서 최선이란 나의 이익과 욕구를 위한다는 의미에서의 최선이 아니라, 객관적 관점에서 보는 경우에서의 최선을 의미한다)의 행동이 진실로 무엇인가를 자문해 볼 경우, 공평한 입장에서 고려하여 모든 사람에게 이익이 되는 바를 행하라는 것이 그 답일 것이다. 그러한 원리에 따른다는 것은 가령 페늘롱이 쓰게 될 책들이 많은 사람들에게 지혜와 즐거움을 가져올 것임에 반해, 아버지의 생명은 아버지와 나 외에 그 누구에게도 중요성을 갖지 못한다고 할 경우 내가 페늘롱을 도와야 한다는 것을 의미한다. 일상생활이라는 측면에서 고려해 본다면, 공평무사성의 기준이란 나의 가족이나 이웃의 이익 못지않게 차드나 캄보디아에 살고 있는 사람들의 이익에 비중을 두어야 함을 의미한다. 그리고 이는 그러한 나라에 살고 있는 사람들이 굶주림에 고통 받고 있으며, 내가 내는 기부금이 그들의 고통 해소에 도움을 줄 수 있다면 나는 그들을 위해 기부금을 내야 하며, 나와 가족의 희생이 나의 기부를 통해 얻게 되는 수혜자의 이익과 비슷해질 때까지 계속 희사해야 함을 의미하기도 한다. 물론 이는 부담이 되는 기준이지만, 객관적 관점을 취하고자 한다면 우리는 극단적인 요구 또한 기꺼이 맞아들일 각오가 되어 있어야 한다.

내가 한 개인으로 선택한다면, 나는 내 스스로의 선택에 대해 책임을 져야 한다. 나의 이기적 행동을 변명하기 위해 나의 유전자에 호소하고, 나와 같이 진화된 생물학적 유기체가 가지고 있는 본성, 다시 말해 자기중심적일 수밖에 없는 본성에 호소한다면, 나는 실존주의 철학자들이 '나쁜 신념(bad faith)'이라 일컫던 신념을 가지고 있다는 의심을 받게 되며, 그러한 비판은 정당하다고 할 수 있다. 나의 행동을 유전자 탓으로 돌리는 것은 내가 내 스스로의 행동을 통제할 수 없다고 말하는 것과 마찬가지이다. 그런데 이기적 행위는 알콜 중독이나 도벽처럼 어쩔 수 없이 강요된 행위는 분명 아니다.

시선을 돌려 우리가 살고 있는 사회의 윤리적 규율이 어떠해야 하는가를 묻게 될 경우, 우리는 개인의 행동이 아니라 사람들 일반의 행동을 고려의 대상으로 삼게 된다. 그런데 많은 사람들이 과연 따를 수 있을까라는 측면에서 고려해 볼 때, 고드윈류의 공평한 기준은 지나치게 추상적이며, 있는 그대로의 인간 본성에 주목하지 않은 기준이라 생각해 볼 수 있는 것이다.

추상적 사고에 지나치게 의존하는 태도의 위험성을 다른 맥락에서 살펴보도록 하자. 금세기 초 어느 때인가에 도시계획가라는 새로운 직업이 나타나기 시작했다. 최초의 직업적 도시계획가는 기존 도시들의 특징을 살펴보고서 도시가 전체적인 계획이나 합리적인 계획 없이 뒤죽박죽으로 성장했음을 알게 되었다. 즉 그들은 주거 지역이나 소매 상가 지역, 상업 지역이나 공업 지역이 한데 얽혀 있으며, 교통은 혼잡하기 이를 데 없다는 사실을 알게 되었던 것이다. 대체적으로 살펴볼 때, 도시는 모든 것이 혼란의 상태에 놓여 있었다. 도시계획가들은 전 지역을 허물어 버리고 모든 것을 새롭게 시작해야 한다고 주장하며 정치인들을 설득했다. 그리하여 그들은 푸른 잔디로 둘러싸인 고층 아파트를 지었으며 넓은 광장과 거리, 그리고 현대식 무료 고속도로를 만들었다. 그러고 나서 그들은 한 걸음 뒤로 물러나 "마음껏 즐기시오"라고 말했던 것이다. 그런데 놀랍게도 아름답게 펼쳐진 푸른 잔디들은 주로 개들이 이용하였으며, 그렇지 않으면 사람들이 잔디를 가로질러 지름길을 만들어 진흙으로 만들어 버리곤 했다. 넓은 광장과 거리로 인해 사람들은 걸어 다니기가 힘들어졌으며, 걸어가서 물건을 살 수 있는 작은 상점은 더 이상 남아 있지 않게 되었다. 모든 사람들은 차를 필요로 하게 되었다. 새로 만든 무료 고속도로는 얼마 지나지 않아 옛 길과 마찬가지로 혼잡해졌다. 저녁이 되면 상업구역은 황량해졌고 위험한 장소로 변해 버렸다. 신계획 도시는 푸르름으로 뒤덮여 있음에도 메마르기 이를 데 없었다. 도시 계획가들은 결국 아무렇게나 이루어진 듯이 보이는 도시의 발달 방식에도 장점이 있음을 점차 깨닫게 되었다. 즉, 그들은 도시를 유기적으로 기능하는 전체로 파악하기 시작했으며, 이는 합리적 계획을 통해 손을 본다고 해서 창조될 수 있는 바가 아님을 알게 되었던 것이다. 이로 인해 제2세대 도시 계획가들은 허물어 버림보다는 복구와 보존을 말하게 되었다.

그런데 도시 생활이 도시 계획가들의 추상적인 합리적 패턴에 부합되지 않는 것과 다를 바 없이, 인간의 윤리 규율 또한 공평한 이성의 추상적 명령에 부합되지 않을 수 있다. 일단 도시 생활의 유기적 특성을 이해했다면, 우리는 진정으로 합리적인 도시 계획이란 모든 것을 허물어 버리고 다시 시작하기보다는, 기존 질서를 유지하며 그것을 개선하는 것임을 알 수 있다. 이와 마찬가지로, 합리적인 윤리적 규율 또한 인간 본성에 이미 존재하고 있는 성향을 적절히 활용해야 한다. 우리는 공평한 관점에 서서 바람직한 성향을 조장하고 그렇지 못한 성향에서 나타난 결과는 줄이고자 노력할 수 있을 것이다. 하지만 설령 이것이 가능하다고 하더라도 인간의 본성을 너무 유연하게 파악하여 본성을 도덕 교육가들이 원하는 방향으로 나아가게 할 수 있다고 생각해서는 안 된다.

위에서의 입장은 보수적인 관점에서 고드윈을 비판한 에드먼드 버크Edmund Burke와 유사하다. 그의 저서인 『프랑스 혁명 고찰Reflections on the Revolutions in France』은 이성적 청사진에 근거하여 새로운 사회를 설계할 수 없다는 생각에 기초하고 있다. 버크가 생각하기에 실현 가능한 사회 개혁은 오랜 실천 경험으로부터 탄생되어야 한다.[6]

이 장의 서두에서 인용한 구절에서 버크가 밝히고 있듯이 '편견'—여기서는 편견을 용어가 갖는 문자 그대로의 의미, 즉 과거로부터 가지고 있던 견해 또는 성벽이라는 뜻으로 사용하겠다—이 항상 나쁜 것만은 아니다. 만약 이성적 사고만으로는 공평한 관점(고드윈이 우리에게 권하고 있는)을 갖기에 불충분하다면 우리는 자연스런 성벽과 관습의 도움을 받아야 할 것이며, 이들을 통해 더 나은 삶(모든 사람의 이익을 공평하게 고려하라는 고드윈의 기준에서 보았을 때)을 영위할 수 있게 될 것이다. 반면 버크는 오랜 기간 존속된 관습이라면 무엇이건 보이지 않는 지혜가 내재해 있다고 가정하

---

[6] 이와 같은 입장은 포퍼의 사회철학과 유사하다. 포퍼는 '유토피아적 사회공학'과 '점진적 사회공학'을 구분하여 자신의 과학철학적인 관점에서 유토피아적 사회 공학이 지닌 문제점을 지적하고, 나아가 점진적 사회공학의 정당성과 필요성을 강조한다. 포퍼에 따르면 유토피아적 사회 공학은 사회적 실천에 앞서 사회의 궁극적 목적 또는 이상적인 청사진을 유토피아로 정해놓고 사회 전체를 한꺼번에 개혁하려고 한다. 이와 같은 개혁은 불가피하게 폭력이 동원된다. 왜냐하면 유토피아적 사회 공학은 사회 전체를 급진적으로 변혁시키려는 계시적 혁명을 꿈꾸기 때문에 "먼저 모든 것을 싹 쓸어 버려야 하며, 이 세상에 그럴 듯한 어떤 것을 실현하려면 저주받은 문명 전부를 없애 버려야 한다"고 생각하기 때문이다. 포퍼는 전체로서의 사회를 재구성하는 것은 가능하지 않기 때문에 유토피아적 사회 공학은 바람직하지 않으며 심지어 위험하기조차 하다고 생각한다. 그는 이의 대안으로 점진적 사회공학을 옹호하며 계속적인 소규모의 조정과 재조정에 의해서만 좀 더 인간적인 사회를 구성할 수 있다고 주장한다. 그리고 바로 이러한 점진적 사회 공학이야말로 과학적 지식의 점진적 성장과 일치하는 개념으로서 적극 권장할 만하다는 것이다. 신중섭, 『포퍼와 현대의 과학철학』(서광사, 1992), 267-273쪽.

고 있다. 하지만 관습 중에는 모든 사람들의 선을 위해 전혀 도움이 되지 못하는 것들이 분명 있으며, 한때 모든 사람들의 선을 도모했던 관습 중에서 오늘날에 이르러서는 폐습이 되어버린 것도 있다.

사회생물학은 버크에서 오늘날에 이르는 보수주의자들이 내세우는 한 가지 전제를 뒷받침해 줄 수 있다. 즉 사회생물학은 인간사人間事에서 나타나는 일부 문제는 사회의 부패보다는 인간 본성에 그 뿌리를 두고 있다는 보수주의자들의 전제를 뒷받침하는 증거가 될 수 있는 것이다. 어쩌면 진리는 고드윈과 버크의 중간에 위치하고 있는지도 모른다. 물론 공평한 관찰자의 시점이 옳음의 궁극적인 기준이 될지도 모른다. 하지만 다른 모든 관습과 편견을 쓸어버리고 공평한 관찰자의 시점만을 유일한 실천 기준으로 삼는 것은 현명하지 못하다. 인간의 본성은 부동浮動적이지 않다. 그렇다고 본성이 영원히 고정되었다고 할 수도 없다. 물론 본성을 거꾸로 흘러가게 만들 수는 없다. 하지만 본성에 대응하여 싸우지 않고 그 본래적 특성을 적절히 활용하기만 한다면 우리는 그 본성이 흘러가는 방향을 어느 정도 바꾸어 놓을 수 있을 것이다.

규칙의 필요성

데이비드 흄은 다음과 같이 말했다.

> 일반적으로 볼 때, 인간의 마음에는 개인적 특성이나 도움과 무관한, 또는 우리와 어떤 관계에 놓여 있는가와 무관한 인류애 그 자체에 대한 정열은 없다고 단언할 수 있을 것이다.

흄의 주장에는 다소 과장이 섞여 있다. 타인들을 돕기 위해 자신의 혈액을 무상으로 제공한 수백만의 사람들은 '인류애, 단지 그것 자체' 때문에 행동했음에 분명하다. 이렇게 말할 수 있는 이유는 그들이 자신들이 기부한 혈액을 제공받은 사람의 개인적 특성에 대해 아는 바가 전혀 없음에도 그와 같은 행동을 했기 때문이다. 하지만 흄의 견해 속에는 우리가 모든 사람을 위한 윤리적 규율을 찾아내고자 할 경우에 무시해서는 안 되는 어떤 진리가 담겨져 있다. 우리의 자비심과 동정심은 사람들을 구분하기 힘든 커다란 집단보다는 어떤 구체적인 사람을 통해 일깨워지기 쉽다. 가령 나이가 지긋한 이웃의 수표를 훔친다는 생각 자체만으로도 치를 떨 사람이 소득세를 속이는 행위에 대해서는 아무 거리낌이 없다. 자신의 아이에게 손찌검을 해본 적이 없는 사람이 수많은 아이들이 있는 장소에 폭탄을 투척한다. 정부는 교통 신호기를 설치하는 데—우리의 지원을 받아—수백만 달러를 사용하기보다는(이를 통해 정부는 수년 동안 더 많은 인명을 구해낼 수 있을 것이다) 이와 동일한 금액을 갇혀 있는 광부를 구해내기 위해 뿌린다. 심지어 테레사 수녀마저도(콜카타의 빈곤한 사람들을 위한 그녀의 행적은 모든 사람들에 대한 보편적 사랑을 예시하고 있는 것처럼 보이는데) 타인에 대한 자신의 사랑은 '인류애 단지 그 자체'라기보다는 각각의 개인들에 대한 사랑이라고 밝혔던 것이다.

그런데 우리가 좀 더 이성적이라면 달리 생각할 것이다. 우리는 도로 사용료를 감축하는 데 쓰든, 구체적이고 확인 가능한 생명을 구하는 데 쓰든 그와는 관계없이 가능한 한 최대한의 생명을 구하기 위해 가지고 있는 재원을 사용했을 것이다. 그리고 얼굴을 맞대고 사는 아이들의 목숨을 앗아가는 것이 잘 모르는 아이들의 목숨을 빼앗는 것보다 어렵다고 하지도 않을 것이다. 하지만 공평한 합리성에만 호소하는 윤리는 공평한 합리주의자들만이 따를 수 있을 따름이다. 인간을 위한 윤리는 있는 그대로의 인간을 기준으로 만들어지거나 그들이 도달할 수 있는 기준에 입각해 만들어져야 한다. 만약 진화 과정을 거치면서 사람들이 인간 일반보다 도움을 준 사람과 혈연들에게 친근감을 강하게 느끼게 된 것이 사실이라면, 모든 사람들의 선을 도모하라는 권고는 선천적인 인간 본성을 무시한 요구라고 할 수 있을 것이다. 모든 사람들의 복리를 최대화하려는 목표는 우선 우리의 성향을 인정하고, 그와 같은 성향을 이용한 윤리 체계를 모든 사람들에게 이익이 되게 만듦으로써 달성될 수 있을 것이다.

이상에서 우리는 생물학과 윤리의 관계를 일별해 보았다. 윤리 원리가 생물학적 토대를 갖는다는 사실을 파악한다고 해서 그러한 원리를 지지할 수 있는 것은 아니다. 거꾸로 그러한 사실을 파악할 경우 윤리 원리의 가치가 손상될 것이다. 즉 '많은 사람들이 받아들인다고 해서 그러한 원리가 도덕적 진리임이 입증되는 것은 아니다'는 점을 알게 됨으로써 윤리 원리의 가치가 손상될 것이다. 그러한 사실을 파악하는 것은 반대로 많은 사람들이 어떤 윤리 원리를 당연하게 받아들이고 있다는 사실을 통해 그러한 원리가 도덕적 진리임을 입증할 수 없음을 보여줌으로써 그러한 원리의 가치를 손상시킨다. 생물학적 기초를 갖는 원리들이 제거됨으로써 이제 공평한 사고의 관점, 그리고 이익 동등 고려 원리만이 남게 되었다. 하지만 이익 동등 고려 원리와 같이 일반적이고 추상적인 원리에 의지할 경우 남는 것은 일반인들에게 부적합한 도덕밖에 없을 것이며, 사람들은 이를 좀처럼 따르려 하지 않을 것이다. 때문에 우리는 옳고 그름의 궁극적인 이상적 시금석으로서의 객관적 관점을 포기하지 않으면서, 동시에 인간 본성에 관한 지식(이는

제6장 윤리에 대한 새로운 이해 263

어떤 것이 일반인들을 위한 윤리 규율 역할을 할 수 있는지에 대한 지침이 된다)을 활용하기 위해 생물학으로 다시 돌아가 볼 필요가 있는 것이다.

다음은 공평한 고려를 통해 모든 사람들의 이익을 증진시키라는 일반적인 명령(general injection) 대신 생물학적 본성에 부합하는 입장에서 도덕 규칙 체계를 갖는 것이 현명하다고 생각하는 이유이다. 물론 추상적으로 따져볼 경우에는 단일한 일반적인 명령에 따르는 것이 도덕 규칙에 따르는 것보다 합리적으로 보인다. 우선 도덕 규칙은 모든 사람들의 이익을 최대한 증진시킬 것을 요구할 수 있다. 하지만 이 경우 규칙은 기본 원리와 다를 바가 전혀 없다. 다음으로 규칙이 모든 사람들의 이익을 최대한 증진시키지 않는 그 무엇을 강제할 수 있다. 그런데 이 경우에는 우리가 그와 같은 규칙에 따라야 할 이유가 무엇인가에 대한 의문이 제기될 수 있다.[7] 도덕 규칙들이 신의 명령이나 영원한 보편적 진리가 아니라 생물학과 관습으로부터 자연스레 파생되어 나왔다고 생각해 보자. 이때 우리는 그와 같은 규칙들을 아무런 정당화 작업 없이 맹목적으로 따른다는 것을 자유로운 이성적 행위자로서의 역할을 포기해 버리는 전형적인 사례가 된다고 생각할 수 있을 것이다. 하지만 문제를 조금 덜 추상적으로 고찰해 보면, 우리는 생각을 바꾸어 규칙을 긍정적으로 바라볼 수 있게 될 것이다.[8] 규칙은 있는 그대

---

[7] 싱어에 따르면 도덕 규칙은 여러 형태로 조작할 수 있는데(물론 여기서 조작할 수 있다는 것이 규칙이 임의적임을 뜻하는 것은 아니다), 그와 같은 규칙은 논리를 극단화시켜 모든 사람들의 이익을 최대한 증진시키길 요구하는 것과 그렇지 않은 것으로 양분할 수 있다. 그런데 전자의 경우 규칙은 원리와 다르지 않게 되며, 후자의 경우는 우리가 규칙을 따라야 할 이유가 무엇인지에 대한 의문이 제기될 수 있다.

[8] 규칙은 아무런 정당화 작업 없이 맹목적으로 따르게 되는 등 폐단만을 가지고 있는 것이 아니다. 오히려 규칙은 긍정적인 역할을 하는 경우가 많은데, 그 중 한 가지가 일반인들이 어렵지 않게 따를 수 있는 현실적인 기준을 제공함으로써 전체 선에 이바지할 수 있다는 것이다.

로의 인간 본성을 근거로 하고 있다. 때문에 우리는 규칙을 통해 본성을 전체 선을 증진하는 데 자연스럽게 활용할 수 있을 것이다. 가족 유대가 권장되는 이유는 이러한 유대가 돈독할 경우 비인격적 관료주의의 경우에 비해, 또는 모르는 사람들의 개괄적인 이타적 충동에 의지해야 하는 경우에 비해 아이들이나 환자, 그리고 노인들이 더 큰 보호를 받을 수 있기 때문이다. 호혜성을 고무하고 거짓을 막는 규칙들은 우리에게 행해진 호혜적인 선 또는 악에 보답하려는 자연스런 인간 성향에 의거하고 있다. 그와 같은 규칙들은 도움의 주고받음을 통해 우리 모두의 이익을 증진시키는 데 이바지할 것이다.

설령 규칙의 윤리(ethics of rules)[9]가 일반적인 선을 증진시킬 수 있다고 하더라도, 그러한 윤리에서 말하는 잘못은 인류 일반에 대한 잘못이라기보다는 어떤 특정 개인에 대한 잘못을 말하는 것처럼 보인다. 내가 자식을 돌보지 않는 부모라면 불특정인이 아닌 바로 나의 아이들이 고통을 받게 된다. 어느 날 아침 이웃에 사는 사람이 차 시동 거는 것을 도와주었다면 나에게는 언젠가 그것을 갚아야 할 의무가 있다. 내가 남의 것을 훔친다면 나는 모르는 사람의 물건을 훔칠 것이다.(내가 훔치는 대상이 정부나 대기업일 경우에는 어떤 특정한 개인에게 해악을 가하는 것이 아니다. 그리하여 나는 죄책감도 비교적 적게 느끼게 될 것이다.) 이처럼 규칙 윤리는 모든 사람에 대한 사심 없는 관심보다는 개인으로서의 타인에 대한 감정에 근거하고 있다.

규칙 윤리는 우리의 의무를 한정짓기도 한다. 모든 사람에게 공평하

---

9   이 책에서 말하는 규칙이란 페이턴이 언급한 도덕 원리보다는 도덕 법칙이나 도덕 규칙, 또는 판단에 가까운 것이라 할 수 있다.(페이턴의 구분에 대해서는 제4장의 35번 주석을 참고할 것)

게 관심을 가지라는 요구는 불가능한 요구인지도 모른다. 누군가를 조금이나마 더 기쁘게 하기 위해 할 수 있는 일은 항상 있게 마련이다. 물론 타인을 위해 일함으로써 초래되는 나의 행복의 손실은 내가 산출하는 행복에 의해 상쇄되어야 할 것이다. 하지만 설령 그렇다고 해도 내가 치르는 대가에 비해 나의 도움으로 더 많은 이익을 볼 수 있는 사람들이 있는 이상, 직·간접적으로 모든 사람의 복리 도모를 요구하는 윤리는 나의 최소한의 여가와 방종(사람들의 복리를 최대화하고자 한다면 나는 그러한 여유를 누릴 수 없으며 복리를 최대화할 수 있는 일로 이를 대체해야 한다)마저도 도덕적으로 용납하지 않을 것이다. 그런데 그와 같은 윤리는 성인군자들에게나 적합하다. 엄격한 윤리적 표준에 부합하지 못함에 좌절한 도덕적인 죄인(?)들은 화가 나서 그러한 윤리가 이상을 표현한 것에 불과하다고 치부해 버릴 것이며, 그러한 윤리가 보통 사람들에게는 무의미하다고 생각하여 무시해 버리려고 할 것이다. 사회생물학은 우리들 중 극히 일부만을 성인聖人이라고 부를 수 있다고 말한다. 공평한 관점을 취하기보다는 자신과 혈연의 이익을 우선적으로 고려하는 특성은 이제껏 진화해 온 생물이라면 그 어떤 생물이라도 가질 수밖에 없는 매우 정상적인 특성이다.(만약 이것이 죄라면 사회생물학자들은 그러한 죄가 이브가 선악과를 따먹기 훨씬 전부터 있었던 것이라 생각한다.) 결론적으로 정상적인 사람들을 위한 윤리는 지나친 기준을 제시하지 않는 것이 좋을 것이다. 여기서 지나친 기준을 제시하지 말아야 한다는 말이 사람들의 방종마저 허용해야 한다는 의미는 아니다. 적절한 기준을 제시한다 함은 윤리가 요구하는 기준이 현실적인 기대를 갖는 사람들에게 권장될 수 있어서 많은 사람들이 거기에 맞추어 살 수 있는 정도를 요구함을 말한다. 그런데 규칙 윤리는 그와 같은 임무를 충분히 수행할 수 있다. 왜냐하면 규칙은 준수하는 것이 지나치게 어렵지 않을 정도로 조정될 수 있기 때문이다.

금지는 긍정적이면서 개괄적인 명령에 비해 일반적으로 따르기가 쉽다. 그리고 따르기 쉽다는 것은 대다수의 규칙들이 '~하지 말라'로 끝나지 '~하라'로 끝나지 않는 이유를 어느 정도 설명해 준다. 가령 '무고한 사람을 죽이지 말라'를 '무고한 사람을 보호하라'와 비교해 보라. 여기서 전자보다 후자의 규칙이 더 좋은 규칙으로 보인다. 왜냐하면 다른 사람들을 죽이진 않지만 질병이나 사고, 그리고 기아 등이 기승을 부리게 내버려 두는 경우에 비해 무고한 자들의 죽음을 막으려고 노력하는 경우에 소수의 사람들이 목숨을 잃을 것이기 때문이다. 그런데 여기서 문제는 '무고한 사람을 죽이지 말라'는 주장은 정상적이며 안락한 삶과 양립 가능함에 반해, 가령 기아가 횡행하는 시기에 '무고한 사람의 생명을 보호하라'는 주장은 우리에게 모든 것을 포기하고 타인의 생명을 구하기 위해 전념할 것을 요구한다. 물론 능동적인 도움을 권장하는 윤리는 분명 일부 사회 구성원의 생존에 도움을 줄 것이다. 하지만 그것이 사회 자체의 보존을 위해 절대 없어서는 안 되는 것은 아니다. 반면 '무고한 사람을 살상하지 말라', 혹은 좀 더 엄격히 말해 '우리 사회의 무고한 구성원을 살상하지 말라'는 주장은 사회의 존속을 위해 반드시 필요하다. 이것이 바로 아서 H. 클러프Arthur. H. Clough[10]가 다음과 같이 강조했던 이유이다.

---

[10] 아서 H. 클러프(1819-1861): 영국의 시인. 19세기 중엽의 영국인들이 느낀 혼란과 종교적 회의를 반영한 시를 썼다. 미완성 장시 『Dipsychus』에는 당대의 사회적, 정신적 진보에 대한 그의 회의가 잘 표현되어 있으며, 빅토리아 왕조의 도덕적인 자기만족에 대한 신랄한 비판은 「최신 십계명」의 "너희들은 살인을 해서는 안 될지어다. 그러나 주제넘게도 계속 살리려고 애쓸 필요는 없느니라"와 같은 구절에 잘 드러나 있다.

그대는 살인을 해선 안 된다. 하지만 사람들을 살아남게 하기 위해 부질없이 노력할 필요는 없다.

이는 관습 도덕의 특징을 정확히 드러내고 있으며, 그리하여 저술가들에 의해 도덕적 지혜를 드러내고 있는 구절로 엄숙한 어조로 인용(이 시가 원래 풍자적인 의도를 가지고 있다는 사실은 알지도 못하면서)되곤 한다.

인간의 윤리가 온통 규칙 체계로 이루어지게 된 이유가 몇 가지 더 있다. 유전자는 분명 혈연관계, 그리고 호혜성 등과 같은 인간 윤리의 다양한 특징들의 기초가 되고 있다. 하지만 구체적인 내용들은 학습을 통해 습득해야 한다. 모든 사람들에게 공평하게 관심을 가져야 한다는 원리는 특정 상황에서 무엇을 해야 할 것인가를 보여 줄 정도로 구체적이지는 못하다. 그러한 원리는 어린 아이들—그리고 나이든 어른들 중 일부—이 소유하지 못한 계산 능력과 먼 안목을 전제하고 있다. 반면 규칙들은 '무고한 사람을 살해하지 말라', '거짓말 하지 말라', '다른 사람의 소유물을 훔치지 말라' 등과 같이 짧고 간명하게 나타낼 수 있다. 이러한 규칙들이 요구하는 바가 무엇인가는 대부분 명백하다. 그리고 이를 가르치는 데 별 어려움이 없으며, 이를 따르는 자들을 칭찬하고 그렇지 않은 자들을 비난하는 데도 아무런 문제가 없다. 적용이 애매한 경우와 규칙들 간의 갈등과 같은 몇 가지 문제가 있긴 하지만, 대부분의 경우 규칙 체계는 훌륭하게 그 역할을 수행하며, 아마도 모든 사람에 대한 공평한 관심에서 행동하라는 원리에 비해 그 임무를 더 잘 수행할 것이다.

규칙을 갖는 또 다른 이유는 다음과 같다. 가령 진실을 말하는 것이 모든 사람의 이익을 최대화할지, 아니면 거짓말을 하는 것이 이익을 극대화할지를 파악하기 위해선 계산을 해 보아야 한다. 그런데 우리가 항상 거기에 필요한 장기적이고 복잡한 계산을 할 수는 없다. 우리에게는 시간이 별로 없으며 필요한 정보도 부족하다. 게다가 계산마저도 의식적이건 무의식적이건 우리 스스로의 이익에 맞게 하게 될 위험성이 충분히 있다. 우리가 이해 당사자가 되는 경우(이해 당사자가 윤리적 결단을 내리는 경우는 흔히 있다), 공평한 입장에서 판단하기란 쉽지가 않다. 감정이 끓어올라 사실에 대한 지각을 채색하게 되면 공평한 사고는 불가능해진다. 다음은 그와 관련된 역사적 사례이다. 미국의 쿠바 피그스Pigs만 침공[11]이 좌절된 지 얼마 지나지 않아서 케네디 행정부의 국무차관이었던 체스터 볼스Chester Bowles[12]는 자신의 일기에 다음과 같이 적고 있다.

> 공공생활에서 공중도덕(국내·외적인 것을 통틀어서)의 옳고 그름에 대한 강한 확신을 가지고 있는 사람은 결단의 시기에 매우 유리하다. 왜냐하면 무엇을 해야 할 것인지에 대한 그의 본능이 명확하고 즉각적으로 반응하기 때문이다. 그와 같은 도덕적 확신의 골격을 갖추고 있지 않을 경우…… 그는 어떤 문제의 득과 실을 합산하여 결론에 도달한다. 정상적인 상황(가령 그가 피곤하거나 좌절을 느끼지 않는 경우)에서는 득실을 따져보는 실제적인 접근이야말로 문제의 올바른 측면에로 그를 성공적으로 인도할 것이다.

---

11 약 1,500명의 반(反)카스트로 쿠바 망명객들이 쿠바의 남서부 해안인 피그스만을 침공했다가 실패한 사건(1961. 4. 17). 미국 정부의 재정지원을 받아 공격이 이루어졌기 때문에 이미 심각한 상태에 놓여 있던 미국과 쿠바 사이의 적대관계가 더욱 악화된 것은 물론, 세계적인 긴장상태를 더욱 고조시켰다. 결국 이 사건은 1962년 10월 쿠바 미사일 위기 사태에 중대한 영향을 미쳤다.
12 볼스(1901-1986): 미국의 광고업자, 공무원, 유명한 자유주의 정치가. 하원의원에 세 차례 선출되었으며 1961년 존 F. 케네디 대통령에 의해 국무차관에 임명되었다.

내가 걱정되는 것은 그와 같은 개인이 피곤하거나 짜증날 때, 또는 좌절하거나 정서적인 타격을 받았을 때 내리는 결론이다. 쿠바에서의 실패는 케네디와 같이 총명하고 좋은 의향을 가진 사람일지라도 길을 잃고 방황할 수 있음을 잘 보여 주고 있다.

케네디의 오판에 대한 볼스의 고찰은 버크의 편견에 관한 주장, 즉 편견은 '긴급한 상황에서 손쉽게 적용이 가능하다'는 주장을 뒷받침하고 있다. 왜냐하면 그것은 '지혜와 덕이라는 안정된 길에 마음을 붙잡아 두기 때문이다.' 우리는 도덕 규칙(이러한 규칙의 중요성은 왜곡되거나 오해될 수 없는데)을 고수함으로써 판단을 내리기 적합하지 않은 상황에서 판단을 내려야 할 부담을 덜 수 있게 된다.

공중도덕이 일부 규칙들을 준수하라고 계속 요구하는 좀 더 미묘한 이유가 있다. '진실을 말하라'는 말은 없고 오직 '모든 사람들의 이익을 공평하게 증진시키라'는 말만 있다고 상상해 보라. 이때 우리는 주어진 정보를 활용할 수 없는 경우가 많이 있을 것이다. 가령 검진 수술을 받은 환자가 깨어나서 악성 종양이 발견되었는지의 여부를 알고 싶다고 하는 경우, 나이든 여성이 자신의 무신론자 가족들에게 종교적 장례를 치러달라고 요구하는 경우, 의기소침한 학생이 쓴 논문에 기대 이상의 성적을 주었을 경우를 생각해 보라. 이 모든 경우 사람들이 진실만을 말하지는 않는다. 환자에게 알려준 정보나 나이든 여성에 대한 약속, 또는 논문에 대한 성적은 진실되다고 할 수는 없으며 답하는 사람의 참된 의도나 판단을 반영하고 있다고 볼 수도 없다. 하지만 답변들은 사람들을 행복하게 하기 위한 방편으로 사용되었다고 할 수 있다. 그런데 환자나 할머니, 또는 학생이 그러한 의도를 알아챘다면, 수혜자를 행복하게 하려 했건, 진실된 대화를 주고받으려 했건 그것은 의사소통의 원래 목적을 달성하지 못할 것이다. 물론 이렇게 말한다고 해서 거짓말이 절대로 정당화될 수 없다는 것은 아니다. 어떤 특별한 경우, 가령 무의미한 고통을 피하기 위해 거짓말을 해야 할 어쩔 수 없는 상황이 발생할 수 있다. 하지만 그 거짓말은 오직 거짓말을 하는 사람이 진실성을 갖춘 사람이라는 배후 전제가 있을 경우에만 효과를 발휘할 수 있다. 의사는 의사를 믿지 못하는 환자의 두려움을 가라앉히지 못한다. 판단을 내리기 어려운 흔치 않은 경우에 의사가 어떻게 판단해야 하는지에 대해 사람들이 개인적으로 어떻게 생각하는가와 무관하게, 공적인 윤리 규율은 '거짓말을 해서는 안 된다'는 규칙을 고수해야 할 것이다.

여러 상황을 종합해 볼 때, 윤리의 본질을 새롭게 이해하게 되었다고 해서 객관적 관점이라는 공평한 원리를 제외한 모든 도덕 규칙을 쓸어 없애 버려선 안 된다. 사회의 윤리 규율은 여러 가지 이유로 도덕 규칙들을 필요로 한다. 즉 우리의 의무를 한정짓기 위해, 규율을 막연한 지침이 아닌 인간관계에 관한 것으로 만들기 위해, 젊은이들을 교육하기 위해, 득실에 대한 복잡한 계산의 필요성을 덜기 위해, 자신의 이익을 위해 윤리적 계산을 하려는 유혹을 통제하기 위해, 그리고 의사소통에서 본질적이라 할 수 있는 진실성을 구축하기 위해서도 도덕 규칙은 필요하다. 그와 같은 규칙들이 없었다면 대부분의 사람들의 윤리적 행위는 지금보다도 모두의 선을 증진하는 곳에서 훨씬 멀리 떨어져 있었을 것이다.

이 중에서 도덕 규칙을 항상 지켜야 한다는 견해를 지지하는 논변은 없다. 도덕 규칙을 영원한 진리로 간주하는 자들은 예외를 인정하지 않으려고 하는 경우가 많이 있다. 우리가 직면하는 모든 경우를 망라하는 행위 지침으로 쓸 수 있는 규칙은 없기에(그러기엔 규칙이 불충분하다), 도덕 규칙을 영원한 진리로 파악하려는 시도는 이미 장래가 결정되어 있다고 할 수 있다. 거기에 집착하면 할수록 그에 따른 결과는 우스꽝스러워진다. 우리는 그에 대한 좋은 사례로 '거짓말을 반대하는 규칙'을 들 수 있을 것이다. 아우구스티누스[13]는 모든 거짓말은 죄라고 썼는데, 그 이후의 기독교 저술가들은 그러한 규칙에 예외가 있음을 인정하지 않을 수 없었다. 왜냐하면 사람을 속인다는 것이 재앙을 피하는 유일한 방법인 경우가 분명 있기 때문이다. 이에 따라 그들은 어떤 말로 상대가 오해할 수 있다는 사실을 알고 있으면서 애매하거나 오용될 수 있는 말을 사용할 경우, 이를 거짓말로 간주하지 않는다는 방책을 개발했다. 이러한 방책은 거짓말을 절대적으로 금하는 규칙의 부작용을 감소시켰다. 하지만 애매한 말을 사용하는 방책마저도 효과적이지 못한 경우가 있다. 이 때문에 몇몇 저술가들은 거짓말을 절대적으로 금하는 데 따른 부작용을 피하기 위해 한 걸음 더 나아가 '심중유보(mental reservation)'[14]라는 방책을 개발해냈다. 다음은 16세기의 스페인 예수회 수사 토마스 산체스Thomás Sánchez가 제시하고 있는 방책이다.

> 우리는 무엇인가를 어떤 특정한 날 하지 않았다거나 우리가 태어나기 전에 하지 않았다고 마음으로 이해함으로써, 또는 어떤 다른 유사한 상황을 생각하면서 실제로는 어떤 일을 해놓고 하지 않았다고 맹세할 수 있다. 많은

---

[13] 아우구스티누스(354-430): 초대 그리스도교 교회가 낳은 위대한 철학자이자 사상가.
[14] 심중유보: 진술, 약속 따위에 현저한 영향을 미칠 듯한 일을 묵비하기 또는 그렇게 묵비된 사항.

경우 우리는 이를 매우 유용하게 사용할 수 있으며, 건강이나 명예 또는 재산상의 이유로 필요할 때 항상 어느 정도 정당한 방편으로 사용할 수 있을 것이다.

이와 같은 방책을 개발함으로써 '예수회적인(jesuitical)'이라는 단어는 교활하다는 뉘앙스를 갖게 되었다. 하지만 이는 거짓말을 반대하는 규칙의 엄격성으로부터 도망갈 수 있는 길을 터주는 매력적인 방책이기도 하다. 그리하여 이러한 방책은 아직까지도 권장되고 있을 정도다. 로마 가톨릭의 관점에서 씌어진 1967년 출간된 찰스 맥퍼든Charles McFadden의 『의료 윤리Medical Ethics』는 그 예라 할 수 있다. 맥퍼든은 환자에게 거짓말을 하는 것이 필요하다고 판단되는 경우, 의사와 간호사는 '심중유보'라는 방법을 사용할 필요가 있다고 말하고 있다. 가령 열이 있는 환자가 체온이 얼마나 되느냐고 물어보는데, 의사는 모른다고 시침을 떼는 것이 좋다고 생각할 경우, 의사는 환자와 같이 아픈 사람에게 열이 있는 것은 정상이라고 심중유보를 하면서 환자에게 "오늘 당신의 체온은 정상입니다"라고 말할 것이 요구된다.[15]

물론 이와 같은 부정직한 난센스를 피하려면 우리는 도덕 규칙이 예외 없는 진리임을 포기하기만 하면 된다. 일상적인 경우 우리는 도덕 규칙의 유용성을 인정하고 이를 준수해야 한다. 하지만 궁극적으로 따

---

[15] 일반인에게 "당신의 체온은 정상입니다"라고 하는 경우와 체온을 모르는 것이 좋은 환자에게 "당신의 체온은 정상입니다"라고 하는 경우 표현은 동일하지만 그 담긴 내용은 다르다고 할 수 있다. 일반인에게 말할 때의 '정상'은 말 그대로 정상적인 체온, 다시 말해 36.5도의 체온을 유지하고 있다는 말이 됨에 반해, 환자에게 '정상'을 말할 때는 몸 상태가 좋지 않은 사람이 체온이 높은 것은 정상이라는 특별한 의미가 된다. 이는 물론 거짓말을 어떤 경우에도 해서는 안 된다는 규칙을 고수하기 위해 만들어낸 난센스다.

져볼 때, 도덕 규칙은 모두에 대한 공평한 관심이라는 관점에서 항상 비판적으로 음미되어야 하는 사회적 창조물이다. 일단 이를 이해하게 되면 도덕 규칙에 대한 예수회적 사고를 해야 할 필요성은 사라져 버린다.

그렇다면 도덕적 관심을 갖는 개인은 어떻게 선택을 해야 하는가? 나는 개인에 관한 한, 모든 것들에 대한 공평한 관심이라는 기준은 의심의 여지가 없는 확고한 원리임을 이미 언급한 바 있다. 그런데 이와 같이 말하면서, 동시에 일상적인 경우에는 공평성의 기준에 미달되는 사회적 규율을 지지해야 한다고 주장하는 것은 모순되게 보일지도 모른다. 하지만 이러한 결론은 '구체적인 상황에서 개인이 무엇을 해야 하는가'라고 묻는 것과 '공적인 행위 기준은 어떠해야 하는가'를 묻는 것을 구분하는 데서 도출되는 것이다. 헨리 시즈윅은 자신의 공리주의에 대한 논의에서 이러한 문제에 대해 주목한 바 있다.

> …… 공공연하게 옹호할 경우 옳다고 할 수 없는 바를 사적으로는 권장해야 하는 경우가 있을 수 있다. 어떤 사람들에게는 공공연히 옳다고 가르치는 것이 다른 어떤 사람들에게는 옳지 않은 것일 수 있다. 또한 공개적으로 드러내 놓고 할 경우 잘못인 것이 은밀하게 할 경우에는 옳은 것일 수 있다. 그리고 충고나 사례를 통해 권장할 경우 잘못인 것이 완벽하게 비밀이 보장되는 경우에는 옳은 것일 수 있다.

시즈윅이 구체적인 사례를 제시하고 있진 않지만 사례는 앞의 논의에서 끌어올 수 있을 것이다. 학생이 학업 성적으로 인해 침체되어 있어서 한 번만 더 낮은 성적을 받는다면 학업을 완전히 포기해 버릴지도 모르는 경우, 반면 침체에서 벗어날 수만 있으면 만족스러운 기준에 도달할 수 있을 경우 교수가 학생의 실력 이상으로 좋은 학점을 주는 것은 옳다. 하지만 교수가 이를 공공연하게 옹호하는 것은 옳지 않다. 왜냐하면 그러한 상황이 벌어질 경우 그 학생은 학점이 과대 포장되어 있음을 알게 될 것이며, 교수는 자신의 원래 의도를 살리지 못하게 될 것—다른 학생 또한 침체되어 있는 척하려 할 것이라는 문제와는 별개로—이기 때문이다.

공적인 윤리 규율에서는 비난의 대상이 되는 바를 한 개인이 은밀하게 할 경우 옳다고 하는 것은 역설적인 듯이 보인다. 이러한 역설은 방책 자체에 기인한 것이 아니라 그것을 입 밖에 내는 데서 발생한다. 가령 "공개될 경우 잘못인 것이 은밀히 할 경우에는 옳다"는 견해를 입 밖에 낸다고 가정해 보자. 이는 분명 그러한 견해를 공개적으로 드러낸 것이며, 그렇게 함으로써 우리가 지지해야 한다고 말한 공적인 윤리 규율 자체를 동일한 원칙이 붕괴시키게 된다.[가령 이 책이 대중들이 읽는 것이고, 나는 교수이며, 나의 업무 중에는 학점을 주는 것이 포함되어 있다면 나는 바로 앞 절(paragraph)에서 내가 해서는 안 된다고 말한 바를 행한 것이다. 하지만 내가 언급한 내용(content) 자체—내가 이를 썼다는 사실과는 별개로—는 여전히 옳을 수 있다.] 이를 시즈윅은 다음과 같이 표현하고 있다. "비밀이 아니었을 경우에는 옳지 않았을 행동을 비밀에 부침으로써 옳게 만든다는 견해 그 자체는 비밀에 부쳐져야 한다."[16]

윤리 규칙들은 절대적인 특성을 갖지 않으며, 도전 불가능한 직관 또한 아니다. 그 중 일부는 우리의 진화사와 문화사의 유물에 지나지 않는 것도 있으며, 따라서 아무런 대가를 치르지 않고서도 포기해 버릴 수 있는 것들도 있다. 또한 공평한 관점에서 볼 때에도 용납할 수 있는 방향으로 인간의 본성을 바꾸려는 규칙들도 있다. 그런데 그와 같은 규칙마저도 모든 사람의 본성에, 또는 모든 상황에 완벽하게 부합되지는 않는다. 그러기에는 인간의 본성과 삶이 너무나도 복잡하다. 어떤 사람들은 윤리적 규율이 요구하는 제한된 수준을 넘어서 행위할 능력이 있다. 그래서 타인을 단순히 살해하지 않는 것을 넘어서 타인을 살리기 위해 적극적으로 행위하기도 한다. 물론 그들이 갖는 행위 기준은 많은 사람이 따르는 도덕적 규율의 일부가 되기엔 지나칠 정도로 엄격하다. 하지만 공평한 관점에서 고려해 본다면 그러한 기준은 옳은 것이다. 한편 어떤 특별한 상황에서는 윤리 규율을 어겨야 하는 경우가 있다. 하지만 이는 어느 정도의 위험을 무릅쓰고 그렇게 하는 것이다. 중요한 윤리 규율은 대중적인 지지를 받아야 하며, 이를 지지하는 한 가지 중요한 방법은 이를 어기는 사람을 비난하는 것이다. 가령 환자에게 불필요한 고통을 주지 않으려는 의사의 거짓말은 옳은 것이다. 그런데 동료 의사들은 참됨의 기준을 보존하기 위해 그와 같은 거짓말을 한 의사를 비난할 수 있으며, 이 또한 정당하다고 할 수 있다. 비록 윤리적 규칙 자체를 보증하는 궁극적인 권위는 없다고 할지라도, 최소한 없어서는 안 될 몇 가지 윤리 규칙이 존재한다고 말할 수는 있을 것이다.

---

16 아들의 죽음을 알렸을 때 정신적인 충격을 극복할 수 없는, 돌아가실 날이 멀지 않은 어머니에게 그의 죽음을 전하는 경우를 생각해 보자. 이때 그의 죽음을 알리지 않고 비밀에 부치는 것은 옳은 일이 될 수 있다. 역으로 그의 죽음을 어머니에게 알려 비밀을 지키지 않는 행동은 그릇된 행위로 분류될 수 있는 것이다. 이 경우 "아들의 죽음을 알리는 것은 나쁘고, 알리지 않는 것은 좋기 때문에 아들의 죽음을 알리지 않는다"고 어머니에게 말하는 경우를 생각해 보자. 여기서 알리지 않는 사람이 소기의 목적을 달성할 수 있는가? 바로 이러한 문제에 부딪치기 때문에 규칙 중에는 입 밖으로 표현하지 않고 사밀(私密)하게 간직해야 하는 것이 있는 것이다.

생물학을 넘어서?

나는 이 책의 서두에서 역사를 통틀어 볼 때, 과학에서와는 달리 윤리에서는 별 진전이 없었다고 불평을 한 바 있다. 윤리는 건너야 할 늪처럼 보였으며, 막상 이를 건너고자 할 때 우리는 희망 없이 수렁으로 빠져들어 버렸다. 그런데 이제 우리는 윤리가 늪임에는 분명하지만 명확하고 설명 가능한 늪임을 알게 되었다. 갈등과 혼란은 다양한 방식으로 윤리에 내재해 있다. 가령 생물학적 유기체로서의 우리의 본성과 공평한 추론을 따르고자 하는 능력간의 갈등, 개인적 관점과 사회적 관점의 갈등, 매우 드문 경우이긴 하지만 깨져야 할 윤리 규칙을 지지해야 할 필요성 등에서 나타나는 갈등과 혼란이 윤리에 내재되어 있다.

무엇이 문제인가를 이해하는 것은 문제 해결의 첫 단계이다. 우리가 윤리에서 얻어낸 통찰에서 문제에 대한 이해는 분명 매우 중요한 단계를 이룬다. 하지만 이는 기나긴 행진의 출발점에 불과하다. 윤리와 관련해 어떤 지식을 얻게 되었다고 해서 윤리에 내재된 갈등을 해결할 수는 없을 것이다. 왜냐하면 윤리 내에서의 갈등은 우리의 본성과 사회생활에 깊숙이 뿌리박혀 있기 때문이다. 그럼에도 우리는 지식을 통해 윤리를 둘러싼 혼란을 정리할 수 있으며, 이를 통해 희미하게나마 나아갈 길을 볼 수 있게 된다.[17]

T. H. 헉슬리는 윤리의 발전은 진화 과정을 따르거나 이를 회피함으

---

[17] 동물과 인간에게 타고난 공격성이 있다고 가정한 콘라트 로렌츠(Konrad Lorenz)는 우리에게 가장 중요한 교훈은 "너 자신을 알라"라는 오래된 교훈이며, 오직 우리 행동을 지배하고 있는 법칙에 대한 통찰을 통해서만 구원에 이를 수 있을 것이라고 말하고 있다. 콘라트 로렌츠, 『공격성에 관하여』(송준만 옮김, 이화여대출판부), 306-307쪽.

로써 이루어지는 것이 아니라, 그에 대항해 싸움으로써 이루어진다고 말했다. 그런데 그가 생존했을 당시에는 진화의 메커니즘에 대해 알려진 바가 거의 없었다. 다윈은 『종의 기원』에서 "유전 법칙은 제대로 규명되지 않았다"라고 말하고 있다. 다윈이 이러한 말을 했을 당시, 무명의 오스트리아 수사 그레고르 멘델Gregor Mendel[18]이 유전 법칙을 발견하였는데, 그는 이러한 법칙을 발견하고도 자신이 발견한 바가 어떤 의미를 지니고 있는지를 알지 못했다. 멘델의 법칙은 다윈과 멘델 두 사람 모두가 사망한 1900년에 이르기까지 사람들에게 제대로 알려지지 않았다. 유전자가 어떻게 기능하는가에 대한 좀 더 상세한 지식은 프랜시스 크릭Francis Crick[19]과 제임스 왓슨James Watson[20]이 유전 '정보'를 DNA 분자가 전달하는 메커니즘을 발견한 1953년에 와서야 능했다. 유전자가 어떻게 개체군에서 퍼져 나가느냐에 대한 복잡한 수학적 기술의 적용과 더불어, 이러한 발견은 진화 메커니즘에 대한 참된 이해를 가져다주었다.

어떤 전투에서도 지피지기知彼知己면 백전백승이다. 20세기 이전, 투쟁을 통한 진화를 논했던 자들은 자신들이 어떤 곤란에 직면해 있는지도 몰랐다. 물론 아직도 많은 것이 규명되어야 한다. 하지만 우리는 현

---

18 멘델(1822-1884): 오스트리아의 유전학자, 성직자. 교회 뜰에서 완두로 유전 실험을 하여 7년 후 '멘델의 법칙'을 발견했다. 1865년 브륀의 자연과학협회 정기회의에서 "식물의 잡종에 관한 실험"이라는 제목으로 이것을 발표하였으나 당대에는 이의 중요성을 이해하는 사람이 없었다. 이 대발견은 20세기에 이르러서야 햇빛을 보게 되었다.
19 크릭(1916-2004): 영국의 분자생물학자. 왓슨과 1953년 DNA의 이중 나선 구조를 발표하였으며, 1962년 노벨 생리·의학상을 받았다.
20 왓슨(1928-): 미국의 분자생물학자. F. H. 크릭과 공동연구로 DNA의 구조에 관하여 이중 나선 모델을 발표했다. 1962년 크릭, M. H. F. 윌킨스와 함께 DNA의 분자 구조 해명과 유전 정보 전달에 관한 연구 업적으로 노벨 생리·의학상을 수상했다.

재 획득해 나가고 있는 지식을 통해 최초로 유전자의 성향을 의도적으로 바꿀 수 있는 기회를 얻게 되었다. 다시 말해 유전자가 우리에게 어떻게 영향을 주는가를 이해함으로써 바로 그러한 영향에 도전할 수 있게 된 것이다.

이와 같은 도전의 토대는 우리의 이성 능력이어야 한다. 물론 공감이나 다른 어떤 비이성적 본능에 기초한 도전 또한 유전자의 영향에 대한 이해의 폭을 어느 정도 넓혀 줄 것이다. 하지만 공감이나 본능은 그 자체가 결국 유전적 토대를 갖고 있다. 따라서 그것들을 통한 도전은 유전자의 영향을 극복하는 데 성공하지 못할 것이다. 하지만 이성은 다르다. 물론 이성 능력 또한 우리가 가지고 있는 다른 특성들과 동일한 생물학적 이유에서 진화되어 왔다. 하지만 이성에는 논의의 객관적 기준을 따를 수 있는 가능성—이는 실현되지 않는 경우가 일반적이지만 항상 가능성으로는 존재한다—이 수반(다음 세대에 우리의 유전자를 많이 남기는 데 미칠 영향과는 별개로)되고 있다.

우리는 이성적 존재들을 공상과학 소설에서 창조자에 대항하는 컴퓨터에 비할 수 있을 것이다. 진화의 맹목적인 힘은 우리에게 눈을 달아 주었다. 눈으로 볼 수 있게 되자 우리는 맹목적인 힘이 이끌고 가는 방향이 마음에 들지 않으면 방향을 바꿀 수 있게 되었다. 처음에는 가고자 하는 방향으로 조정하는 방법을 몰랐을 것이다. 위세를 떨치고 있는 강풍을 거슬러 나가는 것은 기술을 익힘으로써 가능하며, 이에 따라 경험이 없는 자들은 시행착오를 거듭했을 것이다. 물론 기술을 익히기 전에 바위에 부딪혀 최후를 맞이하게 된 자들도 있었을 것이다. 하지만 진화 과정을 바꾸고자 하는 노력이 그와 같이 불행한 운명을 맞이할 수밖에 없다고 믿을 하등의 이유가 없다. 진화는 서서히 이루어지며, 우리는 파멸적인 실수를 범하기 전에 그에 대한 통제를 배울 수 있을 것이다.

이성은 맹목적인 진화에 도전하면서 그 목표를 공평무사한 관점을 증진시키는 것, 다시 말해 공평하게 고려하여 모두의 이익을 증진시키는 것으로 삼아야 한다. 우리는 최소한 일반적으로 용인되는 의미에서의 도덕적 기준이라는 차원에서는 이러한 목표를 향한 진보가 있어 왔음을 이미 살펴보았다. 이타적 고려 대상의 영역은 가족에서 종족, 국가, 인종 그리고 오늘날에 와서는 모든 종에까지 확대되었다. 우리가 살펴본 바와 같이 그러한 진행은 이익을 갖는 모든 존재를 포함시키는 데까지 확대(그 존재가 어떤 종에 속하는지와 무관하게)되어야 한다. 하지만 우리는 그것마저도 궁극적인 윤리 기준이라 생각해서는 안 되며, 모든 사람이 그러한 기준에 따라 행동하리라고 기대해서도 안 된다. 우리는 중요한 인간의 욕구를 희생하지 않으면서, 동시에 더 많은 대상에게 관심을 갖게 하는 문화를 건설해야 할 것이다.

인간이 갖는 성욕의 자연적 귀결인 출산을 피하고자 하는 사례는 우리에게 교훈을 준다. 가령 출산 회피와 관련한 도덕적 이상으로 독신주의를 내세우는 것은 적지 않은 사람에게 호소력을 발휘할 수 있을 것이다. 하지만 그러한 방법을 통해 인구 성장이 크게 둔화되지는 않을 것이다. 왜냐하면 독신주의에 대한 권장이 인간의 중요한 욕구를 억누를 수도 있기 때문이다. 이에 반해 성욕을 만족시켜 줌과 동시에 욕구의 자연스런 귀결인 출산을 방지하는 방법으로 쓰이는 피임은 독신주의에의 호소보다 더욱 성공적일 수 있을 것이다.

이러한 해결책이 어떻게 다른 문제에 적용될 수 있을까? 여기 한 가지 사례가 있다. 사람들은 먼 나라의 기아 구제와 개발 계획에 아낌없이 기부하라는 호소를 듣고 마음이 어느 정도 움직인다. 하지만 대부분의 사람들은 그러한 방식의 원조가 익명적인 면이 없지 않다고 생각한다. 물론 개인적으로 호소할 경우에도 약간의 금액을 기부하는 자들이 있을 것이다. 하지만 대부분의 사람들은 자신이 낸 기부금이 누구에게 도움이 될지 모르는 상황에서 많은 액수를 기부하는 것에 대해 어느 정도 심리적인 장벽을 가지고 있다. 이와 같은 장벽을 극복하는 한 가지 방법으로 들 수 있는 것은 가난한 아이들의 양부모 되기 운동을 벌이는 것이다. 이를 통해 양부모는 자신들이 도움을 주는 아이의 사진을 받게 되고, 편지를 통해 개인적인 접촉을 하게 된다. 물론 장기적인 안목에서 본다면, 이와 같은 계획은 가장 필요한 곳에 대한 원조 및 개발(개인적 지원이 아닌)에 비해 효율성이 높지는 않다. 그럼에도 양부모 되기 운동은 최소한 한 명의 극빈아에게 개인적으로 책임이 있다고 생각하게 함으로써 혈연 이타적 욕구를 좀 더 넓은 영역으로 확장시킬 수 있는 방법이 될 수 있다. 양부모 되기 운동은 집합적인 단위로 사람들을 도우라는 호소를 통해서는 일깨워지지 않는 이타성을 일궈냄으로써 원조 계획에 일조를 하게 될 것이다.

이처럼 혈연 이타성과 결합된 욕구를 좀 더 넓은 영역에로 확대시키려는 계획은 먼 장래에 있을 유전적 결과를 무시한 생각일 수도 있다. 양자녀에게 아낌없이 베푸는 사람들이 혈육의 고통을 야기하는 것은 아닐까? 그리하여 그들의 유전자가 미래세대로 확장되어 나갈 기회가 줄어들게 되는 것―바로 이러한 이유로 양자녀에 대한 이타적 행위는 더욱 관대한 것이라고 할 수 있을 것이다―은 아닐까? 달리 말해 그와 같이 베풀 경우 결국 자멸하게 되는 것은 아닐까?

하지만 그와 같은 생각은 인간의 진화 모델을 지나치게 단순하게 파악한 것이다. 우선 관대성이라는 특징을 갖는 '단일한 유전자(single gene)'는 없다. 그러한 특징은 반드시 다른 특징과 연결(이렇게 연결되어 있다는 것은 장점으로 작용할 것이다)되어 있다. 그리고 서로 연결되어 있다는 것이 사실이라면 관대성이라는 특징이 쉽게 없어지진 않을 것이다. 둘째, 현재 부유한 국가의 중산층은 풍요를 누리고 있으며, 그들에게는 자신들의 유전자를 미래 세대에 전달하는 데 아무런 문제가 없을 만큼의 충분한 수입이 축적되어 있다. 좋아하는 음반을 사거나 하와이 여행을 떠나는 데 사용하려고 했던 돈을 기부한다고 가정해 보자. 그렇게 한다고 해서 그것이 나의 유전자의 생존에 영향을 주지는 않는다. 오직 능력의 한계에 이르기까지 자녀를 둔 사람만이 타인에 대한 관대함으로 인해 유전적 경쟁에서 불리한 위치를 점하게 될 것이다.

마지막으로, 그리고 가장 중요한 것은 인간의 문화가 유전적으로 유리한 결과를 산출하려는 사람들의 이기적인 행위를 중화하거나 전환시키는 경우가 흔히 있다는 점이다. 제재와 형벌 체계는 그의 대표적인 사례라 할 수 있을 것이다. 낙태가 안전하게 이루어지기 전에는 강간이 유전자를 확산시키는 훌륭한 방법이었을 것이다. 그리하여 많은 세대를 거치면서 강간하는 자들의 수가 증가되었을 것이다. 하지만 강간범을 사형에 처하거나 추방, 거세 또는 투옥한다면 그들은 타인들에 비해 자식을 얻게 될 기회가 줄어들게 된다. 그리고 그에 따라 강간범의 증가가 억제될 것이다. 물론 남성이 자신의 유전자를 확산시키려는 의도에서 여성을 강간한다는 것은 아니다. 또한 강간이 유전적으로 별다른 이익을 가져다주지 않을 경우, 남성들이 강간을 하지 않을 결심을 할 것이라고 말하는 것도 아니다. 어찌 되었건 처벌에 대한 두려움이 강간을 방지한다는 것은 분명하다. 그런데 이러한 제재 방식 외에도 수많은 처벌 형식이 특정 유전자—강간의 성향을 포함해서—의 존속에 분명 영향을 줄 것이다.

사회 제도는 인간의 진화 과정에 영향을 준다. 기후, 음식, 약탈자, 그 외 다른 여러 자연력이 우리의 본성을 변화시켜온 것과 마찬가지로, 문화 또한 우리의 본성을 변형시켜 왔다. 문화에 비해 자연력은 훨씬 오랜 동안 그 기능을 발휘해 왔다. 그런데 윌슨은 우리 행위의 유전적 토대가 변할 수 있다고 지적했다. 가령 윌슨은 '살인 유인원' 가설[21]—우리가 사냥꾼으로부터 진화되어 왔으며 우리의 조상에게는 공격성이 삶의 일부였다는 가설—이 옳다고 해도, 그것만으로는 우리가 공격적인 유전적 성향을 갖는다는 결론이 도출되지 않는다고 말하고 있다. 왜냐하면 5,000년 전 농경사회가 탄생한 이래 우리가 사냥꾼이었을 시기에 가지고 있던 유전적 성향을 변형시킬 정반대의 선택적 압력이 가해진 시기가 있었기 때문이다.

과거에는 공격적이거나 이기적 행동을 통해 유전적으로 이득을 얻고자 하는 자들에게 제재를 가한 것은 바로 우리의 문화였을 것이다. 하지만 문화의 제재 효과를 의식하고 있던 자는 아무도 없었다. 미래에는 문화가 우리의 유전자에 미칠 영향에 대해 더욱 잘 알게 될 것이며, 우리는 신중하게 단계를 밟아 나가면서 문화가 현세대뿐만 아니라 다음 세대에서도 윤리적 행위의 확산을 도모하려 한다는 사실을 확인할 수 있게 될 것이다. 현재로선 인간에 관한 유전학적 지식이 너무나도 미천한 상태에 머물러 있는지라, 그러한 단계를 매우 조야하고 유

---

21 최근 들어서는 오스트랄로피테쿠스가 힘센 사냥꾼이 아니라 주로 죽은 짐승을 뒤져 먹었다는 주장이 제기되면서 '살인 유인원 가설'에 의문이 제기되고 있다. 마빈 해리스, 『작은 인간』(김찬호 옮김, 민음사, 1995), 51쪽.

해할 수도 있는 방식으로 더듬어 볼 수밖에 없다. 하지만 지식이 쌓여 감에 따라 우리는 분명 더 이상 유전자의 노예가 아니라고 주장할 수 있게 될 것이다.

출처에 관한 주석

1. 이타성의 기원

페이지

19 최초의 인용문은 메리 미즐리(Mary Midgley)의 『야수와 인간*Beast and Man*』(Ithaca, N. Y.: Cornell University Press, 1978), p. xiii에서 인용했다.

24 『사회생물학: 새로운 종합*Sociobiology: The New Synthesis*』은 The Belknap Press of Harvard University Press에서 출간했다. 사회생물학에 대한 정의는 p. 595에 나온다.

27 경계 도약에 대한 서술은 R. D. 에스테스(R. D. Estes)와 J. 고다드(J. Goddard)의 「아프리카 들개의 먹이 선택과 사냥 습성(Prey Selection and Hunting Behavior of the African Wild Dog)」, *Journal of Wildlife Management*, 31(1) pp. 52-70에서 온 것이다. 윌슨은 『사회생물학』, p. 124에서 이를 인용하고 있다. 이타성의 사례에 대한 더 많은 정보는 『사회생물학』, 특히 pp. 122-129, 475, 495에서 살펴볼 수 있다. 늑대에 관해서는 콘라트 로렌츠(Konrad Lorenz)의 『솔로몬의 반지*King Solomon's Ring*』(London: Methuen, 1964; New York: T. Y. Crowell, 1952), pp. 186-189를 보라.

29-30 종의 생존이라는 관점에서 이타성을 설명하려는 오류의 사례는 피터 크로포트킨의 『상호부조: 진화의 요소*Mutual Aid: A Factor of Evolution*』(1902년 최초로 발간되었으며 앨런 레인(Allen Lane)이 1972년에 런던에서 재발행), pp. 81-82, 246에서 살펴볼 수 있다.

39-40　얼룩말과 윌드 비스트의 습성 차이가 혈연선택을 통해 가장 잘 설명된다는 의견은 데이비드 바라시(David Barash)의 『사회생물학과 습성 Sociobiology and Behavior』(New York: Elsevier, 1977), p. 99에 잘 나타나 있다. 랭구어 원숭이의 습성에 대한 가장 자세한 설명은 사라 허디(Sarah Hrdy)의 『아부의 랭구어 원숭이The Langurs of Abu』(Cambridge, Mass.: Harvard University Press, 1977)에서 볼 수 있다. 사자들에서 나타나는 유사한 습성은 G. B. 샬러(G. B. Schaller)의 『세렝게티의 사자: 포식동물과 먹이 관계 연구The Serengeti Lion: A Study of Predator-Prey Relations』(Chicago: University of Chicago Press, 1972)와 P. P. 베이트슨(P. P. Bateson)과 R. A. 힌드(R. A. Hinde)가 편집한 B. C. R. 버트램(B. C. R. Bertram)의 「사자와 진화에서의 혈연선택(Kin Selection in Lions and in Evolution)」, 『생태학에서의 출발점Growing Points in Ethology』(Cambridge, Mass.: Cambridge University Press, 1976)을 보라.

41-42　로버트 트리버스(Robert Trivers)는 물에 빠진 사람의 구조에 관한 모델을 그의 생산적인 논문 「상호 이타성의 진화(The Evolution of Reciprocal Altruism)」, 『계간 생물학 평론The Quarterly Review of Biology』(1971), pp. 35-37에서 최초로 사용했다.

43　서로 관계가 없는 동물들끼리의 음식 나누기에 관해서는 J. R. 크렙스(J. R. Krebs)와 N. B. 데이비스(N. B. Davies)가 편집한 『습성생태학Behavioral Ecology』(Oxford: Black-well, 1972)에서 B. C. R. 버트램의 「집단생활: 포식동물과 먹이(Living in Groups: Predators and Prey)」, p. 92를 보라.

44-45　'거짓말 하는 자'와 '원한을 갖는 자'의 논의는 리처드 도킨스(Richard Dawkins)의 『이기적 유전자The Selfish Gene』(Oxford: Oxford University Press, 1976)에서 가져온 것이다.

45-47　여기서 사용된 집단선택의 형식에 관한 논의는 J. L. 매키(J. L. Mackie)의 「정글의 법칙(The Law of the Jungle)」, 『철학Philosophy』, 53(1978), p. 455-464에서 인용했다. 윌슨은 집단 이타성에로 향하는 성향을 설명해 줄 "유전적 표류(genetic drift)"가 한 고립된 집단 내에서 "전적으로 일어날 수 있다"고 말하고 있다. 『사회생물학』, p. 121을 보라.

2. 윤리의 생물학적 토대

54-57 인간에게서 전쟁의 상황이 자연 상태라는 홉스의 주장은 그의 저서 『리바이어던(Leviathan)』 13장에 나온다. 이크족이 홉스의 자연적 인간의 화신이라는 개럿 하딘(Garrett Hardin)의 주장은 『이타성의 한계*The Limits of Altruism*』(Bloomington: Indiana University Press, 1977), pp. 130-131에 나온다. 이크족이 가치와 무관하게 살아간다는 콜린 턴벌(Colin Turnbull)의 주장을 살펴보려면 『산에 사는 사람들*The Mountain People*』(New York: Simon and Schuster, 1972), pp. 289-290, 294를 보라. 『산에 사는 사람들』에 대한 신랄한 비판은 『오늘날의 인류학*Current Anthropology*』, 15(1974), pp. 99-103, 그리고 『오늘날의 인류학』, 16(1975), pp. 343-358에 나온다.

58-59 죽음의 수용소에서도 가치가 보존되고 있다는 주장을 살펴보려면 테렌스 데 프레(Terrence Des Pres)의 『생존자: 죽음의 수용소에서의 삶 해부*The Survivor: An Anatomy of Life in the Death Camps*』(New York: Oxford University Press, 1976), 특히 p. 142를 보라.

62 인간 사회들 간의 차이에 대한 윌슨의 의견은 『인간 본성에 대하여*On Human Nature*』(Cambridge, Mass.: Harvard University Press, 1978), p. 48에서 드러나고 있다.

63-64 자비의 의무들의 순서에 대한 웨스터마크(Westermarck)의 해석을 보려면 『도덕적 관념의 기원과 발달*The Origin and Development of the Moral Ideas*』(London: Macmillan, 1908), 23장을 볼 것. 마샬 살린스(Marshall Sahlins)의 견해는 『생물학의 선용과 오용*The Use and Abuse of Biology*』(Ann Arbor: University of Michigan Press, 1976), p. 18에서 인용되었음.

68-69 플라톤(Plato)은 『국가*Republic*』, V, 464에서 공동생활을 옹호하고 있다. 이스라엘 키부츠의 실생활에 대한 탤몬(Talmon)의 서술은 『키부츠 내에서의 가족과 공동체*Family and Community in the Kibbutz*』(Cambridge, Mass.: Harvard University Press, 1972), pp. 3-34에서 인용했다.

73-74 웨스터마크의 호혜성에 대한 논평은 『도덕적 관념의 기원과 발달』, II

권, p. 155에서 인용되었다. 또한 굴드너(Gouldner)의 호혜성에 대한 설명은 "호혜성의 규범(The Norm of Reciprocity)", 『미국 사회학 평론*American Sociological Review*』, 25(1960), p. 171에서 인용되었다.

76-77 폴리비우스(Polybius)의 구절은 그의 『역사*History*』, VI, 6에서 가져왔으며, 이를 웨스터마크가 『도덕적 관념의 기원과 발달』, 1권, p. 42에서 인용했다. 부족사회에서의 복잡한 호혜적 의례에 대해서는 마르셀 모스(Marcel Mauss)의 『선물*The Gift*』(London: Routledge & Kegan Paul, 1954)을 볼 것. 콜린 턴불은 이크족이 계속되는 의무를 피하기 위해 신속하게 되갚는다고 이야기하고 있다.(『산에 사는 사람들』, p. 146) 시즈윅(Sidgwick)은 빅토리아 시대의 영국에서 살펴볼 수 있는 동일한 모습을 전하고 있다.(『윤리학 방법*The Methods of Ethics*』, 7판, p. 260) 키케로(Cicero)의 감사의 중요성에 대한 강조는 『도덕적 의무에 관하여*de Officiis*』, I, 15, 47절에서 인용했다. 예수의 주장은 마태복음 5장 43절 또는 누가복음 6장 35절에서 살펴볼 수 있다.

81-82 이타적 동기 선호에 대한 로버트 트리버스의 설명은 "호혜적 이타성의 진화(The Evolution of Reciprocal Altruism)", 『계간 생물학 평론*The Quarterly Review of Biology*』, 46(1971), pp. 48-49에 나온다. 또한 그는 타인으로부터 이타적 행위를 이끌어내는 이타성의 효과에 관한 심리학적 자료를 인용하고 있다. 인용된 책에 대한 논평은 D. 크랩스(D. Krebs)의 "이타성-그 개념의 검토와 문헌에 대한 논평(Altruism-An Examination of the Concept and a Review of the Literature)", 『심리학 회보*Psychological Bulletin*』, 73, pp. 258-302를 보라.

91-92 충성심에 대한 자료 조사를 살펴보려면 웨스터마크의 『도덕 관념의 기원과 발달』 II권, p. 169를 볼 것. 키케로는 『도덕적 의무에 관하여*de Officiis*』 I, 17, 57절에서 충성심에 대해 언급하고 있다.

3. 진화에서 윤리로?

54 서두에서 인용한 아인슈타인의 글은 『만년의 회상Out of My Later Years』(New York: Philosophical Library, 1950), p. 114에서 온 것이다. 이와 대조되는 견해는 『인간 본성에 대하여』, p. 5에서 인용되었다.

106 성의 생물학에 관한 윌슨의 논의는 『인간 본성에 대하여』, 6장에 나온다.

111 찰스 렐(Charles Lyell)에게 보내는 다윈의 편지는 프랜시스 다윈(Francis Darwin)이 편집한 『찰스 다윈의 삶과 편지The Life and Letters of Charles Darwin』(London: Murray, 1887), 2권, p. 262에 게재되었다. 나는 이를 로버트 베니스터(Robert Bannister)의 『사회 다위니즘: 앵글로 아메리카 사회 사상에서의 과학과 신화Social Darwinism: Science and Myth in Anglo-American Social Thought』(Philadelphia: Temple University Press, 1979), p. 14에서 인용했다.

113-114 "고차적인", 그리고 "저급한"의 사용을 반대하는 다윈의 경고는 F. 다윈과 A. C. 스워드(A. C. Seward)가 편집한 『찰스 다윈의 남은 편지More Letters of Charles Darwin』(London: Murray, 1903), 1권, p. 114n에 잘 드러나 있다. J. D. 후커(J. D. Hooker)에게 보낸 편지(12월 30일, 1858)도 참고하라. T. H. 헉슬리(T. H. Huxley)의 강연 "진화와 윤리(Evolution and Ethics)"는 J. S.와 T. H. 헉슬리의 『진화와 윤리Evolution and Ethics』(London: Pilot Press, 1947)에 재수록되었다. 인용된 구절은 p. 82에 나온다.

116 "인간의 생물학적 본성에 내재하는 윤리적 전제"에 대한 언급은 『인간 본성에 대하여』, p. 5에 나온다.

118-120 롤스(Rawls)의 윤리 이론은 그의 저서 『정의론A Theory of Justice』(Cambridge, Mass.: Harvard University Press, 1972)에서 개진되고 있다. 롤스의 견해를 요약해서 보려면 11절을 살펴볼 것. 롤스의 평등 원리에 대한 윌슨의 오해는 『인간 본성에 대하여』, p. 5에 나온다.

121-122 절대로 거짓말하지 말라는 칸트의 주장은 그의 논문 「자비로운 동기로 거짓말하는 것에 가정되어 있는 권리(On a Supposed Right to Tell Lies from Benevolent Motives)」에서 살펴볼 수 있으며, 이는 T. 애보트(T. Abbott)

의 『칸트의 실천 이성 비판과 그의 윤리 이론에 관한 다른 저서들 Kant's Critique of Practical Reason and Other Works on the Theory of Ethics』(London: Longmans, Green & Co., 1909)에 재수록되어 있다. 노직(Nozick)의 『무정부, 국가, 그리고 유토피아Anarchy, State and Utopia』는 Basic Books(New York, 1974)가 출간했다.

129 인간 생명의 존엄성에 대한 서구의 공통적인 견해는 유대-그리스도 노선에 기초하고 있으며, 반박을 피할 수 없다는 주장은 저자의 『실천 윤리학 Practical Ethics』(Cambridge, Mass.: Cambridge University Press, 1979), 4장에 나와 있다.

131 데이비드 흄(David Hume)의 '존재'와 '당위'의 구분은 『인성론A Treatise on Human Nature』, III권 1부의 1절 마지막에 나온다.

131-132 인용된 구절은 『인간 본성에 대하여』, p. 197에 쓰여 있다.

138 우리가 '실제로 무엇을 하는가'와 '무엇을 해야 하는가'에 대한 칸트의 주장은 그의 『도덕 형이상학 원론Fundamental Principles of the Metaphysic of Morals』, 2장의 첫 구절에서 살펴볼 수 있다.

4. 이성

151 두 번째 인용문은 벤저민 조웨트(Benjamin Jowett)가 번역한 플라톤의 『변명Apology』, p. 38에서 가져왔다.

155-156 홉스의 유클리드 발견에 대한 설명은 A. 클라우가 편집한 존 오브리(John Aubrey)의 『간결한 삶Brief Lives』(Oxford: Oxford University Press, 1898), 1권, p. 332로부터 인용했다.

162 흄의 구절은 『도덕 원리에 대한 탐구An Enquiry Concerning the Principles of Morals』, 4절, 1부에서 인용했다.

166-167 관습적인 정의(正義)의 개념에 소크라테스가 제기하는 의문은 플라톤의 『국가』 첫 페이지의 주제이다.

168-169 상이한 국가에서의 상이한 관습에 대한 그리스인의 인식은 K. J. 도버 (K. J. Dover)가 쓴 『플라톤과 아리스토텔레스 시대의 그리스의 통속 도덕*Greek Popular Morality in the Time of Plato and Aristotele*』(Berkley and Los Angeles: University of California Press, 1974), pp. 75, 86-87에서 논의되고 있다.

170-171 L. 콜버그(L. Kohlberg)와 R. 크래머(R. Kramer)의 「유아와 성인에서의 도덕 발달의 연속성과 불연속성(Continuities and Discontinuities in Childhood and Adult Moral Development)」, 『인간발달*Human Development*』, 12(1969), pp. 93-120을 볼 것.

173 R. M. 헤어(R. M. Hare)의 보편화 가능성에 대한 논의를 살펴보고자 한다면 그의 저서 『자유와 이성*Freedom and Reason*』(Oxford: Oxford University Press, 1963)을 읽어볼 것. 그리고 더욱 최근의 논의를 살펴보려면 H. D. 루이스(H. D. Lewis)가 편집한 『오늘날의 영국 철학*Contemporary British Philosophy*』, 제4집(London: Allen & Unwin, 1976)에서 「윤리 이론과 공리주의(Ethical Theory and Utilitarianism)」를 볼 것. 우리의 결정에 의해 영향을 받는 각자의 삶을 살아가는 것을 상상해 보라는 C. I. 루이스(C. I. Lewis)의 생각은 『지식과 가치에 대한 분석*An Analysis of Knowledge and Valuation*』(La Salle, Ill.: Open Court, 1946), p. 547에 나와 있다. 나의 논의는 헤어의 영향을 크게 받았다.

184 객관적 가치의 기이함에 관한 J. L. 매키의 주장은 『윤리학: 옳고 그름 창안하기*Ethics: Inventing Right and Wrong*』(Harmondsworth: Penguin Books, 1977)의 1장, 9절에서 인용했다.

191 같은 히브리인을 노예로 삼는 것을 금하는 히브리 법률은 레위기(Leviticus) 25장 39-46절에서 인용했다.

192 그리스 비문은 케네스 도버(Kenneth Dover)의 『플라톤과 아리스토텔레스 시대의 그리스의 통속 도덕』, p. 280에서 인용했다. 이러한 도덕성의 진보에 관한 플라톤의 의견은 『국가』, V, 469-471에서 살펴볼 수 있다. 아리스토텔레스의 『정치학*Politics*』, I, 6도 보라. 상이한 문화에서의 여러 사례를 살펴보려면, 웨스터마크의 『도덕관념의 기원과 발달』, 1

권, pp. 331-333을 볼 것.
194-195 외국인 상속법에 대해서는 웨스터마크의 『도덕관념의 기원과 발달』, II 권, p. 49를 볼 것.
195-197 군나르 뮈르달(Gunnar Myrdal)의 『미국의 딜레마*An American Dilemma*』는 Harper & Bros., New York에서 1944년 출간되었다. 인용된 구절은 부록 1에서 온 것이다.
198-199 마르크스의 주장은 『독일 이데올로기*The German Ideology*』(New York: International Publishers, 1966), pp. 40-41에서 인용했다.
202 서구의 육식으로 인한 곡식의 낭비를 살펴보려면 프랜시스 무어 라페 (Francis Moore Lappé)의 『소행성을 위한 식사*Diet for a Small Planet*』(New York: Ballantine, 1971)를 볼 것. 『동물해방』은 1975년 뉴욕 리뷰*The New York Review* 에서 출간했으며, 1977년 Avon Books(New York)에서 재발간했다.
204-205 『문명과 윤리*Civilisation and Ethics*』(London: A. C. Black, 1929)에서 최초로 개진된 알베르트 슈바이처의 생명 외경에 관한 견해는 톰 레간 (Tom Regan)과 피터 싱어가 편집한 『동물의 권리와 인간의 의무*Animal Rights and Human Obligations*』(Englewood Cliffs, N. J.: Prentice-Hall, 1976), pp. 133-138 에 재수록되어 있다.
205-206 알도 레오폴드(Aldo Leopold)의 『모래군의 열두 달*Sand County Almanac*』은 1949년 Oxford University Press, New York에서 출간했다. 인용된 구절은 pp. 201-203에서 취했다.

5. 이성과 유전자

209 오스카 와일드(Oscar Wilde)의 「예술가로서의 비평(The Critic as Artist)」에서 가져온 주장은 그의 저서 『의도*Intentions*』(London: Methuen, 1909), p. 182 에서 인용되었다.
214 흄은 그의 『인성론』, 제2권, 3부, 3절에서 '이성은 정념의 노예'라고 말

하고 있다.

218 　인용된 내용은 리처드 도킨스의 『이기적 유전자』, p. 4, 그리고 에드워드 O. 윌슨의 『사회생물학』, p. 120에서 가져왔다. '적응'의 정의를 살펴보려면 『사회생물학』, pp. 117-118을 보라. 그리고 그에 대한 미즐리의 논평을 보려면 『야수와 인간』, p. 129n을 볼 것.

220 　윌슨의 테레사 수녀의 빈자에 대한 관심 설명은 『인간 본성에 대하여』, p. 165에 나온다. 개릿 하딘의 주장을 보려면 『이타성의 한계』, p. 26을 보라. 도킨스의 주장은 『이기적 유전자』, pp. 2-3을 보라.

224-225 　인용은 『이기적 유전자』, p. 3에서 온 것이다.

225-226 　리처드 티트머스(Richard Titmuss)의 영국 헌혈자에 대한 연구는 『선물관계The Gift Relationship』(London: Allen & Unwin, 1970; New York: Pantheon Books, 1970)라는 책으로 출간되었다.

228 　에드워드 웨스터마크의 도덕성 확장에 대한 생각은 『윤리적 상대성 Ethical Relativity』(New York: Harcourt Brace, 1932), 7장에 가장 잘 나타나 있다.

229-230 　윤리의 공평한 기준에 대한 여러 이설들의 출처는 다음과 같다. 유대교 레위기 19장 19절, 바빌로니아 탈무드에서의 율법학자 힐렐의 금언, Order Mo'ed, Tractate Sabbath, sec. 31a ; 그리스도교 마태복음 23장 39절, 누가복음 6장 31절, 그리고 마태복음 7장 12절 ; 유교 논어 XV: 23, 그리고 XII: 2 (웨스터마크의 『도덕 관념의 기원과 발달』, 제1권, p. 102에서 인용) ; 인도 마하바라타 XXIII: 5571(웨스터마크에서 인용) ; 스토아학파 마르쿠스 아우렐리우스, 『주석Commentaire』, IV, 4와 세네카의 『여가에 관하여de Otio』, IV, 1.(양자 모두 웨스터마크의 『윤리적 상대성』에서 인용)

231-232 　콜버그 이론에 대한 일반적인 개론서로는 D. A. 고슬린(D. A. Goslin)이 편집한 『사회화 이론과 탐색 편람Handbook of Socialization Theory and Research』(Chicago: Rand McNally, 1969)의 「단계와 연속: 사회화의 인지발달적 접근 (Stage and Sequence: The Cognitive-Developmental Approach to Socialization)」을 읽어보라. 도덕적 추론과 도덕적 행위의 연관성에 대해서는 『하버드 교육 평론Havard Educational Review』, 42(1971), p. 491에 소개된 L. 콜버그

와 R. 메이어(R. Mayer)의 「교육 목표로서의 발달(Development as the Aim of Education)」을 보라. 콜버그 이론에 대한 개별적 평가로 유용한 것은 『심리학 회보Psychological Bulletin』, 83(1976), pp. 898-913에 실린 J. P. 러시턴(J. P. Rushton)의 「사회화, 그리고 아이들의 이타적 행위(Socialization and the Altruistic Behavior of Children)」, 『인간발달Human Development』, 17(1974), pp. 81-106에 나오는 E. L. 심슨(E. L. Simpson)의 「도덕적 발달 탐구: 문화적 편견에 대한 과학적 연구 사례(Moral Development Research: A Case Study of Scientific Cultural Bias)」, 그리고 W. D. 보이스(W. D. Boyce)와 L. C. 젠센(L. C. Jensen)의 『도덕적 추론: 심리학·철학의 통합Moral Reasoning: A Psychologica-Philosophical Integration』(Lincoln, Neb.: University of Nebraska Press, 1978), 특히 pp. 110-116와 154-158을 보라.

234-235 도덕에 이성적 요소가 존재한다는 사실을 보여 줌으로써 진화가 도덕적 행위를 제거하지 않은 이유를 설명할 수 있다는 주장은 콜린 맥긴(Colin McGinn)의 『탐구Inquiry』, 22(1979)에 소개된 논문 「진화, 동물 그리고 도덕의 기초(Evolution, Animals and the Basis of Morality)」, p. 91에 나온다. '우리 스스로의 이익'과 '다른 사람의 이익을 동등하다고 볼 수 있는 관점으로 이끄는 이성'에 관한 주장은 톰 네이글(Tom Nagel)의 『이타성의 가능성The Possibility of Altruism』(Oxford: Oxford University Press, 1970)을 볼 것.

239-240 레온 페스팅거(Leon Festinger)의 『인지 부조화론A Theory of Cognitive Dissonance』(Stanford: Stanford University Press, 1957), 1장을 읽어보라.

244-245 윤리적 관점을 선택할 이유에 대해 더 살펴보려면 나의 『실천윤리학 Practical Ethics』 마지막 장을 볼 것.

6. 윤리에 대한 새로운 이해

247 버크(Burke)의 편견에 대한 옹호는 『프랑스 혁명 고찰Reflections on the Revolutions in France』(1968), Penguin판에 실려 있다.

254-255　대승정을 구할 것이냐 아버지를 구할 것이냐에 관한 고드윈의 예화는 그의 『인간 정의에 관한 탐구*Enquiry Concerning Human Justice*』(Oxford: Clarendon Press, 1971), p. 71에서 인용한 것이다. 파(Parr)에 대한 그의 응답은 같은 책 p. 325에 소개되어 있다.

258-259　과대 계획의 사례로 도시 계획을 선택한 것은 제인 제이콥스(Jane Jacobs)의 『미국 거대 도시의 삶과 죽음*The Death and Life of Great American Cities*』(New York: Random House, 1961)에서 영감을 얻었다.

261　인용문은 흄의 『인성론』, 제3권, 2부, 1절에서 온 것이다. J. L. 매키의 『윤리학』, p. 130도 볼 것.

262　테레사 수녀는 맬컴 머게릿지(Malcolm Muggeridge)의 『신을 위한 아름다움: 캘커타의 테레사 수녀*Something Beautiful for God: Mother Teresa of Calcutta*』(New York: Harper & Row, 1971), p. 118에서 인용했다.

268　A. H. 클러프(A. H. Clough)의 풍자시 「최신 십계명(The Latest Decalogue)」은 헬렌 가드너(Helen Gardner)가 편집한 『옥스퍼드 운문 신서*The New Oxford Book of Verse*』(Oxford: Oxford University Press, 1978)에 시 전체가 소개되어 있다.

269-270　체스터 볼스(Chester Bowles)의 일기는 데이비드 할버스탬(David Halberstam)의 『최고의 사람과 가장 영민한 자*The Best and the Brightest*』(New York: Random House, 1969), p. 69에서 인용했다.

272-273　토마스 산체스(Thomás Sánchez)의 거짓말 전략은 A. J. 크레일셰이머(A. J. Krailsheimer)가 번역한 파스칼의 『레 프로방시알*The Provincial Letters*』(Harmondsworth: Penguin, 1967), pp. 140-141에서 가져온 것이다. 이 인용은—또한 맥퍼든(McFadden)의 『의료 윤리*Medical Ethics*』의 인용은—시셀라 보크(Sissela Bok)의 『거짓말하기*Lying*』(New York: Pantheon, 1978), p. 31에 나온다.

274　시즈윅은 '사밀(私密, secret)' 도덕을 『윤리학 방법*The Methods of Ethics*』(London: Macmillan, 1907), 제7판, pp. 489-90에서 옹호한다.

275-276　윤리에서의 규칙의 위상에 대한 나의 논의는 R. M. 헤어의 저서에 힘입은 바 크다. 특히 『아리스토텔레스 학회보*Proceedings of the Aristotelian*

283 *Society*』, 73(1972-3)에 소개된 '원리들(Principles)'을 읽어볼 것. 시즈윅의 『윤리학 방법』, 제4권, III-V장은 이 주제를 매우 심도 있게 다루고 있다. 윌슨은 J. F. 아이젠버그(J. F. Eisenberg)와 윌튼 딜런(Wilton Dillon)이 편집한 『인간과 야수: 사회적 행위 비교*Man and Beast: Comparative Social Behavior*』(Washington, D. C.: Smithsonian Institution Press, 1971), p. 208에 소개된 「경쟁적 행위와 공격적 행위(Competitive and Aggressive Behavior)」에서 우리 행위의 유전적 토대가 비교적 신속하게 변할 가능성이 있다고 주장하고 있다.

2011년판 후기

과학은 제 자리에 머물러 있지 않으며, 철학 또한 제 자리를 맴도는 경향이 있지만 머물러 있지 않기는 마찬가지다. 하지만 이는 공정한 평가가 아닐지도 모른다. 왜냐하면 철학 또한 분명 발전을 하기 때문이다. 어쩌면 철학은 오랫동안 자주 드나들던 곳을 재차 방문하길 즐겨하며, 옛날에 철학이 행한 바에서 무엇인가 가치 있는 것을 찾아내고자 한다고 말하는 것이 더욱 적절한 평가일지도 모른다. 하지만 과학에서부터 시작해 보자. 지난 30년 동안의 과학적 탐구는 윤리의 기원과 본질에 대한 지식에 무엇을 추가했는가?

첫째, 윤리의 문화적 토대보다는 생물학적 토대를 뒷받침하는 논의가 여러 상이한 연구 방법을 통해 설득력을 확보해 나가고 있다. 네덜란드에서 연구를 시작하여 현재 애틀랜타 에모리Emory 대학에 재직 중인 프란스 드 발Frans de Waal은 지난 40년 동안 줄곧 영장류들을 관찰해 왔다. 그는 영장류들에게 공정성과 정의의 감각, 적어도 이의 선구가 되는 감각이 있음을 시사하는 행동을 다양한 방식으로 서술하고 있다. 예를 들어 침팬지 집단을 관찰하면서 드 발은 침팬지 루이트Luit가 또 다른 침팬지 니키Nikkie에게 공격당했을 때 제3의 침팬지인 푸이스트Puist가 루이트를 도움으로써 니키를 물리치는 장면을 목격했다. 이후 니키가 푸이스트를 공격했는데, 이때 푸이스트는 루이트를 손짓으로 불렀다. 이는 도움을 요청하고 있는 모습임에 분명했다. 하지만 루이트는 아무런 도움도 주지 않았다. 니키의 공격이 끝나자 푸이스트는 루이트를 맹렬하게 공격하기 시작했다. 드 발은 이에 대해 다음과 같은 촌평을 하고 있다. "만약 푸이스트가 자신이 루이트를 도와주었음에도 루이트가 전혀 도와주지 않았기 때문에 분노하게 된 것이라면, 이는 침팬지들의 호혜성이 인간에서의 도덕적 옳음과 정의의 감정과 동일한 감정의 지배를 받는다는 것을 시사한다." 드 발은 꼬리말이원숭이가 '동일 노동, 동일 임금'과 유사한 원칙에 따라 작업을 수행하는 듯하다는 것을 보여 주기도 했다. 꼬리말이원숭이는 보상(흔히 둥글게 뭉친 조그만 사료)을 줄 경우 과제를 수행하도록 쉽게 훈련이 이루어진다. 그런데 옆의 원숭이가 동일한 과제를 수행해서 더 좋은 보상—포도알과 같은—을 받았음에도 막상 자신들에게는 일상적으로 주어지는 둥글게 뭉친 조그만 사료가 제공될 경우, 그들은 화를 내면서 과제 수행을 거부하려 한다. 그들은 공정하지 못한 처우를 받기보다는 차라리 아무런 보상도 받지 않으려 하는 듯이 보이는 것이다.[1]

인간 유아의 반응에 대한 새로운 탐구 방법은 지크문트 프로이트 Sigmund Freud, 장 피아제Jean Piaget, 그리고 로렌스 콜버그Lawrence Kohlberg와 같은 심리학 분야의 거물들이 취했던 입장, 다시 말해 인간의 도덕 발달이 양육과 문화의 산물이라고 하는 이전의 생각을 뒤집었다. 예일대학의 킬리 햄린Kiley Hamlin, 카렌 윈Karen Wynn, 그리고 폴 블룸Paul Bloom의 연구는 심리학 분야의 거물들이 취한 입장의 대안으로 제시된 것인데, 그들에 따르면 우리는 도움을 주는 자들을 선호하고, 방해를 하는 자들

---

[1] Frans de Waal, *Chimpanzee Politics*(London: Jonathan Cape, 1982), pp. 205-7, 그리고 *Primates and Philosophers*(Princeton, NJ: Princeton University Press, 2006), pp. 44-49.

에게 적의를 갖는 성향을 가지고 세상에 태어난다. 출생 후 5개월 된 아이는 이러한 선호를 적절히 보여 준다. 예일대 연구에서 연구원들은 아이들에게 연극을 보여 주었는데, 연극에서 한 인형은 자신에게 공을 굴려 준 인형에게 공을 되돌려주고, 또 다른 인형은 공을 가지고 달아났다. 연구원들이 아이들에게 어떤 인형을 선택할 것이냐고 묻자 그들은 공을 돌려주는 인형을 선택했다. 더욱 놀라운 사실은 또 다른 인형에 의해 보상을 받거나 처벌을 받는, 도움을 주거나 방해를 하는 인형을 보았을 때, 8개월 된 유아들이 도움을 주는 인형을 벌하는 인형보다는 도움을 주는 인형에게 보상을 한 인형을 선호했다는 점이다. 또한 그들은 방해를 하는 인형에게 보상을 한 인형보다 방해를 한 인형을 처벌한 인형을 선호했다. 이러한 사실은 유아들이 아주 어린 시기에 '도움을 주는 사람은 보상을 받아야지 벌을 받아서는 안 되며, 방해를 하는 사람은 벌을 받아야지 보상을 받아선 안 된다'는 감각을 갖는다는 것을 시사한다. 이러한 연구에 대한 글에서 폴 블룸은 이러한 사실들이 "유아들이 우리와 동일한 종류의 도덕성을 갖는다는 점을 보여 주는 것은 아니다"라고 신중하게 지적한다. 이는 유아들이 우리의 도덕 판단(우리가 더욱 복잡한 숙고 과정을 거쳐서 이르게 된다고 생각하는 경향이 있는)의 바탕이 되는 '정서적인 토대'를 가지고 있음을 보여 준다고 해야 할 것이다.[2]

버지니아 대학의 심리학자 조너선 하이트Jonathan Haidt 또한 도덕 판단, 특히 도덕 판단의 직관적인 토대에 관한 우리의 지식을 확장시켜 주었다. 그의 여러 연구 중 하나는 근친상간에 관한 우리의 판단을 조명해 보는 것이었다. 그는 사람들에게 다음과 같은 이야기에 대답해 보라고 요

---

[2] Paul Bloom, "The Moral Life of Babies," *New York Times Magazine*, May 3, 2010; Paul Bloom, *Descartes' Baby*(Cambridge, Mass.; Basic Books, 2004), 특히 5장과 6장을 볼 것.

구했다.

줄리와 마크는 오누이 사이다. 그들은 여름방학을 이용해서 함께 프랑스를 여행하고 있다. 어느 날 밤 그들은 해변 근처의 오두막에 단 둘이 머문다. 그들은 성관계를 갖는 것이 흥미롭고 재미있는 것이라고 생각했다. 적어도 이는 그들 각각에게 새로운 경험일 것이다. 줄리는 이미 피임약을 먹었지만 확실하게 피임을 하기 위해 마크 또한 콘돔을 사용한다. 그들은 모두 성관계를 즐겼지만 다시는 하지 않기로 결정한다. 그들은 그날 밤을 그들끼리의 특별한 비밀로 유지하는데, 이는 그들을 더욱 가깝게 느끼게 한다. 당신은 어떻게 생각하는가? 그들이 성관계를 맺은 것이 아무런 문제가 없는가?

대부분의 사람들은 줄리와 마크의 행동이 잘못이라고 서둘러 판단을 내린다. 하지만 막상 그러한 판단에 대한 이유를 제시해 보라고 요구하면 그들은 머뭇거린다. 많은 사람들이 비정상적인 아이를 가질 위험성에 대해 언급하지만 이내 줄리와 마크가 두 가지 형태의 피임을 활용했음을 떠올린다. 다른 사람들은 이야기에서 성관계 후 두 사람의 관계가 이전보다 더욱 친밀해졌다고 분명하게 언급되고 있음에도 줄리와 마크가 정서적으로 상처를 받을 것이라고 말하거나 관계에 문제가 생길 것이라고 말한다. 최종적으로 많은 사람들은 "모르겠어요. 설명하지 못하겠네요. 난 그저 그것이 잘못이라고 알고 있어요"와 같은 말을 한다.[3] 하이트는 이러한 현상을 '도덕적 당황(dumbfounded)'이라고 부른다. 이는 사람들이

---

[3] Fredrik Björklund, Jonathan Haidt, and Scott Murphy, "Moral Dumbfounding: When Intuition Finds No Reason," *Lund Psychological Reports* 2(2000): 1–23; 더 많은 논의를 보려면 Jonthan Haidt, "The Emotional Dog and Its Rational Tail: A Social Intuitionist Approach to Moral Judgment," *Psychological Review* 108(2001): 814–34.

어떤 도덕 판단에 이르게 되었는데, 이를 정당화해 보라고 말하면 당황하는 현상을 말한다. 그의 설명에 따르면 사람들의 일상적인 판단은 어떤 추론 과정의 결과가 아니라 즉각적으로 경험된 직관의 결과다. 다시 말해, 우리가 '직감(gut reaction)'이라 부르는 것의 결과라는 것이다. 사람들은 심지어 처음 자신들이 내린 판단에 대해 제시한 이유들이 자신들의 판단에 적용되지 않는다는 사실을 받아들이지 않을 수 없게 된 후에도, 또한 어떤 더 나은 이유를 찾아내지 못한다고 하더라도 계속해서 자신들의 직관적 판단을 고수하려 한다.

이러한 사례는 하이트가 '다양한 상황에서의 도덕 판단은 일반적으로 신속하고, 거의 자동적인 직관적 반응의 산물이다'라는 입장을 지지하기 위해 수집한 증거의 일부다. 하이트가 의식적인 추론이 도덕 판단에서 역할을 할 수 있다는 사실을 받아들이지 않는 것은 아니다. 그럼에도 그는 이러한 판단이 흔히 직각적인 반응 이후에 이루어지며, 그러한 반응의 토대라기보다는 그러한 반응에 대한 합리화라고 생각한다.[4]

폴 블룸은 하이트에 비해 '이성이 바탕이 된 도덕적 진보'라는 관념을 더욱 기꺼이 받아들인다. 이의 한 사례는 우리가 인종 차별을 반대하는 데에서 이룬 발전이다. 블룸은 생후 3개월부터 유아들이 자신들에게 가장 익숙한 인종의 얼굴을 선호한다는 사실을 발견했다. 이는 문자 그대로 선입견이다. 왜냐하면 이는 아이가 판단을 내릴 수 있기 이전부터 나타나는 현상이기 때문이다. 이는 비교적 나이가 든 아이들에게도 강하게 남아 있다. 하지만 오늘날 세상 어느 곳에서도 인종 격리 하의 남아프리카에 존재했던 형태의, 또는 시민권 운동이 있기 전의 미국 남부에서 있

---

[4] Haidt, "The Emotional Dog and Its Rational Tail."

었던 형태의 인종 차별을 잘못이라고 생각하지 않는 사람은 없다. 이러한 사실이 인종적 편견이 사라졌음을 의미하는 것은 아니다. 그럼에도 이는 사람들이 의식적으로 그러한 편견에 따라 행위하지 않으려 하고, 이를 금하는 법률을 지지한다는 것을 의미함이 분명하다. 블룸은 자신의 논의를 전개하면서 본 저술을 언급한다. 그러면서 그는 아주 어렸을 때의 편견을 극복하는 과정, 그리고 이를 통해 도덕적 관심에 관한 우리의 경계를 확장하는 과정에 우리의 이성 능력이 개입한다고 주장한다.[5]

30년 전에는 아예 없었던 탐구 방법을 통해 이 책의 중심 테제 한 가지를 뒷받침하는 새로운 증거가 확보되었다. 기능자기공명영상, 혹은 fMRI를 사용하여 우리는 사람들이 다양한 과제를 수행할 때 어떤 뇌 부위가 활성화되는지를 확인할 수 있게 되었다. 하버드 대학과 프린스턴 대학의 조슈아 그린Joshua Greene과 다른 연구자들은 철학 문헌에서 소위 '활차 문제'로 알려져 있는 상황에 사람들이 대응하는 방식을 밝히기 위해 일련의 실험을 고안해 냈다.[6] 표준적인 활차 문제에서는 아무도 승차해 있지 않은 폭주 활차가 다섯 명을 향해 철로를 달려가고 있다. 당신은 철로 옆에 서서 이러한 장면을 보고 있다. 만약 활차가 현재의 선로를 따라 계속 달려가면 다섯 명 모두가 죽게 된다. 당신이 다섯 사람의 죽음을 막기 위해 취할 수 있는 유일한 방법은 전철기轉轍機를 움직여 옆 선로로 활차의 방향을 바꾸는 것이다. 하지만 이 경우에도 다른 선로에 있는 한 명이 죽

---

5 Paul Bloom, "How Do Morals Change?" *Nature* 464(March 25, 2010): 490.
6 Phillipa Foot은 이러한 문제를 "The Problem of Abortion and the Doctrine of the Double Effect," *Oxford Review*, 5(1967), pp. 5-15; reprinted in James Rachels(ed.), *Moral Problems: A Collection of Philosophical Essays*(New York: Harper & Row, 1971), pp. 28-41에서 논의한 최초의 철학자인 것처럼 보인다. 하지만 이 주제에 대한 고전적인 논문은 Judith Jarvis Thomson, "Killing, Letting Die, and the Trolley Problem," *The Monist* 59(1976): 204-217이다. Greene의 작업은 '활차학(trolleyology)'에 대한 새로운 관심의 물결로 이어졌다.

음을 피할 수 없다. 이러한 상황에서 어떻게 할 것이냐고 물을 경우 대부분의 사람들은 옆 선로로 활차의 방향을 바꾸어서 다섯 명의 목숨을 살리고 한 명의 목숨을 잃게 해야 한다고 말한다.

또 다른 유형의 활차 문제에서는 앞의 경우에서와 마찬가지로 활차가 다섯 명의 목숨을 앗아가기 일보 직전의 상황이다. 하지만 이번에는 당신이 선로 가까이 서 있는 것이 아니라 선로 위의 인도교에 서 있다. 이 상황에서 당신은 활차의 방향을 바꿀 수 없다. 당신은 인도교에서 활차 앞으로 뛰어 내려 다섯 명의 목숨을 구할 것을 생각해 본다. 하지만 당신은 활차를 멈추기엔 체중이 너무 가볍다는 사실을 알고 있다. 이 상황에서 당신 옆에 한 사람이 서 있다. 그 사람은 무거운 등짐을 짊어지고 있는 모르는 사람이다. 활차가 다섯 명의 목숨을 앗아가는 것을 막을 수 있는 유일한 방법은 이 모르는 사람을 밀어서 활차 앞으로 떨어뜨리는 것이다. 만약 당신이 모르는 사람을 밀 경우 그는 목숨을 잃게 되겠지만 다섯 명은 목숨을 구하게 될 것이다. 이 상황에서 어떻게 할 것이냐고 물을 경우, 많은 사람들은 모르는 사람을 다리에서 밀어서 떨어뜨려서는 안 된다고 말한다.

그린이 연구를 시작하기 전까지만 해도 활차 문제에 관심이 있는 철학자들은 문제를 다음과 같이 파악했다. '전철기'의 경우건 '인도교'의 경우건 당신은 다섯 명의 목숨을 구하기 위해 한 명의 목숨을 잃게 한다. 그런데 우리는 첫 번째 경우에 그렇게 하는 것은 옳고, 두 번째의 경우는 그르다고 판단을 내린다. 이처럼 두 사례에 대해 서로 다른 도덕적 판단을 내리는 근거는 무엇인가? 철학자들은 이러한 방식으로 문제에 접근하면서 우리의 도덕적 직관을 옳은 것으로 간주했고, 이러한 직관을 정당화하는 방식을 찾으려 했다. 하지만 언뜻 설득력 있어 보이는 정당화 원리가 제시되면 그때마다 제시된 원리가 우리의 직관적인 반응들을 정당화할 수 없음을 보여 주는, 원래의 두 사례에 대한 또 다른 변형 사례가 발견되었다. 예를 들어 일부 철학자들은 표준적인 활차의 경우와 인도교의 경우의 차이는 후자에서 모르는 사람이 다른 사람들을 구하기 위한 수단으로 사용되고 있는 것이라고 주장했다.(당신은 그 사람을 선로 완충장치로 이용하는 것이다.) 이는 우리가 다른 사람을 단순히 수단으로만 사용해서는 안 된다는, 잘 알려진 칸트의 '정언명령'을 위반한 것이다. 반면 전철기를 움직이는 것은 다른 사람을 구하기 위한 수단으로 그 선로에 있는 사람을 이용하는 것이 아니다. 그 선로에 있던 사람의 죽음은 단순히 다섯 명을 구하려다가 부차적으로 발생한 불행에 지나지 않는다. 이는 언뜻 보았을 때 그럴 듯한 생각이다. 하지만 전철기를 움직여 활차를 전혀 다른 선로로 달려가게 하는 대신, 위험에 처한 다섯 명에게 도달하기 전에 활차를 환상(環狀)선으로 선회하도록 하는 경우를 상상해 보면 생각이 달라진다. 그 환상선에는 무거운 짐을 짊어진 모르는 사람이 졸고 있다. 그의 몸과 짐은 활차를 멈출 수 있다. 하지만 이로 인해 그는 목숨을 잃을 것이다. 이러한 환상선으로 활차를 선회하게 하는 것은 분명 다섯 명의 목숨을 구하기 위한 수단으로 모르는 사람을 이용하는 것이며, 이에 따라 칸트의 정언명령을 위배하는 것이다. 하지만 대부분의 사람들은 그렇게 하는 것을 옳다고 생각한다. 요컨대 사람들은 이러한 전철기-환상선의 경우가 '모르는 사람을 인도교에서 밀어서 떨어뜨리는 경우'보다 '전철기를 움직이는 표준적인 경우'에 더욱 가깝다고 판단한다는 것이다.

그린은 두 상황에서 서로 다른 판단을 내리는 근본적인 이유가 '선로 상에서 전철기를 움직여서 모르는 사람을 죽게 하는 경우'와 '우리 손으로 누군가를 밀어서 죽게 하는 경우'에 대해 서로 다른 정서 반응을 나타내는 데 있지 않은가 생각해 보았다. 전철기를 움직이는 것은 비교적 '직접적으로 사람을 대상으로 하지 않은(impersonal)' 경우이다. 우리는 이에 대해 강한 정서적 반응을 나타내지 않으며, 이에 따라 우리는 전철기를 움직이거나 움직이지 않음으로써 초래될 해악을 살펴보면서 총체적인 해악을 최소화하는 원칙에 따라 행동한다. 하지만 모르는 사람을 다리에서 떨어뜨리는 것은 즉각적이고도 강한 부정적 정서 반응을 불러일으킨다. 이에 따라 우리는 그러한 행위가 총체적인 해악을 최소화한다는 사실을 고려하지 않고서 잘못이라 판정하는 것이다.

그린은 자신의 가설을 시험해 보기 위해 fMRI 영상을 활용했다. 그는 인도교에서 모르는 사람을 밀어 떨어뜨리는 경우처럼 '직접적으로 사람을 대상으로 하는(personal)' 침해에 대해 도덕 판단을 내리도록 요구받은 사람은 전철기를 움직이는 경우와 같이 '직접적으로 사람을 대상으로 하지 않은' 위반에 대해 판단을 내리도록 요구받는 경우에 비해 정서와 관련된 두뇌 부위의 활동이 활발해질 것이라고 예측했다. 이러한 예측은 적중했다. 뇌 활동을 면밀하게 관찰해 본 결과, 그린은 모르는 사람을 다리에서 밀어서 떨어뜨리는 것이 옳다고 말한 소수의 사람들의 인지 활동과 관련이 있는 뇌 부위가 그것이 잘못이라고 말한 사람들에 비해 활발하게 활동하고 있음을 발견했다. 이러한 연구는 아직까지도 새로운 분야이며, 그린이 한 실험 결과의 타당성에 대해서는 계속 의문이 제기되고 있다. 그럼에도 지금까지 이런 저런 실험 방법을 통해 그린의 전반적인 가정을 지지하는 증거들이 많이 발견되었다.[7] 이러한 발견은 이 책에서 옹호하는 입장을 뒷받침해 준다. 다시 말해 '도덕적 직관이 진화적 기초를 갖는다는 사실을 보여 주는 것' 자체는 '그러한 직관을 정당화하는 것'이 아니며, 이는 '도덕적 직관의 정체를 폭로하는 데 활용된다'고 해야 한다는 입장을 지지해 준다는 것이다.[8] 이렇게 말하는 이유는 만약 그린의 생각이 옳다면, 즉 전철기와 인도교의 경우에 대해 우리가 보여 주는 서로 다른 직관적 반응이 '직접적으로 사람을 대상으로 하는, 근접한 거리에서 누군가의 죽음을 초래하는 것이 포함되는 상황'과 '덜 직접적으로 사람을 대상으로 하는, 어느 정도 거리가 있는 곳에서 동일한 사람의 죽음을 초래하는 것이 포함되는 상황' 간의 정서적 견인력의 차이에 기인한다는 주장이 옳다면, 우리가 이러한 서로 다른 반응을 정당화하는 무엇인가가 있다고 믿어야 할 이유가 없어지기 때문이다. 이와 같은 방식으로 그린은 철학적 난문을 단지 설명하기만 한 것이 아니라 설명을 통해 해소해 버렸다(explain away). 그린이 제시한 자료만으로 어떤 규범적 관점이 옳거나 그르다는 것을 입증할 수 없음은 물론이다. 바로 이러한 이유로 우리는 규범적 전제로부터의 논증이 필요하다. 하지만 만약 그린의 접근 방식이 적절하다면 적어도 '자명한 진리'로 추정했던 우리의 직관은 의문시되며, 더욱 많은 사람들이 희생되어야 한다고 주장하는 사람들은 자신들의 직관이 진리라고 생각하는 이유가 무엇인지를 입증해야 할 부담을 지게 된다.

---

7 Joshua D. Greene, R. Brian Sommerville, Leigh E. Nystrom, John M. Darley, and Jonathan D. Cohen, "An fMRI Investigation of Emotional Engagement in Moral Judgment," *Science*, 293(2001): 2105-2108. Joshua Greene and Jonathan Haidt, "How (and where) Does Moral Judgment Work?" *Trends in Cognitive Sciences* 6(2002): 517-23. 더욱 구체적으로 말해, 직접적으로 사람을 대상으로 하는 도덕적 딜레마에서는 뇌 피질의 중간 전두엽 영역(medial frontal cortex), 후대상회(posterior cingulate cortex), 그리고 각이랑/상측두고랑(angular gyrus/superior temporal sulcus)의 활동이 활발했다. 직접적으로 사람을 대상으로 하지 않는 도덕적 딜레마에서는 배외측 전전두엽(dorsolateral prefrontal cortex)과 두정엽(parietal lobe)의 활동이 늘어났다. 이에 대한 비판으로는 Selim Berker, "The Normative Insignificance of Neuroscience," *Philosophy and Public Affairs* 37(2009): 293-329를 볼 것. Greene은 자신의 *The Moral Brain and How to Use It*(New York: Penguin, 2011)에서 자신의 입장을 지지하는 증거를 종합하고 있다.
8 이 책의 p. 127을 볼 것.

만약 이러한 주장이 의심스럽다면 그린의 발견이 우리가 이 책의 앞에서 개괄했던 도덕의 기원에 대한 진화적 입장에 얼마만큼 잘 부합되고 있는지를 고찰해 보면 될 것이다. 진화사를 거쳐 온 대부분의 기간 동안 인간은 인간 이전의 영장류와 사회적인 포유류 선조와 다를 바 없이 소규모 집단을 이루고 살았다. 이러한 집단 내에서는 근접한, 직접적으로 사람을 대상으로 한 방식, 예를 들어 때리고, 밀고, 목을 조르고, 막대기나 돌을 타봉打棒으로 사용하는 등의 방법으로만 폭력이 행사될 수 있었다. 이러한 상황에 대처하기 위해 우리는 다른 사람과의 가깝고도 사적인 상호 교류가 포함된 문제들에 대한 직접적이고도 정서에 바탕을 둔 반응들을 발달시켰다. 그리고 모르는 사람을 인도교에서 밀어서 떨어뜨리려는 생각을 할 경우 이와 같은 정서에 바탕을 둔 반응이 나타난다. 반면 전철기를 움직여 누군가를 치게 될 활차의 방향을 전환시키는 것은 우리와 우리의 선조들이 살았던 환경에서 일어났을 법한 일들과는 전혀 유사성이 없다. 이에 따라 전철기를 움직이려는 생각을 할 경우에는 다리에서 누군가를 밀어서 떨어뜨리는 경우에서의 반응과 동일한 정서 반응이 나타나지 않는 것이다. 이렇게 보았을 때, 두 경우에 대해 우리가 서로 다른 직관적 판단을 내리는 이유는 다음과 같다. 먼저 인도교의 경우는 우리가 오랜 진화 과정에서 흔히 접했을 유형의 상황이다. 반면 표준적인 활차의 경우는 100~200년 전부터나 가능했을 누군가의 죽음을 초래하는 방식이다. 이 정도의 시간은 우리의 생래적인 정서 반응 패턴에 영향을 주기에는 너무 짧다. 하지만 내가 오직 200년 전부터나 가능하게 된 방식보다는 100만 년 전에 가능했던 방식으로 누군가를 죽였다는 사실이 어떻게 도덕적으로 더욱 중요하다고 말할 수 있을까?

규범 윤리가 우리의 일상적인 도덕적 직관을 무시해야 한다는 주장이 제기될 때마다, 이에 대한 반론으로 직관이 없을 경우에는 우리가 규범 윤리를 전혀 할 수 없다는 주장이 제기되곤 한다.[9] 수세기 동안 윤리 분야에서의 제일원리에 대한 증거를 발견하려는 노력은 수없이 이루어져 왔다. 하지만 대부분의 철학자들은 이러한 노력들이 모두 실패로 귀결되었다고 판단한다. 심지어 공리주의와 같이 근본적인 윤리 이론조차도 무엇이 선善인지에 대한 기본적인 직관에 의존해야 한다. 이렇게 보았을 때 우리에게 남아 있는 것은 직관들뿐이며, 그 외에는 아무것도 남아 있지 않은 것처럼 보인다. 만약 이들을 모두 거부한다면 우리는 윤리적 회의주의 혹은 허무주의자가 될 수밖에 없다.

그런데 행위에 대한 하이트의 탐구와 그린의 뇌 영상 연구는 또 다른 가능성을 시사한다. 즉 '정서에 토대를 둔 즉각적인 반응'과 '이성적 토대를 갖는 판단'을 구분할 수 있으리라는 것이다. 우리가 살펴본 바와 같이 하이트는 우리의 추론이 우리의 직각적인 반응에 대한 합리화에 지나지 않는 경우가 흔하다고 믿는다. 그가 말하고 있듯이 '정서적 개가 이성적 꼬리를 흔들고 있는 것(the emotional dog is wagging the rational tail)'이다. 하지만 그린의 연구는 일부 사람들이 이성적 사고를 통해 정서에 기초를 둔 최초의 반응을 극복할 수 있음을 시사한다. 인도교의 사례에서 활차 앞으로 모르는 사람을 밀어 떨어뜨리는 것을 정당화할 수 있다고 결론짓는 사람들이 이에 해당한다. 우리가 이미 살펴본 바와 같이, 이러한 반응은 인지 과정과 연관된 두뇌 부위의 활동이 훨씬 활발하게 이루어지는 것과 관련이 있었다. 또한 이러한 실험 대상자가 제시한 답변은 분명 이성적

---

9 예를 들어 Neil Levy, "Cognitive Scientific Challenges to Morality," *Philosophical Psychology* 19(2006): 567–587. Berker, "The Normative Insignificance of Neuroscience."

존재가 제시할 답변이다. 반대할 어떤 타당한 이유가 없지 않은 이상 우리는 무고한 생명의 희생을 최소화해야 한다.

나는 '다섯 명을 구할 수 있는 유일한 방법이라면, 인도교에서 모르는 사람을 밀어서 떨어뜨리는 것이 옳다'고 생각해야 한다고 말하고 있다. 그럼에도 우리는 계속해서 모르는 사람을 밀어서 죽음에 이르게 하는 것에 대한 직관적인 혐오를 좋다고 생각할 수 있다. 우리는 사람들이 그러한 혐오를 갖고, 그에 따르는 것을 막고 싶어 하지 않는다. 그 이유는 우리가 인도교의 경우와 유사한 상황에 놓이는 것을 심히 꺼리기 때문이다. 헨리 시즈윅Henry Sidgwick이 『윤리학 방법 The Methods of Ethics』에서 지적하고 있듯이, 행위의 유용성과 그러한 행위를 칭찬하거나 비난하는 것의 유용성을 구분하는 것은 중요하다. 우리는 높은 곳에서 모르는 사람을 밀어 떨어뜨릴 수 있는 사람들이 '초래되는 손실에 비해 더 많은 생명을 구하지 못할 경우'에도 사람들을 밀어서 떨어뜨릴 것이 두려울 수 있다. 이 때문에 우리는 높은 곳에서 모르는 사람을 밀어 떨어뜨리는 사람을 칭찬하길 원하지 않을 수 있는 것이다.[10] 그럼에도 그것이 여러 무고한 사람들의 목숨을 구할 수 있는 유일한 방법이라면 우리는 그렇게 하는 것이 옳다고 믿어야 할 것이다.

혹자는 내가 '사유를 통해 더욱 많은 검토가 이루어진(more reasoned)'이라고 불렀던 반응이 여전히 다섯 명의 죽음이 한 명의 죽음에 비해 나쁘다는 직관에 바탕을 두고 있다고 말할 수 있을 것이다. 하지만 만약 이것이 직관이라면 이는 하이트와 그린이 언급했던 직관과는 다르다. 이러한 직관을 도덕 추론의 도움을 받지 않는, 우리의 진화적 과거의 산물이라

---

[10] Henry Sidgwick, *The Methods of Ethics*, 7th ed.(London: Macmillan, 1907), pp. 428–429.

고 생각하기란 쉽지 않다. 데이비드 흄은 "인간의 마음에는 인류애 그 자체에 대한 정열은 없다고 단언할 수 있을 것이다"라고 주장했다. 그리고 이에 대해서는 그럴 수밖에 없는 훌륭한 진화론적인 이유가 있다. 이렇게 보자면 한 사람의 죽음이 다섯 사람의 죽음에 비해 비극이 아니라고 알려주는 '직관'은 우리가 전철기를 움직여도 되지만, 모르는 사람을 인도교에서 밀어 떨어뜨려서는 안 된다는 직관과 같다고 할 수 없다.

우리는 '우리의 진화사와 문화사로 인해 갖게 된 도덕 판단'과 '이성적 토대를 갖는 도덕 판단'을 나누려는 시도를 해볼 수 있을 것이다. 그런데 어떤 의미에서 도덕 판단이 이성적인 토대를 가질 수 있을까? 내가 이전에 썼던 텍스트를 다시 읽으면서 나는 내 스스로가 '윤리가 객관적으로 참이면서 이성적인 토대를 갖는다'는 생각을 놓고 얼마나 동요하고 있었는지를 알 수 있었다. 나는 이성이 도덕의 진보를 이끈다고 썼고, 이성의 역할이 권위의 원천으로서의 관습을 거부하는 부정적인 책무에만 국한되지 않는다고 주장했다.(p. 172) 반대로 나는 이성이 "우리들 스스로의 이익이 수많은 일련의 이익들 중의 하나이며, 타인이 갖는 유사한 이익 이상의 중요성을 갖지 않는다"는 원칙으로 우리를 인도한다고 주장했다.(p.183) 나아가 나는 이것이 "영원하고 보편적이며, 인간 혹은 선호를 갖는 다른 존재가 존재하는지의 여부에 좌우되지 않는 진리"라고 말했다. 비록 그러한 존재가 없을 경우 적용할 대상이 없겠지만 말이다. 그럼에도 나는 계속해서—J. L. 매키J. L. Mackie의 주장을 이용하여—'객관적 가치'라는 생각 혹은 '객관적인 도덕적 실재'라는 개념은 "자신의 이익이 타인의 이익에 비해 중요하지 않다면, 우리의 행동에 의해 영향을 받을 모든 존재들의 선호를 최대한 만족시키는 것이 마땅하다"는 견해의 대안들을 뒷받침하기 위해 사용하기엔 너무 "이상하며" 문제가 많다고 말했다. 이에 따라 나는 이러한 대안들—예를 들어 '무고한 사람을 죽이는 것은 항상 잘못이며, 이는 우리가 한 명을 살해하지 않으려 할 때 얼마만큼 많은 사람들이 죽게 될지와 무관하게 잘못'이라는 견해—이 그것을 받아들이는 사람의 주관적 선호로 간주해야 할 것이라고 주장했다. 물론 우리가 그렇게 한다면 그러한 대안들은 우리가 무엇이 영향을 받는 모든 존재들의 선호를 최대한 충족시킬 것인가를 결정할 때 고려 사항이 될 수 있을 것이다. 하지만 그것들은 선호 만족의 극대화를 추구하는 사람, 다시 말해 선호 공리주의자가 정한 조건에 따라 고려의 대상이 되는 것이다.

나는 더 이상 이러한 논의가 성공을 거둘 수 있다고 생각하지 않는다. "우리들 스스로의 이익이 수많은 일련의 이익들 중의 하나"라는 판단은 세상 안에서의 우리의 상황에 관한 기술적인(descriptive) 주장으로 받아들일 수 있다. 하지만 우리 자신의 이익이 "타인의 유사한 이익에 비해 중요하지 않다"를 덧붙이는 것은 규범적인 주장이다. 그런데 내가 만약 규범적인 주장이 참 또는 거짓일 수 있음을 부정한다면, 나는 방금의 주장이 참이라고 말할 수 없다. 이것 역시 단순히 여타 선호들 중의 하나에 지나지 않는 것이 되어 버리는 것이다. 나아가 설령 다른 사람들이 "타인의 이익에 비해 자신들의 이익이 중요하지 않다"는 것을 받아들인다고 하더라도, 그것만으로는 "모든 사람들의 선호를 가능한 최대로 충족시켜야 한다"는 결론을 정당화하기엔 충분치 않게 된다. 나는 모르는 사람이 밀려서 떨어지지 않을 경우 얼마나 많은 사람들이 목숨을 잃게 되는지—심지어 잃게 되는 목숨 중의 하나가 내 자신의 것이라고 하더라도—와 상관없이, 그저 모르는 사람을 밀어서 죽게 하는 것이 항상 잘못이라는 입장을 견지할 수 있다. 이런 입장을 취하면서 나는 내 자신의 이익이 타인의 이익에 비해 중요하다는 입장을 견지하고 있지 않으며, 도덕 판단이 보편화되어야 한다는, 널리 받아들여지고 있는 조건을 위배하고 있지도 않다.[11] 이처럼 윤리에서의 객관적 진리를 부정할 경우, 내가 주장하려고 했던 바와 같이 형이상학적으로 문제가 없는, 나름대로 통용되는 입장으로서의 선호 공리주의로 이어지는 것이 아니라, 무엇을 해야 할 것인가에 대한 어떤 의미 있는 결론에 도달할 가능성에 관한 회의懷疑로 이어질 수 있다. 우리가 도달하게 되는 유일한 결론은 우리 스스로의 욕구 혹은 선호에 바탕을 둔 주관적인 것일 수 있으며, 이에 따라 다른 욕구 혹은 선호를 갖는 다른 사람들이 받아들일 하등의 이유가 없는 결론일 수가 있는 것이다. 1981년, 나는 이와 같은 회의적 혹은 주관주의적 입장을 받아들이길 주저했고, 이와 같이 주저하는 태도는 그 사이에 수그러들지 않았다.

그렇다면 대안은 무엇인가? 『윤리학 방법』에서 시즈윅은 일련의 윤리적 직관과 원리들을 탐구한다. 그리고 이들 중에서 "진정으로 명료하고 확실한" 세 가지 "직관적인 명제"를 걸러서 뽑아낸다. 물론 여기서 우리가 관심을 갖는 것은 공리公理의 내용보다는 그러한 공리의 지위—다시 말해, 이들이 시즈윅이 생각했던 바와 같이 과연 도덕적 진리가 될 수 있

---

[11] 잘 알려진 바와 같이 칸트는 도덕 판단이 '나의 행위의 준칙이 보편적 자연법칙이 되도록 의욕할 것을 요구하는 정언 명령의 형식에 따라야 한다'는 입장을 견지했다. R. M. 헤어는 이러한 개념을 더욱 세련되게 가다듬어 이를 '보편화가능성(universalizability)'라고 불렀다. 하지만 말년에 그는 "Ethical Theory and Utilitarianism"(in H. D. Lewis, ed., *Contemporary British Philosophy*, vol. 4(London: Allen and Unwin, 1976)에서 적절히 이해했을 때 보편화가능성이라는 논리적 관념은 한 형태의 공리주의로 이어진다고 주장하기도 했다. 나는 수년 동안 "Reasoning towards Utilitarianism"(in D. Seanor and N. Foton, eds., *Hare and Critics* (Oxford: Clarendon Press, 1988, pp. 147-59)에서 "The Groundwork of Utilitarian Morals: Reconsidering Hare's Argument for Utilitarianism"(a paper presented to the New York University of Department Conference on Issues in Modern Philosophy, November 6-7, 2009)에 이르기까지 이러한 형식의 논의를 옹호하려 했다. 하지만 나는 더 이상 이를 옹호할 수 있다고 믿지 않는다.

는가—다. 그럼에도 여기서 이를 간략하게 소개하여 도덕적 진리의 모습을 파악하는 사례로 활용하면 좋을 것이다.

- 공정성 혹은 평등의 공리: 나에게 옳은(혹은 그른) 어떤 종류의 행위가 다른 사람에게는 옳지(그르지) 않다면, 이는 나와 그가 다른 사람이라는 사실 외에 두 경우 사이의 어떤 차이에 바탕을 두고 있어야 한다.
- 신중함의 공리: 우리는 "우리의 의식적인 삶의 모든 부분에 공평무사하게 관심을 가져야 한다…… 미래는 **그 자체**로 현재에 비해 더 중요하거나 덜 중요하게 생각되어서는 안 된다."
- 보편적 선의 공리: "도덕적인 측면에서 보았을 때, 각각의 개인은 다른 개인의 선을 자신의 것과 다를 바 없이 생각해야 한다."12

시즈윅은 수학에서의 공리가 진리인 것과 동일한 방식으로 이러한 공리 혹은 '이성적 직관'이 진리라고 주장했다. 윤리학에서 이러한 종류의 진리가 있을 수 있다는 견해는 그 당시 널리 받아들여지고 있었으며, 시즈윅 이후의 철학자들, 예컨대 G. E. 무어G. E. Moore와 W. D. 로스W. D. Ross와 같은 철학자들이 받아들였다. 그런데 1930년대 들어 논리 실증주의가 영어권 철학에서 지배적인 위치를 차지하게 되었다. 논리 실증주의자들에게는 진리가 동어반복, 다시 말해 사용된 용어의 의미 자체에 의해 참이거나 경험적인 것이어야 했다. 실증주의자의 견해에 따르면 수학

---

12 Sidgwick은 다양한 형식의 자신의 공리(公理)를 제시했다. 나는 도덕적 진리의 지위에 오를 수 있는 최선의 후보자라고 생각되는 것들을 선택했다. *The Methods of Ethics*, pp. 379-82.

적 진리들은 동어반복이다. 이러한 진리는 그 자체로 참이거나 거짓이 아닌 일부 공리들 혹은 사용된 용어들의 의미를 드러내는 것과 관련된다. 하지만 진정한 지침을 제공하는 윤리적 공리는 동어반복일 수가 없었다. 또한 이 책의 제3장에서 제시되는 이유와 유사한 이유로 이는 경험적 진리일 수도 없었다. 논리적 실증주의자들이 생각하기에 어떤 진리가 경험적이려면 어떤 경우이건 이를 증명할 수 있는 방법이 있어야 한다. 만약 어떤 명제가 동어반복이 아니며, 심지어 원리상으로도 이를 증명할 수 있는 방법이 없다면 논리 실증주의는 이러한 명제를 무의미한 것으로 간주한다. 시즈윅의 공리는 그러한 범주로 분류되었다.

논리 실증주의의 시대가 지나가긴 했지만, 동어반복도 경험적인 것도 아닌 진리라는 관념은 여전히 곤혹스럽게 느껴진다. 하지만 최근 들어 데릭 파핏Derek Parfit이 규범적 진리를 강하게 옹호하는 글을 썼다.[13] 『중요한 것에 관하여On What Matters』—이는 가히 『윤리학 방법』을 계승했다고 말할 수 있는 서적으로, 다루는 내용의 폭과 각고의 노력이 담긴 상세한 논증, 그리고 그 결론의 중요성이라는 측면에서 도덕 철학에 기여한 바 크다—에서 그는 우리가 윤리학적 회의주의뿐만 아니라 지식에 관한 회의주의에 빠지지 않으려면 우리가 믿을 이유가 있는 바에 대해서뿐만 아니라, 우리가 원하는 이유, 그리고 해야 하는 이유가 있는 바에 관한 규범적 진리가 있다는 사실 또한 받아들여야 한다고 주장한다. 예를 들어 다음과 같은 언명을 고려해 보자. "일부 논증이 타당하며, 참된 전제를 가지고 있다는 사실을 알 경우, 우리는 이 논증의 결론을 받아들일 결정적인 이유를 갖는다."(2권, p. 492) 이 언명은 동어반복도 아니고, 경험적 진리 또한 아니다. 이

---

[13] Derek Parfit, *On What Matters*(Oxford: Oxford University Press, 2011)를 볼 것.

는 '우리가 믿어야 할 이유를 갖는 것'에 관한 참된 규범적 언명이다.

본문의 제4장에서 나는 '추구되어야 함' 혹은 '행해져야 함'이 사물들이 갖는 특성을 가질 수 있는 가능성에 의문을 제기한 매키를 그대로 답습했다. 파핏은 여기서 매키의 어려움은 어떻게 세상에 대한 어떤 믿음이 이를 믿는 사람의 동기를 필연적으로 불러일으키는지(그 사람이 어떤 바람이나 욕구를 갖건 이와 상관없이)를 이해하는 것이었음을 지적하고 있다. 이는 나의 문제이기도 했다. 나는 나의 삶이 악화될 정도로 심각하게 영향을 주지 않는 금액을 옥스팜에 기부함으로써 열 명의 아동들의 목숨을 구할 수 있고, 그들과 그들 가족의 고통을 크게 감소시킬 수 있다고 믿을 수 있다. 하지만 이러한 믿음이 있다고 해서 내가 기부를 하려는 동기를 갖게 되는 것은 아닐 수 있다. 왜냐하면 내가 모르는 사람들의 아이들에게 관심을 갖지 않을 수 있기 때문이다. 파핏은 이에 대해 수긍한다. 하지만 그는 '무엇인가를 해야 할 이유를 갖는다(having a reason to do)'는 것이 '그것을 하려는 동기를 갖는다(motivate to do)'는 것을 함축하는 것은 아니라고 생각한다. 그의 생각에 어떤 믿음이 우리가 무엇을 행해야 할 이유를 제공하는지의 여부는 규범적 문제이고, 그것이 우리에게 행하려는 동기를 갖게 하는지는 심리적인 문제다.

일부 사람들은 이러한 사례에 대해 '만약 옥스팜이 돕고 있는 사람들에게 관심이 없을 경우, 나는 옥스팜에 기부를 할 이유를 갖지 않는다'고 대응할 것이다. 그렇다면 이번에는 내가 행하길 욕구하지 않는 바를 행할 이유가 있음을 부정하기가 더욱 힘든 다음과 같은 사례를 고찰해 보라. 내가 멀리 떨어진 어떤 섬에서 한 달을 보내려 하고 있다. 치통이 몰려 올 초기 징후를 발견했을 때 나는 섬에 치과 의사가 없다는 사실을 알게 되었다. 과거의 경험으로 미루어 보았을 때, 오늘 치과에 가지 않을 경우 나는 한 달 내내 치통으로 고생할 가능성이 매우 크고, 이로 인해 나는 휴식을 취할 흔치 않은 기회와 섬의 자연미를 만끽할 기회를 상실해 버리고 말 것이라고 생각한다. 반면 오늘 치과에 간다면 나는 한 시간 채 안 되는 시간 동안 약간의 불편만을 감내하면 될 것이다. 내가 치과에 가지 않을 경우 한 달 내내 치통으로 고생할 것이라는 지식은 오늘 내가 치과에 갈 이유를 제공한다. 내가 치과에 가지 않음으로써 겪게 될 고통을 무시하는 것은 합리적이지 못한 처사가 될 것이다. 치과에 가는 것은 '자신의 의식적 삶의 모든 부분에 대해 공평한 관심을 갖지 않는 것은 비합리적'이라는 시즈윅의 신중의 공리에 부합될 것이다. "오늘 치과에 가지 않는 것은 불합리하다"는 판단은 심지어 미래에 대해 다소 관심을 덜 갖는 것을 허용하는, 이러한 공리의 더욱 느슨한 형태에도 충분히 부합될 것이다. 그럼에도 우리는 여기서 나의 현재의 욕구에 대해 아무것도 언급된 바가 없다는 것에 유의할 필요가 있다. 어쩌면 나는 내게 내일 혹은 다음 주에 일어날 일보다 **지금** 혹은 앞으로 몇 시간 내에 일어날 일에 더욱 영향을 받는 유형의 사람일 수도 있다. 이에 따라 내가 치과 앞에 서 있는 바로 지금, 내가 가장 원하는 것은 오늘, 심지어 사소한 불쾌감이라도 회피하는 것이다. 지적인 측면에서 보았을 때, 나는 다음 주에 내가 고통을 느끼고, 나의 섬 여행이 엉망이 되어 버릴 것임을 알고 있다. 하지만 그 당시에는 그러한 지식이 나의 욕구에 아무런 영향을 미치지 못할 수가 있다고 생각해 볼 수 있는 것이다. 하지만 우리가 명심할 점은 '다음 주에 고통을 느끼게 될 것'이라는 생각이 '고통을 막기 위한 조치를 취할 동기를 제공하지 않는다'고 해서 내가 그러한 조치를 취할 이유가 없는 것은 아니라는 것이다.[14]

만약 '무엇인가를 해야 할 이유가 있음을 충분히 인식한 사람일지라도 반드시 그에 의해 동기 지워지는 것은 아니다'는 것을 인정함으로써만 행동을 할 객관적 이유가 있다는 주장의 설득력을 인정받는다면 우리가 너무 많은 희생을 대가로 승리를 거둔 것은 아닌가? 우리가 '당신이 옥스팜에 기부해야 할 객관적인 이유가 있다'고 이야기할 수 있을지 모르지만, 만약 당신이 기부하게 할 동기를 갖게 할 수 없다면 빈자들의 형편은 나아지지 않을 것이다. 그럼에도 만약 우리가 객관적인 규범적 진리라는 개념을 받아들일 수 있다면, 우리는 일상생활 속에서의 도덕적 직관에 호소하는 방법의 대안을 갖게 되었다고 분명 말할 수 있을 것이다. 오늘날의 최선의 과학적 이해에 따르면 일상생활 속에서의 도덕적 직관은 우리 진화사의 어떤 시기에 적응에 도움이 되었음이 입증된 정서에 기초를 둔 반응이다. 그런데 객관적인 도덕적 진리가 존재한다면 우리는 '이러한 직관의 반응'과 '모든 이성적인 쾌고 감수 능력이 있는 존재(심지어 우리 자신과 매우 다른 상황에서 진화한 이성적인 존재마저도)가 가지고 있을 행동을 하기 위한 이유'를 구분할 수 있다는 희망을 가질 수 있을 것이다.[15]

---

14 이 사례는 화요일에 자신에게 일어나는 일에 대해 무관심한 사람을 언급하고 있는 Parfit의 사례와 유사하긴 하지만 더욱 현실적이다. Derek Parfit, *Reasons and Persons*(Oxford: Oxford University Press, 1984), p. 124. 더욱 심도 있는 논의는 *On What Matters* Vol. 1, p.56. 이에 대한 응답으로는 Sharon Street, "In Defense of Future Tuesday Indifference: Ideally Coherent Eccentrics and the Contingency of What Matters," *Philosophical Issues* 19(2009): 273-98을 볼 것.
15 이 후기의 일부 절은 Peter Singer, "Ethics and Intuitions," *Journal of Ethics* 9(2005): 331-52에서 가져왔다.

역자 후기

　도덕철학에 관심을 갖는 사람들이라면 누구나가 한 번쯤 도덕이 어디서 유래되었는지에 대한 의문을 가져 볼 것이다. 아니 굳이 도덕철학에 관심을 갖는 사람이 아니라고 하더라도 단순히 흥미 차원에서라도 이에 대해 한 번쯤 생각을 해 보았을 것이다. 그런데 학교에서의 수업을 통해 확인해 볼 경우 학생들은 대개 도덕이라는 것이 과거에 있었던 사회적인 협약이나 관습이 굳어진 것으로 생각하는 듯이 보인다. 때문인지 도덕이 사회에 따라 상대적인 것임을 전제하고 있는 듯이 보이는 경우도 적지 않다. 하지만 이와 같은 생각은 두 가지 의문을 제기한다. 첫째, 사회적인 협약이나 관습 자체가 올바름을 판단하는 궁극적인 기준이 될 수 있는가? 둘째, 도덕이 실제로 상대적인가?
　만약 사회적인 협약이나 관습이 궁극적인 기준이 된다면 과거에 성차별이나 인종 차별이 당연시되던 시대에 사람들끼리 암묵적으로 맺은 협약이나 관습 자체를 정당하다고 해야 할 것이다. 하지만 차별을 통해 이익을 얻는 사람이 아닌 이상 그 누구도 이를 옳다고 하지는 않을 것이다. 또한 언뜻 보았을 때 상대적으로 보이는 도덕도 자세히 보면 그렇지 않음을 알 수 있는 경우가 허다하다. 예를 들어 식인 풍습 자체를 놓고 보면 우리는 그러한 풍습을 가지고 있는 종족과 우리의 가치가 다르다고 생각할 수 있다. 하지만 좀 더 자세히 살펴보면 우리는 그들이 사실상 우리와 다를 바 없는 생각을 가지고 그러한 풍습을 받아들이고 있음을 알 수 있다. 설령 사실에 대한 잘못된 생각을 전제하고 있더라도 그들이 죽은 사람을 존중한다는 차원에서 그와 같은 풍습을 받아들이고 있을 수 있다는 것이다. 이처럼 현상으로 나타나는 모습과는 달리, 좀 더 구체적으로 파고들면 도덕은 상대적이지 않은 것처럼 보인다. 그런데 도덕이 사회적 협약이나 관습으로부터 유래된 것도 아니고 상대적이지도 않다면 도덕은 어디서 유래된 것인가?

우리는 신으로부터 도덕이 유래되었다고 생각해 볼 수 있다. 이는 도덕이 상대적이지 않다는 생각을 어느 정도 뒷받침해 주는 것처럼 보인다. 실제로 과거 서구의 사람들은 신에게 호소하여 도덕을 정당화했고, 이로 인해 자신들이 가지고 있는 도덕에 대해 별다른 의문을 품지 않을 수 있었다. 하지만 단지 신이 어떤 이야기를 했다고 해서 그것이 도덕적 옳고 그름의 기준이 될 수 있는가에 생각이 미치면 신에 호소하는 논변 또한 설득력이 부족하다고 생각하지 않을 수 없게 된다. 게다가 오늘날에는 적지 않은 무신론자들을 납득시키기에 신에게 호소하는 논변에는 한계가 있는 것처럼 보인다.

이와 같은 상황 속에서 최근 진화론을 이용해서 혼란을 정리하고자 하는 시도가 나타나고 있다. 이러한 시도는 이미 찰스 다윈Charles Darwin에게서 찾아볼 수 있었다. 다윈에 따르면 언뜻 보았을 때 도덕 감정은 인간만의 고유한 특징인 것처럼 보인다. 하지만 동물계를 살펴보면 인간에게서 나타나는 이와 같은 감정이 동물에게서도 나타나고 있음을 알 수 있다. 그에 따르면 혈연이나 호혜적 관계에 놓인 대상에 대한 이타성은 사회생활을 영위하는 동물에게서 어렵지 않게 살펴볼 수 있는 특징이다.

다윈은 이러한 사실로부터 인간 또한 자연선택 과정을 통해 일부 사회적 감정을 생래적으로 갖추게 되었다고 주장한다. 그에 따르면 우리의 먼 조상은 사회생활을 했고, 이러한 사회생활을 통해 일정한 감정을 갖게 되었으며, 이것이 오늘날의 도덕으로 이어지게 되었다. 이러한 설명은 이후 여러 과학적 발견들, 특히 20세기 중반 이후 유전학과 생태학, 그리고 동물 행동학 등을 통해 그 설득력을 더욱 인정받게 되는데, 1975년 에드워드 윌슨Edward Wilson은 이러한 성과들을 종합하여 『사회생물학: 새로운 종합』에서 매우 압축적으로 도덕에 대한 생물학적 접근의 필요성을 역설한다. 그의 입장은 소위 생물학적 통섭(consilience)을 통해 윤리학마저도 생물학으로 흡수하겠다는 입장으로 비쳐졌고, 이에 따라 치열한 논쟁의 도화선이 만들어지게 되었다.

언뜻 보았을 때 도덕에 대한 진화론적 접근은 상당히 매력적으로 보인다. 무엇보다도 이러한 설명은 도덕이 상대적으로 보이지 않은 이유를 어느 정도 설명할 수 있다. 대체로 보았을 때 우리의 도덕 체계는 그 내용을 확인해 보면 혈연 이타성과 호혜적 이타성의 표현으로 해석할 수가 있다. 예를 들어 '약속을 지켜라', '은혜를 잊지 말라', '부모를 공경하라' 등은 이러한 이타성을 달리 표현한 것이라 생각해 볼 수 있다. 그런데 우리가 분명히 해야 할 것은 도덕이 아주 오랜 옛날 우리의 먼 조상이 사회생활을 하면서 갖게 된 감정이라고 해서 그것을 정당하다고 생각할 수 없다는 점이다. 예를 들어 윌슨은 우리에게 생래적인 공격성이 있음을 이야기하는데, 자연선택을 통해 이러한 공격성을 얻게 되었다고 해서 이를 옳다고 말할 수는 없다. 만약 이것이 적절한 생각이라면 우리는 도덕의 기원에 대한 진화론적 설명이 특정한 도덕 판단의 정당성을 확보해 주지 않는다는 점을 받아들여야 한다. 도덕은 과학을 통해 정당화되지 않는다. 싱어는 이 책에서 바로 이와 같은 측면, 다시 말해 구획을 분명히 나누어 과학이 할 수 있는 역할과 도덕철학의 고유의 역할을 혼동해서는 안 된다는 것을 강조하고 있다. 싱어의 생각에 윌슨의 기획은 한 마디로 키처Philip Kitcher가 말하는 '지나친 야심(Vaulting Ambition)'에 지나지 않는다.

그렇다면 싱어는 도덕에 대한 진화론적 접근의 의의를 전혀 인정하지 않고 있는 것일까? 그렇지는 않다. 우리는 싱어의 입장을 윤리에 대한 일반적인 분류법에 따라 1) 기술(descriptive) 윤리, 2) 규범(normative) 윤리, 3) 메타meta 윤리로 나누어서 싱어가 윤리에 대한 진화론적 접근에 대해 어떤 입장을 취하는지 정리해 볼 수 있을 것이다. 먼저 기술 윤리란 도덕 현상과 이들 현상의 원인을 사실적으로 서술하는 분야를 말한다. 여기에는 도덕을 일종의 사회현상으로 보고 사회학적으로 연구하는 분야, 도덕 판단을 일종의 심리 현상으로 보고 발생 과정, 조건 등을 심리학적으로 연구하는 분야 등이 있을 수 있다. 이 밖에 동물들에서 살펴볼 수 있는 이타성을 통해 도덕의 기원을 연구하는 생물학적 연구도 있는데, 이 모든 분야는 사회·자연과학을 이용해 도덕현상을 설명하고자 한다. 싱어는 윌슨의 지나친 야심에 대해서는 경계를 하고 있지만, 그의 기술 윤리학적 접근은 적극 수용한다. 다시 말해 그는 도덕의 기원에 대한 진화론적 설명을 기꺼이 받아들이고 있다는 것이다. 저자 후기에서 싱어는 1981년 이 책이 최초로 출간된 이후에 있었던 이러한 분야에서의 성과를 정리하고 있는데, 그는 이러한 성과를 도덕의 기원에 대한 이해의 지평을 확장한다는 측면에서 매우 긍정적으로 평가하고 있다.

다음으로 규범 윤리학은 도덕적 가치와 규범의 이론들을 연구하고, 도덕적 판단의 합리적 근거와 정당성을 체계적으로 탐구한다. 이러한 분야에 종사하고 있는 사람들은 도덕 이론을 연구하며, 합리적으로 정당화할 수 있는 기반 위에 도덕 원리들을 구축하고자 노력한다. 예를 들어 규범 윤리학에서는 '도둑질을 하지 말라'를 정당화하는 더욱 궁극적인 원리가 무엇인가를 궁구한다. 다시 말해 도둑질을 하지 말아야 하는 이유가 무엇인가를 생각해 보고, 여기에서 모든 도덕 판단들을 관장하는 궁극적인 원리를 찾아내려 한다는 것이다. 이와 같은 과정을 거치면서 윤리 이론이 갖는 각종 문제점에 대한 보완, 수정 등을 진행해 나가게 되는데, 여기서 윤리 이론은 이들을 종합한 커다란 체계를 말하며, 규범 윤리학은 이러한 체계의 정당성을 끊임없이 밝혀내고자 하는 분야라 할 수 있다. 본문 제3장에서 잘 드러나고 있지만 싱어는 규범 윤리학에 대해서는 도덕에 대한 진화론적 접근이 기여할 수 있는 바가 없다고 단언하고 있다. 예를 들어 우리가 침팬지에게서 살펴볼 수 있는 가족애 내지 동료애를 연구하면서 이의 진화적 기원을 추적해 본다고 했을 때 이는 훌륭한 과학적 연구 주제가 될 수 있을 것이다. 하지만 아쉽게도 이는 도덕적인 딜레마의 상황에서 무엇을 선택해야 하는가에 대해서는 아무것도 말해 주는 바가 없다. 다시 말해 침팬지에 대한 진화론적 연구가 내가 친구와의 약속을 지킬 것인지, 아니면 부모님과의 약속을 지킬 것인가의 갈등 상황에서 말해 주는 것이 있을 수 없다는 것이다. 싱어는 바로 이러한 점이 과학으로서의 기술 윤리와 철학으로서의 윤리학을 나누는 것이라고 설명하고 있고, 이러한 경계는 넘어설 수 없을 정도로 확고하다고 주장한다.

  마지막으로 또 다른 도덕에 대한 철학적 접근 방법으로는 메타 윤리가 있다. 메타 윤리는 도덕적 언어의 논리적 분석에 관심을 둔 분야로, 비교적 최근에 이르러서 각광을 받기 시작했다. 과거에도 이에 대한 탐구가 없었던 것은 아니지만 메타 윤리에 대한 연구는 1900년대에 들어 영국의 철학자 무어G. E. Moore가 『윤리학 원리*Principia Ethica*』를 출간한 이래 본격적으로 이루어졌다고 말할 수 있다. 메타 윤리학에서는 선善이란 무엇인가, 자유, 책임, 양심 등은 무엇인가라는 문제 등을 탐구한다. 최근에는 이러한 연구가 계승 발전되어 우리가 과연 도덕적 진리를 발견할 수 있을 것인가, 도덕성의 본질이 무엇인가 등에 대해서도 메타 윤리의 영역에서 탐구가 이루어지고 있다. 그런데 싱어는 이 분야에서 진화론이 기여할 수 있는 바에 대해서는 애매한 입장을 취하고 있는 것처럼 보인다. 이렇게 말하는 이유는 그가 특정 윤리 이론의 정체를 생물학적, 문화적 설명을 통해 폭로함으로써 그 정당화 방법 내지 위상을 새로운 눈으로 바라볼 수 있게 된다는 것을 인정하면서, 다른 한편으로는 공리주의 원리는 이와 같은 방식으로 그 정체를 폭로할 수 없다고 생각하는 듯이 보이기 때문이다. 싱어는 이를 칸트가 말하는 '이성의 사실'로 주어진다고 생각하는 것처럼 보이는데, 만약 전자에 초점을 맞춘다면 싱어는 도덕에 대한 진화론적 접근이 메타 윤리에 시사하는 바를 인정하는 것처럼 보이고, 후자에 초점을 맞출 경우 진화론적 접근은 메타 윤리적 함의를 갖지 않는 것처럼 보인다. 이러한 정리가 적절한 것이라면 싱어는 진화론적 접근의 메타 윤리학적 의미를 제한적으로 인정하고 있다고 말할 수 있을 것이다. 만약 이것이 적절한 판단이라면 싱어가 진화론이 철학으로서의 윤리학에 시사하는 바가 없다고 말하는 것은 엄밀히 말해 규범 윤리학의 영역에 국한된 것이고, 메타 윤리학 분야에서의 함의에 대해서는 논의의 여지가 있다고 생각하고 있다고 보아야 할 것이다.

일급 윤리학자들과 진화심리학의 대가들이 평가해 놓은 바와 같이 이 책은 진화론의 윤리학에 시사하는 바를 탐구하는 서적으로 고전에 해당한다. 나 또한 학위논문뿐만이 아니라 현재 검토 중인 문제들을 싱어의 관점을 기본 틀로 해서 고민해 보고 있다. 책 내용에는 도덕적 경계를 넓혀 나가는 이야기가 나오는데, 이러한 이야기는 새로운 것이 아니고, 이미 다윈이, 나중에는 존 듀이John Dewey가 언급했던 내용이다. 책에서 싱어가 도덕적 경계를 넓혀 나가는 역사적 과정을 엄밀한 방식으로 보여주고 있는 것은 아니다. 그럼에도 도덕의 역사적 발전이 이와 같은 방식으로 이루어지는 것이 사실이라면 우리는 도덕의 본질을 검토하는 데서도 이러한 사실을 활용해 볼 수 있을 것이다. 이러한 노력이 성공을 거둘지에 대해서는 현재로서는 확신을 할 수 없지만, 설령 실패로 돌아간다고 하더라도 그 시도 자체로 인해 또 다른 논의거리가 만들어진다는 점에서 충분히 의미를 갖는다고 해야 할 것이다. 독자들 또한 책을 일독하면서 윤리의 기원과 본질 등에 대한 탐구의 계기를 만들어 보기 바란다.

본문에서의 각주는 모두 역자가 단 것(둘을 제외하고는)이고, 각 장 앞의 요약문 또한 역자가 정리한 것이다. 이 밖의 2011년판 서문의 영문 각주와 후기의 각주는 모두 원저자의 것이다.

2012년 7월
김성한

찾아보기

ㄱ
결과주의 윤리설 122
고드윈, 윌리엄 254-256, 258, 260, 261
공리주의 117, 274
『공산당 선언』 71
괴테 93
『국가』 68, 77
굴드너, 앨빈 74
규칙 윤리 265, 266
『기하학 원론』 155

ㄴ
나폴레옹 법전 195
노직, 로버트 121
『뉴욕 타임스』 8

ㄷ
다리우스 169
다윈 24, 33, 34, 60, 111, 114, 278
데 프레, 테렌스 59
『도덕적 관념의 기원과 발달』 61, 63
도킨스, 리처드 218-221, 224

『동물해방』 202
디오게네스 93

ㄹ
『라이프』 57
레비스트로스, 클로드 73
레오폴드, 알도 205, 206
롤스, 존 104, 118-120, 138, 254
루소, 장 자크 22, 23, 55
리, 로버트 E. 93
『리바이어던』 55

ㅁ
마르크스 71, 198, 199
『마하바라타』 229
『만년의 회상』 97
매키, J. L. 184
맥퍼든, 찰스 273
멘델, 그레고르 278
『모래군의 열두 달』 205
모스, 마르셀 73
『무정부, 국가, 그리고 유토피아』 121

문맹 종족 191
뮈르달, 군나르 9, 195, 240
『미국의 딜레마』 9, 195, 197, 198
미즐리, 메리 19, 219

ㅂ
버그만, 잉그리드 236
버크, 에드먼드 260, 261, 270
베커, 하워드 73
보가트, 험프리 235, 236
볼셰비키 혁명 71
볼스, 체스터 269
볼테르 93
부시맨 54
브룩, 피터 57
비호혜적 이타성 226, 227

ㅅ
사르트르 147
사회 다윈주의자 111, 112, 120
사회계약론자 22
『사회생물학: 새로운 종합』 7, 13, 24, 103, 104, 106, 116
『산에 사는 사람들』 56, 57
산체스, 토마스 272
살린스, 마샬 64, 65
『생물학의 선용과 오용』 64
『생존자』 59
성의 생물학 106, 107
세네카 93, 230
셸리, 메리 254
소집단 이타성 227

소크라테스 149, 166-171, 173
슈바이처, 알베르트 204, 206
스미스, 애덤 179, 180
스탈린 92
스토아학파 149
스펜서, 허버트 13, 111, 112
시즈윅, 헨리 51, 64, 65, 73, 90, 128, 149, 274
실러 93
심리 발달 이론 231
심리적 이기주의 215-217
심리적 이기주의자 216, 217

ㅇ
아리스토텔레스 149
아리스토파네스 192
아우구스티누스 272
아우렐리우스 93, 230
아우슈비츠 59
아인슈타인, 알베르트 97, 139
아퀴나스 149
『야수와 인간』 19, 219
에스키모 54
예수 77
오디세우스 205, 206
오스트랄로피테쿠스 22
왓슨, 제임스 278
워딩턴, C. H. 112
울스턴크래프트, 메리 254
웨스터마크, 에드워드 61-64, 73, 228, 234
웨이드, 니콜라스 8
윌슨, 에드워드 O. 7, 13, 15, 24, 25, 62, 97, 102-110, 112-120, 124-132, 138, 140, 218-220, 244, 245, 283

유클리드 155, 235
윤리 생물학 109, 123
『윤리학 방법』 51, 63
『의료 윤리』 273
『이기적 유전자』 218
『이코노미스트』 8
이크족 56, 58, 73
『인간 본성에 대하여』 97, 106, 108, 116, 117, 120
인간 아닌 동물 61, 159
『인류의 기원』 33, 60
『인성론』 131, 213
인지 부조화 239, 240
『인지 부조화론』 239

ㅈ

자연선택 34, 113, 218
정의론 118
『정의론』 104, 138
『정치적 정의에 관한 탐구』 254, 255
종 선택 47
『종의 기원』 111, 278
종족 도덕 191
죄수의 딜레마 83, 87, 88, 218
진화론 49, 102, 111, 112
진화심리학 8
집단 이타성 34, 45, 63, 89, 90-92, 102
집단선택 46-49, 89, 90, 105, 195, 244

ㅋ

카뮈 103
「카사블랑카」 235, 236
칸트, 임마누엘 121, 138, 139, 149

칼라일, 토머스 182
케네디 270
케센, 리처드 15
콜버그, 로렌스 170, 231-233
쾌고 감수 능력 206-208
쾌락주의의 역리 243
크로포트킨, 표트르 111, 112
크릭, 프랜시스 278
클러프, 아서 H. 267
키부츠 69, 70
『키부츠 내에서의 가족과 공동체』 69
키부츠주의 71
키케로 77, 91

ㅌ

탤몬, 요니나 69
턴불, 콜린 56, 57
테레사 수녀 220
트리버스, 로버트 81
티트머스, 리처드 226

ㅍ

파, 새뮤얼 255
페늘롱 255-257
페스팅거, 레온 239, 240
폴리비우스 76
프랑스 혁명 201
『프랑스 혁명 고찰』 260
『프랑켄슈타인』 254
플라톤 68, 69, 77, 91, 149, 192
피아제, 장 231, 233
피타고라스 157

ㅎ

하딘, 개릿 56
하이데거 147
헉슬리, T. H. 114, 225, 277
헉슬리, 줄리언 111
헤로도토스 169
헤어, R. M. 15
혁명 프랑스 국민의회 194
혈연 이타성 34, 38, 39, 41, 63, 90, 91, 102, 159, 227
혈연선택 38-41, 48, 49, 89, 227
호모 사피엔스 203
호모 하빌리스 22
『호혜성의 인간』 73
호혜적 이타성 34, 43-45, 47, 63, 75, 79, 80, 90, 91, 102, 159, 160, 227
호혜적 인간 73
홉스, 토머스 55, 56, 155, 156, 235
흄, 데이비드 130, 131, 138, 162, 213, 214, 237, 238, 245, 261, 262
히틀러 92